Reisert

Anwaltsgebühren im Straf- und Bußgeldrecht

AnwaltsGebühren

Anwaltsgebühren im Straf- und Bußgeldrecht

1. Auflage 2011

Von

Rechtsanwältin **Gesine Reisert**
Fachanwältin für Strafrecht
Fachanwältin für Verkehrsrecht

Zitiervorschlag:
Reisert, Anwaltsgebühren im Straf- und Bußgeldrecht, § 1 Rn 1

Copyright 2011 by Deutscher Anwaltverlag, Bonn
Satz: Reemers Publishing Services, Krefeld
Druck: Medienhaus Plump, Rheinbreitbach
Umschlaggestaltung: gentura, Holger Neumann, Bochum
ISBN 978-3-8240-1101-8

Bibliografische Information der Deutschen Nationalbibliothek
Die Deutsche Nationalbibliothek verzeichnet diese Publikation in der Deutschen Nationalbibliografie; detaillierte bibliografische Daten sind im Internet über http://dnb.d-nb.de abrufbar.

Vorwort

Dieses Buch will dazu beitragen, dass Rechtsanwälte ihre tatsächlichen Leistungen auch in Rechnung stellen – nicht mehr, aber keinesfalls weniger: Es soll eine echte Arbeitshilfe durch Grafiken, Muster und Checklisten darstellen, die in die Kanzleipraxis Eingang finden sollen.

Übrigens dürfen sich Einzelanwälte und Großkanzleien jeden Geschlechts angesprochen fühlen, unabhängig von der jeweils gewählten Form in den Mustern und Checklisten. Denn diese sind aus unserer Praxis und werden tatsächlich verwendet. Sollten sich also Fehler bei uns eingeschlichen haben, sind wir für entsprechende Hinweise selbstverständlich dankbar. Denn wir wissen, dass alles in Bewegung ist und wir nicht stehen bleiben dürfen. In diesem Zusammenhang danke ich meiner Kollegin und juristischen Wegbegleiterin Rechtsanwältin Silvia C. Groppler ganz ausdrücklich für ihre Unterstützung.

Das Buch ist dem Verfahrensgang im Strafrecht und Bußgeldrecht nachgebildet, hat aber Wichtiges vorangestellt. Hiermit sind grundsätzliche Überlegungen zur Mandatsannahme, sowie die Anwendung des Ermessens nach § 14 RVG und schließlich der Umgang mit rechtsschutzversicherten Mandanten gemeint. Es ist daher tunlich, die Ausführungen hierzu in jedem Falle einmal zu lesen. Dies gilt beispielsweise, weil gerade die Verfahrenstrennung bzw. -verbindung bei entsprechender Mandatsführung gesonderte, abrechenbare Gebühren enthält. Auch soll der Rechtsanwalt im Vorfeld genaue Überlegungen anstellen, wie er das Mandat wirtschaftlich sinnvoll führen kann. Viele Rechtsanwälte sind nur gelegentlich in den Bereichen der Strafverteidigung und in Bußgeldsachen tätig. Insofern gilt erst recht, die Mandatsübernahme nicht zu einem Zuschussgeschäft werden zu lassen. Denn der ordentlich bezahlte Rechtsanwalt ist Organ der Rechtspflege; der ungenügend entlohnte Rechtsanwalt verliert hingegen leicht seine Unabhängigkeit.

Für die Abrechnung einen auch optischen Zugang zu finden und so den Einstieg zu erleichtern, ist ein Ziel dieses Buches. Denn Lernen geschieht nach neuesten Erkenntnissen nicht nur auf einer Ebene, sondern am besten auf mehreren Ebenen (selbst lesend, akustisch, visuell, selbst gefertigt etc.). Wenn es mir gelungen sein sollte, dem bislang ungeübten Anwender – auch bei den Fachangestellten – den gebührenrechtlichen Anfang leicht zu machen, freue ich mich. Verbesserungsvorschläge für weitere Grafiken nehme ich deshalb gerne entgegen.

Auch glaube ich, dass der gewiefte Abrechnungskönner durch die vielen praktischen Hinweise die geleistete Investition in dieses Buch nicht bereuen wird. Ich habe beim Schreiben dieses Buches Vieles gelernt und oft bedauert, mich nicht schon vorher intensiver mit dem Gebührenrecht befasst zu haben.

Ich wünsche mir bei Rechtspflegern und Richtern ein besseres Verständnis gegenüber der Tätigkeit eines Rechtsanwaltes. Denn die Beratung und der fachlich kompetente Beistand können nur erreicht werden, wenn die Alimentierung des Rechtsanwaltes auch stimmig ist: Daher halte ich die z.T. ohne weitere Begründung als „unbillig" bezeichneten Gebüh-

Vorwort

ren, die ein Rechtsanwalt im Rahmen seiner Ermessensausübung bestimmt hat, viel zu vorschnell für übersetzt befunden. Noch seltsamer mutet dies übrigens an, wenn diese Ausführungen zu Kostenfestsetzungsanträgen über Seiten von Rechtsanwälten anderer Verfahrensbeteiligter im Festsetzungsverfahren ausgeführt werden.

Abschließend bedanke ich mich bei meinen Freunden, die mir geholfen haben, ein kleines Kind zu versorgen, wenn ich an diesem Buch geschrieben habe und die Familie und Freunde kürzer gekommen sind als es sein sollte. Auch Frau Leyendecker vom Deutschen-Anwaltverlag hatte viel Geduld mit mir.

In der Hoffnung, dass die Anwender mithilfe dieses Buches einen Zeitgewinn erzielen können und diesen mit ihren Lieben verbringen mögen, freue ich mich auf Rückmeldungen unter reisert-groppler@advocatae.de.

Berlin im November 2010 *Gesine Reisert*

Inhaltsverzeichnis

Musterverzeichnis 13
Literaturverzeichnis 15
§ 1 Einführung in die Abrechnung des Rechtsanwalts 17
  A. Einleitung. 17
    I. Mandatsannahme 17
    II. Allgemeine Grundlagen 20
    III. Aufbau des RVG im Strafrecht und bei Bußgeldverfahren 21
      1. Grafischer Aufbau des Strafverfahrens 21
      2. Grafischer Aufbau des Bußgeldverfahrens 23
      3. Weitere Unterteilungen des RVG 24
        a) Strafsachen 24
        b) Bußgeldsachen 24
    IV. Erstellung von Kostennoten 25
    V. Erste Gebühren 26
      1. Beratung/Gutachten 26
      2. Konkrete Mandatsannahme 30
      3. Vorschuss 33
    VI. Verbindung, Verschmelzung und Trennung von Verfahren 34
      1. Verbindung, Verschmelzung von Verfahren 34
        a) Verschmelzung von Verfahren 35
        b) Verbindung nach § 237 StPO (Verbindung mehrerer Strafsachen) 36
        c) Entscheidung des AG Tiergarten hierzu vom 17.11.2008 –
          281-8/08 37
      2. Trennung von Verfahren 38
    VII. Mögliche Gebühren. 39
  B. Bestimmung der Gebühren nach § 14 RVG 43
    I. Einleitung 43
      1. Gebührenermessen durch den Rechtsanwalt 43
      2. Ermittlung des „Rahmens" – Bemessungskriterien 44
    II. Die Bemessungskriterien. 45
      1. Umfang der anwaltlichen Tätigkeit 45
      2. Schwierigkeit der anwaltlichen Tätigkeit 47
      3. Bedeutung der Angelegenheit. 48
      4. Einkommensverhältnisse/Vermögensverhältnisse des Auftraggebers. 50
      5. Haftungsrisiko 51
      6. Unbenannte Kriterien 52
    III. Konkrete Anwendung 53
      1. Vornahme der Abwägung 53
      2. Besonderheiten im Strafrecht 54
      3. Abrechnungshilfe im Straf- und Bußgeldrecht 54
  C. Die Rechtsschutzversicherung. 56
    I. Allgemeines 56
      1. Strafrecht. 58
        a) Versicherungsumfang 58
        b) Vorläufige Deckungszusage 58
      2. Bußgeldrecht 59

Inhaltsverzeichnis

II. Vorteile bei der Abwicklung	61
1. Allgemeine Vorteile	61
2. Kooperationsvereinbarungen/Rationalisierungsabkommen	63
III. Nachteile bei der Abwicklung	65
IV. Kommunikation mit der Rechtsschutzversicherung	66
D. Pflichtverteidigung und Beiordnung	68
I. Gründe für Pflichtverteidigung	68
1. Vorgaben des Bundesverfassungsgerichts	69
2. Gesetzliche Ausgestaltung	70
II. Gebührengefüge/Kostenfestsetzungsantrag	71
1. Gebührengefüge	71
2. Kostenfestsetzungsantrag	72
a) Umfang der Bestellung	72
aa) Rückwirkung der Beiordnung/Bestellung	72
bb) Erstreckung auf weitere Verfahren	73
b) Vorschuss	75
c) Antragstellung	75
III. Beiordnung	76
IV. Prozesskostenhilfe und Beiordnungen nach § 404 Abs. 5 StPO	76
1. Einführung	76
2. Prozesskostenhilfe	77
a) Erfolgsaussichten	77
b) Bedürftigkeit, § 115 ZPO	78
3. Beiordnung	78
E. Pauschgebühren	79
I. Einleitung	79
II. Besonderer Umfang, besondere Schwierigkeit und Unzumutbarkeit der gesetzlichen Gebühren	79
III. Bewilligung der Pauschgebühren nach OLG Köln	81
F. Auslagen und allgemeine Geschäftskosten in Teil 7 des RVG	82
I. Einleitung	84
II. Einzelheiten	86
1. Post- und Telekommunikationspauschale	86
2. Kopiergebühren/Dokumentenpauschale nach Nr. 7000 VV	87
3. Reisekosten und Abwesenheitsgeld nach Nr. 7005 VV	87
4. Hebegebühren nach Nr. 1009 VV	88
5. Umsatzsteuer nach Nr. 7008 VV	88
G. Gerichtskosten	89
§ 2 Gebühren im Strafverfahren: Die einzelnen Gebühren	**91**
A. Allgemeine Gebühren	91
I. Einleitung	91
1. Vorbemerkung 4 VV	91
a) Allgemeines	91
b) Betreiben des Geschäfts	92
2. Zuschlag für nicht auf freiem Fuß befindlichen Mandanten	93
II. Gebühren für alle	94
1. Grundgebühr nach Nr. 4100 VV und Nr. 4101 VV mit Zuschlag	96
a) Erstmalige Einarbeitung	96
b) Grundgebühr grundsätzlich neben Verfahrensgebühr?	97
c) Rechtsfall	99
d) Höhe der Grundgebühr nach Nrn. 4100 und 4101 VV	99

    e) Besonderheiten/Anrechnung 101
     aa) Terminvertreter 101
     bb) Anrechnung 102
   2. Terminsgebühr nach Nr. 4102 VV und Nr. 4103 VV mit Zuschlag . . 102
    a) Anwendungsbereich 102
     aa) Allgemeines 104
     bb) Haftbefehlsverkündungstermin 105
     cc) Täter-Opfer-Ausgleich (Nr. 4); Sühnetermin (Nr. 5). 106
    b) Höhe der Terminsgebühr nach Nrn. 4102 und 4103 VV 107
    c) Begrenzungen 109
 B. Gebühren im vorbereitenden Verfahren 111
  I. Verfahrensgebühr nach Nr. 4104 VV und mit Zuschlag nach Nr. 4105 VV 111
   1. Allgemeines 111
    a) Verfahrensgebüh neben Grundgebühr? 112
    b) Tätigkeiten für das Entstehen der Verfahrensgebühr 113
   2. Höhe der Verfahrensgebühr nach Nrn. 4104 und 4105 VV. 113
  II. Befriedungsgebühr/Einstellung des Strafverfahrens nach Nr. 4141 VV. . 116
   1. Allgemeines 117
   2. Abgrenzung zum Bußgeldverfahren 118
   3. Strafverfahren und sich anschließendes Bußgeldverfahren 118
   4. Bußgeldverfahren und sich anschließendes Strafverfahren 121
   5. Förderung des Verfahrens nach Nr. 4141 Abs. 2 VV 122
   6. Die Höhe der Gebühren nach Nr. 4141 Abs. 1 Nr. 1, Abs. 3 VV . . . 124
   7. Rücknahmezeitpunkt 125
    a) Rücknahme eines Einspruchs beim Strafbefehl 126
    b) Rücknahme des Rechtsmittels in der Berufung oder Revision. . . 126
C. Das gerichtliche Verfahren nach Nrn. 4106 ff. VV 127
  I. Allgemeines 131
   1. Einleitung 131
   2. Hauptverfahren 131
   3. Nicht auf freiem Fuß befindlicher Mandant. 133
   4. Längenzuschlag bei Pflichtverteidigung 135
    a) Gesetzliche Regelungen 135
    b) Berechnung der aufgewandten Zeit 135
  II. Die Gebühren in der Ersten Instanz im Einzelnen 138
   1. Höhe der Verfahrens- und Terminsgebühr nach Nrn. 4106–4111 VV
    vor dem Amtsgericht etc. 138
    a) Anfall der Verfahrensgebühr nach Nrn. 4106 ff. VV 139
    b) Anfall der Terminsgebühr nach Nrn. 4108 ff. VV 140
   2. Höhe der Verfahrens- und Terminsgebühr nach Nrn. 4112–4117 VV
    vor dem Landgericht etc. 143
    a) Anfall der Verfahrensgebühr beim Landgericht nach
     Nrn. 4112 ff. VV 144
    b) Anfall der Terminsgebühr beim Landgericht nach Nrn. 4114 ff. VV 144
   3. Höhe der Verfahrens- und Terminsgebühr nach Nrn. 4118–4123 VV
    vor dem OLG etc.. 146
    a) Anfall der Verfahrensgebühr bei OLG/SchwurG/Jugendkammer
     nach Nrn. 4118 ff. VV 147
    b) Anfall der Terminsgebühr bei OLG/SchwurG/Jugendkammer nach
     Nrn. 4120 ff. VV 148
   4. Besonderheiten beim Strafbefehl 149

Inhaltsverzeichnis

		5. Besonderheiten bei der Nebenklage	152
		a) Einleitung	152
		b) Allgemeines	155
		c) Gerichtskosten nach dem GKG	157
		d) Strafbefehlsverfahren vor Aufruf der Sache	157
		e) Einstellung vor oder auch während der Hauptverhandlung	158
	6.	Besonderheiten für den Zeugenbeistand und andere Verfahrensbeteiligte	158
	7.	Besonderheiten beim Adhäsionsverfahren	159
III.	Die Gebühren in der Zweiten Instanz – Berufung		160
	1.	Allgemeines zur Verfahrens- und Terminsgebühr nach Nrn. 4124 ff. VV	161
	2.	Besonderheiten im Berufungsrechtszug	162
	3.	Zusätzliche Gebühren bei der Nebenklage und im Adhäsionsverfahren	163
	4.	Besonderheiten für den Zeugenbeistand und andere Verfahrensbeteiligte	163
	5.	Befriedungsgebühren im Berufungsrechtszug	163
		a) Befriedungsgebühren nach Nr. 4141 VV	163
		b) Anfall der Befriedungsgebühr in der Hauptverhandlung oder bei Aussetzung bzw. Unterbrechung einer Hauptverhandlung	164
		aa) Aussetzung der Hauptverhandlung	164
		bb) Unterbrechung der Hauptverhandlung	165
IV.	Die Gebühren in der Zweiten oder Dritten Instanz – Revision		167
	1.	Allgemeines zur Verfahrens- und Terminsgebühr nach Nrn. 4130 ff. VV	167
	2.	Zusätzliche Gebühren bei der Nebenklage und im Adhäsionsverfahren	172
	3.	Besonderheiten für den Zeugenbeistand und andere Verfahrensbeteiligte	172
	4.	Befriedungsgebühren im Revisionsrechtszug	173
		a) Befriedungsgebühren nach Nr. 4141 VV	173
		b) Anfall der Befriedungsgebühr in der Hauptverhandlung oder bei Aussetzung bzw. Unterbrechung einer Hauptverhandlung	173
D. Zusätzliche Gebühren			174
I.	Adhäsionsverfahren		174
	1.	Allgemeines	175
		a) Gesetzliche Grundlagen/2. Opferrechtsreformgesetz	175
		b) Elementares für die Bearbeitung	176
	2.	Anwendungsbereich und Anrechnung	177
		a) Anwendungsbereich	177
		b) Anrechnung	179
		aa) Anrechnung von Gebühren im Zusammenhang mit dem Strafverfahren	179
		bb) Anrechnung von Gebühren im Zusammenhang mit der zivilrechtlichen Geltendmachung	179
	3.	Vergleich im Adhäsionsverfahren	181
	4.	Adhäsionsverfahren im Verkehrsrecht!?	184
		a) Einführung	184
		b) Praktische Anwendung	185
		c) Prozesskostenhilfe und Beiordnungen nach § 404 Abs. 5 StPO	188
		aa) Erfolgsaussicht der Rechtsverfolgung/-verteidigung, § 114 ZPO	189
		bb) Bedürftigkeit nach § 115 ZPO	190
		d) Beiordnung eines Rechtsanwaltes	190
II.	Einziehung und verwandte Maßnahmen		192
	1.	Allgemeines	193
	2.	Wertbestimmung	193
III.	Pauschgebühren		195
	1.	Einleitung	195

		2. Besonderer Umfang, besondere Schwierigkeit und Unzumutbarkeit der gesetzlichen Gebühren	197

2. Besonderer Umfang, besondere Schwierigkeit und Unzumutbarkeit der gesetzlichen Gebühren 197
    a) Besonderer Umfang 197
    b) Besondere Schwierigkeit 197
    c) Prüfung der Unzumutbarkeit 198
    d) Antragstellung für eine Pauschgebühr 198
3. Pauschgebühren auch für den Wahlverteidiger 199
E. Strafvollstreckung 202
  I. Allgemeines 203
  II. Verfahrensgebühr und Terminsgebühr nach Nrn. 4200 ff. VV 205
    1. Verfahrensgebühr und Zuschläge nach Nrn. 4200, 4201; 4204 und 4205 VV 205
    2. Terminsgebühr und Zuschläge nach Nrn. 4206, 4207 VV 205
  III. Einzeltätigkeiten in der Strafvollstreckung 207

§ 3 Gebühren in Bußgeldangelegenheiten 209
A. Allgemeines 209
  I. Einleitung 209
    1. Abgrenzung Bußgeldverfahren und Strafverfahren 209
    2. Strafverfahren und sich anschließendes Bußgeldverfahren 210
    3. Bußgeldverfahren und sich anschließendes Strafverfahren 212
  II. Anwendungsbereich 213
    1. Allgemeines 213
    2. Problem der „Angelegenheiten" 216
  III. Ermessensausübung nach § 14 RVG im Bußgeldverfahren 217
    1. Allgemeines 217
    2. Besonderheiten im Verkehrsrecht 218
B. Das Verfahren vor der Verwaltungsbehörde 219
  I. Grundgebühr nach Nr. 5100 VV 221
    1. Erstmalige Einarbeitung 221
    2. Rechtsfall 223
    3. Höhe der Grundgebühr nach Nr. 5100 VV 223
  II. Verfahrensgebühren nach Nrn. 5101, 5103 und 5105 VV 225
  III. Terminsgebühren nach Nrn. 5102, 5104 und 5106 VV 226
    1. Anwendungsbereich 226
    2. Höhe der Terminsgebühren 227
  IV. Befriedigungsgebühr/Einstellung des Bußgeldverfahrens nach Nr. 5115 VV 228
    1. Allgemeines 229
    2. Strafverfahren und sich anschließendes Bußgeldverfahren 230
    3. Förderung des Verfahrens nach Nr. 5115 VV 231
C. Das gerichtliche Verfahren im ersten Rechtszug nach Nrn. 5107 ff. VV 233
  I. Gebühren im gerichtlichen Verfahren 233
    1. Höhe der Verfahrens- und Terminsgebühr nach Nrn. 5107–5112 VV vor dem Gericht der Ersten Instanz 234
    2. Anfall der Verfahrensgebühr nach Nrn. 5107, 5109 und 5111 VV .. 234
    3. Anfall der Terminsgebühr nach Nrn. 5108, 5110 und 5112 VV 235
  II. Die Gebühren in der Rechtsbeschwerde nach Nrn. 5113 f. VV 237
D. Weitere Gebühren 238
  I. Verfahrensgebühr bei Einziehung und verwandten Maßnahmen nach Nr. 5116 VV 239
    1. Allgemeines 240
    2. Wertbestimmung 240

		II. Pauschgebühren	241
		III. Einzeltätigkeiten	241
§ 4	**Vergütungsvereinbarungen**		**243**
	A.	Einführung	243
	B.	Verfassungsrechtliche Vorgaben	245
	C.	Konkrete Ausgestaltung	247

- I. Allgemeines ... 247
- II. Leitlinien durch den BGH ... 248
  1. Zusammenfassung der Vorgaben des BGH ... 249
  2. Kernsätze der Entscheidung ... 249
  3. Konsequenzen der BGH-Entscheidung ... 250
- III. Checkliste zur Besprechung und Verhandlung einer Vergütungsvereinbarung mit dem Auftraggeber ... 251
- IV. Wichtige gesetzliche Einschränkungen ... 253
  1. Geltung des BGB ... 253
  2. Einschränkung im Bereich der Beratungshilfe oder Prozesskostenhilfe ... 253
  3. Weitere gewichtige Gesichtspunkte ... 254
     - a) Gegenstandswert ... 254
     - b) Kostenerstattung ... 254
     - c) Rechtsschutzversicherung ... 254
     - d) Auslagen ... 255
- V. Weitere Gestaltungsmöglichkeiten ... 255

D. Erfolgsvergütungsvereinbarung ... 257
- I. Einführung ... 257
- II. Besonderheiten im Strafrecht/Bußgeldrecht ... 259

E. Vergütungsvereinbarung auf der Basis einer Zeitabrechnung ... 260
- I. Vergütungshöhe ... 261
- II. Zeittaktklausel ... 262
- III. Konkrete Abrechnung ... 264

F. Checkliste für die Vergütungsvereinbarung ... 266

G. Muster von Vergütungsvereinbarungen ... 268
- I. Muster: Vergütungsvereinbarung im Strafrecht für die pauschale Abgeltung von Tätigkeitsbereichen ... 268
- II. Muster: Erfolgsvergütungsvereinbarung Schmerzensgeld ... 270

§ 5 Gebührenklagen und Kostenfestsetzungsbeschwerden ... **275**
- A. Gebührenklagen ... 275
- B. Rechtsmittel gegen die Kostenentscheidungen ... 278

§ 6 Gesetzliche Regelungen ... **281**
- A. Teil 4 der Anlage 1 zu § 2 Abs. 2 VV (auszugsweise) ... 281
- B. Tabellarische Übersicht der Gebühren des Verteidigers in Strafsachen und in Bußgeldsachen ... 301

Stichwortverzeichnis ... 309

Musterverzeichnis

Aufklärung nach der DL-InfoV	27
Informationen für unsere Mandanten	31
Abrechnungshilfe	55
Rechtsschutzanfrage für den Fall, dass Fahrer der Ehegatte des Halters/Versicherungsnehmers ist und sich ein Zeugenfragebogen an den Halter richtet	60
Deckungsanfrage	61
Rechtsschutzversicherter Mandant	67
Antrag auf Beiordnung im Adhäsionsverfahren	73
Antrag der Erforderlichkeit von Reisekosten	85
Abrechnung der Grundgebühr beim Pflichtverteidiger	100
Abrechnung Wahlverteidiger mit Haftzuschlag	100
Abrechnung des Pflichtverteidigers nach Bestellung als Pflichtverteidiger im Vorverfahren	103
Pflichtverteidiger für Vorverfahren mit Haftprüfungstermin	104
Abrechnung für Teilnahme am Haftbefehlsverkündungstermin bei Wahlverteidiger (ohne Verfahrensgebühr)	106
Teilnahme des Rechtsanwalts bei Wahlverteidigung bzw. für den Pflichtverteidiger an Haftbefehlsverkündung mit protokollierter beantragter Außervollzugsetzung des Haftbefehls, nachfolgendem erfolgreichen Haftprüfungstermin und nach der U-Haftentlassung in der Kanzlei des Opfers stattfindendem Täter-Opfer-Ausgleichsgespräch in einem Fall der gefährlichen Körperverletzung	108
Pflichtverteidiger und drei Haftprüfungstermine, wobei das Mandat bereits vor der Untersuchungshaft angenommen worden ist, beides erwerbsmässigen Diebstahl Beschuldigten	109
Pflichtverteidiger-Vergütung nach Beiordnung im Vorbereitenden Verfahren	114
Vorbereitendes Verfahren beim Wahlanwalt – hier Mittelgebühr nach Annahme des Mandates einschließlich der Beratung, dass keine Aussage gemacht werden solle, darauf folgender Einsicht in die Ermittlungsakte und kurzem Telefonat mit der Mandantschaft	115
Mandatsbedingungen bei Strafsachen und Ordnungswidrigkeiten	120
Abrechnung vom Strafverfahren zum Bußgeldverfahren jeweils nur die Mittelgebühren!	121
Abrechnung vom Bußgeldverfahren zum Strafverfahren – jeweils nur die Mittelgebühr mit einem Hauptverhandlungstermin, die Angelegenheit war in jeder Hinsicht durchschnittlich.	122
Mitwirkung im gerichtlichen Verfahren	123
Vorläufiger Kostenfestsetzungsantrag nach Bestellung durch das Amtsgericht	132
Abrechnung für den Pflichtverteidiger für das Beispiel 1) Kostenfestsetzungsantrag nach 10 Hauptverhandlungsterminen mit Zuschlag und sodann 2 Hauptverhandlungsterminen ohne Zuschlag mit Vorverfahren für den Pflichtverteidiger am Amtsgericht	134
Abrechnung mit Längenzuschlag bei Hauptverhandlung am Amtsgericht für den Pflichtverteidiger	136

Musterverzeichnis

Abrechnung für den Wahlverteidiger mit der Mittelgebühr nach Nr. 4106 VV	139
Ergänzender Antrag des Pflichtverteidigers nach bereits abgerechneten Grund- und Verfahrensgebühren und einer Terminsgebühr	142
Beschränkter Einspruch gegen Strafbefehl mit dem Antrag, im Beschlusswege zu entscheiden	152
Abrechnung für Vertretung eines Pflichtverteidigers für eine Nebenklage, die am Landgericht durchgeführt wurde, wobei im Hauptverhandlungstermin ein zweiter Geschädigter mitvertreten wurde	154
Abrechnung für die Vertretung der Nebenklage in einem Verfahren vor dem Landgericht (1. Instanz)	156
Abrechnung der Pflichtverteidigergebühren im Revisionsverfahren ohne mündliche Verhandlung vor dem BGH nach erstinstanzlicher Vertretung vor dem Landgericht	170
Abrechnung der Wahlverteidigergebühren im Revisionsverfahren nach erstinstanzlicher Vertretung ohne Hauptverhandlungstermin beim BGH	171
Abrechnung für einen Adhäsionsantrag bei einem Gegenstandswert von 15.000,00 EUR bei zwei vertretenen Mandanten mit Erhöhungsgebühr	179
Abrechnung für Pflichtverteidiger, der dem Angeklagten beigeordnet worden war	180
Vergleich im Rahmen eines Adhäsionsverfahrens mit zwei Adhäsionsklägerinnen	183
Adhäsionsantrag	185
Antrag auf Festsetzung der Prozesskostenhilfegebühren, sofern der Antragsgegner hierzu verurteilt wird	191
Abrechnung für ein beschlagnahmtes Fahrzeug	195
Pauschantrag	200
Mandatsbedingungen bei Strafsachen und Ordnungswidrigkeiten	211
Abrechnung vom Strafverfahren zum Bußgeldverfahren – jeweils nur die Mittelgebühren	211
Abrechnung vom Bußgeldverfahren zum Strafverfahren – jeweils nur die Mittelgebühr mit einem Hauptverhandlungstermin	212
Abrechnung der Grundgebühr beim Pflichtverteidiger	224
Abrechnung Wahlverteidiger bei nicht auf freiem Fuß befindlichen Mandanten	224
Mandatsbedingungen bei Strafsachen und Ordnungswidrigkeiten	231
Mitwirkung	232
Zeiterfassungsdokumentation	265
Abrechnung nach Auffassung des OLG Düsseldorf vom 18.2.2010 – 24 U 183/10	266
Vergütungsvereinbarung im Strafrecht für die pauschale Abgeltung von Tätigkeitsbereichen	268
Erfolgsvergütungsvereinbarung Schmerzensgeld	270
Gebührenklage nach Widerspruch durch den Antragsgegner im Mahnverfahren und Abgabe an das zuständige Amtsgericht	275
Beschwerde	278

Literaturverzeichnis

Burhoff, Handbuch für die strafrechtliche Hauptverhandlung, 6. Auflage 2010 (zit.: *Burhoff*-Hauptverhandlung)

Burhoff, Handbuch für das strafrechtliche Ermittlungsverfahren, 5. Auflage 2009 (zit.: *Burhoff*-Ermittlungsverfahren)

Burhoff, Handbuch für das straßenverkehrsrechtliche OWi-Verfahren, 2. Auflage 2008 (zit.: *Burhoff*-OWi)

Burhoff (Hrsg.), RVG Straf- und Bußgeldsachen, 2. Auflage 2007 (zit.: Burhoff-RVG/*Bearbeiter*)

Fölsch, Anwaltsvergütung im Verkehrsrecht, 2008

Gerold/Schmidt/von Eicken/Madert/Müller-Rabe, Rechtsanwaltsvergütungsgesetz – Kommentar, 19. Auflage 2010 (zit.: Gerold/Schmidt/*Bearbeiter*)

Hinne/Klees/Müllerschön/Teubel/Winkler, Vereinbarungen mit Mandanten, 2. Auflage 2008 (zit.: Vereinbarungen/*Bearbeiter*)

Hommerich/Kilian/Dreske, Statistisches Jahrbuch der Anwaltschaft 2009/2010

Mayer, Gebührenformulare, 2008

Mayer/Kroiß (Hrsg.), Rechtsanwaltsvergütungsgesetz – Handkommentar, 4. Auflage 2009 (zit.: Hk/*Bearbeiter*)

Mayer/Winkler, Erfolgshonorar, 2008 (zit.: Erfolgshonorar/*Bearbeiter*)

Onderka, Anwaltsgebühren in Verkehrssachen, 3. Auflage 2011

Roth (Hrsg.), Verkehrsrecht, 2. Auflage 2009

Samimi, AnwaltFormulare Rechtsschutzversicherung, 2. Auflage 2009

Schneider, Fälle und Lösungen zum RVG, 2. Auflage 2008

Schneider/Wolf (Hrsg.), Anwaltkommentar RVG, 5. Auflage 2010 (zit.: AnwK-RVG/*Bearbeiter*)

§ 1 Einführung in die Abrechnung des Rechtsanwalts

A. Einleitung

I. Mandatsannahme

Bei der Annahme des Mandates – so es sich denn um ein Wahlmandat handelt – muss sich der Rechtsanwalt die Frage stellen, ob die Bearbeitung unter ökonomischen Gesichtspunkten erfolgen kann. Ist dieses nicht der Fall, sollte von der Annahme des Mandates abgesehen werden. Warum? **1**

Die Zahl der praktizierenden Rechtsanwälte hat sich in den vergangenen knapp 20 Jahren mehr als verdreifacht. Der Markt hingegen hat sich mitnichten verdreifacht. Die Lage, eine Rechtsanwaltskanzlei als Kleinunternehmen zu führen und am Markt zu behaupten, ist aufgrund der Öffnung des (Rechtsberatungs-)Marktes – namentlich der Änderung des Rechtsberatungsgesetzes – erheblich schwieriger geworden. Die Haftungsgrundsätze für die Rechtsanwälte haben sich dagegen erheblich kompliziert und die Verantwortlichkeit für Fehler erhöht.[1] **2**

In den vergangen knapp 15 Jahren hat sich die Anwaltsdichte in Relation des Bürgers zum Rechtsanwalt vom 1.098 auf 545 verringert: Anders ausgedrückt: die Zahl der zugelassenen Anwälte hat sich knapp verdreifacht.[2] Manchem mag auch der Wettbewerb untereinander dreimal so schwer vorkommen wie vor 15 Jahren! Die Bundesrechtsanwaltskammer hat eine Studie[3] in Auftrag gegeben, in der es u.a. heißt: **3**

„Dabei wurde auf der **Angebotsseite** Folgendes festgestellt:

- Bezogen auf die Zahl der Einwohner ergibt sich für Deutschland eine **Anwaltsdichte** von 651 Einwohnern pro Rechtsanwalt (2006). Damit weist Deutschland in Europa eine relativ hohe Anwaltsdichte auf.
- Hinsichtlich der Anzahl der Kanzleien in Relation zur Bevölkerung liegt Deutschland im europäischen Mittelfeld. mit etwa 380 Kanzleien pro eine Million Einwohner.
- Der Umsatz pro Kanzlei in Deutschland beläuft sich auf durchschnittlich 380.000 EUR, während der Mittelwert bei 460.000 EUR und der Median bei 440.000 EUR per anno liegt.
- Auch mit Blick auf den um Preis- und Einkommenseffekte bereinigten **Umsatz pro Rechtsanwalt** ist die Situation in Deutschland ähnlich. Der entsprechende Wert liegt

---

1 BGH v. 17.9.2009 – IX ZR 74/08, NJW 2010, 73 mit sehr kritischer Anm. *Römermann*, Richter richten über Richterhaftung, NJW 2010, 21 ff.
2 *Hommerich/Kilian/Dreske*, Statistisches Jahrbuch der Anwaltschaft 2009/2010, S. 37 ff., auch differenziert nach den jeweiligen Kammerbezirken.
3 Ergebnisse der Studie des Instituts der Deutschen Wirtschaft Köln im Auftrag der Bundesrechtsanwaltskammer, veröffentlicht unter http://www.brak.de/seiten/pdf/RVG/RAverg._in_Europa_IWstudie2008.pdf.

§ 1 Einführung in die Abrechnung des Rechtsanwalts

unterhalb des europäischen Durchschnitts bzw. Medians.[4] Dies könne als Hinweis dienen, dass die Anwaltsvergütung in Deutschland im Durchschnitt eher unterhalb des europäischen Mittelwertes liege, da geringere Honorare in der Regel zu geringeren Umsätzen führten.

4 Im Ergebnis geht das Institut der Deutschen Wirtschaft anhand dieser Daten für Deutschland von **keiner hohen Konzentration auf dem Anwaltsmarkt** aus. Trotz der bestehenden Zugangs- und Verhaltensregulierungen herrsche deshalb ein funktionsfähiger Wettbewerb. **Die Umsatzzahlen der deutschen Rechtsanwälte und Kanzleien liegen unterhalb des europäischen Durchschnitts, was als Folge der Konkurrenzsituation interpretiert werden kann.**

5 Auch das Anforderungsprofil der Rechtssuchenden hat sich durch zunehmende Spezialisierung gewandelt. Denn der Anteil der verliehenen Fachanwaltstitel an die Rechtsanwälte ist ebenfalls in 1995 von 6,3 % aller Fachanwälte im Verhältnis zu den zugelassenen Anwälten auf 23,9 % in 2009 gestiegen.[5] Dies zeigt, dass die Anwaltschaft um Qualifizierung und Differenzierung bemüht ist. Allein im Verkehrsrecht ist seit 2006 ein Anstieg von knapp 400 auf etwa 2100 Fachanwälte bis 2009 zu registrieren.[6] Im Strafrecht sind 2009 nur knapp 200 Fachanwälte mehr, also fast 2300 Fachanwälte zugelassen. Dem steht trotz des hohen Investitionsaufwandes, den Rechtsanwälte aufbringen müssen, wenn sie Fachanwaltstitel erstreben, jedoch die Einkommenssituation gegenüber: Lag der durchschnittliche Jahresumsatz eines Rechtsanwaltes 1994 bei rund 116.000 EUR, hat sich dieser bis 2007 um etwa 15 % verringert auf etwas mehr 98.000 EUR![7] Auch die durchschnittlichen Stundensätze sind allenfalls konstant geblieben oder nur leicht im Zeitraum von 1998 bis 2006 gestiegen.[8] Dies erreichen die Rechtsanwälte dadurch, dass sie im Schnitt nicht mehr als 23 Urlaubstage jährlich in Anspruch nehmen und zwischen 43 bis 49 Stunden wöchentlich arbeiten.[9]

6 Dem wirtschaftlichen Druck einerseits, aber auch der qualifizierten Arbeit andererseits im wahrsten Sinne des Wortes Rechnung tragen soll diese Arbeitshilfe. Mit dem vorliegenden Werk soll der Zugang zur Abrechnung der Strafsachen und der Bußgeldsachen erleichtert und die Begründung von Gebührenforderungen vereinfacht werden. Es soll gelten: Das Rad nicht neu erfinden, sondern das Rad einsetzen!

---

4 Allerdings sind diese Zahlen insoweit wenig aussagekräftig, als den Löwenanteil des Umsatzes auch die Großkanzleien gerieren; vgl. die Statistiken des Statistischen Jahrbuchs.
5 *Hommerich/Kilian/Dreske*, Statistisches Jahrbuch der Anwaltschaft 2009/2010, S. 85.
6 *Hommerich/Kilian/Dreske*, Statistisches Jahrbuch der Anwaltschaft 2009/2010, S. 87.
7 *Hommerich/Kilian/Dreske*, Statistisches Jahrbuch der Anwaltschaft 2009/2010, S. 107.
8 *Eggert*, Die Berufssituation von Rechtsanwältinnen und Rechtsanwälten 1998 und 2006 im Vergleich, BRAK-Mitt, S. 5 f.
9 *Eggert*, Die Berufssituation von Rechtsanwältinnen und Rechtsanwälten 1998 und 2006 im Vergleich, BRAK-Mitt, S. 4 ff.

A. Einleitung § 1

7

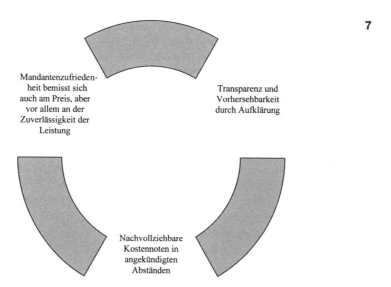

Mandantenzufriedenheit bemisst sich auch am Preis, aber vor allem an der Zuverlässigkeit der Leistung

Transparenz und Vorhersehbarkeit durch Aufklärung

Nachvollziehbare Kostennoten in angekündigten Abständen

Rechtsanwälte können eine größere Zufriedenheit bei Mandanten erringen,[10] wenn sie klarer sind. Das bedeutet, dass die Mandanten wissen wollen, was finanziell auf sie zukommt. Manche Kanzleien geben schon im Internet erste Hinweise, was für welche Leistungen in der Regel gefordert wird: Es heißt so oder ähnlich beispielsweise: „Wir berechnen für die Akteneinsicht und die Beratung eine Vergütung von 300,00–500,00 EUR. Die Kosten für die Übernahme der (weiteren) Verteidigung bestimmen wir dann individuell. Für die Beratung und Begleitung der Angehörigen nach einer Verhaftung mit der Vertretung des Betroffenen im Termin, in dem der Haftbefehl verkündet wird, benötigen wir zwischen 500,00 und 1.000,00 EUR vor."

8

Dabei spielt die Höhe der Gebührenforderung eine gar nicht so entscheidende Rolle, sondern vielmehr die Klarheit, mit der die Leistung angeboten wird. Sind die Mandanten zufrieden, werden sie eher Gebührennoten bezahlen – und das macht wiederum die Rechtsanwälte froh!

9

---

10 *Roth*, § 1 Rn 47, bezieht sich auf eine Studie, nach der Unzufriedenheit der Mandanten mit der anwaltlichen Leistung im Wesentlichen auf mangelnder Kommunikation und zu wenig Zeit basiert, nicht aber auf dem Preis!

§ 1 Einführung in die Abrechnung des Rechtsanwalts

II. Allgemeine Grundlagen

10 In Deutschland erfolgt die Abrechnung der anwaltlichen Vergütung entweder **nach dem Gesetz** (nach dem 1.7.2004 RVG = Rechtsanwaltsvergütungsgesetz in der jeweils gültigen Fassung)[11] **oder** aufgrund von **Vergütungsvereinbarungen**, die grundsätzlich immer zwischen den Beteiligten geschlossen werden können. Insbesondere sind bei Vereinbarungen höherer als der gesetzlichen Gebühren die Formvorschriften des § 4 RVG zu beachten und bei gesetzlichen Gebühren im Falle der gerichtlichen Tätigkeit des Rechtsanwalts dürfen diese nicht unterschritten werden. Die Vereinbarung einer höheren als der gesetzlichen Gebühr ist aber jederzeit möglich.

11 Das **Rechtsanwaltsvergütungsgesetz** selbst besteht aus dem **Gesetzestext** und dem **Vergütungsverzeichnis**, das teilweise tabellenartig aufgegliedert ist. Im Gesetzestext sind die allgemeinen gebührenrechtlichen Vorschriften enthalten, im nachfolgenden Vergütungsverzeichnis sind die einzelnen Gebührentatbestände aufgelistet. In der Anlage 2 findet sich die Tabelle bzgl. des Gegenstandswertes

12 Das RVG stellt mehrere Gebührenarten vor.

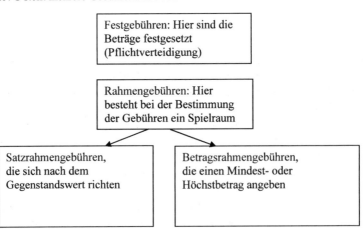

13 Entweder sind **Fest- oder Rahmengebühren** festgelegt. Die Rahmengebühren sind entweder gegenstandswertabhängig, so genannte **Satzrahmengebühren**, oder es werden ein Mindest- und ein Höchstbetrag vorgegeben, so genannte **Betragsrahmengebühren**. Außerdem ist die Rede von der Mittelgebühr, die bei den Betragsrahmengebühren ermittelt werden.

---

11 Der aktuelle Stand ist jeweils auf www.brak.de abrufbar.

A. Einleitung § 1

Die Mittelgebühr berechnet sich Addition von $\frac{\text{Mindest- und Höchstgebühr}}{2}$ **14**

> *Beispiel* **15**
> 20–160 EUR Rahmen = 180 EUR : 2 = 90 EUR Mittelgebühr
> Hiervon 80 % ergibt dann üblicherweise den Satz für die Pflichtverteidiger!

Abschließend hat der Gesetzgeber in verschiedene Teile die jeweiligen Rechtszweige auf- **16** gegliedert, wobei hier vornehmlich die Teile 4 (Strafrecht), 5 (Bußgeldverfahren) und 7 (Auslagen) behandelt werden.

III. Aufbau des RVG im Strafrecht und bei Bußgeldverfahren

Der Aufbau des RVG gliedert sich im Wesentlichen nach dem Verfahrensverlauf im Straf- **17** bzw. Bußgeldverfahren. Es wird daher folgendermaßen unterschieden:

1. Grafischer Aufbau des Strafverfahrens

Grundsätzlich gilt die Grundgebühr (Nr. 4100 VV), ggf. mit Zuschlag (Nr. 4101 VV) mit **18** der Mandatsannahme als verdient.

§ 1 Einführung in die Abrechnung des Rechtsanwalts

1. Phase: Vorverfahren →

Beschuldigter | Es gelten Nrm. 4104, 4105 VV |

Die Tat | Ermittlungen der Staatsanwaltschaft/Polizei

Entscheidung:
→
a) Einstellung des Verfahrens (§ 170 Abs. 2 StPO) wegen geringer Schuld (§ 153 StPO) gegen Erbringung einer Auflage (§ 153a StPO)
b) Anklage
c) Antrag auf Erlass eines Strafbefehls

2. Phase: Zwischenverfahren →

Angeschuldigter | Es gelten Nrm. 4106–4123 VV |

Anklage/Strafbefehlsantrag gehen an das zuständige Gericht

dies stellt Anklage zu und gewährt rechtliches Gehör

Entscheidung:

3. Phase: Hauptverfahren

Angeklagter | Es gelten Nrm. 4108–4123 VV |

a) Anklage wird zugelassen/abgelehnt (Eröffnung des Hauptverfahrens)

b) Strafbefehl wird erlassen und zugestellt: kein Einspruch = URTEIL
Einspruch innerhalb von 2 Wochen nach Zustellung

3. Phase: Hauptverfahren →

Terminierung → Durchführung der Hauptverhandlung

4. Phase: Rechtskraft/Strafvollstreckung

Verurteilter | Es gelten Nrm. 4137– 4140 VV |

→ URTEIL

(Freispruch) -im BO-Falle Wahlanwaltsgebühren

Oder: Entscheidung wie am Ende der 1. Phase auch

2. Grafischer Aufbau des Bußgeldverfahrens

Auch hier fällt grundsätzlich die Grundgebühr an. Im Bußgeldverfahren gibt es ansonsten eine Zweiteilung des Verfahrens in das Verwaltungsverfahren und in das gerichtliche Verfahren, grafisch sieht das folgendermaßen aus:

Verstöße im Verwaltungsverfahren

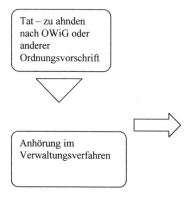

Ordnungswidrigkeiten im nachfolgenden **gerichtlichen** Verfahren durch Einspruchseinlegung gegen den erlassenen Bußgeldbescheid

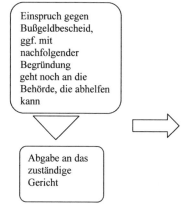

§ 1 Einführung in die Abrechnung des Rechtsanwalts

3. Weitere Unterteilungen des RVG

22 Die wesentlichen Unterteilungen finden sich bereits im technischen Aufbau des Vergütungsverzeichnisses. Vor der ersten Abrechnung oder aber wenn einmal Ungewöhnliches abgerechnet werden soll, empfiehlt es sich, einmal durch den Teil 4 bzw. 5 zu blättern, um alle Gebührentatbestände kurz gelesen zu haben. Vor der eigentlichen Abrechnung dann sollten zur tieferen Information erst die jeweilige Vorbemerkung, dann die weiteren Spezifika erfasst werden.

a) Strafsachen

23 Es wird in den Abschnitten unterschieden zwischen dem
- 1. Abschnitt: Gebühren des Strafverteidigers (Strafverfahren) (Nrn. 4100–4146 VV),
- 2. Abschnitt: Gebühren der Strafvollstreckung (Nrn. 4200–4207 VV) und
- 3. Abschnitt: Einzeltätigkeiten (Nrn. 4300–4304 VV).

Auch fallen daneben bspw. im Adhäsionsklagefalle zivilrechtliche Gebühren an.

24 Zusätzliche Unterteilungen finden sich für die Rechtszüge in Unterabschnitt 3:
- Erster Rechtszug (Nrn. 4106–4123 VV)
- Berufung (Nrn. 4124–4129 VV)
- Revision/Rechtsbeschwerde (Nrn. 4130–4135 VV)
- Wiederaufnahme (§ 17 Nr. 12 RVG bzw. § 21 Abs. 1 RVG, Nrn. 4136 ff. VV)

b) Bußgeldsachen

25 Im Bußgeldverfahren unterteilt sich der 5. Teil lediglich in
- 1. Abschnitt: Gebühren des Strafverteidigers (Strafverfahren) (Nrn. 5100–5116 VV),
- 2. Abschnitt: Einzeltätigkeiten (Nr. 5200 VV)

26 Die Unterabschnitte sind dann dem Verfahren in zeitlicher Folge nachgebildet und in folgende Unterabschnitte aufgeteilt:
- Allgemeine Gebühr (Nr. 5100 VV)
- Verfahren vor der Verwaltungsbehörde (Nrn. 5101–5106 VV)
- Verfahren vor dem Amtsgericht (Nrn. 5107–5112 VV)
- Verfahren über die Rechtsbeschwerde (Nrn. 5113–5114 VV)
- Zusätzliche Gebühren (Erledigung durch Mitwirkung) (Nrn. 5115–5116 VV)

27 *Hinweis*

Zusammengefasst heißt dies:

Die Strafsachen sind in Teil 4 des Vergütungsverzeichnisses geregelt. Hierbei ist die Grundgebühr für das erste Einarbeiten in den Sachverhalt, ferner jeweils eine Verfahrens- und ggf. eine Terminsgebühr im Ermittlungsverfahren und im gerichtlichen Verfahren immer in den Blick zu nehmen. Das RVG sieht eine unterschiedliche Vergütung von Wahl- und Pflichtverteidiger vor. Hierbei wird dem Pflichtverteidiger lediglich 80 % der Mittelgebühr des Wahlverteidigers zugestanden.

A. Einleitung § 1

Für Bußgeldsachen enthält der Teil 5 des Vergütungsverzeichnisses gesonderte Vorschriften. Sie entsprechen im Wesentlichen dem Strafverfahren. Auch hier sind die wichtigsten Gebühren die Grundgebühr, die Gebühr für die Tätigkeit im Verwaltungsverfahren, die Gebühr für die Verteidigung vor Gericht sowie weitere Gebühren für Einzeltätigkeiten.

Schließlich ist weiterhin an die Auslagentatbestände im Teil 7 des Vergütungsverzeichnisses zu denken.

Für alle Teile des RVG gilt jedoch, dass eine höhere Vergütung vereinbart (siehe § 4 Rn 1 ff.) werden kann.

Auch hier sind neben den gesetzlichen Vorschriften oder statt der gesetzlichen Vorschriften Vereinbarungen immer möglich, die sich auch empfehlen, wenn z.B. umfangreiche Anlagen zu kopieren sind oder im Auftrage des Mandanten Reisen wahrgenommen werden.

IV. Erstellung von Kostennoten

Grundsätzlich ist der Auftraggeber der Adressat der anwaltlichen Gebührennote.[12] Dies kann auch ein Dritter sein, der nicht identisch mit dem Mandanten ist, der vertreten wird. Beim rechtsschutzversicherten Mandanten bleibt die Abrechnungskonstellation dieselbe; allerdings hat der Mandant einen Anspruch gegenüber seiner Rechtsschutzversicherung im Hinblick auf die entstandenen Rechtsanwaltskosten, soweit sie im Versicherungsumfang enthalten sind (siehe auch unter § 1 Rn 119, 123).[13]   28

Praxistipp   29
Zu beachten ist auch bei zivilrechtlichen Mandaten, die häufig in Verbindung mit strafrechtlicher Vertretung oder der Vertretung in Ordnungswidrigkeiten parallel verlaufen, dass dem Mandanten bereits bei Annahme des Mandats im Rahmen seiner Aufklärungspflicht der Hinweis seitens des Rechtsanwalts an den Mandanten erfolgen muss, dass die Gebühren sich nach dem Wert des Gegenstandes für seine Tätigkeit richten. Fehlt eine solche Aufklärung schuldhaft, besteht ein Schadenersatzanspruch des Mandanten[14] gegenüber dem Rechtsanwalt.

§ 10 RVG Berechnung   30
(1) Der Rechtsanwalt kann die Vergütung nur aufgrund einer von ihm unterzeichneten und dem Auftraggeber mitgeteilten Berechnung einfordern. Der Lauf der Verjährungsfrist ist von der Mitteilung der Berechnung nicht abhängig.

---

12 *Schneider*, § 1 Rn 1.
13 *Samimi*, § 2 Rn 5 ff. hinsichtlich eines Prüfungsschemas für eine Deckungszusage des Versicherers.
14 BGH v. 24.5.2007 – IX ZR 89/06.

§ 1 Einführung in die Abrechnung des Rechtsanwalts

(2) In der Berechnung sind die Beträge der einzelnen Gebühren und Auslagen, Vorschüsse, eine kurze Bezeichnung des jeweiligen Gebührentatbestands, die Bezeichnung der Auslagen sowie die angewandten Nummern des Vergütungsverzeichnisses und bei Gebühren, die nach dem Gegenstandswert berechnet sind, auch dieser anzugeben. Bei Entgelten für Post- und Telekommunikationsdienstleistungen genügt die Angabe des Gesamtbetrags.

(3) Hat der Auftraggeber die Vergütung gezahlt, ohne die Berechnung erhalten zu haben, kann er die Mitteilung der Berechnung noch fordern, solange der Rechtsanwalt zur Aufbewahrung der Handakten verpflichtet ist.

31 Notwendig für die Fälligkeit der Vergütungsforderung ist eine ordnungsgemäße Kostennote. Denn auch ein Zurückbehaltungsrecht kann erst ausgeübt werden, sofern die Kostennote erstellt ist. Voraussetzung ist stets eine nachvollziehbare und prüfbare Abrechnung der anwaltlichen Leistung. Es ist daher folgende Checkliste zu beachten:[15]

32 Checkliste: Kostennote

- Aussteller? Steuernummer angegeben?
- Rechnungsdatum und Rechnungsnummer?
- Welche Angelegenheit wird abgerechnet?
- Welcher Zeitraum wird abgerechnet?
- Welche Gebühren sind angefallen? Bezeichnung der jeweiligen Nummern des Vergütungsverzeichnisses?
- Ausübung des Ermessens bei Wertgebühren und transparente Darstellung derselben?
- Bei Vergütungsvereinbarungen: welche Gestaltung wird zugrunde gelegt?
- Bei vereinbarten Zeithonoraren nachvollziehbare Dokumentation (Timesheets)?
- Anrechnung vorangegangener Gebühren?
- Ggf. zusätzliche Gebühren?
- Nachvollziehbare Auslagenerfassung?
- Mehrwertsteuer?
- Gezahlte Vorschüsse?
- Unterschrift des Rechtsanwaltes

V. Erste Gebühren

1. Beratung/Gutachten

33 Vor der eigentlichen Beratung ist nach der zum 17. Mai 2010 in Kraft getretenen Dienstleistungs-Informationspflichten-Verordnung (DL-InfoV)[16] eine Aufklärung des Mandanten vorzunehmen. Wahlweise kann diese erfolgen, wenn die Informationen

---

15 OLG Köln gibt eine solche gewissermaßen vor für Zeitvergütungsvereinbarungen in der – noch nicht rechtskräftigen – Entscheidung OLG Köln v. 18.2.2010 – I-24 U 183/05 nach Zurückverweisung durch den BGH v. 19.5.2009 – IX ZR 174/06; *Schneider*, § 1 Rn 14 ff.
16 BGBl 2010, Teil 1 Nr. 11 vom 17.3.2010, S. 267 f.

A. Einleitung § 1

- dem Mandanten **direkt übermittelt** werden (z.B. per E-Mail oder im Rahmen der Mandatsbestätigung),
- **am Kanzleiort** so **vorgehalten** werden, dass sie dem Mandanten **leicht zugänglich** sind (durch Auslegen auf dem Empfangstresen der Kanzlei oder durch leicht sichtbaren Aushang),
- dem Mandanten über eine angegebene Adresse **elektronisch** einfach zugänglich gemacht werden (Einstellen der Informationen auf den **Internetseiten**, sofern die entsprechende **Internetadresse** dem Mandanten entweder bekannt gemacht wird oder diese für den Mandanten leicht auffindbar ist),
- in alle dem Mandanten zur Verfügung gestellten **ausführlichen Informationsunterlagen vor Mandatsbeginn** über die angebotene Dienstleistung aufgenommen werden (beispielsweise in Kanzleibroschüren, Prospekten).

Dem Rechtsanwalt ist es grundsätzlich möglich, **für jede einzelne** Informationspflicht und auch **für jede neue Mandatsanbahnung** gesondert zu entscheiden, auf welchem Weg er seinen Mandanten die erforderlichen Informationen zur Verfügung stellen möchte. 34

Es empfiehlt sich der Einfachheit halber, dieser Verpflichtung durch den Aushang folgender Informationen im Eingangsbereich der Kanzlei oder hinterlegt auf der Webseite der Kanzlei nachzukommen, soweit das Mandat in der Kanzlei zustande kommt. Sollte jedoch vor Mandatsübernahme kein persönlicher Kontakt vorliegen, ist jedenfalls auf den Text bzw. dessen leichter Auffindbarkeit deutlich hinzuweisen, noch besser, dieser mit der Vollmacht zu übermitteln. Ein individualisierbarer Mustertext nebst einem Link zum Gesetzestext ist auf der Webseite der Rechtsanwaltskammer Berlin zu finden.[17] 35

Muster: Aufklärung nach der DL-InfoV 36

▼

Reisert & Groppler

Bestehend aus

Rechtsanwältin und Fachanwältin für Strafrecht und Verkehrsrecht

Gesine Reisert

und

Rechtsanwältin und Fachanwältin für Familienrecht und Miet- und WEG-Recht

Silvia C. Groppler

Kontakt wie nebenstehend

Umsatzsteueridentifikationsnummer (§ 27a UStG) UStIdNr. DE 489/60121 beim Finanzamt Wilmersdorf

---

17 http://www.rak-berlin.de/site/DE/int/01_aktuelles/01_01-mitteilungen/
Mai_10/cont_DLInfo_060510.php?list=TRUE

§ 1 Einführung in die Abrechnung des Rechtsanwalts

Rechtsform: Gesellschaft bürgerlichen Rechts

Berufsbezeichnung und zuständige Kammern

Die Rechtsanwältinnen der Kanzlei sind nach dem Recht der Bundesrepublik Deutschland zugelassen und Mitglieder der Rechtsanwaltskammer Berlin, Körperschaft des öffentlichen Rechts, vertreten durch die Präsidentin Frau RAinuN Irene Schmid,

Littenstraße 9 in 10179 Berlin

Telefon: 030/3069310 Telefax: 030/30693199

E-Mail: info@rak-berlin.de

Berufshaftpflichtversicherung

Räumlicher Geltungsbereich: im gesamten EU-Gebiet und den Staaten des Abkommens über den Europäischen Wirtschaftsraum. XY Versicherung unter folgender Nummer für Frau Reisert

Berufsrechtliche Regelungen

Es gelten die folgenden berufsrechtlichen Regelungen:

- Bundesrechtsanwaltsordnung (BRAO)
- Berufsordnung (BORA)
- Fachanwaltsordnung (FAO)
- Rechtsanwaltsvergütungsgesetz (RVG)
- Berufsregeln der Rechtsanwälte der Europäischen Union (CCBE)

in der jeweils aktuellen Fassung.

Die berufsrechtlichen Regelungen können über die Homepage der Bundesrechtsanwaltskammer (www.brak.de) in der Rubrik „Berufsrecht" auf Deutsch und Englisch eingesehen und abgerufen werden.

Die Wahrnehmung widerstreitender Interessen ist Rechtsanwälten aufgrund berufsrechtlicher Regelungen untersagt (§ 43a Abs. 4 BRAO). Vor Annahme eines Mandates wird deshalb immer geprüft, ob ein Interessenkonflikt vorliegt.

Außergerichtliche Streitschlichtung

Bei Streitigkeiten zwischen Rechtsanwälten und ihren Auftraggebern besteht auf Antrag die Möglichkeit der außergerichtlichen Streitschlichtung bei der regionalen Rechtsanwaltskammer Berlin (gemäß § 73 Abs. 2 Nr. 3 i.V.m. § 73 Abs. 5 BRAO) oder bei der Schlichtungsstelle der Rechtsanwaltschaft (§ 191 f BRAO) bei der Bundesrechtsanwaltskammer, im Internet zu finden über die Homepage der Bundesrechtsanwaltskammer (www.brak.de), E-Mail: schlichtungsstelle@brak.de.

▲

37 Die Beratungsgebühr ist zwischen dem Rechtsanwalt und dem Ratsuchenden grundsätzlich frei aushandelbar. Es steckt zwar noch immer in den Köpfen, dass die Erstberatungspauschale 190,00 EUR zzgl. Umsatzsteuer beträgt; richtig ist jedoch gemäß § 34 Abs. 1 S. 1 RVG, dass eine Gebührenvereinbarung getroffen werden soll! Diese Vereinbarung

kann zwischen den Beteiligten formfrei erfolgen.[18] Zu beachten ist allenfalls, dass bei einem Ratsuchenden, der Verbraucher ist, eine Begrenzung durch § 34 RVG auf 250,00 EUR (netto!) erfolgt.

> **§ 34 RVG Beratung, Gutachten und Mediation**
>
> (1) Für einen mündlichen oder schriftlichen Rat oder eine Auskunft (Beratung), die nicht mit einer anderen gebührenpflichtigen Tätigkeit zusammenhängen, für die Ausarbeitung eines schriftlichen Gutachtens und für die Tätigkeit als Mediator soll der Rechtsanwalt auf eine Gebührenvereinbarung hinwirken, soweit in Teil 2 Abschnitt 1 des Vergütungsverzeichnisses keine Gebühren bestimmt sind. Wenn keine Vereinbarung getroffen worden ist, erhält der Rechtsanwalt Gebühren nach den Vorschriften des bürgerlichen Rechts. Ist im Fall des Satzes 2 der Auftraggeber Verbraucher, beträgt die Gebühr für die Beratung oder für die Ausarbeitung eines schriftlichen Gutachtens jeweils höchstens 250 Euro; § 14 Abs. 1 gilt entsprechend; für ein erstes Beratungsgespräch beträgt die Gebühr jedoch höchstens 190 Euro.
>
> (2) Wenn nichts anderes vereinbart ist, ist die Gebühr für die Beratung auf eine Gebühr für eine sonstige Tätigkeit, die mit der Beratung zusammenhängt, anzurechnen.

38

Ist nach § 34 Abs. 1 S. 3 Hs. 1 RVG keine Gebührenvereinbarung getroffen worden, gilt für die Beratung oder die Ausarbeitung eines schriftlichen Gutachtens jeweils eine Höchstgebühr von 250,00 EUR. Die bisher in § 20 Abs. 1 S. 2 und 3 BRAGO geregelte Erstberatungsgebühr ist also in abgewandelter Form übernommen worden, sofern keine Vereinbarung getroffen worden ist und nur für ein erstes Beratungsgespräch erfolgt. Der schriftliche Rat wird nicht mehr erfasst. Wird der Rechtsanwalt um eine schriftliche Auskunft oder einen Rat gebeten, muss er auf eine Vergütungsvereinbarung hinwirken.

39

> *Praxistipp Gebührengespräch*
>
> Im ersten Gespräch muss über die Gebühren geredet werden: Hierbei sollte der Rechtsanwalt keine Zurückhaltung walten lassen, wenn er seine Leistung gegen Geld erbringen will. Auch sollte er versuchen, bei der Festsetzung des Honorars Transparenz zu zeigen.
>
> So kann eine etwa halbstündige Beratung damit erklärt werden, dass der übliche Stundensatz 250,00 EUR netto beträgt, hier nun eine gute halbe Stunde die Angelegenheit umfassend und abschließend beraten worden ist, sodass für diese Sache ein Honorar von 125,00 EUR netto anfällt. Selbst wenn der Mandant dies für teuer halten sollte, darf ein Vergleich mit dem Handwerkerlohn getrost gezogen werden, der neben der Anfahrtpauschale ebenfalls einen Stundenlohn von gut 80,00 EUR beträgt und aber nicht über die Qualifikation verfügt, die ein Rechtsanwalt mitbringen muss. Die Frage nach dem angemessenen Stundensatz wird dann viel einfacher – auch für den Rechtsanwalt selbst.

40

---

18 Das bedeutet auch nach „unten" kann die Grenze voll ausgereizt werden; vgl. BVerfG v. 19.2.2008 – 1 BvR 1886/06, wonach ein Minutentakt nach telefonischer Beratung Ausdruck von Art. 12 GG sein soll.

2. Konkrete Mandatsannahme

41 Das Mandat muss einerseits übertragen und andererseits angenommen werden. Erst dann kommt der Vertrag zwischen Rechtsanwalt und Mandanten zustande. Diese Selbstverständlichkeit wird deshalb betont, weil sich der Rechtsanwalt bei Annahme des Mandates darüber klar sein muss, welchen Auftrag genau er erhalten hat und ob ggf. Vertretungsverbote vorliegen. Eine Mehrfachverteidigung ist ausgeschlossen! Dies steht auch nicht im Widerspruch zu gemeinsamen Vertretung von Geschädigten im Rahmen einer Nebenklage oder der gemeinsamen Vertretung von Zeugen im Verfahren. Dennoch muss die Kollision erkannt werden.

42 Dies kann beispielsweise der Fall sein, wenn eine Tätigkeit vorliegt, nachdem eine solche bereits für einen anderen Beteiligten in einem entgegen gesetztem Sinn ausgeübt worden ist. Die Interessenkollision und der Parteiverrat, der nach § 258 StGB unter Strafe gestellt ist, dürfte die Pflicht mit der erheblichsten Konsequenz für den Rechtsanwalt sein. Verletzt der Rechtsanwalt diese Pflicht, kann er nicht mehr der uneingeschränkte Vertreter seines Mandanten sein. Diese Pflichten sind der Rechtsanwaltschaft aus dem Rechtsdienstleistungsgesetz und auch der Berufsordnung[19] vorgegeben:

43 **§ 3 BORA Widerstreitende Interessen, Versagung der Berufstätigkeit**

(1) Der Rechtsanwalt darf nicht tätig werden, wenn er eine andere Partei in derselben Rechtssache im widerstreitenden Interesse bereits beraten oder vertreten hat oder mit dieser Rechtssache in sonstiger Weise im Sinne der §§ 45, 46 Bundesrechtsanwaltsordnung beruflich befasst war.

(2) Das Verbot des Abs. 1 gilt auch für alle mit ihm in derselben Berufsausübungs- oder Bürogemeinschaft gleich welcher Rechts- oder Organisationsform verbundenen Rechtsanwälte. Satz 1 gilt nicht, wenn sich im Einzelfall die betroffenen Mandanten in den widerstreitenden Mandaten nach umfassender Information mit der Vertretung ausdrücklich einverstanden erklärt haben und Belange der Rechtspflege nicht entgegenstehen. Information und Einverständniserklärung sollen in Textform erfolgen.

(3) Die Absätze 1 und 2 gelten auch für den Fall, dass der Rechtsanwalt von einer Berufsausübungs- oder Bürogemeinschaft zu einer anderen Berufsausübungs- oder Bürogemeinschaft wechselt.

(4) Wer erkennt, dass er entgegen den Absätzen 1 bis 3 tätig ist, hat unverzüglich seinen Mandanten davon zu unterrichten und alle Mandate in derselben Rechtssache zu beenden.

(5) Die vorstehenden Regelungen lassen die Verpflichtung zur Verschwiegenheit unberührt.

44 Auch sollte geprüft werden, ob der Mandant zuvor einen anderen Rechtsanwalt beauftragt hatte, weil hier Berufspflichten wie die Information des Kollegen zu beachten sind.

---

19 Berufsordnung in der Fassung v. 1.3.2010, zuletzt geändert durch Beschluss der Satzungsversammlung v. 15.6.2009 – BRAK-Mitt. 2009, 279.

A. Einleitung §1

§ 15 BORA Mandatswechsel 45

(1) Der Rechtsanwalt, der das einem anderen Rechtsanwalt übertragene Mandat übernimmt, hat sicherzustellen, dass der früher tätige Rechtsanwalt von der Mandatsübernahme unverzüglich benachrichtigt wird.

(2) Der Rechtsanwalt, der neben einem anderen Rechtsanwalt ein Mandat übernimmt, hat diesen unverzüglich über die Mandatsmitübernahme zu unterrichten.

(3) Absätze 1 und 2 gelten nicht, wenn der Rechtsanwalt nur beratend tätig wird.

Hieraus ist ersichtlich, dass jeder, der ein eigenes Interesse hat, auch von einem Rechtsanwalt vertreten werden muss. Eine Doppelvertretung – Stichwort Interessenkollision und Parteiverrat – ist nicht erlaubt. Zwar wird in der Praxis aus Bequemlichkeit, Unkenntnis oder Ignoranz von diesem Vertretungsverbot oft abgesehen, aber dies ist gefährlich, weil 46

- der Gegner dies ggf. rügen könnte mit der Folge, dass das Mandat niedergelegt und nicht liquidiert werden kann (Verletzung der Aufklärungspflicht!)
- etwaige Regressansprüche ausgeglichen werden müssen
- ein Strafverfahren gegen den Rechtsanwalt eingeleitet werden könnte
- ein Berufsaufsichtsverfahren vor der zuständigen Rechtsanwaltskammer droht.

Und schließlich dürfte der Mandant auf immer verloren sein, weil er nicht versteht, dass er seinen Rechtsanwalt nicht mehr hat und sich nun einen neuen suchen muss.

Auch kann das Vertretungsverbot nicht etwa abbedungen werden.

Grundsätzlich kann mit einem Aufnahmebogen ermittelt werden, ob Vertretungsverbote vorliegen. Es ist – zur Vermeidung langatmiger Erklärungen – gegenüber den Mandanten in einem solchen Falle hilfreich, diesen eine schriftliche Erklärung zu überlassen und einen weiteren Rechtsanwalt zu benennen, an den dann weitere Mandatsteile beauftragt werden: Zur Vermeidung eines Parteiverrates sollte bei Annahme des Mandates beispielsweise in Verkehrsunfallangelegenheiten bei den auszufüllenden Dokumenten folgendes Informationsblatt an die Mandanten übergeben werden: 47

Muster: Informationen für unsere Mandanten 48

▼

Verkehrsunfall – mehrere Beteiligte

Sehr geehrte Mandantin, sehr geehrter Mandant,

da das Verkehrsrecht ein sehr kompliziertes Rechtsgebiet ist, wollen wir Ihnen im Falle, dass der **Fahrzeugführer nicht identisch mit den weiteren durch den Unfall Geschädigten** ist, folgende Aufklärungshinweise geben:

Allein auf der Geschädigtenseite ist schon eine Mehrzahl von Beteiligten denkbar. Natürlich kann alles in einer Person liegen. Allerdings ist durch die inzwischen üblichen Finanzierungsgeschäfte beim Autokauf der Eigentümer nicht identisch mit dem Halter oder gar mit dem Fahrer. Gleiches gilt natürlich auch für den Unfallgegner:

§ 1 Einführung in die Abrechnung des Rechtsanwalts

Weiterhin bestehen auch im versicherungsrechtlichen Bereich mehrere Beteiligte:

Grafisch darstellen lassen sich auch etwaige Schadenersatzansprüche des am Körper oder Eigentum Verletzten:

Hieraus ist ersichtlich, dass jeder, der ein eigenes Interesse hat, auch von **einer/m** Rechtsanwältin/Rechtsanwalt vertreten werden muss. Eine **Doppelvertretung** – Stichwort Interessenkollision und Parteiverrat – **ist nicht erlaubt**. Zwar wird in der Praxis aus Bequemlichkeit, Unkenntnis oder Ignoranz von diesem Vertretungsverbot oft abgesehen, aber dies ist gefährlich, weil

- der Gegner dies rügen könnte mit der Folge, dass das Mandat niedergelegt und nicht mehr von mir weiterbearbeitet werden kann, so dass Sie sich eine/n weitere/n Rechtsanwalt/Rechtsanwältin suchen müssten
- ein Strafverfahren eingeleitet werden könnte
- ein Berufsaufsichtsverfahren für mich droht

Auch kann das Vertretungsverbot nicht etwa ausgeschlossen werden – selbst im Nachhinein ist das nicht möglich, wenn beispielsweise das Strafverfahren folgenlos eingestellt worden ist. Selbst Ihr Einverständnis ändert leider auch nicht die Lage.

Wir raten Ihnen daher zu **entscheiden, welches Mandat Sie uns übertragen wollen**. Da ich als Fachanwältin im Strafrecht und Verkehrsrecht über eine besondere Qualifikation auf dem strafrechtlichen und ordnungsrechtlichen Gebiet verfüge, ist die Übertragung eines Mandates für Fahrzeugführer sicherlich naheliegender. Natürlich kann ich aber auch die zivilrechtliche Geltendmachung Ihrer Schäden übernehmen; dann ist jedoch die Übernahme eines Mandates für den Fahrzeugführer ausgeschlossen.

Vielen Dank für Ihr Verständnis

▲

Praxistipp: Kollisionsprüfung 49

Es muss immer geprüft werden, ob der Fahrzeugführer identisch mit den anderen Beteiligten ist. Sicherheitshalber sollte bei einer Vertretung des Fahrzeugführers im Strafverfahren oder Ordnungswidrigkeitenverfahren keine zivilrechtliche Vertretung erfolgen.

Eine Kooperation mit anderen Kollegen kann dabei hilfreich sein, um die Abwicklung der Mandate möglichst reibungslos zu ermöglichen. Räumliche und fachliche Nähe sind dabei weiterhin von Vorteil.

Für den Fall, dass versehentlich dennoch eine Kollision vorliegen sollte, ist eine Niederlegung des Mandates, das zur Kollision geführt hat, sowie darüber hinaus auch des Mandates, mit dem das zweite kollidiert, unvermeidlich. Einfach ausgedrückt: Beide Mandate sind niederzulegen! Dem kann auch nicht durch ein beidseitiges Einverständnis entgegengewirkt werden. Eine Geltendmachung von Rechtsanwaltsgebühren ist m.E. ausgeschlossen. Auch vor diesem wirtschaftlichen Hintergrund sollte die Prüfung ernst genommen werden. Versetzt man sich in die Lage der Mandanten, die für diese Fehler ggf. einzustehen haben, ist die Prüfung umso wichtiger! 50

3. Vorschuss

Mit Übernahme des Mandates durch den Rechtsanwalt ist der Mandant nach § 9 RVG gehalten, einen Vorschuss zu entrichten. Der Rechtsanwalt sollte diesen Vorschuss unbedingt nehmen! Der Bundesgerichtshof unterstützt die Rechtsanwälte auch darin, eine Mittelgebühr zu liquidieren.[20] 51

Gerade in Verkehrsstrafsachen ist bei dem rechtsschutzversicherten Mandanten an die Vorschusspflicht des Rechtsschutzversicherers zu denken: Denn nur im Verurteilungsfalle wegen einer Vorsatztat hat dieser gegenüber seinem Versicherungsnehmer ein Rückgriffsrecht. Allerdings wollen die Rechtsanwälte für ihre Arbeit nicht das Risiko tragen, sondern vielmehr vor der Rechtskraft der (negativen) Entscheidung die Ihnen zustehenden Gebühren erhalten.

Hinweis 52

Grundsätzlich steht dem Rechtsanwalt eine Grundgebühr nach Nr. 4100 VV zu, sobald das Mandat geführt wird. Denn eine Einarbeitung ist stets erforderlich.

---

20 BGH NJW 2004, 1043; *Burhoff*, Rechtsprechungsübersicht zu § 14 RVG in Straf- und Bußgeldsachen, StRR 2008, 333 m.w.N. In Österreich wird gerne gesagt: „Ohne Schuss kein jus!"

53 Allerdings ist auch hier schon eine Verpflichtung durch die Berufsordnung gegeben, die beachtet werden muss:

§ 16 BORA Prozesskostenhilfe und Beratungshilfe

(1) Der Rechtsanwalt ist verpflichtet, bei begründetem Anlass auf die Möglichkeiten von Beratungs- und Prozesskostenhilfe hinzuweisen.

(2) Der Rechtsanwalt darf nach Bewilligung von Prozesskostenhilfe oder bei Inanspruchnahme von Beratungshilfe von seinem Mandanten oder Dritten Zahlungen oder Leistungen nur annehmen, die freiwillig und in Kenntnis der Tatsache gegeben werden, dass der Mandant oder der Dritte zu einer solchen Leistung nicht verpflichtet ist.

54 Dies bedeutet, dass jedenfalls im Rahmen der Vertretung von Geschädigten für das Adhäsionsverfahren mit der Mandatsannahme auf die Möglichkeiten von Prozesskostenhilfe hingewiesen werden muss.

VI. Verbindung, Verschmelzung und Trennung von Verfahren

1. Verbindung, Verschmelzung von Verfahren

55 Es ist wichtig, bereits bei Übernahme des Mandates die verschiedenen Verfahrensgegenstände voneinander zu trennen. Denn hier warten Gebühren, die oftmals bei der Endabrechnung[21] übersehen werden.

56 *Beispiel anhand der Entscheidung des AG Braunschweig*[22]

In 27 gegen den Mandanten geführten Ermittlungsverfahren hatte der Rechtsanwalt Akteneinsicht genommen. Alle Verfahren wurden bei der Staatsanwaltschaft im Js-Register gesondert eingetragen. Die Staatsanwaltschaft plante eine Verbindung, tatsächlich wurden sie zu 7 Verfahren verbunden. Festgesetzt wurde fehlerhaft nur eine Vergütung für das Tätigwerden in 7 Verfahren, nicht aber in 27!

Allerdings ist jedes einzelne von der Strafverfolgungsbehörde betriebene Ermittlungsverfahren ein eigenständiger Rechtsfall i.S.d. Nr. 4100 VV bis es mit anderen Verfahren verbunden worden ist.[23]

57 Es tauchen zweierlei denkbare Konstellationen auf. Entweder werden unterschiedliche Verfahren miteinander verbunden oder aber ein Verfahren, das mehrere Vorwürfe zum Gegenstand hat, wird aufgeteilt.

---

21 Übersichtlich und mit diversen Beispielen hierzu *Burhoff*, Die Abrechnung der anwaltlichen Tätigkeit in mehreren Strafverfahren, RVGreport 2008, 405 ff.
22 Beschl. v. 12.12.2009 – Ls 107 Js 12216/08, veröffentlicht unter http://www.burhoff.de/insert/?/burhoff/rvginhalte/760.htm.
23 Burhoff-RVG/*Burhoff*, Nr. 4100 VV Rn 24 ff.

A. Einleitung §1

a) Verschmelzung von Verfahren

58

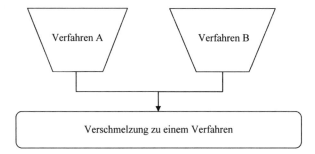

Solange die Verfahren voneinander getrennt sind, sind sie gesondert bzw. voneinander getrennt abzurechnen. Auf die hier entstandenen Gebühren hat die Verbindung keinen Einfluss.[24] Das bedeutet konkret, dass die Grundgebühr für die Einarbeitung in das jeweilige Verfahren A und B gesondert angefallen ist und durch die Verschmelzung auch nicht (mehr) entfallen kann. Desgleichen gilt auch für die Postpauschale.[25]

59

Praxistipp

60

Für die Abrechnung in mehreren späterhin verbundenen Verfahren gilt der allgemeine Grundsatz, dass ursprünglich entstandene Gebühren erhalten bleiben.

Beispiel

61

Dem Beschuldigten B wird im Verfahren 1 unerlaubtes Entfernen vom Unfallort und im Verfahren 2 eine Unterschlagung zur Last gelegt. Unmittelbar nach dem Anhörungsschreiben der Polizei beauftragt er Rechtsanwältin R. Nach der Anklageerhebung bzw. dem Erlass eines Strafbefehls – gegen den fristgemäß Einspruch eingelegt wurde – in Verfahren 2, verbindet das AG beide Verfahren zum Verfahren 1 auf Antrag der Verteidigung mit der Terminierung vor der Hauptverhandlung. Es findet dann eine Hauptverhandlung statt.

In der Abrechnung (hier nur die Mittelgebühren leicht angehoben ohne ausführliche Ermessensausübung im vorbereitenden Verfahren bzw. gerichtlichen Verfahren; durch höheren Zeitaufwand und Schwierigkeitsgrad ist die Terminsgebühr deutlich über der Mittelgebühr angesetzt worden) lässt sich dies wie folgt darstellen:

---

24 Burhoff-RVG/*Burhoff*, ABC-Teil: Verbindung von Verfahren, Rn 2; *Enders*, JurBüro 2007, 393, 394; *Schneider*, § 32 Rn 18.
25 Zur besseren Übersicht wird hier die Postpauschale für das vorbereitende und das gerichtliche Verfahren nur einfach berechnet wie das OLG Saarbrücken v. 15.12.2006 – 1 Ws 249/06, obgleich dies umstritten ist und *Burhoff* aufgrund der Interpretation, dass es sich nicht um dieselbe Angelegenheit handelt, in beiden Verfahrensabschnitten jeweils die Gebühr nach gemäß Nr. 7002 VV berechnet, vgl. *Burhoff*, a.a.O.

§ 1 Einführung in die Abrechnung des Rechtsanwalts

Verfahren 1

Grundgebühr Nr. 4100 VV	185,00 EUR
Verfahrensgebühr Nr. 4104 VV	170,00 EUR
Verfahrensgebühr Nr. 4106 VV	170,00 EUR
Auslagen (20 Kopien)	10,00 EUR
Postentgeltpauschale Nr. 7002 VV	20,00 EUR
Terminsgebühr Nr. 4108 VV	290,00 EUR
Zwischensumme	845,00 EUR
19 % MwSt.	160,55 EUR
Gesamtsumme	**1.005,55 EUR**

Verfahren 2

Grundgebühr Nr. 4100 VV	180,00 EUR
Verfahrensgebühr Nr. 4104 VV	170,00 EUR
Verfahrensgebühr Nr. 4106 VV	170,00 EUR
Auslagen (40 Kopien)	20,00 EUR
Postentgeltpauschale Nr. 7002 VV	20,00 EUR
Zwischensumme	560,00 EUR
19 % MwSt.	106,40 EUR
Gesamtsumme	**666,40 EUR**

b) Verbindung nach § 237 StPO (Verbindung mehrerer Strafsachen)

62 Von der „Verschmelzungsverbindung" zu unterscheiden ist die auf § 237 StPO beruhende Verbindung.

§ 237 StPO (Verbindung mehrerer Strafsachen)

Das Gericht kann im Falle eines Zusammenhangs zwischen mehreren bei ihm anhängigen Strafsachen ihre Verbindung zum Zwecke gleichzeitiger Verhandlung anordnen, auch wenn dieser Zusammenhang nicht der in § 3 bezeichnete ist.

63 Denn die Verbindung will durch das Gericht nur für die gleichzeitige Verhandlung gelten, die Selbstständigkeit der jeweiligen Verfahren aber bleibt erhalten.

A. Einleitung § 1

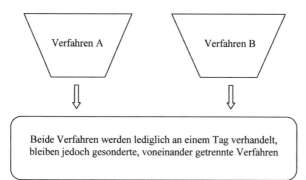

64 Nach der Verbindung handelt es sich bei den verbundenen Verfahren nur noch um **eine** gebührenrechtliche **Angelegenheit**. Alle weiteren Gebühren werden daher auch nur einfach abgerechnet. Allerdings wird bei der Ausübung des Ermessens natürlich der höhere Umfang, die größere Schwierigkeit und der längere Zeitaufwand mit eingestellt[26] (vgl. unten unter Bestimmung der Gebühren nach § 14 RVG § 1 Rn 76 ff.).

65 *Beispiel*

Dem Beschuldigten B wird im Verfahren 1 unerlaubtes Entfernen vom Unfallort und im Verfahren 2 eine Unterschlagung zur Last gelegt. Unmittelbar nach dem Anhörungsschreiben der Polizei beauftragt er Rechtsanwältin R. Nach der Anklageerhebung bzw. dem Erlass eines Strafbefehls – gegen den fristgemäß Einspruch eingelegt wurde – in Verfahren 2, verbindet das AG beide Verfahren nach § 237 StPO auf Antrag der Verteidigung für die Hauptverhandlung. Es findet dann eine Hauptverhandlung statt.

Da die Verbindung nur zum Zwecke der gleichzeitigen Verhandlung erfolgt ist, bleiben die zwei Verfahren gebührenrechtlich gesonderte Angelegenheiten. Es entsteht also in beiden Verfahren die Terminsgebühr nach Nr. 4108 VV, für die dann auch jeweils das Ermessen auszuüben ist.[27]

c) Entscheidung des AG Tiergarten hierzu vom 17.11.2008 – 281-8/08

66 Die Entscheidung des Amtsgerichts Tiergarten gibt dem Rechtsanwalt auch eine Hilfe für die Abrechnung, da mitunter bei der Festsetzung Probleme auftauchen können. Denn es ist natürlich erforderlich, dass Tätigkeiten in dem jeweiligen Verfahren entfaltet worden sind. Dies liest sich dann wie folgt:

„Der Verteidiger, der sich vor der Verbindung beider Verfahren in dem Verfahren 281 Ds184/08 bestellt hatte, hat in diese Akte Einsicht genommen und einen im Einzelnen begründeten Beiordnungsantrag, der zeigt, dass er sich mit dem Inhalt der Akte aus-

---

26 *Burhoff*, a.a.O.
27 *Burhoff*, a.a.O.

einandergesetzt hat, gestellt. Damit hat er vorliegend nicht nur die für die erstmalige Einarbeitung in den Rechtsfall anfallende Grundgebühr nach Nr. 4100 VV RVG verdient, sondern – folgt man dem Wortlaut der Vorbemerkung 4 Absatz 2 zum Teil 4 VV RVG – zugleich auch die Verfahrensgebühr. Dass ein Rechtsanwalt, der sich erstmals in einen (Straf-)Rechtsfall einarbeitet, zugleich das Geschäft eines Verteidigers betreibt, ist offenkundig und liegt auf der Hand. Entsprechend kann nach der Systematik des RVG für einen Verteidiger keine Gebühr anfallen, ohne dass nicht zugleich eine Verfahrens- und eine Geschäftsgebühr entstehen ".[28]

67 Jede Tätigkeit, die vom Abgeltungsbereich der Grundgebühr erfasst wird, führt zu deren Entstehen.[29] Ausreichend ist also z.B. eine erste Besprechung mit dem Mandanten, die dann erst zu einem Akteneinsichtsantrag führt. Diese sollte nach Möglichkeit dem Gericht bei der – vorläufigen – Festsetzung auch mitgeteilt werden, um Herabsetzungen der Vergütung zu verhindern.

2. Trennung von Verfahren

68 Ebenso von Belang ist die Trennung von Verfahren.[30] Denn nach der Trennung entstehen in jeder Angelegenheit wiederum gesonderte Gebühren ab dem Zeitpunkt der Trennung:

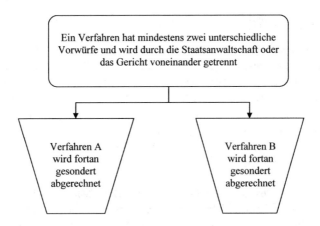

---

28 *Schneider*, Anm. zu OLG Köln, Beschl. v. 17.1.2007 – 2 Ws 8/07 AGS 2007, 451, 452 und AnwK-RVG/*Schneider*, Vorb. 4 VV Rn 22.
29 *Burhoff*, Die Verfahrensgebühr in Straf- bzw. Bußgeldverfahren, RVGreport 2009, 361.
30 Ausführlich mit Beispielen hierzu *Burhoff*, Trennung von Verfahren, RVGreport 2008, 444 ff.

A. Einleitung § 1

Beispiel 69

Dem Beschuldigten B wird unerlaubtes Entfernen vom Unfallort und eine Unterschlagung zur Last gelegt. Unmittelbar nach dem Anhörungsschreiben der Polizei beauftragt er Rechtsanwältin R. Nach der Anklageerhebung trennt das AG das Verfahren zum Verfahren 1 wegen unerlaubten Entfernens vom Unfallort, da noch ein Sachverständigengutachten eingeholt werden muss; für Verfahren 2 wegen Unterschlagung hat die Verteidigung ein Geständnis im Wege einer Schutzschrift angekündigt, worauf im Hauptverhandlungstermin dann eine Geldstrafe verhängt wird. Das später den Beteiligten übermittelte Gutachten kommt zu keinem eindeutigen Ergebnis; die Verteidigung stimmt schließlich einer Einstellung gemäß § 153 StPO zu.

In der Abrechnung (hier nur die Mittelgebühren leicht angehoben ohne ausführliche Ermessensausübung im vorbereitenden Verfahren bzw. gerichtlichen Verfahren) lässt sich dies wie folgt darstellen:

Verfahren 1 und 2 gemeinsam, allerdings fällt hier die Terminsgebühr nur für Verfahren 1 an

Grundgebühr Nr. 4100 VV	185,00 EUR
Verfahrensgebühr Nr. 4104 VV	170,00 EUR
Verfahrensgebühr Nr. 4106 VV	170,00 EUR
Auslagen (20 Kopien)	10,00 EUR
Postentgeltpauschale Nr. 7002 VV	20,00 EUR
Terminsgebühr Nr. 4108 VV	290,00 EUR
Zwischensumme	845,00 EUR
19 % Mwst.	160,55 EUR

Verfahren 2 nach der Trennung

Befriedungsgebühr Nr. 4141 Anm. 1 Ziff. 1 VV	170,00 EUR
Auslagen (40 Kopien)	20,00 EUR
Postentgeltpauschale Nr. 7002 VV	20,00 EUR
Zwischensumme	210,00 EUR
19 % Mwst.	39,90 EUR

VII. Mögliche Gebühren

Darüber hinaus fallen folgende mögliche Gebühren auch in Strafsachen und Bußgeldsachen im Einzelfall an. Dies gilt ebenfalls für das Adhäsionsverfahren. 70

71 Zivilrechtlich können folgende Gebühren anfallen

Gegenstandswert bei Adhäsionsverfahren oder bei Einziehung und verwandten Maßnahmen[31]

- 1,0 Verfahrensgebühr, Nr. 4142 VV
- 2,0 Verfahrensgebühr, Nr. 4143 VV
- falls mehrere Adhäsionskläger: Erhöhung gem. Nr. 1008 VV
- 1,5 Einigungsgebühr, Nr. 1000 VV
- 1,0 Einigungsgebühr, Nr. 1003 VV
- 1,3 Einigungsgebühr, Nr. 1004 VV

höchstens nach § 15 Abs. 3 RVG:

Ausgehend von einer durchschnittlichen Verfahrensangelegenheit ergeben sich gem. § 14 Abs. 1 RVG folgende Mittelgebühren:

72 **Strafrechtlich können folgende Gebühren anfallen, die sich wie folgt aufteilen**

Vorbereitendes Verfahren

- Grundgebühr, Nr. 4100 VV
- Nr. 4101 VV Haft
- Verfahrensgebühr, Nr. 4104 VV
- Nr. 4105 VV Haft
- Terminsgebühr, Nr. 4102 VV
- Nr. 4103 VV Haft
- Post-/Telekommunikationsentgelte, Nrn. 7001, 7002 VV
- Pauschale
- konkret – bzw. Richtigkeit wird anwaltlich versichert –
- Schreibauslagen, Nr. 7000 VV – anwaltlich versichert –
- (…) Seiten zu 0,50 EUR
- (…) Seiten zu 0,15 EUR
- Fahrtkosten, Nr. 7003, 7004 VV
- Tage-/Abwesenheitsgelder, Nr. 7005 VV
- Übernachtungskosten, Nr. 7006 VV
- Umsatzsteuer, Nr. 7008 VV

73 **Erstinstanzliches Verfahren**

- Grundgebühr
- Nr. 4100 VV
- Nr. 4101 Haft VV
- Verfahrensgebühr
- VV 4106 VV
- VV 4107 VV
- VV 4112 VV

---

31 Siehe hierzu ausführlich unter § 2 Rn 226.

A. Einleitung § 1

- VV 4113 VV
- VV 4118 VV
- VV 4119 VV
- Terminsgebühr
- Nr. 4108 VV
- Nr. 4109 VV
- Nr. 4110 VV
- Nr. 4111 VV
- Nr. 4112 VV
- Nr. 4113 VV
- Nr. 4114 VV
- Nr. 4115 VV
- Nr. 4117 VV
- Nr. 4118 VV
- Nr. 4119 VV
- Nr. 4120 VV
- Nr. 4121 VV
- Nr. 4122 VV
- Nr. 4123 VV
- Post-/Telekommunikationsentgelte, Nrn. 7001, 7002 VV
- Pauschale
- konkret – Richtigkeit wird anwaltlich versichert –
- Schreibauslagen, VV 7000 – anwaltlich versichert –
- (…) Seiten zu 0,50 EUR
- (…) Seiten zu 0,15 EUR
- Fahrtkosten, Nrn. 7003, 7004 VV
- Tage-/Abwesenheitsgelder, Nrn. 7005 VV
- Übernachtungskosten, Nr. 7006 VV
- Umsatzsteuer, Nr. 7008 VV

Zweitinstanzliches Verfahren 74

- Grundgebühr
- Nr. 4100 VV
- Nr. 4101 VV
- Verfahrensgebühr
- Nr. 4124 VV
- Nr. 4125 VV
- Terminsgebühr
- Nr. 4126 VV
- Nr. 4127 VV
- Nr. 4128 VV
- Nr. 4129 VV

§ 1 Einführung in die Abrechnung des Rechtsanwalts

- Post-/Telekommunikationsentgelte, Nrn. 7001, 7002 VV
- Pauschale
- konkret – Richtigkeit wird anwaltlich versichert –
- Schreibauslagen, Nr. 7000 VV – anwaltlich versichert –
- (…) Seiten zu 0,50 EUR
- (…) Seiten zu 0,15 EUR
- Fahrtkosten, Nrn. 7003, 7004 VV
- Tage-/Abwesenheitsgelder, Nr. 7005 VV
- Übernachtungskosten, Nr. 7006 VV
- Umsatzsteuer, Nr. 7008 VV

75 Revisionsverfahren

- Grundgebühr
- Nr. 4100 VV
- Nr. 4101 VV
- Verfahrensgebühr
- Nr. 4130 VV
- Nr. 4131 VV
- Terminsgebühr
- Nr. 4132 VV
- Nr. 4133 VV
- Nr. 4134 VV
- Nr. 4135 VV
- Post-/Telekommunikationsentgelte, Nrn. 7001, 7002 VV
- Pauschale
- konkret – Richtigkeit wird anwaltlich versichert –
- Schreibauslagen, Nr. 7000 VV – anwaltlich versichert –
- (…) Seiten zu 0,50 EUR
- (…) Seiten zu 0,15 EUR
- Fahrtkosten, Nrn. 7003, 7004 VV
- Tage-/Abwesenheitsgelder, Nr. 7005 VV
- Übernachtungskosten, Nr. 7006 VV
- Umsatzsteuer, Nr. 7008 VV

B. Bestimmung der Gebühren nach § 14 RVG

I. Einleitung

Zentrale Vorschrift aller Gebührenbestimmung ist § 14 RVG. Dieser lautet: 76

§ 14 RVG Rahmengebühren

(1) Bei Rahmengebühren **bestimmt der Rechtsanwalt** die Gebühr im Einzelfall unter Berücksichtigung aller Umstände, vor allem des Umfangs und der Schwierigkeit der anwaltlichen Tätigkeit, der Bedeutung der Angelegenheit sowie der Einkommens- und Vermögensverhältnisse des Auftraggebers, nach billigem Ermessen. Ein besonderes Haftungsrisiko des Rechtsanwalts kann bei der Bemessung herangezogen werden. Bei Rahmengebühren, die sich nicht nach dem Gegenstandswert richten, ist das Haftungsrisiko zu berücksichtigen. Ist die Gebühr von einem Dritten zu ersetzen, ist die von dem Rechtsanwalt getroffene Bestimmung nicht verbindlich, wenn sie unbillig ist.

(2) Im Rechtsstreit hat das Gericht ein Gutachten des Vorstands der Rechtsanwaltskammer einzuholen, soweit die Höhe der Gebühr streitig ist; dies gilt auch im Verfahren nach § 495a der Zivilprozessordnung. Das Gutachten ist kostenlos zu erstatten.

1. Gebührenermessen durch den Rechtsanwalt

Zuerst ist bei der Vorschrift zu beachten, dass **der Rechtsanwalt**, nicht also die Rechtsschutzversicherung oder aber das Gericht,[32] die einzelfallbezogene Gebührenbestimmung vornimmt. Auch stellt die Vorschrift verschiedene Bemessungskriterien vor, die für die Ermessensanwendung herangezogen werden sollen. Sämtliche Gebührenforderungen, die im Strafrecht oder bei Ordnungswidrigkeiten abzurechnen sind, fallen hierunter, sollte es sich nicht um eine Pflichtverteidigung handeln. Dementsprechend hat jede Abrechnung ein (Gebühren-)Ermessen zur Folge, das angewendet werden muss. Im wohlverstandenen Interesse ist dieses Ermessen immer auszuüben.[33] 77

Praxistipp 78

In den Anschreiben für die Abrechnung sollte das Ermessen dem Auftraggeber gegenüber mitgeteilt werden, um angemessene Gebührenforderungen transparent und nachvollziehbar dem Vergütungsschuldner gegenüber geltend zu machen.

---

32 LG Potsdam v. 16.12.2008 – 24 Qs 113/08, AGS 2009, 590.
33 *Burhoff*, Rechtsprechungsübersicht zu § 14 RVG in Straf- und Bußgeldsachen, RVGreport 2010, 204 ff.

79

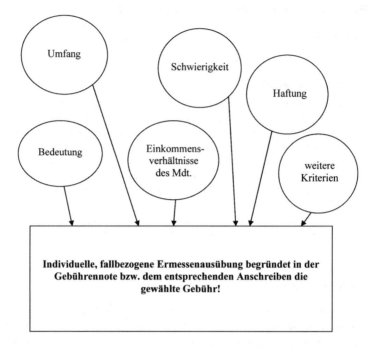

2. Ermittlung des „Rahmens" – Bemessungskriterien

80 § 14 RVG hat zwar aufgelistete Kriterien, die jedoch nicht abschließend sind, da sie nur eine umfassende Berücksichtigung **aller Umstände** ermöglichen sollen. Daher sind im Einzelfall auch noch weitere, nicht aufgeführte Kriterien,[34] die individuell das Mandat beschreiben können, nicht nur zulässig, sondern gerade gewollt.

81 Im Einzelnen geht man **zweistufig** vor, indem zunächst die Bemessungskriterien ermittelt, und diese dann in einem zweiten Schritt für die Bestimmung der angemessenen Gebühr abzuwägen sind.

---

34 Gerold/Schmidt/*Mayer*, § 14 Rn 20.

B. Bestimmung der Gebühren nach § 14 RVG § 1

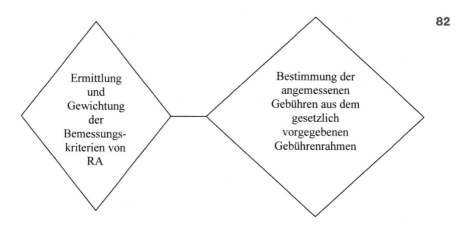

82

II. Die Bemessungskriterien

1. Umfang der anwaltlichen Tätigkeit

Grundsätzlich wird vertreten, dass ein durchschnittlicher Umfang[35] in zeitlicher Hinsicht vorliegt, wenn die Mandatsbearbeitung **drei Stunden** nicht überschreitet.[36] Infolgedessen kann eine Zeitermittlung des tatsächlichen Aufwandes mit einer Zeiterfassung wie sie beispielsweise von Anwaltsprogrammen vorgenommen werden, hier bei der Bestimmung der jeweiligen Kriterien nur anzuraten sein. Dieser würde dann mit entsprechenden „Timesheets" im Zweifelsfalle belegen, welcher tatsächliche Aufwand betrieben werden musste.

83

Zwar hat das OLG Köln[37] eine – noch nicht rechtskräftige[38] – Entscheidung im Bereich der Vergütungsvereinbarung getroffen, die 15-minütige Zeittaktklauseln für einen Verstoß nach § 307 BGB gehalten hat, sodass jedenfalls eine (minuten-)**genaue** Zeiterfassung sicherheitshalber vorgenommen werden sollte. Es geht sogar soweit, dass das Gericht selbst den „angemessenen Stundensatz" bestimmte. Hieraus folgt, dass bei der Aufwanderfassung mehr Sorgfalt erforderlich ist als bislang.

84

Die Wartezeiten werden hierbei grundsätzlich mitberücksichtigt, da sie ja auch angefallen sind.

---

35 AnwK-RVG-*Rick*, 4. Auflage, § 14 Rn 29 ff. mit ausführlicher Aufzählung.
36 AnwK-RVG-*Rick*, 4. Auflage, § 14 Rn 28; *Burhoff*, Rechtsprechungsübersicht zu § 14 RVG in Straf- und Bußgeldsachen, RVGreport 2010, 204 ff.
37 OLG Köln v. 18.2.2010 – I-24 U 183/05 nach Zurückverweisung durch den BGH v. 19.5.2009 – IX ZR 174/06.
38 Jetzt anhängig beim BGH, da das Rechtsmittel zugelassen wurde.

85 Allein der Umstand, dass dieses Kriterium an erster Stelle in § 14 RVG genannt wird, zeigt auch seine Wertigkeit für die Gebührenbemessung.[39] So meint auch das **Kammergericht**, dass das **entscheidende** Kriterium für den „Umfang der anwaltlichen Tätigkeit" vor allem der **zeitliche Aufwand** sei, den der Verteidiger auf die Führung des Mandats verwendet hat, was vor allem bei der Terminsgebühr von Bedeutung ist.[40]

86 Checkliste: Umfang der anwaltlichen Tätigkeit

Im Übrigen sind folgende Kriterien[41] maßgeblich:

- Aktenstudium,
- Anzahl der Zeugen,
- Anzahl und Umfang von Beweisanträgen,
- Anzahl von Anträgen,
- Ausführungen (schriftlich oder mündlich) des Rechtsanwalts,
- Auswertung von Sachverständigengutachten,
- Beratung über Rechtsmittel,
- Besonderer Aufwand, um Kostenentscheidung zu erlangen,
- Besprechungen/Telefonate,
- Besuche in der JVA/JSA,
- Beweisaufnahmen,
- Dienstaufsichtsbeschwerden/Sachstandsanfragen,
- Einarbeitungszeiten,
- Gespräche mit Familienangehörigen,
- ggf. Verfahren auf Zulassung von Rechtsmitteln,
- Inaugenscheinseinnahmen vor Ort,
- Länge der schriftlichen Ausführungen etc.,
- Literaturrecherche,
- mehrere Tatvorwürfe,
- Reise- und Wartezeiten,
- umfangreiche Auswertung von Beiakten/Gutachten,
- Vorbereitung von Hauptverhandlung und Plädoyer,
- zeitlicher Aufwand durch bspw. eigene Zeugeneinvernehmungen/Recherchen vor der Hauptverhandlung.

87 In der Kostennote sollte dann auch der zeitliche Aufwand dargestellt werden, wenn nicht über eine Zeiterfassung, dann zumindest in groben Zügen:

---

39 So auch Hk/*Winkler*, § 14 Rn 16 ff. m.w.N.
40 KG StV 2006, 198 = AGS 2006, 278 = RVGreport 2007, 180.
41 Burhoff-RVG/*Burhoff*, § 14 Rn 17.

Formulierungsbeispiel: Zeitaufwand 88

„Während des Vorverfahrens haben drei Besprechungen von jeweils 45 Minuten Dauer mit dem Mandanten, zwei jeweils 10-minütige Telefonate mit der zuständigen Amtsanwältin stattgefunden. Daneben wurden zwei umfangreichen Schutzschriften neben dem Akteneinsichtsgesuch mit einem Zeitaufwand von insgesamt knapp 2 ¼ Stunden erstellt, sodass es sich um einen überdurchschnittlich hohen Arbeitsaufwand handelt."

Oder:

„Das hier angewandte Messverfahren ist neu eingeführt worden. Obergerichtliche Rechtsprechung liegt nicht vor, womit umfangreiche Recherchen und umfassender Sachvortrag erforderlich waren. Der hierfür aufgewandte Zeitumfang betrug 3,5 Stunden."

2. Schwierigkeit der anwaltlichen Tätigkeit

Die Schwierigkeit der anwaltlichen Tätigkeit ist ebenfalls ein Bemessungskriterium, das 89 das Gesetz aufführt. Sobald **über dem Durchschnitt liegende Tätigkeiten des Anwalts erforderlich** sind, ist die Schwierigkeit als überdurchschnittlich zu bejahen.[42] Gemeint ist der Einsatz der anwaltlichen Leistung,[43] wobei der Maßstab der „Allgemeinanwalt" (so es diesen überhaupt noch gibt) ist. Dieses Kriterium ist für jeden Verfahrenabschnitt und jede Instanz gesondert festzustellen und in die Ermessensausübung aufzunehmen.

Die Schwierigkeiten können **rechtlicher oder tatsächlicher** – beim Mandanten wegen 90 psychischer Auffälligkeiten bzw. dessen Persönlichkeitsstruktur oder mangelnder Deutschkenntnisse, medizinischer Gutachten, Analphabetismus etc. – Hinsicht sein. Fremdsprachenkenntnisse (nicht aber zweite Muttersprache!) erhöhen ebenso die Schwierigkeit.[44] Auch das Verhalten des Gegners kann zu einer überdurchschnittlichen Schwierigkeit führen, wenn beispielsweise Uneinsichtigkeit und Sturheit die Bearbeitung erschweren.[45]

Checkliste: Schwierigkeit der anwaltlichen Tätigkeit

- Aktenstudium umfangreich und komplex
- komplizierte Rechtsfragen
- komplizierte Beweisfragen
- uneinheitliche Rechtsprechung der Obergerichte
- europarechtliche Relevanz
- schwierige Fragen aus dem Bereich der Europäischen Menschenrechtskonvention
- Anzahl der Zeugen

---

42 Hk/*Winkler*, a.a.O.
43 AnwK-RVG/*Onderka*, § 14 Rn 36.
44 Gerold/Schmidt/*Mayer*, § 14 Rn 16.
45 Hk/*Winkler*, a.a.O.

- Anzahl und Umfang von Beweisanträgen
- Anzahl von Anträgen
- Sachverständigengutachten
- Ortsbesichtigungen
- Zeugenbefragungen
- Verständigungsschwierigkeiten (intellektueller wie auch tatsächlicher Natur)
- „schwieriger Mandant"
- Verhaltensweise der Gegenseite (Stalking des Rechtsanwalts)

91 Grundsätzlich wird in den Rechtsgebieten, in denen der Gesetzgeber **Fachanwaltschaften** eingerichtet hat, eine Indizwirkung hierfür angenommen.[46]

92 Dass beispielsweise der bearbeitende Rechtsanwalt Fachanwaltschaftsqualifikation auf dem jeweiligen Fachgebiet, ggf. sogar über zwei oder sogar drei Titel hierbei verfügt, unterstreicht die Schwierigkeit der Tätigkeit auch dann, wenn die Wahl des Mandanten für diesen Rechtsanwalt gerade deshalb erfolgt ist. Somit sollte auch dokumentiert werden, weshalb gerade dieser Mandant zu dem entsprechenden Rechtsanwalt gekommen ist. Dass ein Fachanwalt für die Bearbeitung bestimmter komplexer Rechtsfragen weniger Zeit benötigt, weil er darauf spezialisiert ist, steht der Schwierigkeit der Tätigkeit damit natürlich nicht entgegen! Der Rechtsanwalt sollte auch hier die Schwierigkeiten bei der Bearbeitung dokumentieren, damit sie späterhin bei der Ausübung des Ermessens eingestellt werden können.

93 *Formulierungsbeispiel: überdurchschnittliche Schwierigkeit*

„Im vorliegenden Fall liegt die Schwierigkeit der anwaltlichen Tätigkeit erheblich über dem Durchschnitt, weil ein Unfallrekonstruktionsgutachten abgefordert und geprüft werden musste, sowie die Verständigung auf englisch erfolgte, da eine Kommunikation mit dem indischen Mandanten auf diese Weise ohne Dolmetscher vonstatten gehen konnte."

Oder:

„Im vorliegenden Fall ist ein neuartiges Messverfahren zur Anwendung gekommen, dessen Verwendung noch nicht obergerichtlich entschieden worden ist. Die Recherchearbeiten, der entsprechende Sachvortrag aufgrund der vorherigen umfangreichen Prüfung technischer und rechtlicher Natur zu dem Messverfahren führten ebenfalls zu einer überdurchschnittlichen Schwierigkeit der Angelegenheit."

3. Bedeutung der Angelegenheit

94 Die Bedeutung der Angelegenheit ist ein weiteres Kriterium des § 14 RVG. Hier ist zuerst **aus der Sicht des Mandanten** zu bestimmen, welche Bedeutung die Sache für ihn hat. Dies will sagen, dass die Führung der Angelegenheit berufliche, familiäre Konsequenzen

---

[46] Hk/*Winkler*, § 14 Rn 20 f.

oder beträchtliche Medienaufmerksamkeit zeitigen kann. Allerdings ist die allein subjektive Bestimmung der Bedeutung der Angelegenheit dem Gesetzestext nicht zu entnehmen, womit auch eine **objektive Komponente** bei der Ermessensausübung eine Rolle spielt: Denn wird durch die Amtsanwaltschaft oder Staatsanwaltschaft das öffentliche Interesse bei einer Straftat angenommen und kann sie nur deshalb verfolgt werden, sollte damit auch die Bedeutung der Angelegenheit einen größeren Umfang haben[47] und dies bei der Ermessensausübung Niederschlag finden.

Erheblich sind auch die Vorstrafen – oder Punktesituation und schließlich ein etwaiges Präjudiz für die Frage der Haftung (in verkehrsrechtlichen Mandaten und bei Delikten gegen den Menschen nahezu immer der Fall). Auch die bisherige Unbescholtenheit und Straflosigkeit können hierbei berücksichtigt werden. Schon bei der Mandatsannahme sollte der Mandant befragt werden, welche Rolle das Mandat für ihn hat.

Checkliste: Besondere Bedeutung

Es kommt eine besondere Bedeutung[48] in Frage, bei

- drohenden beruflichen Nachteilen
- Beendigung der beruflichen Stellung
- drohendem Fahrerlaubnisentzug/Fahrverbot
- familiäre Konsequenzen
- Gefährdung gesellschaftlicher Stellung des Mandanten
- Drohung hohen Strafmaßes
- Indizienprozess[49]
- Drohung Inhaftierung
- öffentlichem Interesse
- Präjudiz für familienrechtliche Entscheidungen
- Präjudiz für Rückzahlungsansprüche seitens des Jobcenters
- Präjudiz für zivilrechtliche Haftung
- Renommée des Mandanten
- Renten gekürzt oder ausgeschlossen sind (Beamte!)
- Vorstrafeneintragung (da über 90 Tagessätze oder Zweiteintragung)
- drohendem Widerruf einer Bewährung
- wirtschaftlich negativen Folgen

So kann bei der Bemessung damit argumentiert werden, dass es für einen auf dem Gebiet des Strafrechts und Verkehrsrechts tätigen Rechtsanwaltes besonders wichtig ist, im verkehrs- und bußgeldrechtlichen Sinne unbescholten zu sein, sodass auch das Vorgehen gegen einen vergleichsweise niedrigen Bußgeldbescheid daher für das Renommée besonders wichtig ist (noch nie einen Punkt in Flensburg).

---

47 Zutreffend daher Gerold/Schmidt/*Mayer*, § 14 Rn 28.
48 Weitere Beispiele bei Gerold/Schmidt/*Mayer*, § 14 Rn 17, 28.
49 Burhoff-RVG/*Burhoff*, § 14 Rn 22.

98 *Formulierungsbeispiel: hohe Bedeutung der Angelegenheit*
„Es handelt sich vorliegend um einen überdurchschnittlich hohen Grad der Bedeutung für die Geschädigte und Nebenklägerin. Sie wurde Opfer eines so genannten Stalkers und wurde, ebenso wie ihre Familie, von dem Verurteilen über einen langen Zeitraum massiv belästigt und bedroht. Sie ist bis heute noch nicht wieder angstfrei, so dass ihr die Verurteilung des Angeklagten sehr wichtig war/ist. Die Tat hat für die Geschädigte Folgen für ihre Existenz und familiäre Folgen. Hinzu kommt die Konfrontation mit der Öffentlichkeit, bei der Verhandlung war auch die Presse zugegen. Weiterhin kommt für die Bedeutung die Präjudizwirkung des Strafverfahrens für einen Zivilrechtsstreit (körperliche Folgen, Schmerzensgeld, Schadenersatzansprüche) hinzu."

4. Einkommensverhältnisse/Vermögensverhältnisse des Auftraggebers

99 Ein zusätzliches in § 14 RVG aufgelistetes Kriterium stellen die Einkommensverhältnisse bzw. die Vermögensverhältnisse des Auftraggebers (nicht notwendig des Mandanten!) für die Bemessung der Gebühren dar. Ausgangspunkt ist der monatliche Einkommensdurchschnitt. Dieser liegt in den alten Ländern bei etwa 2.300,00 EUR brutto, in den neuen bei ca. 2.000,00 EUR brutto. Allerdings wird dies bereinigt durch Hartz IV Empfänger, womit sich ein **Durchschnittsbetrag von etwa 1.500,00 EUR brutto** ergeben sollte.[50]

100 Gleichsam wird nach den Vermögensverhältnissen des Auftraggebers bewertet. Hierbei werden wiederum die durchschnittlichen Vermögensverhältnisse aller in der Bundesrepublik lebenden Bürger zugrunde gelegt, die neben dem **üblichen Hausrat auch ein kleines Sparvermögen** umfassen sollen.[51] Allerdings sollte hier vom tatsächlichen Lebenszuschnitt ausgegangen werden und nicht der (oftmals niedriger ausfallende) Steuerbescheid zugrunde gelegt werden.[52]

101 Auch ist der rechtsschutzversicherte Mandant sicherlich insoweit besser gestellt als er durch seine Prämienzahlungen einen weiteren Vermögenswert erreicht hat.[53] Liegt eine Rechtsschutzversicherung vor, ist daher grundsätzlich von mindestens durchschnittlichen bzw. überdurchschnittlichen Verhältnissen auszugehen.

102 Allerdings ist bei Strafsachen der Durchschnitt sicherlich niedriger zu bemessen, da erfahrungsgemäß Mandanten in Strafsachen eher vermögens- und einkommensschwach, teilweise in Haft befindlich sind und daher lediglich über ein Minimaleinkommen verfügen. Ob dann in diesem Fall von unterdurchschnittlichen Vermögensverhältnissen ausgegangen werden muss, erscheint fraglich, da dieses Bemessungskriterium regelmäßig die anderen Bemessungskriterien relativieren würde. Das aber kann der Gesetzgeber schlechterdings nicht gewollt haben. Daher **ist in Strafsachen und bspw. Ausländer- und Sozialrechtsrechtsangelegenheiten von einem niedrigeren Einkommen als Durch-**

---

50 Hk/*Winkler*, § 14 Rn 26; AnwK-RVG/*Onderka*, § 14 Rn 44 ff.
51 AnwK-RVG/*Onderka*, a.a.O.
52 Gerold/Schmidt/*Mayer*, § 14 Rn 18.
53 AnwK-RVG/*Onderka*, a.a.O.

schnitt auszugehen. Auch bei der Vertretung von Jugendlichen und Heranwachsenden kann wohl nicht auf die Vermögensverhältnisse der Eltern abgestellt werden.[54] Richtig ist vielmehr, dass eine sich nach den durchschnittlichen Vermögens- bzw. Einkommensverhältnissen der Jugendlichen im Durchschnitt in der Bundesrepublik Deutschland ausrichtet. Damit dürfte dann das „Einkommen" eines Schülers im Schnitt mit dem monatlichen Taschengeld den Durchschnitt bilden.

Schließlich ist noch streitig, welcher Zeitpunkt für die Bemessung maßgeblich ist.[55] Hier sollen dem Rechtsanwalt die Verbesserungen der Vermögensverhältnisse ebenfalls bei der Bestimmung zugerechnet werden.[56] Daher ist das während des Mandatsverlaufes höchste Einkommen zugrunde zu legen. 103

Praxistipp: Gebührengutachten 104

In den Gebührengutachten der Rechtsanwaltskammern werden die Einkommensverhältnisse mitunter geschätzt, wenn keine Angaben in der Klage gemacht werden; allerdings geht diese Schätzung im Zweifel zulasten des klagenden Rechtsanwaltes.

Daher sind die Einkommensverhältnisse wenigstens zu Beginn des Mandats zu erheben und gesondert zu notieren[57] – auch oder gerade bei rechtsschutzversicherten Mandanten!

5. Haftungsrisiko

Hier ist **ein neues Kriterium** im Vergleich zur BRAGO hinzugekommen: Dieses gilt jedenfalls dann, wenn im Einzelfall ein besonderes Haftungsrisiko hinzutritt, das also über den eigentlichen oder üblichen Gegenstand hinausgeht. Dies kann bspw. der Fall sein, wenn das Mandat kurz vor Verjährungsbeginn übernommen wird. Weiterhin sind in Straf- und Bußgeldsachen die wirtschaftlichen Folgen zu berücksichtigen, sofern sich hier ein qualifiziertes Haftungsrisiko ergibt.[58] Nicht nur der Gegenstandswert bestimmt die Höhe der Haftung. So kann über Kappungsgrenzen der Streitwertbestimmung durch das GKG die Haftung tatsächlich deutlich über dem Wert liegen.[59] Eine erhöhte, risikobehaftete Tätigkeit soll hier bei der Ermessensausübung berücksichtigt werden. Deshalb wird auf das besondere Haftungsrisiko abgestellt, wie es üblicherweise bei Abfindungsvergleichen im Bereich der Körperschäden der Fall ist.[60] 105

Formulierungsbeispiel für besonderes Haftungsrisiko 106

„Weiterhin ist bei der Ermessensausübung berücksichtigt worden, dass im Rahmen des Strafverfahrens mit der Geschädigtenseite ein Vergleich über den Körperschaden dem

---

54 Burhoff-RVG/*Burhoff*, § 14 Rn 28.
55 Hk/*Winkler*, § 14 Rn 27 f.
56 Gerold/Schmidt/*Mayer*, § 14 Rn 18, Hk/*Winkler*, § 14 Rn 27 f.
57 Gleiches schlägt auch Gerold/Schmidt/*Mayer*, § 14 Rn 14 vor.
58 AnwK-RVG/*Rick*, 4. Auflage, § 14 Rn 46, 51.
59 Gerold/Schmidt/*Mayer*, § 14 Rn 19; AnwK-RVG/*Onderka*, § 14 Rn 46 ff.
60 Gerold/Schmidt/*Mayer*, § 14 Rn 19; AnwK-RVG/*Onderka*, § 14 Rn 46 ff.

> Grunde nach geschlossen worden ist, die Schmerzensgeldzahlung einen Betrag von 15.000,00 EUR ebenfalls umfasste und schließlich eine Ratenzahlungsvereinbarung getroffen wurde. Das Haftungsrisiko geht jedoch über den vorgenannten Betrag hinaus, weil die Geltendmachung weiterer Schmerzensgeldbeträge wahrscheinlich ist, da die Behandlung des Geschädigten nicht abgeschlossen ist.
>
> Daher ist das besondere Haftungsrisiko zu bejahen, weil zudem auch der Krankenversicherer mit den Behandlungskosten an den Schädiger und unseren Mandanten herantreten wird."

6. Unbenannte Kriterien

107 Darüber hinaus fallen weitere, nicht in § 14 RVG aufgelistete Kriterien[61] – so genannte unbenannte Kriterien – bei der Ermessensausübung in die Bestimmung der angemessenen Gebühren hinein. Denn die Ausübung des Ermessens umfasst alle persönlichen Befindlichkeiten und sachlichen Umstände des jeweiligen Mandates.[62] Dabei sind die Umstände einzustellen, die die Arbeit erheblich komplizieren, erschweren oder anderweitig zeitlich verlängern bzw. umgekehrt. *Mayer*[63] schlägt bspw. vor, die ungewöhnlichen Arbeitszeiten mit einem Faktor zu versehen, damit sie den Mehraufwand auffangen:

108 So sollen für wenigstens

- Samstage = Faktor 0,3
- Sonntage = Faktor 0,4
- Feiertage = Faktor 0,5

richtigerweise in Anwendung gebracht werden.[64] Im Dienstleistungssektor erhöhte Stundensätze zu fordern, wenn dies kundenseits gefordert wird, ist üblich. Immer dann, wenn außergewöhnliche Arbeitszeiten vom Mandanten angefordert werden, sollte dies zumindest bei der Gebührenbestimmung eingestellt werden.[65]

109 Ein zusätzliches Kriterium ist der Erwerb von Fachanwaltschaftstiteln. Nicht nur der beträchtliche Arbeits- und Zeitaufwand hat sich im Vorfeld neben den Kosten für den Erwerb selbst niedergeschlagen und damit Eingang in die Kostenstruktur der Kanzlei gefunden. Damit hat die Spezialisierung mit der obligatorischen Pflichtfortbildung einen festen Posten in den Kanzleiausgaben. Diese Kostenstruktur, die auch die Anschaffung von Spezialliteratur, Onlinedatenbanken etc. erforderlich macht, wird gebührenerhöhend berücksichtigt, weil sie sich auch in der Qualität und Schnelligkeit der Bearbeitung niederschlagen.[66]

---

61 *Otto*, NJW 2006, 1472, 1477.
62 AnwK-RVG/*Onderka*, § 14 Rn Rn 56; Gerold/Schmidt/*Mayer*, § 14 Rn 20.
63 So jedenfalls Gerold/Schmidt/*Mayer*, § 14 Rn 20.
64 AnwK-RVG/*Onderka*, § 14 Rn 57.
65 Davon unberührt bleibt natürlich eine Vergütungsvereinbarung, die die vorgenannten Faktoren entsprechend berücksichtigt.
66 Gerold/Schmidt/*Mayer*, § 14 Rn 20.

Checkliste: Unbenannte Kriterien von § 14 RVG 110

Zusammengefasst, aber nicht abschließend aufgezählt, sind diese weiteren Ermessenskriterien:

- erfolgreiche Tätigkeit des Rechtsanwalts
- hohe Reputation des Rechtsanwalts
- Vorliegen von Fachanwaltschaften
- Arbeit an Wochenenden und Feiertagen und anderen unüblichen Zeiten
- besonderer Zeitdruck durch späte Mandatsübertragung
- öffentliche Aufmerksamkeit
- Bedrohung durch die Gegenseite oder andere Dritte wegen der Bearbeitung des Mandates
- Besonderheiten der Kostenstruktur der Kanzlei

> *Praxistipp* 111
> Beachte aber, dass
> - in Bußgeldsachen bei der Ermittlung die Kriterien der Bußgeldhöhe nicht erneut heranzuziehen sind, weil diese ja bereits mit entsprechenden Gebührenrahmen niedriger gestaltet wurden und
> - in Strafsachen bei Haft auch Gleiches gilt, da ja ein eigener Gebührentatbestand geschaffen wurde.

III. Konkrete Anwendung

1. Vornahme der Abwägung

Ausgangspunkt ist stets die **Mittelgebühr**![67] Dies gilt in allen Fällen, da nur darüber die Abweichung nach oben und nach unten gemessen werden kann[68] und damit gewissermaßen der Normalfall festgelegt ist. 112

Die Ausübung des Ermessens ist sprachlich in den Gebührennoten deutlich zu machen, indem die Bemessung nachvollziehbar zum Beispiel mit Tabellen bei der Zeiterfassung dargestellt wird und das Ermessen in Anwendung ausgeführt wird. Es ist nach Verfahrensabschnitten oder Rechtszügen zu unterscheiden. Zeitübersichten über die geleistete Tätigkeit sollten über eine Zeiterfassung, die Datum und Dauer der jeweiligen Tätigkeit angibt, erfolgen. 113

Sämtliche Kriterien finden sich in der Ermessensausübung günstigerweise in der Abrechnung wieder. Diese müssen dann auch in eine etwaige Klage übernommen werden, um den Gutachten der Rechtsanwaltskammern bei der Bemessung der Rahmengebühren die erforderlichen Kriterien an die Hand zu geben. 114

---

[67] AnwK-RVG/*Rick*, § 14 Rn 54, 58.
[68] Hk/*Winkler*, § 14 Rn 37 f.

2. Besonderheiten im Strafrecht

115 Bei einer „durchschnittlichen Verteidigung" ist grundsätzlich die Mittelgebühr gerechtfertigt,[69] wenn keine Besonderheiten nach oben oder nach unten festzustellen sind. Dies gilt auch dann, wenn das Rechtsmittel beispielsweise auf das Strafmass beschränkt ist, eine Nebenklage vertreten wird oder die Privatklage verfolgt wird. Eine Mindestgebühr kann daher auch nur dann in Ansatz gebracht werden, wenn es sich um ganz einfache Verfahren von geringster Bedeutung und Umfang handelt und **alle Kriterien unterdurchschnittlich** sind. Dies dürfte allerdings der Ausnahmefall sein.[70] Die Höchstgebühr hingegen kann schon aufgrund auch nur **eines überragenden Kriteriums** gerechtfertigt sein.[71] Wenn nämlich für den Mandanten das jeweilige Kriterium die anderen so eindeutig überwiegt, dass nach der Ausübung des Ermessens die Höchstgebühr als angemessen angesehen werden muss.

116 Weiterhin wird die Ermessensausübung für jeden Verfahrensabschnitt und auch jeden Rechtszug einzeln bemessen.[72] Auch ideelle Interessen des Mandanten spielen bei der Bearbeitung eines strafrechtlichen Mandates eine beträchtliche Rolle: Es mag manchem Mandanten gerade darauf ankommen, dass keine öffentliche Hauptverhandlung stattfindet, sodass die Verfahrenseinstellung oder Erledigung im Strafbefehlswege angestrebt wird. Selbstverständlich kann dies ebenfalls in die Ermessensausübung eingestellt werden.

3. Abrechnungshilfe im Straf- und Bußgeldrecht

117 Folgende Abrechnungshilfe für den Bereich des Strafrechts bzw. Bußgeldrechts kann als Vorblatt in den jeweiligen Akten die Arbeit erleichtern. Dies ist schon deshalb von Vorteil, weil selbst im Beiordnungsfalle im Strafrecht damit dann eine Pauschgebühr begründet werden kann (siehe unten § 1 Rn 201 ff.).

---

69 Gerold/Schmidt/*Mayer*, § 14 Rn 21.
70 Hk/*Winkler*, § 14 Rn 40.
71 Hk/*Winkler*, § 14 Rn 40.
72 Gerold/Schmidt/*Mayer*, § 14 Rn 26.

B. Bestimmung der Gebühren nach § 14 RVG | **§ 1**

Muster: Abrechnungshilfe 118

▼

Tätigkeitserfassung:

Datum	Von bis Dauer	Gespräch mit	Schriftsatz an	Aktenstudium/ Literaturrecherche

☐ Vorverfahren ☐ Tage- und Abwesenheitsgeld ▓▓ EUR ☐ km-Pauschale ▓▓ km ☐ Akteneinsicht geholt/gesandt/kopiert Anzahl gesamt: ▓▓ ☐ Mandantengespräch/e ▓▓ ☐ in Haftanstalt ▓▓ ☐ Haftprüfungstermin am ▓▓ ☐ Vorgespräch/e StA am ▓▓ ☐ Mitwirkung an Einstellung ☐ Mitwirkung an Vernehmung am ▓▓ ☐ Post/Tel. ☐ Zwischenverfahren Schutzschrift am ▓▓ / Seiten ▓▓ ☐ ▓▓ Vorgespräch/e mit Gericht/ StA am ▓▓ ☐ Post/Tel. ___Instanz ☐ Hauptverhandlung ☐ ▓▓ Verhandlungstag/e: ▓▓ ☐ ▓▓ Fortsetzungstermine	☐ **Bedeutung der Angelegenheit** ☐ Folgen für den Beruf ☐ Folgen für Existenz ☐ Familiäre Folge ☐ Öffentlichkeit ☐ Präjudiz des Strafverfahrens für zivilrechtlichen Streit ☐ Folgen für andere Verfahren ☐ ▓▓ ☐ **Umfang der Tätigkeit** ☐ Dauer/Zahl Mdt.Gespräche ▓▓ ☐ Dauer/Zahl Gespräche mit Dritten ▓▓ ☐ Zeit des Aktenstudiums ▓▓ ☐ Zeit der Auswertung der Informationen ▓▓ ☐ Dauer/Zahl der Gerichtstermine inkl. Wartezeit ▓▓ ☐ Teilnahme an anderen als HVT-Terminen ▓▓ ☐ Gutachtenlektüre ▓▓ ☐ Auswertung Rspr./Literatur ▓▓ ☐ Dauer/Zahl Besuche in Haft ▓▓ ☐ Schreiben/Schriftsatz ▓▓

§ 1 Einführung in die Abrechnung des Rechtsanwalts

☐ Besonderes: ▓▓▓
☐ Beweisanträge etc.
☐ PV ☐ Freispruch
☐ Wahlverteidigung
☐ Post/Tel.
☐ Emails/Dateien etc.
☐ Nebenklage
☐ Rechtsschutz
☐ Vergütungsvereinbarung
☐ Vergütungsvereinbarung vom ▓▓▓
   Stundensatz ▓▓▓ EUR
   oder pauschal ▓▓▓ EUR
☐ **Adhäsionsverfahren**
   abzüglich geleisteter Vorschuss:
	☐ Eigene Ermittlungen ▓▓▓
	☐ Plädoyervorbereitung ▓▓▓
	☐ Nachbereitung/Vorbereitung HVT ▓▓▓
	☐ Durchsuchung/Beschlagnahme ▓▓▓
	☐ Beschwerden/Anträge
	☐ Besetzungsprüfung ▓▓▓
	☐ ▓▓▓
	☐ **Schwierigkeit der anwaltlichen Tätigkeit**
	☐ Kommunikation mit Mdt. schwirig, da (▓▓▓)
	☐ Tatsächlichen Gründe wie komplexes Gutachten, Fremdsprache, technische Kenntnisse
	☐ Rechtliche Gründe wie neues Gesetz, komplexe Rechtsfragen, entlegenes Rechtsgebiet
	☐ ▓▓▓
	☐ **Vermögensverhältnisse des Mdt.**
	☐ ▓▓▓
	☐ **Haftungsrisiko** ▓▓▓
	☐ **weitere Kriterien** ▓▓▓
	☐ erfolgreiche Arbeit
	☐ Unzeiten

C. Die Rechtsschutzversicherung

I. Allgemeines

119

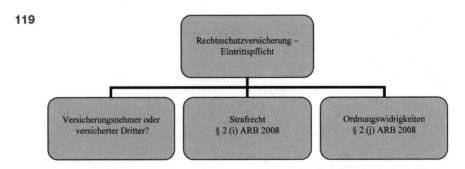

C. Die Rechtsschutzversicherung § 1

Zunächst einmal ist festzuhalten, wer mit wem im Falle des Vorliegens einer Rechts- **120** schutzversicherung verbunden ist und welche rechtlichen Grundlagen zwischen den Beteiligten gelten.[73] Es können Rechtsschutzversicherungsverträge für beide hier in Rede stehenden Rechtsgebiete vorliegen. Deshalb ist grundsätzlich der Mandant nach dem Vorliegen einer Rechtsschutzversicherung zu befragen, da er seinerseits ein Interesse daran haben wird, von seinen Kosten freigestellt zu werden.

Es gibt jedoch folgende Einschränkungen, die im Bereich des Strafrechts berücksichtigt **121** werden müssen:

Zuerst muss ein Rechtsschutzversicherungsvertrag zwischen dem Mandanten oder zu seinen Gunsten (Vertrag mit Schutzwirkung zugunsten Dritter) und der Rechtsschutzversicherung vorliegen. So wird in Verkehrsstrafsachen nach den ARB auch der Fahrer oder Insasse eines Kraftfahrzeuges ggf. mitversichert sein. Üblich sind Versicherungsverträge, bei denen die Familienangehörigen oder aber Fahrer bzw. Geschäftsführer etc. (mit)versichert sind. Weiterhin muss ein Versicherungs- oder auch Rechtsschutzfall nach den Versicherungsbedingungen vorliegen. Dies wird angenommen, wenn ein Ereignis vorliegt, das unter den Deckungsbereich der abgeschlossenen Versicherung fällt, das die Wahrnehmung der rechtlichen Interessen erforderlich erscheinen lässt und damit Rechtsverfolgungskosten auslöst.[74]

Auch darf kein Risikoausschluss bei dem betreffenden Rechtsschutzfall gegeben sein. **122** Denn für den Fall, dass beispielsweise die Prämie nicht rechtzeitig gezahlt, die Übergangsfrist nicht eingehalten bzw. das Risiko nicht versichert wurde oder aber Verjährung eingetreten ist, kann der Mandant nicht die Rechtsschutzversicherung in Anspruch für die Übernahme der Rechtsanwaltskosten nehmen. So lassen sich die versicherten Risiken im Strafrecht wie folgt darstellen:

---

73 Ausführlich *Buschbell/Hering*, § 20 Rn 1 ff.
74 *Buschbell/Hering*, § 8 Rn 4.

1. Strafrecht

a) Versicherungsumfang

123

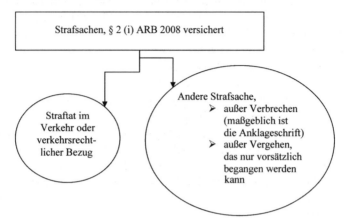

124 Besonders im Strafrecht gehen die Mandanten selbst nicht unbedingt davon aus, dass eine Rechtsschutzversicherung die bei ihnen anfallenden Gebühren bezahlen wird. Es ist auch für den Laien einzusehen, dass derjenige, der vorsätzlich einen anderen geschlagen hat, dann nicht noch auf Kosten aller einen guten Rechtsanwalt in Anspruch nehmen soll.

Praxistipp

Ausnahme Adhäsionsverfahren und Nebenklage:
Eine Ausnahme bildet jedoch unter Umständen das Nebenklage- bzw. Adhäsionsverfahren. Die Rechtsschutzversicherungen haben nach der Jahrtausendwende teilweise in ihre Versicherungsbedingungen entsprechende Passagen aufgenommen; hier sollte auf jeden Fall erfragt werden, ob eine Rechtsschutzversicherung[75] mandantenseits besteht. Mitunter wird in krassen Fällen sogar bei bestehender Rechtsschutzversicherung, aber nicht versichertem Risiko, die Versicherung kulanzhalber die Deckung übernehmen. Zudem handelt es sich um Schadenersatzansprüche, die ja gerichtlich geltend gemacht werden.
Zu beachten ist, dass Prozesskostenhilfe im Falle des Bestehens einer Rechtsschutzversicherung nicht übernommen wird!

b) Vorläufige Deckungszusage

125 Anders verhält es sich lediglich im Verkehrsrecht. Deshalb sind spezielle Regelungen im Bereich des Verkehrsrechts und in dessen Zusammenhang zu finden. Denn zu Beginn des Mandates ist häufig unklar, ob fahrlässig oder vorsätzlich gehandelt wurde (gerade bei Al-

---

75 Gerold/Schmidt/*Burhoff*, Vorb. Teil 4 VV Rn 41.

koholbezug!). Hier wird dann vorläufig seitens der Rechtsschutzversicherung eine Deckung erteilt. Allerdings steht diese für gewöhnlich unter dem Rückforderungsvorbehalt, wenn es zu einer Entscheidung kommen sollte, die den Vorsatz bei der Tatbegehung festschreibt.[76] So funktioniert allerdings das System umgekehrt, wenn bei Verwehrung der Deckungszusage rechtskräftig von einem Verbrechen auf ein fahrlässig begangenes Vergehen der Vorwurf „zusammenschrumpft". Dann muss die Deckung seitens der Rechtsschutzversicherung nachträglich erteilt werden.[77]

Wie bereits erwähnt, ist bei einem Verbrechen die Deckungszusage der Rechtsschutzversicherung in der Regel verwehrt, weil die ARB dieses Risiko ausschließen, § 2 (i) ARB. Dies gilt ebenso für Vergehen, deren Begehung lediglich vorsätzlich unter Strafe stehen.   126

Natürlich ist auch noch zu bedenken, dass Obliegenheitsverletzungen des Versicherungsnehmers die Deckung entfallen lassen könnten.[78] Allerdings haben hier die Änderungen des VVG und die neuen ARB 2008 sicherlich eine Entspannung herbeigeführt. Veranschaulicht kann für die ARB 2008 festgehalten werden: 127

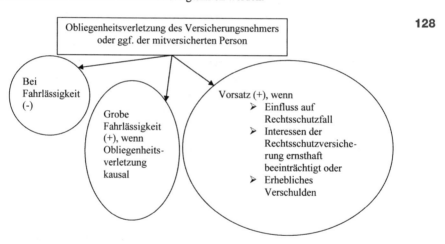

128

2. Bußgeldrecht

Vornehmlich im bußgeldrechtlichen Bereich sind die Verkehrsordnungswidrigkeiten mit Risikoausschlüssen betroffen: Im Ordnungswidrigkeitenrecht sind vor allem der Risikoausschluss von § 25a StVG (Verstöße, die die Inanspruchnahme des Halters nach sich ziehen) zu beachten, da diese für den Laien oft nicht verständlich sind. Ansonsten ist es im Bereich der verkehrsrechtlichen Ordnungswidrigkeiten unerheblich, ob ein Verhalten   129

---

76 *Buschbell/Hering*, § 20 Rn 1 ff.
77 *Buschbell/Hering*, § 20 Rn 40 f., 49.
78 *Buschbell/Hering*, § 9 Rn 16 ff.

fahrlässig oder vorsätzlich begangen wurde.[79] Der Regelfall des Ordnungswidrigkeitenverfahrens sieht eine fahrlässige Begehungsweise vor.

130 *Praxistipp*

Ein „Handyverstoß" ist übrigens nur vorsätzlich zu begehen – man telefoniert nicht fahrlässig!

131 Der Rechtsschutzfall beginnt üblicherweise spätestens mit dem Erhalt des Anhörungsschreibens, sodass auch hier noch keine Hürden zu überwinden sind.

132 Problematisch ist allerdings der Eintritt des Rechtsschutzfalles, wenn die Behörden noch den Betroffenen ermitteln. Denn vielfach werden die Halter angeschrieben und aufgefordert, den Fahrer/in zu benennen. Zwar werden sie gleichsam darüber informiert, dass ihnen Zeugnis- oder Aussageverweigerungsrechte zustehen, jedoch sind diese für die Laien häufig so kleingedruckt, dass sie sich die Mühe des Lesens ersparen bzw. die Belehrungen nicht verstehen. Hier liegt noch kein Rechtsschutzfall vor, sodass der Rechtsanwalt gehalten ist, über die mögliche Kostenfolge für die Mandanten zu beraten. Meist reicht jedoch aus, dass abgewartet wird, wem nun der Tatvorwurf tatsächlich gemacht wird. Es bleibt allerdings der Wunsch, dass hier die Rechtsschutzversicherung die Beratungskosten der angeschriebenen Halter übernimmt, selbst wenn dieser später nicht der Betroffene sein sollte. Denn die Betroffenen können beträchtliche Fehler vermeiden, sind sie nur umfassend und rechtzeitig beraten! Im Rahmen der Transparenz und Kundenorientierung sollte dies eigentlich auf offene Ohren bei den Rechtsschutzversicherungen stoßen.

133 Es ist daher eine Deckungsanfrage vor der Beratung[80] ratsam:

Muster: Rechtsschutzanfrage für den Fall, dass Fahrer der Ehegatte des Halters/Versicherungsnehmers ist und sich ein Zeugenfragebogen an den Halter richtet

▼

Sehr geehrte Damen und Herren,

unsere Mandantschaft ist mit dem anliegenden Schreiben aufgefordert worden, den Fahrer/die Fahrerin des auf sie zugelassenen Fahrzeuges zu benennen. Fahrer/in dieses Fahrzeugs zur Tatzeit war

▬▬▬ (Ehe-/Lebenspartner/Kind ▬▬▬)

Gegen diese Person wird allerdings bislang nicht ermittelt. Unsere Mandantschaft will sich nunmehr von uns beraten lassen, ob und falls ja sie Angaben machen muss und welche Konsequenzen ggf. mit der Inanspruchnahme von Schweige- bzw. Aussageverweigerungsrechten verbunden sind.

Bitte gewähren Sie für die Beratung Deckungsschutz.

---

79 *Buschbell/Hering*, § 21 Rn 21 ff.
80 So auch *Roth*, Muster 274.

C. Die Rechtsschutzversicherung § 1

Bedenken Sie hierbei bitte, dass mit der Einstellung des Verfahrens weitere Kosten aus dem Versicherungsvertrag vermieden werden könnten.

▲

II. Vorteile bei der Abwicklung

1. Allgemeine Vorteile

Es gibt Vorteile bei der Abwicklung von Mandaten, wenn der betreffende Mandant für den Fall rechtsschutzversichert ist: Der Mandant entscheidet über den Verlauf des Mandates mithilfe des Rechtsanwaltes, ohne dabei im Kopf haben zu müssen, wie viel die Verfolgung seiner Interessen kostet. Auch können bestimmte taktische Erwägungen angestellt werden, ohne dass hierbei der ökonomische Druck die Entscheidung beeinflusst. Andererseits wird aber – wenn eine ehrliche Betrachtung angestellt wird – auch so mancher Querulant um des Prinzips willen streiten, weil er ja die Kosten nicht tragen muss. **134**

Rechtsschutzversicherte Mandanten vermitteln oftmals den Eindruck, dass sie ein Recht darauf haben, dass ihre Versicherung, die sie jahrelang bedient haben, nun endlich einmal in Anspruch genommen wird und zahlt. Die vereinbarte Selbstbeteiligung wird gerne vergessen und letztlich auch als ein wenig ungerecht empfunden. Unbestritten ist, dass die Einholung der Deckungszusage eine besondere Angelegenheit nach § 15 RVG ist, die demgemäß zu vergüten ist.[81] **135**

Hier hilft eine Klarstellung gegenüber dem Mandanten, der folgendermaßen aufgeklärt werden kann; auch kommt der Rechtsanwalt seiner Dokumentationspflicht nach, wenn er sich den Auftrag ausdrücklich geben lässt. **136**

Muster: Deckungsanfrage **137**

▼

VOLLMACHT für Deckungsanfragen

Der Unterzeichner/die Unterzeichnerin erteilt hiermit

Auftrag zur Deckungsanfrage bei der Rechtsschutzversicherung ▬▬▬

VOLLMACHT zur anwaltlichen Vertretung und Wahrnehmung der Rechte und Interessen des Unterzeichners/der Unterzeichnerin.

Gegenstand des Mandats: außer-/gerichtliche Deckungsanfrage bei der Rechtsschutzversicherung

Die Vollmacht umfasst die Befugnis

- den/die Unterzeichner/in gegenüber Dritten zu vertreten;
- sachdienliche Unterlagen anzufordern;
- Erklärungen abzugeben und/oder in Empfang zu nehmen;
- Untervollmacht zu erteilen;

---

[81] *Buschbell/Hering*, § 25 Rn 9 ff.

§ 1 Einführung in die Abrechnung des Rechtsanwalts

- außergerichtliche Verhandlungen sowie Verfahren vor Behörden zu führen;
- Gelder und/oder Gegenstände des Mandatsgegenstandes in Empfang zu nehmen.

▬▬▬ Ort, den ▬▬▬

Unterschrift

Beachten Sie bitte auch die folgenden Hinweise auf der zweiten Seite!

Hinweise und Vereinbarung wegen des

Deckungsantrages bei Ihrer Rechtsschutzversicherung:

Die Gebühren berechnen sich nach dem Gegenstandswert, sofern es sich um einen zivilrechtlichen, strafrechtlichen (Einziehung, Verwertung etc.) oder verwaltungsrechtlichen Auftrag handelt.

Der uns erteilte Auftrag zur Besorgung der Deckungszusage für die Kosten des Verfahrens und auch der außergerichtlichen Vertretung und Beratung und die sich hieraus ggf. ergebende Korrespondenz über das Vorliegen eines Rechtsverstoßes, der die Eintrittspflicht der Rechtsschutzversicherung erst auslöst, die Übersendung von Kopien und Schriftsätzen oder auch Gutachten und auch u.U. zu führende Telefonate mit Ihrer Rechtsschutzversicherung sind in das uns erteilte Mandat mit Ihrem Gegner nicht eingeschlossen, sondern sind eine gesonderte Angelegenheit.

Aus standesrechtlichen Gründen ist es uns untersagt, unentgeltlich tätig zu werden. Auch unter dem Blickwinkel der hiesigen Kostenstruktur sind die oftmals aufwendigen Tätigkeiten im Zusammenhang mit den Rechtsschutzversicherungen erheblich und müssen daher in Rechnung gestellt werden.

Da sich grundsätzlich auch hier die Gebühren nach dem Gegenstandswert richten, dieser aber zu Beginn des Auftrags oftmals noch unklar ist, halten wir eine pauschale Vereinbarung für zweckmäßig, die zumindest die hier anfallenden Kosten teilweise abdecken soll.

Wir bitten daher um Verständnis, wenn wir pro Instanz und Rechtsschutzfall eine nicht erstattungsfähige Pauschale von 100,00 EUR zzgl. der gesetzlichen Mehrwertsteuer, derzeit 19 % MwSt, insgesamt also 119,00 EUR berechnen.

Zu Dokumentationszwecken bitten wir um Ihr schriftliches Einverständnis durch Ihre Unterschrift und Übersendung der Vereinbarung.

▲

138 Der für den Rechtsanwalt wichtigste Vorteil besteht aber in der Kalkulierbarkeit seiner Tätigkeiten. Er weiß, welche Gebühren bei erfolgter Deckungszusage getragen werden und kann seinen ökonomischen Aufwand berechnen. Zudem kann er auch sicher sein, dass das „verdiente" Geld auch tatsächlich bei ihm ankommt und er nicht nur leeren Versprechungen zum Opfer gefallen ist. Denn die Zahlungsmoral früherer Tage besteht bei den Rechtsuchenden sicherlich nicht mehr. Dies dürfte auch ein Grund dafür sein, dass die Gewinne im Zeitraum 1998–2006 bei selbstständigen Rechtsanwälten insgesamt gesunken sind.[82] Schließlich darf ebenso wenig vergessen werden, dass die Rechtsschutzversicherungen

---

[82] *Eggert*, Die Berufssituation von Rechtsanwältinnen und Rechtsanwälten 1998 und 2006 im Vergleich, BRAK-Mitt 2010, S. 2 ff.

ein erhebliches Gebührenaufkommen bestreiten: Die Versicherer vereinnahmen rund 3,2 Milliarden EUR jährlich an Versicherungsprämien, was etwa 20,6 Millionen Versicherungsverträgen entspricht.[83] Aufgrund erhöhter Schadensmeldungen im Arbeitsrechtsschutz wegen der Wirtschaftskrise rechen die Versicherer mit einem erwarteten Schadenaufwand für Geschäftsjahresschäden von 2,5 Milliarden EUR. Hat der Rechtsanwalt also eine Mandatsstruktur, die rechtsschutzversicherte Mandanten umfasst, kann in etwa geschätzt werden, dass fast 25.000,00 EUR durch die Rechtsschutzversicherungen per anno getragen werden.[84] Damit stellen die Rechtsschutzversicherungen natürlich einen erheblichen Teil der Vergütung und sind – gewollt oder nicht – ein wichtiger Partner im Bereich der Justiz.

Nicht vergessen werden soll auch der Umstand, dass der Rechtsanwalt selbstverständlich auch mit dem rechtsschutzversicherten Mandanten eine Vergütungsvereinbarung treffen kann (ausführlich hierzu siehe § 4 Rn 2 ff.). Hier muss nur beachtet werden, dass eine Aufklärung dahingehend erfolgt, dass die Rechtsschutzversicherung lediglich die gesetzlichen Gebühren übernimmt und der Mandant damit etwaige Differenzen zu tragen hat. **139**

> *Formulierungsbeispiel: Belehrung bei Vergütungsvereinbarung mit dem rechtsschutzversicherten Mandanten* **140**
>
> Hiermit weisen wir darauf hin, dass die von Ihnen abgeschlossene und in dieser Sache ggf. eintretende Rechtsschutzversicherung lediglich in Höhe der gesetzlichen Gebühren eintrittspflichtig ist. Maßgeblich sind hierfür die Ihrem Rechtsschutzversicherungsvertrag zugrundeliegenden ARB.
>
> Sich hieraus ergebende Differenzbeträge zur hier geschlossenen Vergütungsvereinbarung werden daher von Ihnen selbst getragen.

2. Kooperationsvereinbarungen/Rationalisierungsabkommen

Inzwischen weit verbreitet sind Kooperationsvereinbarungen mit Rechtsanwälten seitens der Rechtsschutzversicherungen.[85] Ziel der Kooperationsvereinbarungen oder Rationalisierungsabkommen ist es, die Abwicklung des Mandates im Verhältnis zueinander effizienter zu gestalten, feste Abreden hinsichtlich der Vergütung zu treffen, weniger Personaleinsatz zu erreichen und damit insgesamt zu einer wirtschaftlicheren Bearbeitung auf beiden Seiten zu gelangen. Die Versicherer sprechen hier von „Schadenmanagement", das sich einerseits auf die „Intensivierung der Geschäftsbeziehungen", aber vor allem kostenmindernd auf die Versicherungswirtschaft auswirken soll.[86] Dies wird erreicht durch feste Abreden hinsichtlich der Vergütung im außergerichtlichen wie auch im gerichtlichen Bereich. Allerdings sind diese weit von einer Ermessensausübung des § 14 RVG entfernt, da die festen Sätze beispielsweise im Strafrecht oder Ordnungswidrigkeitenverfahren be- **141**

---

83 Jahrbuch der GDV 2009, 1 ff., 118 ff.
84 *Samimi*, § 1 Rn 7.
85 *Hommerich*, Rationalisierungsabkommen in der Versicherungswirtschaft, AnwBl 2006, 262 f.
86 *Buschbell/Hering*, § 3 Rn 30 ff.

trächtlich niedriger liegen als dies üblicherweise der Fall wäre.[87] Andererseits kann auch ein „leicht" geführtes Mandat erheblich höher alimentiert werden – was aber wohl eher der Ausnahmefall sein dürfte.[88] Vergütungsvereinbarungen sind oftmals ausgeschlossen. Dafür wird im Gegenzug langwierige Korrespondenz vermieden, häufig muss über das Mandat erst nach Abschluss berichtet werden, Zwischennachrichten sind überflüssig.

142 Die Kooperationsvereinbarungen haben ihre Tücken jedoch im Detail: Rechnet sich die Vereinbarung für die Rechtsschutzversicherung? Aber ja: denn schließlich wird der Rechtsanwalt gehalten sein, zu niedrigeren Sätzen als das RVG ihm ermöglicht, abzurechnen. Rechnet sich die Vereinbarung für den Rechtsanwalt? Das kommt auf das Mandatsaufkommen und die Mandatsstruktur an! Deshalb sollte der Rechtsanwalt, der sich in eine solche Kooperationsvereinbarung begeben hat, stets prüfen, ob der ökonomische Nutzen neben dem gefühlten Gewinn an Mandantenzahlen auch noch gegeben ist.

143 Schließlich ist auch darauf hinzuweisen, dass die BRAK in einem offenen Brief im Juli 2004 durch den damaligen Präsidenten der Bundesrechtsanwaltskammer Dr. Dombek die Anwaltschaft mit folgenden Worten vor Kooperationsvereinbarungen vor einem möglichen Berufsrechtsverstoß warnte:

144 *Die Vorschläge der Versicherer stoßen nicht nur deshalb auf Bedenken, weil die vorgeschlagenen Gebühren unter den RVG-Gebühren und sogar unter den BRAGO-Gebühren liegen. Sie sind auch **in berufsrechtlicher Hinsicht problematisch**. Bei Abschluss des Abkommens erklärt sich die Rechtsanwältin oder der Rechtsanwalt einer nicht zu überblickenden Anzahl von Mandanten gegenüber bereit, im Regelfall unterhalb der gesetzlichen Gebühren zu arbeiten, und zwar auch in gerichtlichen Verfahren (Strafverteidigung und Verteidigung in Bußgeldsachen). Daher dürfte der Abschluss des Abkommens gegen § 4 RVG bzw. § 3 BRAGO verstoßen.*

Es ist lediglich gestattet, mit einem Mandanten individuell eine Honorarvereinbarung zu treffen, die im außergerichtlichen Bereich unterhalb der gesetzlichen Gebühren liegt. Von einer individuellen Vereinbarung kann nach einer Absprache mit den Versicherern für eine Vielzahl von Fällen nicht die Rede sein. Darüber hinaus ist die Möglichkeit, aufgrund von Honorarvereinbarungen unterhalb der gesetzlichen Gebühren zu arbeiten, auf die außergerichtliche Tätigkeit beschränkt. Hier sind jedoch Verteidigergebühren, also der gerichtliche Bereich, betroffen.

Die Anwaltschaft hat sich jahrelang bemüht, eine Anpassung ihrer Gebühren zu erreichen. Wenn jetzt in großer Zahl solche „Rationalisierungsabkommen" unterzeichnet werden, sähe sich die Anwaltschaft dem Argument ausgesetzt, sie habe eine Gebührenanpassung nicht nötig. Bitte überlegen Sie deshalb gut, ob Sie ein Ihnen angebotenes Abkommen unterzeichnen. Sofern das Abkommen von vielen Kolleginnen und Kollegen unterzeichnet wird, ist zu befürchten, dass „externe" Rechtsanwältinnen und Rechtsanwälte Schwierigkeiten mit den Abrechnungen der Versicherer haben werden.

---

87 *Hommerich*, Rationalisierungsabkommen in der Versicherungswirtschaft, AnwBl 2006, 262 f.
88 Warnend daher *Dombek*, BRAK-Mitt. 2004, 162; *Samimi*, § 1 Rn 4.

Diese werden mit Sicherheit Abschläge auf Kostennoten, die den gesetzlichen Bestimmungen entsprechen, vornehmen. Möglicherweise wird dann argumentiert, es habe sich in der Zwischenzeit in der Praxis eine „übliche Gebühr" durchgesetzt, die der in den Abkommen festgesetzten Gebühr entspricht. Es sollte auch berücksichtigt werden, dass Streitigkeiten zwischen Versicherer und Rechtsanwalt über die Gebührenhöhe das Mandatsverhältnis belasten können.

III. Nachteile bei der Abwicklung

Man muss die Versicherungswirtschaft nur aus ihrem Bericht[89] zitieren; und schon sind alle Nachteile gebündelt: **145**

„*Nachhaltig negativ wirkt sich die Erhöhung der Rechtsanwaltsgebühren durch die Einführung des RVG Mitte 2004 aus. Das neue RVG führte zu einer Steigerung der Gebührenzahlungen um ca. 20 Prozent. Diese Kosten konnten durch intensives Schadensmanagement zwar etwas gemindert werden. Weitere gesetzliche Neuerungen, wie das im Juli 2008 in Kraft getretene Rechtsdienstleistungsgesetz (RDG) und das Gesetz zur Neuregelung des Verbots der Vereinbarung von Erfolgshonoraren, haben eine Kompensation der gestiegenen Ausgaben jedoch weiter erschwert. Beide Gesetze schränken den Handlungsspielraum der Rechtsschutzversicherer massiv ein. Das RDG verbietet Rechtsschutzversicherern in Deutschland auch weiterhin, dem Versicherungsnehmer eine eigene Rechtsberatung anzubieten, während dies in anderen Mitgliedstaaten der EU problemlos praktiziert wird. Versicherungsnehmer müssen in Deutschland daher stets bei einem Rechtsanwalt um Rat fragen. Um den Wünschen der Versicherungsnehmer dennoch entsprechen zu können, bieten deutsche Rechtsschutzversicherer ihren Kunden inzwischen nahezu ausnahmslos eine telefonische anwaltliche Beratung an.*"

Hier lassen die Versicherer die Katze aus dem Sack: Einerseits soll das Gebührenaufkommen der Rechtsanwälte durch Schadenmanagement, will sagen Kooperationsvereinbarungen, gemindert, jedenfalls aber gering gehalten werden; andererseits wird mit dem Mantel der Kundenfreundlichkeit am RDG geschraubt. Das heißt tatsächlich, dass die Rechtsschutzversicherungen die Rechtsberatung in ihre eigenen Hände nehmen wollen. Dann ist der unabhängige Rechtsanwalt und Berater aus dem Geschäft mit der Rechtsschutzversicherung heraus. Nach welchen Interessen die Rechtsschutzversicherungen dann jedoch die Vertretung und Beratung ihrer Versicherungsnehmer vornehmen, lässt sich nur befürchten! Dass gerade aber die Unabhängigkeit des Rechtsanwalts die Qualität des Rechts insgesamt ausmacht, darf nicht auf dem Opfertisch der Wirtschaftlichkeit und Gewinnmaximierung landen. Denn dass der Rechtsanwalt ggf. auch Interessen seines Kooperationspartners bei der Bearbeitung des Mandats – einmal ganz abgesehen von seinen eigenen Interessen, sofern die Gegenstandswerte gering oder aber das Arbeitsaufkommen im Missverhältnis zu den Gebühren steht – bei der Beratung berücksichtigen könnte, lässt sich wohl kaum verhin-   **146**

---

89 Jahrbuch der GDV 2009, 1 ff., 118 ff.; *Dombek*, BRAK-Mitt. 2004, 162; *Samimi*, § 1 Rn 4.

dern.[90] Festzuhalten bleibt, dass Kooperationsvereinbarungen zumindest im Widerstreit zur Unabhängigkeit des Rechtsanwalts und zur angemessenen Vergütung stehen.

147 Ein weiterer Nachteil bei dem Vorliegen von Rechtsschutzversicherungen auf Seiten des Mandaten ist der Umstand, dass der Mandant mit einer gewissen Erwartungshaltung auf den Rechtsanwalt trifft: So wird die eigentliche Tätigkeit grundsätzlich für abgegolten gehalten, wenn die Deckungszusage erfolgt ist. Auch steht sie der Transparenz der anwaltlichen Gebührennote im Wege, da häufig – vielleicht auch aus Scham? – gegenüber der Rechtsschutzversicherung direkt abgerechnet wird. Schließlich muss mit dem Mandanten auch nicht mehr über weitere Vergütungen gesprochen werden, wenn eine Kooperationsvereinbarung vorliegt, weil darüber hinausgehende Vergütungsvereinbarungen nicht geschlossen werden können. Viele Mandanten verstehen nicht, dass sie selbst Vertragspartner des Rechtsanwalts geworden sind und damit dann auch ggf. für die Gebühren aufzukommen haben. Das Dreiecksverhältnis zur Rechtsschutzversicherung ist ihnen nicht klar; sie glauben, sie hätten eine wunderbare Vorkehrung für alle Fälle getroffen. Überspitzt formuliert kommen sie mit ihrer Versicherungskarte zum Rechtsanwalt und legen diese „wie Django hat Monatskarte" auf den Tisch. Entsprechend wenig Verständnis bringen sie auf, wenn der Rechtsanwalt die Kosten für Deckungsanfrage und Korrespondenz ihnen in Rechnung stellen will. Hier hilft nur Aufklärung (vgl. § 1 Rn 137)!

148 Abschließend ist zu bemängeln, dass die Rechtsschutzversicherungen häufig durch kleinliche Gebührenkürzungen bei der Abrechnung Ärger bereiten. Hier gibt es im Internet unter anderem den Blog www.rsv-blog.de, in dem sich die Betroffenen ihren Frust von der Seele schreiben. Die einzelnen Rechtsschutzversicherer werden aufgeführt, womit dann bestimmte Probleme auch versichererspezifisch gelöst werden können.

IV. Kommunikation mit der Rechtsschutzversicherung

149 Es gilt die Kommunikation zwischen den Beteiligten zu verbessern:[91] Nicht nur Rechtsanwälte sind froh, die Papierflut einzudämmen, sondern ebenso die Rechtsschutzversicherungen, die ihren Kostenapparat reduzieren, wenn die Korrespondenz knapp gehalten wird. Es liegt daher im beiderseitigen Interesse, die Wege kurz zu halten und Schreiben auf das Wesentliche zu beschränken. Es gibt daher in diversen Formularbüchern eine Vielzahl von Vorschlägen, wie die Korrespondenz vereinfacht werden kann.

150 Besonders übersichtlich ist eine Checkliste[92] zu Beginn des Mandats, die von den Mandanten ausgefüllt werden möge (sie hat zudem den Vorteil, dass die Mandanten – erstmalig – ersehen können, wie kompliziert ggf. die Einholung der Deckungszusage sein kann). Auch können so lästige Rückfragen über den Mandanten vermieden werden und das eigene Sekretariat wird erheblich entlastet.

---

90 *Samimi*, § 1 Rn 4 m.w.N.
91 Mit vielen Beispielen *Buschbell/Hering*, § 38 und *Samimi*, vgl. dort Übersicht der Mustertexte, S. 27.
92 Hierzu ebenfalls *Buschbell/Hering*, § 25 Rn 14.

C. Die Rechtsschutzversicherung § 1

Muster: Rechtsschutzversicherter Mandant 151

▼

Sehr geehrter Mandant, sehr geehrte Mandantin,

bitte helfen Sie uns bei der Deckungsanfrage mit folgenden Angaben:

Mandant/Versicherungsnehmer

Adresse

Rechtsschutzversicherung

Name

Adresse

Versicherungsnummer

Besteht seit

Mitversicherte Person (Ehepartner, Lebenspartner, Kind, Mitfahrer, Angestellter, Fahrer etc., Zutreffendes bitte unterstreichen)

Fahrzeug

Amtliches Kennzeichen

Zugelassen auf

▲

Bei der ersten Deckungsanfrage sollten alle relevanten Informationen weitergeleitet werden, um unnötigen Schriftverkehr zu vermeiden. Inzwischen geht ein Teil der Rechtsschutzversicherungen einen neuen Weg zur Vereinfachung der Korrespondenz, die z.T. auch in die Anwaltsprogramme eingebunden ist, womit sich doppeltes Ausfüllen von Formularen verhindern lässt. Hier wird online unter www.drebis.de der Versuch unternommen, die bisherigen Wege der Kommunikation zu verkürzen. 152

Praxistipp 153

Problematisch ist allenfalls, wie vorgegangen werden soll, wenn die Deckung noch nicht vorliegt, aber der Mandant erwartet, dass der Rechtsanwalt bereits tätig wird. Hier sollte erhebliche Vorsicht den Rechtsanwalt davor bewahren, schon einmal mit der Arbeit zu beginnen, wenn das Mandat – was in der Regel der Fall sein sollte – unter der Bedingung des Vorliegens der Deckungszusage durch die Rechtsschutzversicherung erteilt wurde. Sollte jedoch die Einhaltung von Fristen im Raume stehen, muss zur Wahrung das Rechtsmittel eingelegt werden, um den Mandanteninteressen gerecht zu werden.

Daher muss von Seiten des Rechtsanwalts zu Beginn des Mandates geklärt sein, welchen Auftrag genau der Mandant erteilt und wie ggf. ohne Deckungszusage vorgegangen werden soll. Eine Dokumentation empfiehlt sich, um späteren Streitigkeiten aus dem Wege zu gehen.

154 Die Rechtsschutzversicherungen erwarten bedingungsgemäß, dass bei kostenauslösenden Maßnahmen eine weitere Anfrage vorgenommen wird. Daher ist es erforderlich, die jeweiligen Schritte hierauf zu prüfen, da andernfalls ein Regress gegenüber dem Rechtsanwalt droht, wenn die Deckung späterhin dem Mandanten versagt werden sollte, die Kosten jedoch entstanden sind. Da häufig gerade in Strafsachen Risikoausschlüsse bestehen, die der Mandant unbedingt kennen sollte, ist eine Übersendung der Deckungszusage unter Markierung der entsprechenden Passagen für den Mandanten hilfreich. Außerdem wird er ggf. daran erinnert, dass eine Selbstbeteiligung (teilweise übrigens für jede Instanz!) von ihm zu erbringen ist.

155 Besonders im Zivilrecht jedoch ergeben sich mitunter Schwierigkeiten bei der Erteilung der Deckung, wenn es sich um Rechtsmittel handelt, die einer Begründung bedürfen. Im Strafrecht bzw. bei Ordnungswidrigkeiten kommt dies nur bei Revisionen bzw. Rechtsbeschwerden in Betracht, weil eine Begründungspflicht in den Tatsacheninstanzen seitens der Beschuldigten nicht besteht, da sie sich auf ihr Schweigerecht berufen können. Um Querelen und der Frage nach der Aussicht auf Erfolg entgegenzutreten, ist es erfahrungsgemäß so, dass bei einem Entwurf (der allerdings auf eigenes Risiko verfasst wurde), der der Deckungsanfrage für das Rechtsmittel beigelegt wird, keine Probleme mehr bestehen. Denn ein Sachbearbeiter der Rechtsschutzversicherung wird sich kaum an der rechtlichen Bewertung des Rechtsanwalts versuchen – und sollte es dennoch zu Diskussionen kommen, dürfte der inhaltliche Austausch i.S.d. Mandanten die Qualität des Rechtsmittels erhöhen!

156 Im Streitfalle müssen die Beteiligten ggf. um den Deckungsschutz kämpfen. In einem gerichtlichen Verfahren lautet der Antrag[93] daher folgendermaßen:

157 *Formulierungsbeispiel: Antrag auf Feststellung der Gewährung von Rechtsschutz*
Es wird festgestellt, dass die beklagte Rechtsschutzversicherung ▬▬▬ verpflichtet ist, dem Kläger aufgrund des Rechtsschutzversicherungsvertrages Nr. ▬▬▬ für die außergerichtliche (gerichtliche) Geltendmachung von Schadensersatzansprüchen aufgrund von ▬▬▬ .
Vertretung gegen den Vorwurf des ▬▬▬ Deckung zu gewähren.

D. Pflichtverteidigung und Beiordnung

I. Gründe für Pflichtverteidigung

158 Wer im Strafrecht tätig ist, weiß, dass die Mandanten oftmals nur über unzureichende finanzielle Mittel verfügen: Die Wahlverteidigung ist schon bald eher die Ausnahme als die Regel. Dennoch wird die Pflichtverteidigung eine wesentliche Rolle spielen, sollte der Gesetzgeber sich nicht entscheiden, Rechtsanwälte anzustellen und als – angestellte – Pflicht-

---

93 Ähnlich *Roth*, Formular Nr. 14.

verteidiger einzusetzen.[94] Inzwischen ist die Alimentierung der Pflichtverteidigung auch im Vergleich zu vergangenen Zeiten beträchtlich besser geworden. Eine Vielzahl von Kollegen sieht daher in der Pflichtverteidigung eine gute Einnahmequelle.

Richtig ist, dass dem staatlichen Anspruch auf Strafverfolgung nur dann genüge getan ist, wenn auch der Angeklagte in wichtigen Fällen verteidigt ist. Um dieses zu gewährleisten, muss der Staat dann auch für die Verteidigung die bestehenden Kosten zumindest im Vorfeld durch die Übernahme decken. **159**

1. Vorgaben des Bundesverfassungsgerichts

Das BVerfG[95] hat im Zusammenhang mit der der „Deckelung des fünffachen Höchstsatzes" grundsätzlich zum Vergütungsrecht ausgeführt, dass dies im Widerstreit mit dem Berufsrecht der Anwaltschaft steht, allerdings ebenso die Einzigartigkeit des Verfahrens betont: **160**

„Darüber hinaus ist im Bereich der Strafverteidigung das Schutzbedürfnis des Mandanten im Regelfall besonders hoch. Der auf die Ermittlung des Sachverhalts angelegte Strafprozess mit seiner Aufgabe, den staatlichen Strafanspruch im Interesse des Rechtsgüterschutzes Einzelner um der Allgemeinheit willen durchzusetzen, ist mit erheblichen Belastungen und möglichen weitreichenden Folgen für den Betroffenen verbunden (vgl. BVerfGE 110, 226 <253>).... Zwar gehört es auch zum Schutzauftrag des Staates, darauf zu achten, dass die Justizgewährung nicht durch zu hohe Anwaltskosten erschwert wird (vgl. BVerfGE 118, 1 <25>). Für den vorliegenden Fall eines Strafverfahrens folgt hieraus, dass das Recht des Angeklagten auf ein rechtsstaatliches, faires Strafverfahren nicht gefährdet werden darf. Gewährleistet ist insoweit insbesondere die Zuziehung und Auswahl eines Verteidigers (vgl. BVerfGE 110, 226 <253>)... Kann er die Kosten eines gewählten Verteidigers nicht aufbringen, so ist ihm unter den Voraussetzungen des § 140 StPO von Amts wegen und auf Kosten der Staatskasse ein Pflichtverteidiger beizuordnen, wobei regelmäßig ein Rechtsanwalt zu bestellen ist, der das Vertrauen des Beschuldigten genießt (vgl. BVerfGE 9, 36 <38>). Diese Vorkehrungen genügen grundsätzlich der Gewährleistung eines rechtsstaatlichen Strafverfahrens (vgl. BVerfGE 68, 237 <255 f.>). Zwar wäre es verfassungsrechtlich bedenklich, wenn sich jenseits der Fälle der Pflichtverteidigung kein Rechtsanwalt mehr bereit fände, zu einer angemessenen vertraglichen Vergütung oder den gesetzlichen Gebühren tätig zu werden (vgl. BVerfGE 118, 1 <25 f.>). Dies ist aber jedenfalls bei den gegenwärtigen Verhältnissen auf dem Anwaltsmarkt nicht zu befürchten."

---

94 Dieses Konzept wird in den U.S.A. verfolgt, allerdings hat es auch den schlechten Ruf der Pflichtverteidigung begründet, weil die Pflichtverteidiger bei weitem nicht mit den finanziellen und personellen Ressourcen ausgestattet sind wie ihr Gegenüber – die Staatsanwaltschaft. Daher sind in den Augen der Mandanten die Pflichtverteidiger überfordert und desinteressiert, jedenfalls deutlich schwächer.
95 v. 15.6.2009 – 1 BvR 1342/07 mit Anm. *Reisert*, SVR 2009, 165.

161 In der Entscheidung selbst weist das Gericht nochmals auf die Grundpfeiler des anwaltlichen Berufsrechts hin: Die anwaltliche Berufsausübung unterliegt unter der Herrschaft des Grundgesetzes der freien und unreglementierten Selbstbestimmung des Rechtsanwaltes, der damit dann auch seine anwaltlichen Leistungen frei aushandeln kann. Insbesondere hat das Bundesverfassungsgericht bereits entschieden, dass eine Heranziehung Privater zur Erfüllung öffentlicher Aufgaben nur gegen Gewährung einer angemessenen Vergütung zulässig ist.[96]

2. Gesetzliche Ausgestaltung

162 Mit der Bestellung zum Pflichtverteidiger gemäß § 141 StPO ist der Rechtsanwalt aufgrund des § 49 Abs. 1 BRAO verpflichtet, die Verteidigung zu übernehmen. Er ist damit in seinem Beruf als Rechtsanwalt zur Erledigung einer öffentlichen Aufgabe herangezogen: Der Zweck der Pflichtverteidigung besteht darin, dem Beschuldigten qualifizierten Beistand zu verschaffen und einen ordnungsgemäßen Verfahrensablauf zu gewährleisten.[97] Dieser beruflichen Inanspruchnahme tragen die Vergütungsansprüche gemäß § 45 Abs. 3 S. 1 RVG i.V.m. Nrn. 4100 ff. VV Rechnung.

163 Es handelt sich deshalb um eigene Ansprüche des zum Pflichtverteidiger bestellten Rechtsanwalts gegen die Staatskasse. Diese stehen selbstständig neben dem Vergütungsanspruch des Rechtsanwalts gegen seinen Mandanten aus § 52 RVG und können wahlweise geltend gemacht werden.[98] Sie stellen im Grundsatz sicher, dass der als Pflichtverteidiger bestellte Rechtsanwalt eine angemessene Vergütung aus der Staatskasse erhält, ihm also kein mit Blick auf die Garantie der Berufsfreiheit (Art. 12 Abs. 1 GG) unzumutbares Opfer abverlangt wird.[99] Anders herum kann er aber auch gegenüber seinem Mandanten abrechnen und ist nicht gezwungen, seine (niedrigeren) Ansprüche gegenüber der Staatskasse einzureichen.

164 Wichtig und immer wieder in Erinnerung zu rufen ist auch, dass die gesetzlichen Vergütungen dem Konzept der Mischkalkulation unterliegen, also nicht im Einzelfall kostendeckend oder angemessen sind (aber sie sollen „im Schnitt" die Kosten und den Lebensunterhalt des Rechtsanwalts decken).

165 *Praxistipp: Aufklärung gegenüber dem Mandanten*
Vielfach missverstanden von Mandantenseite ist der Umstand, dass diese zur Zahlung der Verteidigergebühren herangezogen werden. Die Staatskasse macht im Verurteilungsfalle[100] die (festgesetzten) Kosten gegenüber dem Verurteilten geltend, weil die Verteidigergebühren der Pflichtverteidigung Verfahrenskosten darstellen.

---

96 BVerfGE 54, 251, 257.
97 BVerfGE 68, 237, 254.
98 BVerfG v. 4.5.2009 – 1 BvR 2252/08; Gerold/Schmidt/*Müller-Rabe*, § 45 Rn 48 ff.
99 BVerfGE 68, 237, 255.
100 In Jugendstrafsachen wird hiervon jedoch auch unter Umständen abgesehen.

Sie sind nämlich zur Sicherung des Verfahrens angefallen. Wohl ist in dem einen oder anderen Fall von der späteren Geltendmachung der Verfahrenskosten aufgrund von bereits im Verfahren angegebenen niedrigen Einkünften abgesehen worden; hierauf sollte der Rechtsanwalt sich aber nicht verlassen. Daher ist es tunlich, dem Mandanten zu Beginn der Verteidigung auch über die Handhabe der Verteidigergebühren auf Seiten der Staatskasse zu informieren. Zudem sieht der Verurteilte bei der späteren Geltendmachung auch die Beträge, die seitens des Rechtsanwalts geltend gemacht worden sind, in der Aufstellung der angefallenen Kosten. Schon deshalb sollte der Anzeigepflicht im Zahlungsfalle nachgekommen werden, um unangenehmen Nachforschungen zu begegnen.

II. Gebührengefüge/Kostenfestsetzungsantrag

1. Gebührengefüge

166 Auch bei der Pflichtverteidigung gelten die Regelungen des RVG und des Vergütungsverzeichnisses: In den jeweiligen Ziffern des Vergütungsverzeichnisses sind die Gebühren zunächst des Wahlanwaltes, dann diejenigen des Pflichtverteidigers angegeben. Diese Gebühren sind feste Gebühren. Sie richten sich nach der Mittelgebühr und betragen hiervon jeweils 80 %. Diese Festgebühren stellen eine Pauschale dar, denn der tatsächliche Aufwand bzw. die anderen in § 14 RVG benannten Kriterien spielen bei dem betroffenen Gebührentatbestand keine Rolle. Dies erleichtert die Abrechnung gegenüber der Staatskasse und soll dem individuellen Aufwand auch keine Rechnung tragen. Ungewöhnlich hohen Belastungen aus der Verteidigung für den Rechtsanwalt soll dann auf Antrag im Wege der Festsetzung einer Pauschgebühr begegnet werden (siehe unten § 1 Rn 201 ff.).
Im Übrigen sind die Gebühren in der Pflichtverteidigung nicht anders als die der Wahlverteidigung, sofern der jeweilige Tatbestand begründet ist.

Praxistipp: Erhöhung der Gebühren, Nr. 1008 VV
167 Vertritt der Pflichtverteidiger in ein und derselben Angelegenheit mehrere Mandanten nach entsprechender Beiordnung durch das Gericht, so entstehen die Gebühren nicht für jeden Beteiligten gesondert. Der Rechtsanwalt kann jedoch die anfallenden Gebühren für jeden zusätzlichen Mandanten um 30 % erhöhen. Der Erhöhungsbetrag bemisst sich dabei aus der zu erhöhenden Gebühr.
Eine Begrenzung ist jedoch zu beachten: Die gesamte Erhöhung darf maximal doppelt so hoch sein, wie die eigentliche Gebühr. Die Gebühr ist bei acht Mandanten also genauso hoch wie bei elf Mandanten!
Allerdings werden die Grundgebühren und Verfahrensgebühren dann gesondert nebst Kostenpauschale in Rechnung gestellt, wenn nach § 22 RVG, der die Zusammenrechnung mehrerer Gegenstände „in derselben Angelegenheit" vorsieht, **nicht** einschlägig ist: „dieselbe Angelegenheit" liegt (nur) vor, wenn ein einheitlicher Auftrag vorliegt,

die Tätigkeit des Rechtsanwalts sich in gleichem Rahmen hält und zwischen den einzelnen Handlungen ein innerer Zusammenhang besteht.[101]

2. Kostenfestsetzungsantrag

a) Umfang der Bestellung

168 Zu Beginn der Bestellung des Gerichts und damit der Übernahme ist zu prüfen, in welcher Weise und auf welche Bereiche die Beiordnung erfolgt ist. Denkbar ist nämlich, dass lediglich für bestimmte Verfahrensteile die Beiordnung gelten soll. So wird oftmals eine Bestellung im Strafbefehlsverfahren nach § 407 Abs. 2 S. 2 i.V.m. § 408b StPO ausschließlich auf dieses beschränkt, womit nach einem Einspruch und sich hieran anschließender Hauptverhandlung der Mandant sich ggf. selbst verteidigen muss, da ein Fall der notwendigen Verteidigung nicht vorliegt. Es kann auch nicht erst im Nachgang eine Rettung erfolgen: Denn es wird grundsätzlich eine rückwirkende Bestellung eines Pflichtverteidigers,[102] Zeugenbeistandes und Nebenklagevertreters[103] für unzulässig gehalten.[104]

169 *Praxistipp*

Sobald der Rechtsanwalt den Bestellungsbeschluss des Gerichts erhalten hat, sollte er genau prüfen, ob alle wahrscheinlich anfallenden Kosten auch von der Bestellung gedeckt sind.

Insbesondere bestimmte Verfahrensteile (beispielsweise durch vorherige Vertretung eines anderen Rechtsanwalts) können hiervon ausgeschlossen sein und sollten dann erneut beantragt werden. Dies kann in der Revisionsinstanz geschehen, dass der Rechtsanwalt nur für den Hauptverhandlungstermin, nicht auch im Verfahren beigeordnet wurde. Auch bei absehbaren Reisekosten oder dergleichen empfiehlt es sich, einen weiteren Antrag zu stellen.

Der Pflichtverteidiger kann auch sofort seinen vorläufigen Kostenfestsetzungsantrag stellen, er muss das Verfahrensende nicht erst abwarten. Sollte der Pflichtverteidiger entpflichtet werden, kann er daher sofort die bei ihm angefallenen Gebühren in Rechnung stellen.[105]

aa) Rückwirkung der Beiordnung/Bestellung

170 Allerdings gilt für das Strafverfahren eine besondere Regelung, die sich auf die vorherigen Tätigkeiten erstreckt.

---

101 KG vom 16.3.2009 – 1 Ws 11/09.
102 KG v. 27.2.2006 – 3 Ws 624/05.
103 KG v. 25.2.2008, NStZ-RR 2008, 248 m.w.N.
104 KG v. 6.8.2009 – 4 Ws 86/09, 1 AR 1189/09 – 4 Ws 86/09.
105 So auch *Burhoff*, Rechtsprechungsübersicht zu den Teilen 4–7 VV RVG aus den Jahren 2008–2010, Teil 3, RVGreport 2010, 163 ff., 363, 365.

D. Pflichtverteidigung und Beiordnung § 1

§ 48 RVG Umfang des Anspruchs und der Beiordnung   171
(1) Der Vergütungsanspruch bestimmt sich nach den Beschlüssen, durch die die Prozesskostenhilfe bewilligt und der Rechtsanwalt beigeordnet oder bestellt worden ist. ...
(5) Wird der Rechtsanwalt in Angelegenheiten nach den Teilen 4 bis 6 des Vergütungsverzeichnisses im ersten Rechtszug bestellt oder beigeordnet, erhält er die Vergütung auch für seine Tätigkeit vor dem Zeitpunkt seiner Bestellung, in Strafsachen einschließlich seiner Tätigkeit vor Erhebung der öffentlichen Klage und in Bußgeldsachen einschließlich der Tätigkeit vor der Verwaltungsbehörde. Wird der Rechtsanwalt in einem späteren Rechtszug beigeordnet, erhält er seine Vergütung in diesem Rechtszug auch für seine Tätigkeit vor dem Zeitpunkt seiner Bestellung. Werden Verfahren verbunden, kann das Gericht die Wirkungen des Satzes 1 auch auf diejenigen Verfahren erstrecken, in denen vor der Verbindung keine Beiordnung oder Bestellung erfolgt war.

bb) Erstreckung auf weitere Verfahren
So ist zum einen darauf zu achten, dass die Beiordnung sich nicht nur auf alle in Betracht   172
kommenden Verfahren bezieht. Zwar gilt die Beiordnung nicht rückwirkend für vorangegangene Instanzen, wohl aber erstreckt sie sich auf die vorherigen Verfahrensabschnitte. Denn der Mandant kann ja zunächst ein Interesse daran gehabt haben, den Rechtsanwalt als Wahlverteidiger und nicht als Pflichtverteidiger auftreten zu lassen. Dies soll aber die Staatskasse nicht entlasten.

Praxistipp   173
Gleichsam muss aufgrund der uneinheitlichen Rechtsprechung im Bereich des Adhäsionsverfahrens auf die frühzeitige Beiordnung im Verfahren geachtet werden, wenn Adhäsionsanträge gestellt werden sollen oder auf Verteidigerseite von Geschädigten gestellt worden sind. Dies gilt also nicht nur für den Rechtsanwalt des Adhäsionsklägers, sondern erst recht für den Verteidiger.

Muster: Antrag auf Beiordnung im Adhäsionsverfahren   174
▼

wird beantragt,

den Unterzeichneten dem Angeklagten (ebenfalls) für das Adhäsionsverfahren beizuordnen.

Zur Begründung wird ausgeführt, dass die Geschädigte sich als Nebenklägerin dem Verfahren angeschlossen hat und einen Adhäsionsantrag über den (vermeintlich) entstandenen Schaden geltend macht. Die Verteidigung hat auch Aussicht auf Erfolg, weil der Angeklagte die Tatbegehung bestreitet und damit ein zivilrechtlicher Anspruch ausgeschlossen ist. Zudem ist der Angeklagte Bezieher von ALG II, eine entsprechende PKH-Erklärung über die wirtschaftlichen Verhältnisse kann im Bedarfsfalle ausgefüllt dem Gericht übergeben werden. Um kurze Information, ob dies erforderlich ist, wird daher gebeten.

▲

§ 1   Einführung in die Abrechnung des Rechtsanwalts

175 Ohne auf die Einzelheiten und Argumente der beiden Ansichten einzugehen, ist zwar nach richtiger Auffassung[106] die ausdrückliche Erstreckung der Beiordnung des Pflichtverteidigers auf das Adhäsionsverfahren nicht erforderlich. Allerdings hängt es von der Rechtsprechung des jeweiligen Gerichts bzw. Oberlandesgerichts ab, ob ein Automatismus angenommen wird oder nicht.

177 *Praxistipp*
Wichtig ist damit auch, dass die Frage, welche Verfahren zu welchem Zeitpunkt verbunden oder aber getrennt worden sind, gebührenrechtlich geklärt worden ist (vgl. § 1 Rn 55 ff.). Denn nur die Verfahrensteile, auf die sich die Beiordnung erstreckt, können abgerechnet werden.

Deshalb gilt: Sicherheitshalber mit dem Erhalt der Bestellung durch das Gericht die vorliegenden Verfahren prüfen und die – ergänzende – Beiordnung beantragen!

176 Denn es gilt zu bedenken, dass zwar durch die Regelung des § 48 Abs. 5 S. 3 RVG die Erstreckung möglich sein soll, allerdings nur dann, wenn die Beiordnung ohnehin erfolgt wäre.[107]

177 Eine nachträgliche Beiordnung ist nicht möglich.[108] Selbst wenn das Gericht wohlgesonnen sein sollte, ist die spätere Bestellung des Verteidigers jedenfalls nicht möglich.

178 In dem Beschluss des Kammergerichts[109] heißt es in den Leitsätzen:

Nach § 48 Abs. 5 Satz 1 RVG erhält der Pflichtverteidiger die Vergütung auch für solche Tätigkeiten, die er als Wahlanwalt vor der Bestellung erbracht hat.

Für ein Verfahren, das zu einem anderen verbunden worden ist, gilt diese gebührenrechtliche Rückwirkung aber nur eingeschränkt. Die Rückwirkung tritt nur dann ein, wenn der Rechtsanwalt in dem hinzu verbundenen Verfahren schon vor der Verbindung zum Verteidiger bestellt war oder wenn er in dem führenden Verfahren erst danach bestellt worden ist. Wird hingegen der Verteidiger in dem führenden Verfahren bereits vor der Verbindung bestellt, so tritt für das hinzu verbundene Verfahren, in dem vor der Verbindung keine Bestellung erfolgt war, die Wirkung des § 48 Abs. 5 Satz 1 RVG nicht automatisch, sondern nach § 48 Abs. 5 Satz 3 RVG nur dann ein, wenn das Gericht sie auf Antrag oder von Amts wegen auch auf dieses Verfahren erstreckt hat.

---

106 OLG Köln StraFo 2005, 394; OLG Hamburg NStZ-RR 2006, 347, 349; OLG Hamm JurBüro 2001, 531; Meyer-Goßner, Rn 5 zu § 140; Gerold/Schmidt-*Burhoff*, VV 4143 Rn 5 m.w.N.; anders aber OLG Bamberg NStZ-RR 2009, 114; OLG Brandenburg AGS 2009, 69; Thüringer OLG Rpfleger 2008, 529; OLG Celle NStZ-RR 2008, 190; OLG Zweibrücken JurBüro 2006, 643; OLG München StV 2004, 38; OLG Stuttgart, Beschl. v. 6.4.2009 – 1 Ws 38/09.
107 AnwK-RVG-*Schnapp/N. Schneider*, § 48 Rn 75 f.
108 OLG Jena, Beschl. v. 11.6.2008 – 1 AR (S) 79/07; anders aber offenbar Hk/*Kroiß*, § 48 Rn 116, der die Beantragung auch nach Abschluss des Verfahrens für zulässig hält.
109 KG v. 17.3.2009 – 1 Ws 369/08.

D. Pflichtverteidigung und Beiordnung § 1

b) Vorschuss

Die Gebühren werden wie oben unter § 1 Rn 163 ausgeführt auf Antrag aus der Staatskasse an den Rechtsanwalt angewiesen. Auch hier kann er die Gebühren vorläufig festsetzen lassen. Der Rechtsanwalt muss damit nicht auf den Abschluss der Instanz warten. Die zeitnahe Abrechnung ist insofern auch sinnvoll, als die laufenden Kosten des Rechtsanwalts gedeckt werden. Schließlich besteht keine Veranlassung, zinslose Darlehen zu gewähren, wenn schon die zu erzielenden Gebühren niedriger sind als in der Wahlverteidigung. Dass ein Vorschuss dem Gesetzgeber nicht fremd ist, sondern eine gesetzliche Grundlage besteht, ergibt sich aus: 179

§ 47 RVG Vorschuss 180

(1) Wenn dem Rechtsanwalt wegen seiner Vergütung ein Anspruch gegen die Staatskasse zusteht, kann er für die entstandenen Gebühren und die entstandenen und voraussichtlich entstehenden Auslagen aus der Staatskasse einen angemessenen Vorschuss fordern ...

(2) Bei Beratungshilfe kann der Rechtsanwalt keinen Vorschuss fordern

c) Antragstellung

Der Antrag auf Festsetzung der Kosten ist im Strafrecht an das zuständige erstinstanzliche Gericht, im Bußgeldverfahren an die zuständige Verwaltungsbehörde oder aber das Gericht zu stellen: 181

§ 55 RVG Festsetzung der aus der Staatskasse zu zahlenden Vergütungen und Vorschüsse 182

(1) Die aus der Staatskasse zu gewährende Vergütung und der Vorschuss hierauf werden auf Antrag des Rechtsanwalts von dem Urkundsbeamten der Geschäftsstelle des Gerichts des ersten Rechtszugs festgesetzt. Ist das Verfahren nicht gerichtlich anhängig geworden, erfolgt die Festsetzung durch den Urkundsbeamten der Geschäftsstelle des Gerichts, das den Verteidiger bestellt hat...

(4) Im Fall der Beratungshilfe wird die Vergütung von dem Urkundsbeamten der Geschäftsstelle des in § 4 Abs. 1 des Beratungshilfegesetzes bestimmten Gerichts festgesetzt...

(6) Der Urkundsbeamte kann vor einer Festsetzung der weiteren Vergütung (§ 50) den Rechtsanwalt auffordern, innerhalb einer Frist von einem Monat bei der Geschäftsstelle des Gerichts, dem der Urkundsbeamte angehört, Anträge auf Festsetzung der Vergütungen, für die ihm noch Ansprüche gegen die Staatskasse zustehen, einzureichen oder sich zu den empfangenen Zahlungen (Absatz 5 Satz 2) zu erklären. Kommt der Rechtsanwalt der Aufforderung nicht nach, erlöschen seine Ansprüche gegen die Staatskasse.

(7) Die Absätze 1 und 5 gelten im Bußgeldverfahren vor der Verwaltungsbehörde entsprechend. An die Stelle des Urkundsbeamten der Geschäftsstelle tritt die Verwaltungsbehörde.

Es sollte frühzeitig darauf geachtet werden, die Kostenfestsetzungsanträge beim Gericht einzureichen. Für zinslose Darlehen der Anwaltschaft gegenüber der Staatskasse besteht kein Anlass. 183

184 *Praxistipp*

Zu beachten ist ebenfalls, dass bei einer Einstellung des Verfahrens und einer Wiederaufnahme nach Ablauf von zwei Jahren erneute Grund- bzw. Verfahrensgebühren anfallen.

Auch vor diesem Hintergrund ist eine zeitige Kostenfestsetzung nicht nur motivationsfördernd, sondern auch zur besseren Übersicht und ausgeglichenem Rechnungswesen sinnvoll.

III. Beiordnung

185 Oftmals ist der Rechtsanwalt damit konfrontiert, dass sein Auftraggeber weder in Lage ist, die anfallenden Gebühren selbst zu tragen, noch den Prozess selbst zu führen bzw. an ihm teilzunehmen. Prozesskostenhilfe wird frühestens nach Anklageerhebung, § 404 Abs. 5 S. 1 StPO, bewilligt.

IV. Prozesskostenhilfe und Beiordnungen nach § 404 Abs. 5 StPO

186 § 404 StPO Antragstellung

…(5) Dem Antragsteller und dem Angeschuldigten ist auf Antrag Prozesskostenhilfe nach denselben Vorschriften wie in bürgerlichen Rechtsstreitigkeiten zu bewilligen, sobald die Klage erhoben ist. § 121 Abs. 2 der Zivilprozessordnung gilt mit der Maßgabe, dass dem Angeschuldigten, der einen Verteidiger hat, dieser beigeordnet werden soll; dem Antragsteller, der sich im Hauptverfahren des Beistandes eines Rechtsanwalts bedient, soll dieser beigeordnet werden. Zuständig für die Entscheidung ist das mit der Sache befasste Gericht; die Entscheidung ist nicht anfechtbar.

1. Einführung

187 Für eine sachgerechte Vertretung und umfassende Beratung muss der Rechtsanwalt daher darauf hinweisen, dass die Möglichkeiten von Prozesskostenhilfe und Beiordnung bestehen.

188 *Praxistipp*

Der Rechtsanwalt sollte sicherheitshalber seine Beiordnung beantragen (siehe oben § 1 Rn 172).

Diese ist mit einem Beiordnungsantrag (siehe unten Muster für Beiordnung im Adhäsionsverfahren § 2 Rn 235) beim zuständigen Gericht kurzfristig einzureichen und kann auch noch im Verlauf der mündlichen Verhandlung gestellt werden (zieht dann aber den Unmut der Richter auf den Rechtsanwalt, weil dieser den Antrag vorher hätte stellen können und entsprechende Unterlagen ggf. fehlen, die eine positive Entscheidung erfordern).

D. Pflichtverteidigung und Beiordnung §1

Grundsätzlich sollte vorab geprüft werden, ob eine Prozesskostenhilfeberechtigung bestehen kann: 189

Checkliste: Vorabprüfung – Versagung von Prozesskostenhilfe bei

- **Rechtsschutzversicherung** im Umfang der Deckungszusage liegt nicht vor[110]
- Anspruch des Verletzten auf Prozesskostenvorschuss gegen seinen nicht bedürftigen Ehegatten nach § 1360a Abs. 4 BGB
- Erfolgsaussicht der Rechtsverfolgung/-verteidigung, § 114 ZPO
- Bedürftigkeit, § 115 ZPO

Hat der Mandant eine die Kosten deckende Rechtsschutzversicherung, kann er keine Prozesskostenhilfe in Anspruch nehmen, da Dritte für die Kosten aufkommen können. 190

Das Recht, vom nicht bedürftigen Ehegatten einen Prozesskostenvorschuss verlangen zu können, hat Vorrang vor der Möglichkeit der Prozesskostenhilfe. Die Vorschusspflicht des Ehegatten gilt auch für im Strafverfahren anfallende Kosten,[111] somit auch für das Adhäsionsverfahren. 191

2. Prozesskostenhilfe

a) Erfolgsaussichten

Die **Rechtsverfolgung des Verletzten** mit dem Adhäsionsantrag hat Aussicht auf Erfolg, wenn der geltend gemachte Anspruch im Adhäsionsverfahren verfolgt werden kann (§ 403 StPO), der Adhäsionsantrag zulässig ist (§ 404 StPO) und – unterstellt, der in der Anklageschrift und in der Antragsschrift mitgeteilte konkrete Lebenssachverhalt erwiese sich in der Hauptverhandlung als zutreffend – der zivilrechtliche Anspruch **zumindest dem Grund nach** zu bejahen ist. 192

Wann die **Rechtsverteidigung des Angeschuldigten/Angeklagten** Aussicht auf Erfolg hat, ist schwieriger zu beantworten. Es reicht, wenn der Beklagte hinreichend substantiiert die anspruchsbegründenden Tatsachen zulässig bestreitet oder die tatsächlichen Voraussetzungen einer Einwendung geltend macht. 193

Der Angeschuldigte/Angeklagte muss sich dagegen gar nicht zu den erhobenen Tatvorwürfen äußern. Es dürfte aber dem Sinn und Zweck der §§ 114 ff. ZPO auch im Adhäsionsverfahren widersprechen, wenn dem Angeschuldigten/Angeklagten ohne jede Verteidigung Prozesskostenhilfe auf seinen bloßen Antrag hin bewilligt wird. Zu fordern ist also eine erhebliche Verteidigung gegenüber der Anklage und dem Adhäsionsantrag wie z.B. ein Mitverschulden des Adhäsionsklägers oder ein Bestreiten der Schadenshöhe, eine Aufrechnung mit Gegenansprüchen oder ein Bestreiten des geltend gemachten Anspruchs der Höhe nach. 194

---

110 BGH NJW 1991, 110.
111 Palandt/*Brudermüller*, § 1360a Rn 13.

§ 1   Einführung in die Abrechnung des Rechtsanwalts

195 Gleichgültig, ob der Angeklagte die Tat einräumt oder nicht, ist aber die Gewährung von Prozesskostenhilfe und Beiordnung eines Rechtsanwalts zu beantragen, sobald ernsthafte Gespräche zwischen dem Angeklagten und dem Adhäsionskläger über den Abschluss eines Vergleichs zur Erledigung des Adhäsionsantrags geführt werden. Der Vergleich ist nämlich nicht nur eine vertragliche Anspruchsgrundlage, sondern zugleich regelmäßig eine rechtsvernichtende Einwendung gegenüber den durch den Vergleich geregelten früheren Ansprüchen. **Wenn aber eine rechtsvernichtende Einwendung in Rede steht, ist Raum für die Bewilligung von Prozesskostenhilfe.**

196 Ein Prozesskostenhilfegesuch muss nicht nur hinreichende Erfolgsaussicht bieten, sondern darf daneben nicht als mutwillig erscheinen, § 114 letzter Halbsatz ZPO. Dass bei zu bejahender Erfolgsaussicht wegen Mutwilligkeit die Prozesskostenhilfe versagt wird, stellt einen seltenen Ausnahmefall dar.

b) Bedürftigkeit, § 115 ZPO

197 Nach § 115 Abs. 1 ZPO hat der Antragsteller zur Finanzierung seines Adhäsionsantrags sein Einkommen (= alle Einkünfte in Geld oder Geldeswert) abzüglich der dort aufgeführten Freibeträge einzusetzen.

198 *Praxistipp*

Soweit der Mandant Arbeitslosengeld II erhält, ist ihm ohne weitere Sachprüfung Prozesskostenhilfe zu bewilligen.

Dem Antrag muss dann lediglich der aktuelle Bescheid in Kopie beigefügt werden. Nicht vergessen werden darf, dass der Antragsteller bei Wiederaufnahme einer Erwerbstätigkeit Angaben machen muss, inwieweit er noch bedürftig ist!

3. Beiordnung

199 Nach dem grundsätzlich im Adhäsionsverfahren geltenden § 121 Abs. 2 ZPO (§ 404 Abs. 5 S. 2 StPO) ist dem Verletzten oder dem Angeschuldigten/Angeklagten – **auf jeweiligen Antrag hin – ein Rechtsanwalt beizuordnen**, wenn die Vertretung aufgrund des rechtlich oder tatsächlich schwierig gelagerten Sachverhalts erforderlich erscheint oder der Gegner durch einen Rechtsanwalt vertreten ist.

200 *Hinweis*

Die Konsequenz hierzu lautet: Hat der Angeschuldigte/Angeklagte einen (Pflicht-)Verteidiger, ist dem Verletzten ebenfalls auf seinen Antrag hin im Rahmen der bewilligten PKH ein Rechtsanwalt beizuordnen. § 404 Abs. 5 S. 2 StPO ergänzt, welcher Rechtsanwalt beigeordnet werden soll: Dem Angeschuldigten/Angeklagten soll demnach sein Pflicht- oder – seltener – Wahlverteidiger, dem Adhäsionskläger, der sich im Hauptverfahren des Beistands eines Rechtsanwalts bedient, dieser beigeordnet werden.

E. Pauschgebühren

Pauschgebühren (vgl. ausführlich § 2 Rn 296 ff.) werden auf Antrag nach §§ 42, 51 RVG gewährt, wenn ein grob unbilliges Missverhältnis zu der Inanspruchnahme des Rechtsanwalts stand oder das Verfahren die Arbeitskraft des Verteidigers für längere Zeit ausschließlich oder fast ausschließlich in Anspruch genommen hätte.[112] Also soll nur in Ausnahmefällen, wenn selbst die gesetzlichen Höchstgebühren nicht ausreichen, um die Tätigkeit des Rechtsanwalts für ihn noch zumutbar zu honorieren, diese Gebühr anfallen.[113] Hierbei sind sowohl der Wahlverteidiger wie auch der Pflichtverteidiger berechtigt, beim zuständigen OLG entsprechende Pauschanträge zu stellen. Gerade für den Pflichtverteidiger wird ein solches Missverhältnis eher vorliegen als beim Wahlverteidiger, da er ja immer nur 80 % der Mittelgebühr erhalten kann durch die Festgebühren.

201

I. Einleitung

Nach § 51 Abs. 1 S. 1 RVG ist dem gerichtlich bestellten oder beigeordneten Rechtsanwalt **auf Antrag eine Pauschgebühr** zu bewilligen, wenn die in den Teilen 4–6 des Vergütungsverzeichnisses bestimmten **Gebühren wegen des besonderen Umfangs oder der besonderen Schwierigkeit nicht zumutbar** sind.

202

Aber: Da wesentliche Gesichtspunkte, die noch unter Geltung der BRAGO Anlass zur Gewährung einer Pauschgebühr gegeben haben, nunmehr bereits bei der Bemessung der gesetzlichen Gebühr nach dem RVG berücksichtigt werden (z.B. Teilnahme an Vernehmungen im Ermittlungsverfahren und an Haftprüfungsterminen, besonders lange Dauer der Hauptverhandlung), ist der **praktische Anwendungsbereich der Vorschrift eingeschränkt**.[114]

203

II. Besonderer Umfang, besondere Schwierigkeit und Unzumutbarkeit der gesetzlichen Gebühren

Ob eine **besonders umfangreiche Sache** vorliegt, bemisst sich aufgrund objektiver Gesamtumstände nach dem zeitlichen Aufwand der Verteidigertätigkeit.[115] Dabei sind **die Dauer und die Anzahl der einzelnen Verhandlungstage, die Terminsfolge, die Gesamtdauer der Hauptverhandlung, der Umfang und die Komplexität des Verfahrensstoffes sowie das Ausmaß der vom Verteidiger wahrgenommenen weiteren Tätigkeiten** wie etwa die Durchführung von Mandantenbesprechungen, die Teilnahme an Haftprüfungen, polizeilichen Vernehmungen und Anhörungen von Sachverständigen,

204

---

112 OLG Jena AGS 2006, 173; OLG Köln JurBüro 2009, 254; übersichtlich *Burhoff*, Die Pauschgebühr des Strafverteidigers nach den §§ 42, 51 RVG, StraFo 2008, 192 ff.
113 KG RVGreport 2010, 23.
114 OLG Köln v. 3.5.2005 – 2 ARs 87/05; v. 6.1.2006 – 2 ARs 231/05.
115 BVerfG v. 6.10.2008 – 2 BvR 1173/08 – noch zu § 99 BRAGO.

das Führen einer umfangreichen Korrespondenz sowie die Wahrnehmung von sonstigen Gesprächsterminen von Bedeutung.[116] Die Anzahl der Hauptverhandlungstage kann mit deren durchschnittlicher Dauer in Beziehung gesetzt werden, zumal dem Pflichtverteidiger für jeden dieser Hauptverhandlungstage eine Terminsgebühr vergütet wird.

205 Bei der Prüfung gehen die OLG (teilweise) zweistufig vor. Deshalb wird auch dann, wenn eine Pauschgebühr für das gesamte Verfahren beantragt wird, zuerst untersucht, inwieweit der besondere Umfang der anwaltlichen Tätigkeit hinsichtlich einzelner Verfahrensabschnitte zu bejahen ist. Die frühere Gesamtbetrachtung des Verfahrens folgt in einem zweiten Schritt, falls nicht ein einzelner Verfahrensabschnitt „besonders umfangreich" gewesen ist, ggf. das Verfahren dennoch „insgesamt" als „besonders umfangreich" einzustufen ist. Das wird z.B. dann angenommen, wenn die einzelnen Verfahrensabschnitte jeweils noch nicht den Grad des „besonderen Umfangs" erreicht haben, sie aber jeweils so umfangreich sind, dass in der Gesamtschau unter Berücksichtigung der Kriterien des RVG ein „besonderer Umfang" anzunehmen ist.[117]

206 Die **„besondere Schwierigkeit"** ist wie nach altem Recht letztlich durch den Vorsitzenden Richter zu bestätigen.

207 Schließlich ist als weiteres Kriterium erforderlich, dass die **gesetzlichen Gebühren für den Rechtsanwalt unzumutbar** sein müssen. Verfassungsrechtlich hat das Bundesverfassungsgericht diese Beschränkungen auch für verfassungsgemäß erachtet.[118] Dennoch wird der Anwaltschaft hier einiges an Opfern abverlangt. Zumindest wird die Unzumutbarkeit immer dann bejaht, wenn das Verfahren bzw. der Verfahrensabschnitt sowohl als besonders schwierig" als auch als „besonders umfangreich" anzusehen ist.[119]

Burhoff schlägt folgendes Vorgehen vor:

- Zunächst ist zu ermitteln, ob es sich um ein „besonders umfangreiches" oder „besonders schwieriges Verfahren" gehandelt hat.
- Dann sind die entstandenen gesetzlichen Gebühren zu ermitteln.
- Danach ist zu fragen, ob diese unter Berücksichtigung des „besonderen Umfangs" oder der „besonderen Schwierigkeit" zumutbar sind.
- Bei der Antragstellung sollte der Pflichtverteidiger nach Möglichkeit die von ihm für die Verteidigung aufgewendete Zeit darlegen und diese den gesetzlichen Gebühren gegenüberstellen. So wird schneller deutlich, für welchen „Stundensatz" er arbeiten muss, wenn ihm nur die gesetzlichen Gebühren zustehen und dass dies unzumutbar ist. Hinweisen sollte er auch auf die sog. Geldwäscheentscheidung des BGH.[120]

---

116 Gerold/Schmidt/*Madert*, Bundesgebührenordnung für Rechtsanwälte, 15. Aufl. 2002, § 99 Rn 3.
117 *Burhoff*, StraFo 2008, 192 ff.
118 BVerfG RVGreport 2007, 263 = JurBüro 2007, 529 = AGS 2007, 507 = NStZ-RR 2007, 359.
119 So jedenfalls bislang OLG Hamm, vgl. Nachweise bei *Burhoff*, a.a.O.
120 Vgl. BGHSt 47, 68.

III. Bewilligung der Pauschgebühren nach OLG Köln

Das OLG Köln[121] bewilligt Pauschgebühren wie folgt: 208

*„Berücksichtigungsfähige Umstände, die eine Honorierung des Antragstellers im Rahmen der gesetzlichen Gebühren als unzumutbar erscheinen lassen, liegen hier aus den Gründen der Antragsschrift insoweit vor, als der Verteidiger zunächst im Erkenntnisverfahren einen **25-seitigen Beschwerdeschriftsatz zur Frage der Pflichtverteidigerbestellung** gefertigt hat. Dass ihn dies **19 Zeitstunden** in Anspruch genommen hat, hat der Antragsteller nachvollziehbar dargelegt.*

*Der Antragsteller hat aber des weiteren einen **100-seitigen Befangenheitsantrag** verfasst. Die hierfür angesetzte Zeitaufwand von **11 Stunden**, während derer andere Sachen nicht bearbeitet werden konnten, erscheint eher am unteren Rand angesetzt.*

*Schließlich hat der Antragsteller eine **268-seitige Revisionsbegründungsschrift** gefertigt, was nach seinen nachvollziehbaren Angaben dazu geführt hat, dass er an **vier Arbeitstagen** andere Strafsachen nicht bearbeiten konnte."*

Praxistipp 209

Eine Prüfung für die Beantragung von Pauschgebühren kann auch in Verfahrensabschnitte aufgeteilt werden.

Denn die Pauschgebühr kann für einzelne Verfahrensabschnitte beantragt werden. So ist denkbar, dass die Tätigkeiten des Rechtsanwalts im Vorverfahren besonders umfangreich waren und so zu einer erheblich kürzeren Dauer der Hauptverhandlung geführt haben.

---

121 Beschluss v. 13.6.2008 – 1 ARs 29/08.

F. Auslagen und allgemeine Geschäftskosten in Teil 7 des RVG

210 Teil 7 Auslagen

Nr.	Auslagentatbestand	Höhe
Vorbemerkung 7:		
(1) Mit den Gebühren werden auch die allgemeinen Geschäftskosten entgolten. Soweit nachfolgend nichts anderes bestimmt ist, kann der Rechtsanwalt Ersatz der entstandenen Aufwendungen (§ 675 i.V.m. § 670 BGB) verlangen. (2) Eine Geschäftsreise liegt vor, wenn das Reiseziel außerhalb der Gemeinde liegt, in der sich die Kanzlei oder die Wohnung des Rechtsanwalts befindet. (3) Dient eine Reise mehreren Geschäften, sind die entstandenen Auslagen nach den Nummern 7003 bis 7006 nach dem Verhältnis der Kosten zu verteilen, die bei gesonderter Ausführung der einzelnen Geschäfte entstanden wären. Ein Rechtsanwalt, der seine Kanzlei an einen anderen Ort verlegt, kann bei Fortführung eines ihm vorher erteilten Auftrags Auslagen nach den Nummern 7003 bis 7006 nur insoweit verlangen, als sie auch von seiner bisherigen Kanzlei aus entstanden wären.		

7000	Pauschale für die Herstellung und Überlassung von Dokumenten:
	1. für Ablichtungen und Ausdrucke
	  a) aus Behörden- und Gerichtsakten, soweit deren Herstellung zur sachgemäßen Bearbeitung der Rechtssache geboten war,
	  b) zur Zustellung oder Mitteilung an Gegner oder Beteiligte und Verfahrensbevollmächtigte aufgrund einer Rechtsvorschrift oder nach Aufforderung durch das Gericht, die Behörde oder die sonst das Verfahren führende Stelle, soweit hierfür mehr als 100 Seiten zu fertigen waren,
	  c) zur notwendigen Unterrichtung des Auftraggebers, soweit hierfür mehr als 100 Seiten zu fertigen waren,
	  d) in sonstigen Fällen nur, wenn sie im Einverständnis mit dem Auftraggeber zusätzlich, auch zur Unterrichtung Dritter, angefertigt worden sind:	

	für die ersten 50 abzurechnenden Seiten je Seite	0,50 EUR
	für jede weitere Seite	0,15 EUR
	2. für die Überlassung von elektronisch gespeicherten Dateien anstelle der in Nummer 1 Buchstabe d genannten Ablichtungen und Ausdrucke:	
	je Datei	2,50 EUR

F. Auslagen und allgemeine Geschäftskosten in Teil 7 des RVG § 1

	Die Höhe der Dokumentenpauschale nach Nummer 1 ist in derselben Angelegenheit und in gerichtlichen Verfahren in demselben Rechtszug einheitlich zu berechnen. Eine Übermittlung durch den Rechtsanwalt per Telefax steht der Herstellung einer Ablichtung gleich.	
7001	Entgelte für Post- und Telekommunikationsdienstleistungen ..	in voller Höhe
	Für die durch die Geltendmachung der Vergütung entstehenden Entgelte kann kein Ersatz verlangt werden.	
7002	Pauschale für Entgelte für Post- und Telekommunikationsdienstleistungen	20 % der Gebühren – höchstens 20,00 EUR
	Die Pauschale kann in jeder Angelegenheit anstelle der tatsächlichen Auslagen nach Nummer 7001 gefordert werden.	
7003	Fahrtkosten für eine Geschäftsreise bei Benutzung eines eigenen Kraftfahrzeugs für jeden gefahrenen Kilometer	0,30 EUR
	Mit den Fahrtkosten sind die Anschaffungs-, Unterhaltungs- und Betriebskosten sowie die Abnutzung des Kraftfahrzeugs abgegolten.	
7004	Fahrtkosten für eine Geschäftsreise bei Benutzung eines anderen Verkehrsmittels, soweit sie angemessen sind........	in voller Höhe
7005	Tage- und Abwesenheitsgeld bei einer Geschäftsreise	
	1. von nicht mehr als 4 Stunden......................	20,00 EUR
	2. von mehr als 4 bis 8 Stunden.....................	35,00 EUR
	3. von mehr als 8 Stunden	60,00 EUR
	Bei Auslandsreisen kann zu diesen Beträgen ein Zuschlag von 50 % berechnet werden.	
7006	Sonstige Auslagen anlässlich einer Geschäftsreise, soweit sie angemessen sind.................................	in voller Höhe
7007	Im Einzelfall gezahlte Prämie für eine Haftpflichtversicherung für Vermögensschäden, soweit die Prämie auf Haftungsbeträge von mehr als 30 Millionen EUR entfällt......	in voller Höhe
	Soweit sich aus der Rechnung des Versicherers nichts anderes ergibt, ist von der Gesamtprämie der Betrag zu erstatten, der sich aus dem Verhältnis der 30 Millionen EUR übersteigenden Versicherungssumme zu der Gesamtversicherungssumme ergibt.	
7008	Umsatzsteuer auf die Vergütung	in voller Höhe
	Dies gilt nicht, wenn die Umsatzsteuer nach § 19 Abs. 1 UStG unerhoben bleibt.	

§ 1 Einführung in die Abrechnung des Rechtsanwalts

211 Schon an dieser Stelle ist es wichtig, sich über die Gestaltung des Mandates Gedanken zu machen. Denn nicht nur die einzelnen Gebührentatbestände richtig anzuwenden, ist schwierig, sondern die Planung und Gestaltung des Mandates auch im Hinblick auf die weiteren anfallenden Kosten sind zu berücksichtigen. Denn die Beträge für Gehälter, Telefon, EDV-Einrichtung und -unterhaltung, Büroeinrichtung, Fachliteratur, Fortbildungen etc. stellen enorme Kostenfaktoren in den Kanzleien dar.

212 Dies ist auch im Interesse des Mandanten. So mag sich mancher Mandant zu Recht darüber beschweren, dass ihm Kosten auferlegt wurden, die er bei rechtzeitiger Information hätte vermeiden können. Gerade im Hinblick auf Reisekosten handelt es sich ggf. um beträchtliche Positionen. Aber auch für den Rechtsanwalt ist die Überlegung anzustellen, ob er ggf. derart weit in Vorlage gehen will, wenn beispielsweise Strafverfahren größeren Umfanges nicht am Heimatort verhandelt werden, sondern Reisen durch die ganze Republik erforderlich sind.

213 Auch kleine, aber in der Summe kostspielige Übel wie die Erstattung von Kopiekosten sollten bereits bei der Mandatsannahme in die „Kostenplanung" Eingang finden.

214 Es sind folgende Gebührentatbestände nahezu in jeder Kostennote zu finden und stellen trotz der Umsatzsteuerpflicht zumindest einen halbwegs kostendeckenden Faktor in den Einnahmen dar:

- Post-/Telekommunikationsentgelte, Nrn. 7001, 7002 VV
- Pauschale
- konkret – Richtigkeit wird anwaltlich versichert –
- Schreibauslagen, Nr. 7000 VV – anwaltlich versichert –
- Fahrtkosten, Nrn. 7003, 7004 VV
- Tage-/Abwesenheitsgelder, Nr. 7005 VV
- Übernachtungskosten, Nr. 7006 VV
- Umsatzsteuer, Nr. 7008 VV.

I. Einleitung

215 Im Bereich der Auslagen ist in der VV Vorbemerkung 7 aufgeführt, dass die in den allgemeinen Gebührentatbeständen erfassten Geschäftskosten des Rechtsanwalts damit abgegolten sind. Allerdings kann weiterer Ersatz von Aufwendungen verlangt werden nach §§ 675 i.V.m. 670 BGB. Der Rechtsanwalt kann damit im Rahmen seines Geschäftsbesorgungsvertrages entstandene Auslagen vom Mandanten fordern. Voraussetzung ist dabei, dass der Rechtsanwalt im Rahmen seines Auftrages handelt.[122] Dabei ist das Interesse des Mandanten zu beachten und ggf. zu erfragen.

216 *Praxistipp*
Der Rechtsanwalt sollte sicherheitshalber seine gesonderte Beiordnung beantragen (vgl. § 1 Rn 172). Da zunächst der Mandant die Kosten für Reisen zu tragen hat, emp-

---

122 Hk/*Ebert*, Vorbemerkung 7 Rn 15.

F. Auslagen und allgemeine Geschäftskosten in Teil 7 des RVG § 1

fiehlt es sich, diese Kosten zuvor mit dem Mandanten zu erörtern. Denn ggf. muss eine Beauftragung eines ortsansässigen Kollegen erfolgen, um kostenmindernd das Mandat zu führen.

Dies sollte nach Möglichkeit schriftlich in den Handakten dokumentiert werden.

Weiterhin wird definiert, wann eine Geschäftsreise vorliegt. 217

Die Definition der Geschäftsreise: Dies ist der Fall, wenn das Reiseziel außerhalb der Gemeinde befindlich ist, in der der Rechtsanwalt die Kanzlei bzw. seine Wohnung hat.

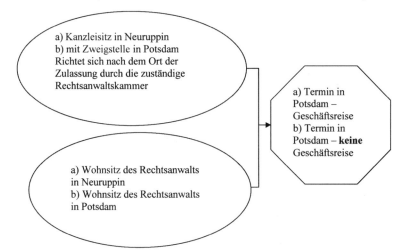

Schließlich wird der Pflichtverteidiger nicht schlechter gestellt als der Wahlverteidiger. 218
Allerdings müssen die Voraussetzungen von § 46 RVG vorliegen.

Hier heißt es zu beachten, dass Reisekosten und andere Auslagen dann nicht vergütet werden, wenn sie zur sachgemäßen Durchführung der Angelegenheit nicht erforderlich waren. Allerdings bleibt dem Rechtsanwalt die Möglichkeit, die Erforderlichkeit im Vorfeld durch das Gericht feststellen zu lassen.

Muster: Antrag der Erforderlichkeit von Reisekosten 219

▼

An das Amtsgericht

In der Strafsache

gegen

wegen

§ 1 Einführung in die Abrechnung des Rechtsanwalts

Wird beantragt, die Reisekosten des Unterzeichneten nach ▇▇▇ in der ▇▇▇. Kalenderwoche zur Nachtzeit als erforderlich festzustellen.

Zur Begründung wird ausgeführt, dass der Unfallort in Augenschein genommen und erneut vermessen durch den Unterzeichneten werden soll. Es ist daher zu überprüfen, ob ein Beweisantrag im Hinblick auf das Unfallgeschehen durch eine Inaugenscheinseinnahme gestellt werden soll oder nicht. Zuvor ist daher der Tatort in den Nachtstunden, die den Lichtverhältnissen zur Tatzeit entspricht, in Augenschein zu nehmen. Diese Reise ist daher erforderlich, da der Kanzleisitz des beigeordneten Rechtsanwalt in ▇▇▇ ist.

Rechtsanwalt

▲

220 Ist nämlich die Feststellung durch das Gericht erfolgt, können die Reisekosten hernach nicht abgesetzt werden, weil diese Feststellung für das Festsetzungsverfahren (§ 55 RVG) bindend ist. Für das Bußgeldverfahren vor der Verwaltungsbehörde tritt an die Stelle des Gerichts die Verwaltungsbehörde.

221 Und schließlich gilt im Wiederaufnahmeverfahren, dass nur vergütet wird, wenn der Rechtsanwalt nach § 364b Abs. 1 S. 1 StPO bestellt worden ist oder wenn das Gericht die Feststellung nach § 364b Abs. 1 S. 2 StPO getroffen hat. Dies gilt auch im gerichtlichen Bußgeldverfahren (§ 85 Abs. 1 OWiG).

II. Einzelheiten

1. Post- und Telekommunikationspauschale

222 Die Auslagen, die der Rechtsanwalt für **Telefonate** und die Fertigung von Schriftsätzen oder **Porti** hat, kann er **entweder** in voller Höhe – unter Nachweis der entstandenen Kosten – vom Mandanten ersetzt verlangen **oder** aber in Form einer Pauschale geltend machen. Macht er die Pauschale geltend, so darf er nur 20 % der entstandenen Gebühren (nach Addition aller Gebühren) geltend machen, auch wenn Gebühren in dieser Höhe gar nicht angefallen sind. So fällt die Pauschale z.B. auch an, wenn nur ein Gespräch in der Kanzlei durchgeführt wurde. Die Gebühr soll nicht nur tatsächliche Gesprächskosten abdecken, sondern auch Kosten für die Vorhaltung eines Telefonanschlusses und die Besetzung des Anschlusses durch eine Angestellte abdecken. Die Pauschale ist aber auf **maximal 20 EUR** begrenzt. Dies gilt für jede Instanz.

Diese Gebühr entsteht grundsätzlich gesondert von der sogenannten Aktenversendungspauschale der Nr. 9003 GKG-KV als eigene (dem Rechtsanwalt) entstehende Gebühr.[123]

---

[123] *Burhoff*, Rechtsprechungsübersicht zu den Teilen 4–7 VV RVG aus den Jahren 2008–2010, Teil 3, RVGreport 2010, 163 ff.; *Burhoff*, RVG, VergütungsABC, Angelegenheiten Rn 5.

2. Kopiergebühren/Dokumentenpauschale nach Nr. 7000 VV

Für Kopien, die der Rechtsanwalt anfertigt, kann er vom Mandanten ebenfalls Gebühren **223** verlangen. Dabei kann er für die ersten 50 Seiten jeweils 0,50 EUR und für jede weitere je 0,15 EUR geltend machen (bei 100 Seiten also 32,50 EUR).
Übrigens: für Kopien durch das Gericht gelten die gleichen Gebühren.

Es ist im Übrigen nicht grundsätzlich Sache des Gerichts,[124] namentlich des Rechtspflegers, die Arbeit des Rechtsanwalts – insbesondere des Pflichtverteidigers, der bereits sein Sonderopfer im Rahmen der Gesellschaft durch niedrigere Gebühren erbringt, im Bereich der tatsächlich angefallenen Kopierarbeiten zu bewerten und diese dann im Nachhinein auch kürzen zu wollen. Denn nur der Verteidiger kann und muss entscheiden, was im Rahmen der Erforderlichkeit angemessen ist. Auch dürfte insoweit analog der Beweislast der Staatskasse im Bereich der Wahlverteidigergebühren vielmehr darzulegen sein, welche Kopien jedenfalls völlig unsinnigerweise gezogen worden sind. Schließlich ist auch zu bedenken, dass der Mandant, der eine Doppelkopie erhält, sich fragen muss, weshalb ihm einzelne Seiten vorenthalten werden, wenn diese aus Kostenersparnisgründen nicht kopiert wurden. Auch wird der Rechtspfleger schlechterdings nicht wissen können, welche Aktenbestandteile tatsächlich Eingang in das Verfahren gefunden haben oder hätten Eingang finden können. Ein Abschlag ist mithin nicht gerechtfertigt, wenn nicht gerade ganze Bände ohne jede Not doppelt kopiert worden sind. Weiterhin ist es nicht nur seltsam, dass der Rechtsanwalt seine Kopien „rechtfertigen" muss, sondern kann im gegebenen Fall auch einen Parteiverrat darstellen, wenn die Verteidigungsstrategie dadurch aktenkundig gemacht werden müsste. Kurz: Die Rechtfertigungsabforderung durch die Gerichte ist unbillig, wenn sie die Gesamtseitenzahl nicht übersteigen.

> *Praxistipp*
> Einige Gerichte haben mit den Rechtsanwälten inzwischen einen „modus" gefunden, nach dem eine genaue Abrechnung der Kopien nicht vorgenommen wird, sofern der Rechtsanwalt auf die gefertigten Kopien (Gesamtanzahl) einen pauschalen Abschlag von 15–20 % vornimmt. Dies ist zwar an sich nicht sachgerecht, weil die Kopien ja tatsächlich gezogen wurden, allerdings verkürzt es die nach der Festsetzung erfolgte Korrespondenz beträchtlich. Gerade bei Umfangsverfahren sollte daher ggf. mit dem zuständigen Rechtspfleger Kontakt aufgenommen werden, um die Beantragung der Kosten zu vereinfachen.

3. Reisekosten und Abwesenheitsgeld nach Nr. 7005 VV

Muss der Rechtsanwalt einen Termin wahrnehmen, der nicht in seinem Gerichtsbezirk **224** liegt, kann er Abwesenheitsgeld und die Erstattung der tatsächlich angefallenen Reisekosten vom Mandanten verlangen. Die Kilometerpauschale beträgt pro mit dem Pkw gefah-

---
[124] Vgl. auch AG Bochum v. 10.1.2010 – 74 Ls 2 Js 556/05 – 38/06.

renen Kilometer 0,30 EUR. Es werden die tatsächlich gefahrenen Kilometer berechnet, nicht die kürzeste, sondern die bequemste bzw. zweckmäßigste Strecke, die ggf. auch etwas länger sein kann. Parkgebühren sollten übrigens nach Nr. 7008 VV abgerechnet werden. Wenn die gefahrene Strecke nur unwesentlich vom Routenplaner abweicht, ist dies ebenso zu ersetzen.[125]

Das Abwesenheitsgeld beträgt bei einer Abwesenheit
- bis zu 4 Stunden pro Tag 20,00 EUR,
- zwischen 4 und 8 Stunden pro Tag 35,00 EUR und
- über 8 Stunden sogar 60,00 EUR.

Bei Aufenthalt im Ausland werden diese Beträge mit einem 50 %-igen Zuschlag versehen. Soweit es möglich ist, sollte man also einen Rechtsanwalt am Gerichtsstand des jeweiligen Beklagten beauftragen.

> *Praxistipp*
> Der Mandant hat häufig über seine Rechtsschutzversicherung keine Übernahme der Kosten für diese Position, womit zur Gestaltung eines guten Mandatsverhältnisses der Rechtsanwalt frühzeitig über diese Kosten aufklären sollte. Häufig kann dies bereits durch die Übersendung der Deckungszusage an den Mandanten geschehen, weil auf die Ausschlüsse der Kostenübernahme ausdrücklich verwiesen wird.

4. Hebegebühren nach Nr. 1009 VV

225 Hebegebühren fallen an, wenn der Rechtsanwalt **Zahlungen** für den Mandanten entgegennimmt und diese dann an den Mandanten auskehrt. Mit den Hebegebühren sollen die Kosten abgedeckt werden, die der Rechtsanwalt durch Tätigung der Überweisungen und für zusätzliche Sorgfaltspflichten hat. Für jeden Auszahlungsbetrag fallen die Kosten gesondert an.

5. Umsatzsteuer nach Nr. 7008 VV

226 Der Rechtsanwalt hat als Dienstleister ebenfalls die Umsatzsteuer abzuführen. Das RVG erlaubt dem Rechtsanwalt in Nr. 7008 VV, diese auf seine Mandanten umzulegen. Deshalb ist auf alle Gebühren mit Ausnahme der Auslagen für Gerichtskosten die Mehrwertsteuer zu berechnen.

Nach einhelliger Auffassung ist die Umsatzsteuer zu berechnen, wenn die Aktenversendungspauschale dem Rechtsanwalt in Rechnung gestellt wurden, er also Kostenschuldner nach Nr. 9003 GKG-KV geworden ist.[126]

---

125 OLG Nürnberg v. 29.6.2010 – 1 Ws 324/10.
126 *Burhoff*, Rechtsprechungsübersicht zu den Teilen 4–7 VV RVG aus den Jahren 2008–2010, Teil 3, RVGreport 2010, 163 ff., 363 ff.

G. Gerichtskosten

Die Kosten des Verfahrens werden für alle gerichtlich entstandenen Verfahren oder Verfahrensteile nach dem Gerichtskostengesetz erhoben. Sie gelten für den Verurteilten oder Freigesprochenen bzw. die ebenfalls unter der Vorbemerkung zu Abschnitt 4 VV aufgezählten Personen, die am Verfahren teilnehmen können. 227

Die Gebühren entstehen für das Verfahren oder einzelne Verfahrensteile. Die seitens des Gerichts gesondert bestimmten Auslagen sind Kosten, die zunächst dem Gericht gegenüber entstehen und abgerechnet werden können. Hierunter können die Entschädigung von Sachverständigen, Zeugen oder Dolmetschern, für Reisekosten, Versendung von Akten oder Fertigung von Abschriften fallen. Insbesondere die Kosten für den Pflichtverteidiger – sog. notwendige Auslagen – fallen ebenso hierunter, weil der Staat nach der Beiordnung den Rechtsanwalt zunächst zu alimentieren hat, wenn dieser mittels Kostenfestsetzungsantrages seine ihm entstandenen Gebühren geltend macht. 228

In bestimmten Situationen gelten Sonderregelungen für den Nebenkläger oder den Privatkläger, vgl. § 16 GKG. 229

Die Höhe der Gebühren richtet sich nach dem Gegenstandswert. § 34 GKG regelt, wie sich die Höhe einer Gebühr für einen bestimmten Streitwert errechnet. Für Streitwerte bis 500.000 EUR ist dem GKG als Anlage 2 eine Gebührentabelle beigefügt. Diese findet bei Adhäsionsverfahren ggf. Anwendung. 230

Welche Gebühren (eine Gebühr, mehrere Gebühren oder Bruchteile einer Gebühr) erhoben werden, ist aus dem Kostenverzeichnis, das dem GKG als Anlage 1 beigefügt ist, zu ersehen. 231

Die §§ 10–18 GKG enthalten Bestimmungen über Vorschuss und Vorauszahlung. In §§ 39–60 GKG ist festgelegt, in welcher Höhe der Streitwert festzusetzen ist. §§ 61–65 GKG schließlich regeln das Streitwertfestsetzungsverfahren. 232

In der Vorbemerkung zu 3.1. der Anlage 1 heißt es, dass die Gerichtsgebühren sich in Strafsachen für alle Rechtszüge nach der rechtskräftig erkannten Strafe bemessen. Es gilt daher, dass die Zahl der Tagessätze der Dauer der Freiheitsstrafe entsprechen (30 Tagessätze stehen für einen Monat Freiheitsstrafe). In dem seltenen Fall einer Verwarnung mit Strafvorbehalt bestimmt sich die Gebühr nach der (vorbehaltenen) Geldstrafe. 233

Es gilt ansonsten die Anlage 1 (zu § 3 Abs. 2) Kostenverzeichnis ab Teil 3 für das Strafverfahren und in Teil 4 für das Bußgeldverfahren. Die Kosten liegen in Strafverfahren bei einer Verurteilung von 120,00 EUR aufwärts, in Bußgeldverfahren bei 10 % des im Bußgeldbescheid ausgesprochenen Betrages, wenigstens jedoch 40,00 EUR und höchstens 15.000,00 EUR.[127] 234

Ansonsten ist die Aufteilung entsprechend derjenigen im RVG bzw. im VV nachgebildet (siehe die Tabellen § 1 Rn 18 ff.). 235

---

127 Schnell lässt sich der Betrag über die Webseite www.rechtsanwaltsgebühren.de errechnen!

§ 2 Gebühren im Strafverfahren: Die einzelnen Gebühren

A. Allgemeine Gebühren

I. Einleitung

1. Vorbemerkung 4 VV

Nr.	Gebührentatbestand	Gebühr oder Satz der Gebühr nach § 13 oder § 49 RVG	
		Wahlanwalt	gerichtlich bestellter oder beigeordneter Rechtsanwalt
Vorbemerkung 4:			
(1) Für die Tätigkeit als Beistand oder Vertreter eines Privatklägers, eines Nebenklägers, eines Einziehungs- oder Nebenbeteiligten, eines Verletzten, eines Zeugen oder Sachverständigen und im Verfahren nach dem Strafrechtlichen Rehabilitierungsgesetz sind die Vorschriften entsprechend anzuwenden.			
(2) Die Verfahrensgebühr entsteht für das Betreiben des Geschäfts einschließlich der Information.			
(3) Die Terminsgebühr entsteht für die Teilnahme an gerichtlichen Terminen, soweit nichts anderes bestimmt ist. Der Rechtsanwalt erhält die Terminsgebühr auch, wenn er zu einem anberaumten Termin erscheint, dieser aber aus Gründen, die er nicht zu vertreten hat, nicht stattfindet. Dies gilt nicht, wenn er rechtzeitig von der Aufhebung oder Verlegung des Termins in Kenntnis gesetzt worden ist.			
(4) Befindet sich der Beschuldigte nicht auf freiem Fuß, entsteht die Gebühr mit Zuschlag.			
(5) Für folgende Tätigkeiten entstehen Gebühren nach den Vorschriften des Teils 3:			
1. im Verfahren über die Erinnerung oder die Beschwerde gegen einen Kostenfestsetzungsbeschluss (§ 464b StPO) und im Verfahren über die Erinnerung gegen den Kostenansatz und im Verfahren über die Beschwerde gegen die Entscheidung über diese Erinnerung,			
2. in der Zwangsvollstreckung aus Entscheidungen, die über einen aus der Straftat erwachsenen vermögensrechtlichen Anspruch oder die Erstattung von Kosten ergangen sind (§§ 406b, 464b StPO), für die Mitwirkung bei der Ausübung der Veröffentlichungsbefugnis und im Beschwerdeverfahren gegen eine dieser Entscheidungen.			

1

a) Allgemeines

Teil 4 wird eingeleitet mit einer Vorbemerkung. Diese ist in der Bezifferung nicht vorgesehen, gilt jedoch für den gesamten Teil. Zunächst einmal werden die Tätigkeiten des Verteidigers mit denen des Vertreters

- eines Privatklägers,
- eines Nebenklägers,

2

- eines Einziehungs- oder Nebenbeteiligten,
- eines Verletzten,
- eines Zeugen
- oder aber Beistand für Sachverständige etc. gleichgesetzt.

3 Der praxisrelevante Absatz ist in Absatz 2 zu finden: Hier wird bereits geregelt, dass die Verfahrensgebühr für das Betreiben eines Geschäfts einschließlich der Information anfällt.

4 Zu den Anwendungsbereichen nach Absatz 1 der Vorbemerkung 4 umfasst dieser einen sachlichen Bereich für die Verfahren nach der StPO, dem JGG und den etwaigen landesrechtlichen Strafvorschriften, sowie für die Verfahren, die in Teil 4 des Vergütungsverzeichnisses ausdrücklich bezeichnet worden sind.[1] Auch umfasst ist das strafrechtliche Rehabilitierungsverfahren.[2]

5 *Praxistipp: Vertretung mehrerer Auftraggeber*
Insofern ein Rechtsanwalt die Verteidigung mehrerer Beteiligter – beispielsweise im Adhäsionsverfahren, der Nebenklage oder aber Beistand für mehrere Zeugen -in derselben Angelegenheit gemäß § 7 Abs. 1 RVG vertritt, sind sämtliche Gebühren auch nur einfach angefallen nach Teil 4 VV, jedoch unter Berücksichtigung des Erhöhungstatbestandes der Nr. 1008 VV.

6 Wichtig ist bei einer jeden Abrechnung, wann ein Geschäft einschließlich der Information betrieben wurde. Die Definition des Absatzes 2 (sie entspricht Teil 3 Abs. 2 VV) gilt für alle in Teil 4 entstehenden Verfahrensgebühren.[3]

b) Betreiben des Geschäfts

7 Unter dem „Betreiben des Geschäfts" wird verstanden, dass die von der Gebühr abgegoltenen Tätigkeiten[4] bspw. in

- Beratungen
- Besprechungen
- Erstinformation nach erster Akteneinsicht
- neuerlicher Akteneinsicht
- Schriftverkehr
- Besprechungen mit Mitverteidigern/Verfahrensbeteiligten/Staatsanwaltschaft
- Teilnahme an Durchsuchungsmaßnahmen
- Vorbereitung von gerichtlichen Terminen

---

1 Gerold/Schmidt/*Burhoff*, Vorb. 4 VV Rn 2 ff.; Hk/*Kroiß*, Nr. 4100–4103 VV Rn 2 f.
2 Gerold/Schmidt/*Burhoff*, Vorb. 4 VV Rn 8.
3 Gerold/Schmidt/*Burhoff*, Vorb. 4 VV Rn 9.
4 Siehe auch Aufzählung in Burhoff-RVG/*Burhoff*, Vorb. 4 Rn 35 im Umkehrschluss.

bestehen.[5] Dies soll **kumulativ**, nicht alternativ gelten. Weitergehend und richtigerweise ist aber davon auszugehen, dass die Verfahrensgebühr eine „Betriebsführungsgebühr" darstellt.[6] Dementsprechend ist es nicht nötig, über das Erstgespräch bzw. die Entgegennahme der Erstinformation[7] hinaus weitere Tätigkeiten zu entfalten, um die Verfahrensgebühr zu beanspruchen. Nicht erforderlich – wie vielfach bei den Kostenbeamten irrtümlich angenommen – ist, dass die Tätigkeiten des Rechtsanwaltes aktenkundig geworden sind.

Praxistipp 8
Bei der vorläufigen Abrechnung gegenüber der Staatskasse sollte zur Geltendmachung der Verfahrensgebühr zumindest stichwortartig mitgeteilt werden, dass und ggf. wann Besprechungen mit dem Mandanten stattgefunden haben, um zu verdeutlichen, dass die Verfahrensgebühr angefallen ist.
Ansonsten ist die Prüfung des Akteninhaltes und des hierauf fußenden Schriftsatzes ebenfalls ausreichend, um das Betreiben des Geschäftes zu dokumentieren.
Für den Wahlverteidiger gilt bereits hier: In der Vorbemerkung wird deutlich, dass § 14 Abs. 1 RVG Anwendung bei der Bestimmung der Gebührenhöhe findet. Die konkrete Bemessung erfolgt dann auf der Grundlage der so genannten Mittelgebühr. Dieser Ausgangspunkt muss dann die sonstigen Umstände berücksichtigen, die entweder gebührenerhöhend oder aber -mindernd einfließen.[8]

2. Zuschlag für nicht auf freiem Fuß befindlichen Mandanten

Des Weiteren werden in den Absätzen der Vorbemerkung geregelt, dass Haftzuschläge anfallen, wenn die zu vertretenden Mandanten vereinfacht ausgedrückt nicht alleine in die Kanzlei kommen können, um mit dem Rechtsanwalt Kontakt zu haben. 9

Es geht also um die Zuschläge, die zusätzlich zu den Grundgebühren, Verfahrensgebühren oder Terminsgebühren anfallen können. Sie können zu jedem Zeitpunkt des Verfahrens anfallen und stehen beim Wechsel des Rechtsanwalts auch jedem zu, soweit sich der Mandant – und sei es auch nur vorläufig – nicht auf freiem Fuß ist. Es kommt auf das Entstehen konkreter Erschwernisse für den Verteidiger durch die Inhaftierung seines Mandanten nicht an.[9] Deshalb wird auch beim sog. Offenen Vollzug oder bei Lockerungen der Zuschlag gewährt.[10] Allerdings wird in der Rechtsprechung immer wieder der Versuch unternommen, die Zuschläge zu begrenzen, indem darauf hingewiesen wird, dass tatsächliche Erschwer- 10

---

5 Hk-*Kroiß*, Nr. 4100–4103 VV Rn 21 f.
6 Zutreffend AnwK-RVG/*N. Schneider*, Vorb. 4100–4101 VV Rn 10 f.
7 AnwK-RVG-*N. Schneider*, Vorb. 4100–4101 VV Rn 10 f.
8 Gerold/Schmidt/*Burhoff*, Vorb. 4 VV Rn 17; Hk/*Kroiß*, Nr. 4100–4103 VV Rn 8.
9 KG, Beschl. v. 29.6.2006 – 4 Ws 76/06; KG, Beschl. v. 5.12.2006 – 3 Ws 216/06; AG Tiergarten, Beschl. v. 15.10.2009 – (420) 81 Js 1798/08 Ls (93/08), unter www.burhoff.de.
10 KG, Beschl. v. 5.9.2007 – 1 Ws 122/07; OLG Jena, Beschl. v. 30.1.2009 – 1 Ws 29/09; Burhoff-*Burhoff*, Vorb. 4 VV Rn 88.

nisse dann nicht vorliegen, wenn der Mandant in seiner Bewegungsfreiheit nicht eingeschränkt ist[11] wie beispielsweise beim Betreuten Wohnen oder einer freiwilligen Drogentherapie.

11 *Praxistipp*

Die Verfahrensgebühr nebst Zuschlag fällt bereits an, wenn der Mandant auch nur einen Tag nicht auf freiem Fuß gewesen ist.[12] Wann dies nach der Mandatierung war, ist unerheblich.[13]

Bei der Terminsgebühr hingegen kommt es darauf, ob der Mandant nicht auf freiem Fuß ist, um den Zuschlag zu verdienen.

12 Es kommt nicht darauf an, ob die Einschränkung der Bewegungsfreiheit aus dem gegenständlichen Verfahren herrühren muss, sondern lediglich, dass sie tatsächlich vorliegt.[14] Schließlich ist der Zuschlag nur für den Rechtsanwalt gegeben, der auch tatsächlich den Mehraufwand betreiben muss. Es wird daher der Zuschlag für einen Nebenklagevertreter abgelehnt, wenn der Beschuldigte inhaftiert ist.[15] Etwaiger Mehraufwand aufgrund der Beschuldigteninhaftierung soll dann mit einem Pauschantrag (dazu umfassend vgl. § 2 Rn 292 ff.) Rechnung getragen werden.

13 Checkliste: Haftzuschläge

- Mandat übernommen
- Der eigene Mandant ist unfreiwillig – zumindest vorläufig – nicht auf freiem Fuß (Vorläufige Festnahme, Unterbringung, Haft etc.)
- Tätigkeit während dieser Phase durch Rechtsanwalt (z.B. Beratung vor der Vorführung vor den Haftrichter, Akteneinsicht, Besprechungen mit Mandanten in dieser Situation)
- Einmal entstandene Zuschläge werden nicht wieder aberkannt, wenn Mandant auf freien Fuß gelangt.
- Wahlverteidiger können die Dauer bei der Bemessung der Gebühren im Rahmen der Ermessensausübung berücksichtigen und erhöhend gewichten

II. Gebühren für alle

14 Die unter Abschnitt 1 geregelten allgemeinen Gebühren lassen die Grundgebühr, die Terminsgebühr mit den jeweiligen Zuschlägen anfallen. Sie können ebenso in anderen Verfahrensabschnitten – also auch nach Ablauf des Ermittlungsverfahrens – jederzeit anfallen.

---

11 KG, Beschl. v. 29.8.2008 – 1 Ws 212/07; OLG Hamm, Beschl. v. 31.12.2007 – 1 Ws 790/07.
12 Straßenverkehrssachen/*Krumm*, Rn 392.
13 Siehe Beispiele bei *Burhoff*, Die Gebührenfrage: Haftzuschlag – ja oder nein?, StRR 2009, 174 ff.
14 OLG Hamm, Beschl, v. 13.10.2009 – 2 Ws 185/09 gibt damit seine frühere Rechtsprechung nun ebenfalls auf.
15 OLG Köln, Beschl. v. 16.11.2009 – 2 Ws 550/09.

Abschnitt 1 Gebühren des Verteidigers

Nr.	Gebührentatbestand	Gebühr oder Satz der Gebühr nach § 13 oder § 49 RVG	
		Wahlanwalt	gerichtlich bestellter oder beigeordneter Rechtsanwalt

Vorbemerkung 4.1:
(1) Dieser Abschnitt ist auch anzuwenden auf die Tätigkeit im Verfahren über die im Urteil vorbehaltene Sicherungsverwahrung und im Verfahren über die nachträgliche Anordnung der Sicherungsverwahrung.
(2) Durch die Gebühren wird die gesamte Tätigkeit als Verteidiger entgolten. Hierzu gehören auch Tätigkeiten im Rahmen des Täter-Opfer-Ausgleichs, soweit der Gegenstand nicht vermögensrechtlich ist.

Unterabschnitt 1
Allgemeine Gebühren

Nr.	Gebührentatbestand	Wahlanwalt	gerichtlich bestellter
4100	Grundgebühr..................	30,00 bis 300,00 EUR	132,00 EUR
	(1) Die Gebühr entsteht für die erstmalige Einarbeitung in den Rechtsfall nur einmal, unabhängig davon, in welchem Verfahrensabschnitt sie erfolgt. (2) Eine wegen derselben Tat oder Handlung bereits entstandene Gebühr 5100 ist anzurechnen.		
4101	Gebühr 4100 mit Zuschlag.......	30,00 bis 375,00 EUR	162,00 EUR
4102	Terminsgebühr für die Teilnahme an 1. richterlichen Vernehmungen und Augenscheinseinnahmen, 2. Vernehmungen durch die Staatsanwaltschaft oder eine andere Strafverfolgungsbehörde, 3. Terminen außerhalb der Hauptverhandlung, in denen über die Anordnung oder Fortdauer der Untersuchungshaft oder der		

§ 2 Gebühren im Strafverfahren: Die einzelnen Gebühren

Nr.	Gebührentatbestand	Gebühr oder Satz der Gebühr nach § 13 oder § 49 RVG	
		Wahlanwalt	gerichtlich bestellter oder beigeordneter Rechtsanwalt
	einstweiligen Unterbringung verhandelt wird, 4. Verhandlungen im Rahmen des Täter-Opfer-Ausgleichs sowie 5. Sühneterminen nach § 380 StPO. Mehrere Termine an einem Tag gelten als ein Termin. Die Gebühr entsteht im vorbereitenden Verfahren und in jedem Rechtszug für die Teilnahme an jeweils bis zu drei Terminen einmal.	30,00 bis 250,00 EUR	112,00 EUR
4103	Gebühr 4102 mit Zuschlag	30,00 bis 312,50 EUR	137,00 EUR

1. Grundgebühr nach Nr. 4100 VV und Nr. 4101 VV mit Zuschlag

a) Erstmalige Einarbeitung

16 Zur „erstmaligen Einarbeitung" hat sich der Gesetzgeber vorgestellt, dass mit dieser Gebühr der Arbeitsaufwand des Rechtsanwalts honoriert werden soll, der „einmalig mit der Übernahme des Mandates entsteht, also das erste Gespräch mit dem Mandanten und die Beschaffung der erforderlichen Informationen".[16]

17 Dort wird auch deutlich, dass es sich nicht um eine mehrfach anfallende Gebühr handeln kann, weil eine erstmalige Einarbeitung schon dem Wortsinn nach nur einmalig entstehen kann. Ist der Rechtsanwalt lediglich mit einer Einzeltätigkeit nach Teil 4 Abschnitt 3 VV beauftragt, entsteht die Grundgebühr nicht.[17]

18 Die Grundgebühr entsteht also, wenn das Mandat übernommen worden ist, wenn also der Wahlverteidiger, der die Verteidigung mit einer Vollmacht übernommen hat, oder aber der Pflichtverteidiger, der gerichtlich bestellt wurde, tätig wird. Dies gilt auch beim Pflichtverteidigerwechsel! Denn der Anspruch entsteht unabhängig von der Vergangenheit in der Person des jeweiligen Rechtsanwalts.[18]

---

16 BT-Drucks 15/1971, S. 222.
17 Gerold/Schmidt/*Burhoff*, Nr. 4100, 4101 VV Rn 3 f.
18 *Burhoff*, Fragen aus der Praxis zu aktuellen Gebührenproblemen in Straf- und Bußgeldsachen, RVGreport 2010, 362 m.w.N.

19

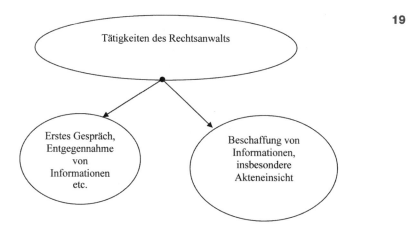

Tätigkeiten des Rechtsanwaltes können entfaltet werden, neben der Annahme bzw. der **20** Übernahme des Mandates folgen wie bspw.

- Das Erstgespräch mit dem Mandanten
- Die Beschaffung der erforderlichen (ersten) Informationen wie insbesondere die erste Akteneinsicht.

b) Grundgebühr grundsätzlich neben Verfahrensgebühr?

Ein Problem stellt der Anfall der Grundgebühr neben der Verfahrensgebühr dar. Denn **21** wann die Grundgebühr abgegolten ist und wann die Verfahrensgebühr angefallen ist, ist umstritten.

Wann also weitere Gespräche mit dem Mandanten der Verfahrensgebühr unterfallen[19] und **22** ob der der Antrag auf Beiordnung schon Teil der Verteidigungsstrategie und daher eine die Verfahrensgebühr auslösende Tätigkeit[20] ist, kann im Einzelfall kritisch werden. Denn baut die erste Einarbeitung auf eine besondere Strategie, dann kann der Rechtsanwalt, sobald er den Sachverhalt mit seinem Mandanten besprochen hat,– unter Berücksichtigung seiner rechtlichen Würdigung der Ermittlungsergebnisse und der möglichen Einlassung des Angeklagten – beispielsweise einen Beiordnungsantrag stellen, gezieltes Schweigen anraten etc.

---

19 Gerold/Schmidt/*Burhoff*, Nr. 4100, 4101 VV Rn 9 f.; *Burhoff*, Der Abgeltungsbereich der Grundgebühr in Straf- und Bußgeldverfahren, RVGreport 2009, 361 mit weiteren Nachweisen.
20 AG Tiergarten v. 17.11.2008 – (281) 34 Js 849/08 (8/08); *Burhoff*, RVGreport 2007, 425, 426; Gerold/Schmidt/*Madert*, Nr. 4100–4105 VV Rn 77 ff.

§ 2 Gebühren im Strafverfahren: Die einzelnen Gebühren

23 Folgendes Beispiel nach *Burhoff*[21] illustriert das Problem:

Der Mandant beauftragt den Rechtsanwalt, ihn in einer Strafsache zu verteidigen. Der Rechtsanwalt bestätigt die Annahme des Mandats und fordert den Mandanten auf, einen Vorschuss von 500,00 EUR zu zahlen. Absprachegemäß beantragt der Rechtsanwalt Akteneinsicht und will nach Akteneinsicht einen Besprechungstermin mit dem Mandanten vereinbaren.

Am folgenden Tag kündigt der Mandant das Mandat. Der Rechtsanwalt hat bis dahin den Akteneinsichtsantrag gestellt, in welchem er absprachegemäß darauf hingewiesen hat, dass sein Mandant auf seinen Rat hin von seinem Schweigerecht Gebrauch machen werde und eine Stellungnahme nach erfolgter Akteneinsicht ggf. abgegeben werde.

Kann neben der Grundgebühr Nr. 4100 VV auch die Verfahrensgebühr Nr. 4104 VV abgerechnet werden?

24 *Lösung*

Sollte die Grundgebühr einen eigenen Abgeltungsbereich haben und die Verfahrensgebühr immer erst anfallen, wenn dieser überschritten ist,[22] ist nur die Grundgebühr Nr. 4100 VV entstanden. Ist aber die Verfahrensgebühr eine Betriebsgebühr,[23] fällt sie immer neben der Grundgebühr an und dann ist in jedem Fall auch die Verfahrensgebühr Nr. 4104 VV entstanden.

Hierfür spricht jedenfalls der reine Wortlaut der Vorb. 4 Abs. 2 VV, wonach das Geschäft betrieben werden soll. Wie, wenn nicht durch die auf die Einarbeitung hin folgenden Entscheidungen soll das Geschäft denn betrieben werden, wenn nicht durch Akteneinsicht, dem Abraten von Akteneinsicht und Bestellung etc? Danach ist die Verfahrensgebühr grundsätzlich neben der Geschäftsgebühr angefallen,[24] wenn auf der Grundlage der Einarbeitung der Rechtsanwalt Entscheidungen getroffen hat, die eine taktische und rechtliche Bewertung zum Inhalt haben, mithin über das Verstehen des Falles hinausgehen.

25 *Praxistipp*

Danach ist die Verfahrensgebühr grundsätzlich neben der Geschäftsgebühr angefallen, wenn auf der Grundlage der Einarbeitung der Rechtsanwalt Entscheidungen getroffen hat, die eine taktische und rechtliche Bewertung zum Inhalt haben, mithin über das Verstehen des Falles hinausgehen. Dies wird in der Regel der Fall sein, wenn ein Akteneinsichtsantrag erfolgt, mit dem Mandanten abgesprochen ist, auf ein Anhörungsschreiben zu warten, um die Verjährung nicht unterbrechen o.Ä.

---

21 *Burhoff*, Der Abgeltungsbereich der Grundgebühr in Straf- und Bußgeldverfahren, RVGreport 2009, 363.
22 KG RVGreport 2009, 186 = StRR 2009, 239; OLG Köln RVGreport 2007, 425; AnwK-RVG/*N. Schneider*, Vorb. 4 VV Rn 23.
23 AnwK-RVG/*N. Schneider*, Vorb. 4 VV Rn 22.
24 Zutreffend AnwK-RVG/*N. Schneider*, Vorb. 4 VV Rn 21 ff.

Als Faustregel[25] kann zumindest gelten, dass eine länger andauernde Tätigkeit des Rechtsanwaltes seit der Mandatsübernahme bzw. Bestellung den Anwendungsbereich der Verfahrensgebühr eröffnet.[26]
Sollte ein erledigtes Strafverfahren länger als zwei Kalenderjahre zurückliegen, fällt i.Ü. erneut die Grundgebühr an, da der Rechtsanwalt sich abermals und umfassend einarbeitet.[27] Auch für die Verfahrensgebühr gilt dann das Vorstehende, wenn wiederum weitere Entscheidungen durch den Rechtsanwalt getroffen werden wie oben beschrieben.

c) Rechtsfall
Die Grundgebühr entsteht nur einmal je Rechtsfall. Es ist daher genau zu prüfen, in welchem Umfang das Mandat übertragen oder aber die Bestellung erfolgt ist (vgl. oben § 1 Rn 55). 26

Hinweis 27

Da der Terminus „Rechtsfall" nicht legaldefiniert ist, wird als Anhaltspunkt jedes von den Strafverfahrenbehörden betriebene Ermittlungsverfahren als ein solcher betrachtet.[28]

d) Höhe der Grundgebühr nach Nrn. 4100 und 4101 VV
28

Gebührentatbestand	Höhe der Gebühr in EUR
Wahlverteidiger	30–300
Mittelgebühr Wahlverteidiger	**165**
Pflichtverteidiger	132
Wahlverteidiger mit Haftzuschlag	30–375
Mittelgebühr Wahlverteidiger mit Haftzuschlag	**202,50**
Pflichtverteidiger mit Haftzuschlag	162

---

25 *Burhoff,* Der Abgeltungsbereich der Grundgebühr in Straf- und Bußgeldverfahren, RVGreport 2009, 361 ff.
26 *Burhoff,* Der Abgeltungsbereich der Grundgebühr in Straf- und Bußgeldverfahren, RVGreport 2009, 361 f.
27 AnwK-RVG/*N. Schneider,* Vorb. 4 VV Rn 10.
28 Gerold/Schmidt/*Burhoff,* Nr. 4100, 4101 VV Rn 12 f.

§ 2 Gebühren im Strafverfahren: Die einzelnen Gebühren

29 Die Höhe der Grundgebühr liegt zwischen 30,00 und 300,00 EUR für den Wahlverteidiger und dem Betrag von 132,00 EUR für den Pflichtverteidiger. Die Mittelgebühr beträgt daher 165,00 EUR für den Wahlverteidiger. Sollte der Mandant sich nicht auf freiem Fuß befinden, fallen Zuschläge an, die für den Wahlverteidiger erhöhte Grundgebühr beträgt dann zwischen 30,00 und 375,00 EUR, die Mittelgebühr ist mithin auf 202,50 EUR angehoben. Der Pflichtverteidiger erhält dann 162,00 EUR.

30 Muster: Abrechnung der Grundgebühr beim Pflichtverteidiger

▼

Der Rechtsanwalt ist dem Nebenkläger durch das Amtsgericht beigeordnet worden und hat sich nach der Annahme des Mandats zur Akte gemeldet und zur Kontaktaufnahme den Nebenkläger angeschrieben. Weitere Tätigkeiten sind bislang nicht vorgenommen worden.

Kostenfestsetzungsantrag

In der Strafsache

wird beantragt, die nachstehenden Gebühren und Auslagen – ggf. vorläufig – festzusetzen.

Berechnung gem. dem Rechtsanwaltsvergütungsgesetz (RVG) i.V.m. dem Vergütungsverzeichnis (VV) in der Fassung vom .

Position	Betrag
Grundgebühr §§ 2, 45 ff. RVG, Nr. 4100 VV	132,00 EUR
Post- und Telekommunikationspauschale, Nr. 7002 VV	20,00 EUR
Zwischensumme	152,00 EUR
Umsatzsteuer (MwSt), Nr. 7008 VV (19,00 %)	28,88 EUR
Endsumme	**180,88 EUR**

Der Antragsteller ist zum Vorsteuerabzug nicht berechtigt; Zahlungen sind bislang nicht erfolgt.

Rechtsanwalt

▲

31 Muster: Abrechnung Wahlverteidiger mit Haftzuschlag

▼

Der Rechtsanwalt hat vor der Vorführung vor den Haftrichter in Polizeigewahrsam das Mandat übernommen, hierzu den Mandanten beraten, eine weitergehende Vertretung ist jedoch dann nicht erfolgt. Es ist daher wie folgt abzurechnen:

A. Allgemeine Gebühren   § 2

Position	Betrag
Grundgebühr §§ 2, 45 ff. RVG, Nr. 4100 VV	320,00 EUR
Post- und Telekommunikationspauschale, Nr. 7002 VV	20,00 EUR
Zwischensumme	290,00 EUR
Umsatzsteuer (MwSt), Nr. 7008 VV (19,00 %)	55,10 EUR
Endsumme	**345,10 EUR**

Zur Bemessung der Gebühren führe ich zusammenfassend aus, dass das Verfahren für Sie wegen des Tatvorwurfes exhibitionistischer Handlungen von überragender Bedeutung war, weil Ihre Arbeitsstelle hiervon abhängig ist und Sie familiäre Konsequenzen fürchteten. Ich habe Sie im Polizeigewahrsam unmittelbar vor der Vorführung vor den Richter beraten. Der Umfang und die Schwierigkeit meiner Tätigkeit waren im vorliegenden Fall durchschnittlich. Ihre Einkommensverhältnisse als angestellter Betriebsleiter sind überdurchschnittlich. Ich habe die Mittelgebühr angemessen auf die obige Summe erhöht.

Rechtsanwalt

▲

e) Besonderheiten/Anrechnung
aa) Terminvertreter

Überträgt der Verteidiger einem anderen Rechtsanwalt **nur** die Terminsvertretung des Angeklagten, z.B. für einen Tag in der Hauptverhandlung, steht diesem keine gesonderte Grundgebühr zu.[29] Er erhält für diese Einzeltätigkeit nur die Verfahrensgebühr nach Nr. 4301 Nr. 4 VV.[30] Der Verteidiger behält aber natürlich die ihm zustehende Grundgebühr.   **32**

Erfolgt die Beiordnung also nur für diesen einen Termin – im Protokoll mit „für den heutigen Verhandlungstag" für den erkrankten Rechtsanwalt, wird vertreten, dass der Vertreter in der besonderen Rolle als dessen Vertreter amtiert und deshalb für die Terminswahrnehmung nicht mehr an Vergütung erzielen kann, als in der Person vertretenen Rechtsanwalts angefallen wäre, wenn dieser selbst erschienen wäre. Dieser hätte, nachdem er in eigener Person die Gebühren für die vorgelagerte Tätigkeit schon verdient hatte, allein noch die Terminsgebühr geltend machen können. Mithin stehen ihm nur die Gebühren zu, die der Pflichtverteidiger geltend machen könnte, wenn er die Tätigkeit selbst ausgeübt hätte.[31]   **33**

---

29 Burhoff-RVG/*Burhoff*, Nr. 4100 VV Rn 6 ff.
30 OLG Celle, Beschl. v. 25.8.2006 – 1 Ws 423/06.
31 KG v. 13.3.2008 – 1 Ws 77/08, v. 31.10.2006 – 4 Ws 18/06 und v. 8.12.2006 – 3 Ws 353/06.

bb) Anrechnung

34 In Absatz 2 ist eine Anrechnung vorgesehen: Diese soll erfolgen, wenn eine wegen derselben Tat oder Handlung bereits entstandene Gebühr nach Nr. 5100 VV aus dem Bußgeldverfahren bei dem Rechtsanwalt bereits entstanden ist. Es wird dann unterstellt, dass der Rechtsanwalt sich in den Sachverhalt bereits eingearbeitet hat, womit eine Abrechnung der Grundgebühr nur einmal erfolgen kann. Alle weiteren Gebühren sind davon jedoch unberührt.

35

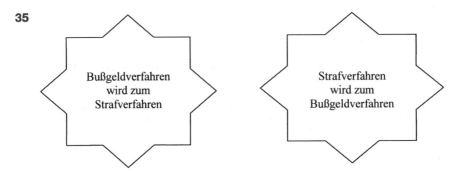

36 Dies kann dann vorkommen, wenn vom Bußgeldverfahren in das Strafverfahren (siehe auch die Beispielsabrechnungen unter § 2 Rn 10, 12 und 78, 80) übergegangen wird oder – der häufigere Fall im Verkehrsrecht –, wenn vom Strafverfahren bspw. von einer fahrlässigen Körperverletzung im Rahmen eines Verkehrsunfalls nur noch der Verkehrsverstoß im Bußgeldverfahren geahndet werden soll.[32]

2. Terminsgebühr nach Nr. 4102 VV und Nr. 4103 VV mit Zuschlag

a) Anwendungsbereich

37 Die Terminsgebühr fällt für die Teilnahme[33] an

- richterlichen Vernehmungen und Augenscheinseinnahmen,
- Vernehmungen durch die Staatsanwaltschaft oder eine andere Strafverfolgungsbehörde,
- Haftprüfungstermin,
- Terminen außerhalb der Hauptverhandlung, in denen über die Anordnung oder Fortdauer der Untersuchungshaft oder der einstweiligen Unterbringung verhandelt wird,
- Verhandlungen im Rahmen des Täter-Opfer-Ausgleichs sowie
- Sühneterminen nach § 380 StPO.

---

32 AnwK-RVG/*N. Schneider*, Nr. 4100–4101 VV Rn 25 ff.
33 LG Offenburg v. 31.5.2006 – 1 KLs 16 Js 10008/05.

- In analoger Anwendung auch die Exploration des Beschuldigten durch einen psychiatrischen Sachverständigen.[34]
- In analoger Anwendung beim Anhörungstermin im Jugendstrafverfahren nach § 57 JGG.

Muster: Abrechnung des Pflichtverteidigers nach Bestellung als Pflichtverteidiger im Vorverfahren

38

▼

Der Beschuldigte befindet sich in Haft wegen Diebstahls, erste Gespräche haben nach Akteneinsicht stattgefunden.

In der Strafsache

gegen

wegen

wird beantragt, die nachstehenden Gebühren und Auslagen festzusetzen.

Berechnung gem. dem Rechtsanwaltsvergütungsgesetz (RVG) i.V.m. dem Vergütungsverzeichnis (VV) in der Fassung vom

Position	Betrag
Grundgebühr §§ 2, 14 RVG, Nrn. 4101, 4100 VV	162,00 EUR
Verfahrensgebühr §§ 2, 14 RVG, Nrn. 4105, 4104 VV	137,00 EUR
Post- und Telekommunikationspauschale Nr. 7002 VV	20,00 EUR
Zwischensumme	319,00 EUR
Umsatzsteuer (MwSt), Nr. 7008 VV (19,00 %)	60,61 EUR
Endsumme	**379,61 EUR**

Der Antragsteller ist zum Vorsteuerabzug nicht berechtigt. Vorschüsse gem. §§ 47, 55, 58 RVG haben wir nicht erhalten.

Spätere Zahlungen des Beschuldigten, des Nebenklägers bzw. eines Dritten, die für die Pflicht zur Rückzahlung der Gebühren an die Staatskasse von Bedeutung sind, werde ich der Staatskasse anzeigen.

Rechtsanwalt

▲

---

34 AnwK-RVG/*N. Schneider*, Nr. 4100–4103 VV Rn 5.

aa) Allgemeines

39 Hier wird die Tätigkeit für die Teilnahme an verschiedenen Terminen geregelt. Bei den richterlichen Vernehmungen, die den Hauptteil der Abrechnungen neben den Vernehmungsterminen bei den Strafverfolgungsbehörden ausmachen sollten, werden auch Termine umfasst, die während der laufenden Hauptverhandlung stattfinden.[35] Ausgangspunkt für die gesonderte tatbestandliche Erfassung der Tätigkeiten ist aber der Wunsch des Gesetzgebers, die Verteidigung noch früher in das Verfahren einzubinden. Der Wunsch nach schneller geführten Verfahren und verfahrensbeendenden bzw. -verkürzenden Lösungen hat sicherlich ebenso die Feder geführt.

40 **Muster: Pflichtverteidiger für Vorverfahren mit Haftprüfungstermin**

▼

Der Beschuldigte ist bei Mandatsübernahme haftverschont befindet und sich nach dem Haftprüfungstermin nicht mehr in Haft, der Rechtsanwalt wurde im Haftprüfungstermin beigeordnet und erreichte eine erneute Haftverschonung des Mandanten.

An das Amtsgericht

In der Strafsache

gegen

wegen

wird beantragt, die nachstehenden Gebühren und Auslagen festzusetzen.

Position	Betrag
Grundgebühr §§ 2, 45 ff. RVG, Nr. 4100 VV	132,00 EUR
Verfahrensgebühr §§ 2, 45 ff. RVG, Nr. 4104 VV	112,00 EUR
Terminsgebühr §§ 2, 45 ff. RVG, Nr. 4102 Nrn. 1–5 VV (3.12.2009)	112,00 EUR
Post- und Telekommunikationspauschale, Nr. 7002 VV	20,00 EUR
Dokumentenpauschale, Nr. 7000 Nr. 1 VV, komplett kopiert Seite 1–222, sowie Lichtbildmappe und 1–61, hiervon abzügl. 20 %) (247 Seiten)	54,55 EUR
Zwischensumme	430,55 EUR
Umsatzsteuer (MwSt), Nr. 7008 VV (19,00 %)	81,80 EUR
Endsumme	**512,35 EUR**

Der Antragsteller ist zum Vorsteuerabzug nicht berechtigt. Vorschüsse gem. §§ 47, 55, 58 RVG haben wir nicht erhalten.

---

35 Hk/*Kroiß*, Nr. 4100–4103 VV Rn 28.

A. Allgemeine Gebühren § 2

Spätere Zahlungen des Beschuldigten, des Nebenklägers bzw. eines Dritten, die für die Pflicht zur Rückzahlung der Gebühren an die Staatskasse von Bedeutung sind, werde ich der Staatskasse anzeigen.

Rechtsanwalt

▲

bb) Haftbefehlsverkündungstermin

Anders aber ist es bei der Haftbefehlsverkündung: Der Gesetzgeber wollte mit dem Erfordernis des Verhandelns erreichen, dass die oftmals kurzen reinen Haftbefehlsverkündungstermine nicht von Nr. 4102 VV erfasst werden und die Teilnahme des Rechtsanwalts an derartigen Terminen nicht vergütet wird;[36] Die Terminsgebühr Nr. 4102 Nr. 3 VV entsteht allerdings auch dann, wenn vor dem Aufruf der Sache zur Haftbefehlsverkündung längere und auch eingehende sachbezogene Erörterungen, u.a. zu den Möglichkeiten einer Verfahrensbeschleunigung, zu den Untersuchungshaftbedingungen und dergleichen, stattfinden.[37]

41

Praxistipp: Haftbefehlsverkündung

42

Grundsätzlich reicht die (physische) Beteiligung am Termin. Lediglich bei der Haftbefehlsverkündung bzw. beim Haftprüfungstermin oder Unterbringungstermin ist nach Nr. 3 ein „Verhandeln" erforderlich. Die Terminsgebühr entsteht nur, wenn in dem Termin mehr geschehen ist als die bloße Verkündung des Haftbefehls. Der Rechtsanwalt sollte im Termin für den Beschuldigten in der Weise tätig werden, als er Erklärungen oder Stellungnahmen abgibt oder Anträge stellt, die die Fortdauer der Untersuchungshaft abwenden sollen. Jedenfalls sollte ggf. eine Außervollzugsetzung erörtert und auch protokolliert werden, falls die Gespräche außerhalb der Termins stattgefunden haben, ist eine entsprechende Bezugnahme erforderlich, die ebenfalls im Protokoll vermerkt werden sollte, um Missverständnissen zu begegnen.

---

36 KG v. 22.6.2006 – 4 Ws 168/05; KG v. 31.10.2008 – (1) 2 StE 6/07–6 (6/07),
37 LG Düsseldorf v. 25.3.2005 – Qs 9/05 hat dies zwar ausreichen lassen, aber die Kommentierung ist noch nicht weit reichend übernommen; vgl. Gerold/Schmidt/*Burhoff*, Nr. 4100, 4103 VV Rn 13.

43 **Muster: Abrechnung für Teilnahme am Haftbefehlsverkündungstermin bei Wahlverteidiger (ohne Verfahrensgebühr)**

▼

Position	Betrag
Grundgebühr §§ 2, 14 RVG, Nrn. 4101, 4100 VV	202,50 EUR
Terminsgebühr §§ 2, 14 RVG, Nrn. 4103, 4102 Nrn. 1–5 VV	171,25 EUR
Post- und Telekommunikationspauschale Nr. 7002 VV	20,00 EUR
Zwischensumme	393,75 EUR
Umsatzsteuer (MwSt), Nr. 7008 VV (19,00 %)	74,81 EUR
Endsumme	**468,56 EUR**

Zur Bemessung der Gebühren führe ich zusammenfassend aus, dass das Verfahren für Sie wegen des Tatvorwurfes der räuberischen Erpressung von überragender Bedeutung war, weil ihre Arbeitsstelle als Polizeibeamter hiervon abhängig ist und Sie familiäre Konsequenzen bei einem Arbeitsplatzverlust fürchteten. Es handelt sich bei dem Vorwurf zudem um ein Verbrechen. Der Umfang und die Schwierigkeit meiner Tätigkeit waren im vorliegenden Fall leicht überdurchschnittlich. Ihre Einkommensverhältnisse als Polizeihauptmeister sind überdurchschnittlich.

Die Gebühren sind daher angemessen über der Mittelgebühr zu bemessen.

Rechtsanwalt

▲

cc) Täter-Opfer-Ausgleich (Nr. 4); Sühnetermin (Nr. 5)

44 Bei den weiteren Terminen außerhalb der Hauptverhandlung wie dem Täter-Opfer-Ausgleich (TOA) muss es sich um einen Termin handeln, bei dem sich Täter und Opfer beispielsweise an einem neutralen Ort treffen, um einen Ausgleich herbeizuführen. Zu weit wird vertreten, dass eine kurze Besprechung unmittelbar vor der Hauptverhandlung, ein Telefonat mit dem Prozessbevollmächtigten des anderen Verfahrensbeteiligten ausreichend seien.[38] Jedoch ist nach § 46a StGB der TOA als Bemühen, einen Ausgleich mit dem Verletzten zu erreichen definiert. Ein Hinweis auf das institutionalisierte Verfahren nach § 155b StPO fehlt im VV; mithin kann die Gebührenentstehung nicht an die formellen Voraussetzungen des § 155b StPO geknüpft werden. Haben Verhandlungen zum Täter-Opfer-Ausgleich stattgefunden (in welcher Form auch immer), sind etwa beteiligte Rechtsanwälte mit der Terminsgebühr zu vergüten.[39] Diese Gebühr kann auch entstehen,

---

[38] AnwK-RVG/*N. Schneider*, Nr. 4102–4103 VV Rn 5; Hk/*Kroiß*, Nr. 4100–4103 VV Rn 38.
[39] LG Kiel v. 28.1.2010 – 36 Qs 9/10.

wenn etwa die Hauptverhandlung zum Zwecke eines TOA unterbrochen und hernach weitergeführt wird[40] oder aber für einen solchen ausdrücklich genutzt wird.

Bei dem Sühnetermin im Privatklageverfahren nach § 380 StPO fällt nach den vorgenannten Grundsätzen ebenfalls für Termine die Terminsgebühr an.

b) Höhe der Terminsgebühr nach Nrn. 4102 und 4103 VV

Gebührentatbestand	Höhe der Gebühr in EUR
Wahlverteidiger	30–250
Mittelgebühr Wahlverteidiger	**140**
Pflichtverteidiger	112
Wahlverteidiger mit Haftzuschlag	30–312,50
Mittelgebühr Wahlverteidiger mit Haftzuschlag	**171,25**
Pflichtverteidiger mit Haftzuschlag	137

45

Die Höhe der Grundgebühr liegt zwischen 30,00 und 250,00 EUR für den Wahlverteidiger und dem Betrag von 112,00 EUR für den Pflichtverteidiger. Die Mittelgebühr beträgt daher 140,00 EUR für den Wahlverteidiger. Sollte der Mandant sich nicht auf freiem Fuß befinden, fallen Zuschläge an, die für den Wahlverteidiger erhöhte Grundgebühr beträgt dann zwischen 30,00 und 312,50 EUR, die Mittelgebühr ist mithin auf 271,25 EUR angehoben. Der Pflichtverteidiger erhält dann 137,00 EUR.

46

---

40 AG Münster v. 30.4.2007 – 21 Ls. 63 Js 960/04 – 248/04 jug.E.

§ 2 Gebühren im Strafverfahren: Die einzelnen Gebühren

47 Muster: Teilnahme des Rechtsanwalts bei Wahlverteidigung bzw. für den Pflichtverteidiger an Haftbefehlsverkündung mit protokollierter beantragter Außervollzugsetzung des Haftbefehls, nachfolgendem erfolgreichen Haftprüfungstermin und nach der U-Haftentlassung in der Kanzlei des Opfers stattfindendem Täter-Opfer-Ausgleichsgespräch in einem Fall der gefährlichen Körperverletzung.

▼

Der geschätzte Gesamtaufwand betrug etwa 5 Stunden.

Tatbestand	Pflichtverteidiger	Wahlverteidiger
Grundgebühr §§ 2, 45 ff. RVG, Nrn. 4100, 4101 VV	162,00	300,00 EUR
Terminsgebühr Nrn. 4102, 4103 VV (HPT)	137,00	240,00 EUR
Terminsgebühr Nr. 4102 VV (TOA)[41]	112,00	170,00 EUR
Post- und Telekommunikationspauschale, Nr. 7002 VV	20,00	20,00 EUR
Zwischensumme	431,00	730,00 EUR
Umsatzsteuer (MwSt), Nr. 7008 VV (19,00 %)	81,89	138,70 EUR
Endsumme	**512,89**	**878,70 EUR**

Zur Bemessung der Gebühren führe ich zusammenfassend aus, dass das Verfahren für Sie wegen des Tatvorwurfes der gefährlichen Körperverletzung von überdurchschnittlicher Bedeutung war, weil Ihr Ruf in Ihrem Sportverein in Rede stand und zudem zivilrechtliche Ansprüche gegen Sie im Raume standen, die bei dem vorliegenden Fall entscheidend durch das hiesige Strafverfahren beeinflusst worden wären. Ich habe Sie im Polizeigewahrsam unmittelbar vor und in der Haftbefehlsverkündung beraten, einen Haftprüfungsantrag gestellt und Sie in dem Haftprüfungstermin, der über zwei Stunden dauerte, vertreten. Der Umfang betrug angesichts des gesamten Zeitaufwandes einschließlich der Warte- und Anreisezeiten gut fünf Stunden und ist ebenfalls überdurchschnittlich. Die Schwierigkeit meiner Tätigkeit war im vorliegenden Fall leicht überdurchschnittlich. Ihre Einkommensverhältnisse als Beamter des Öffentlichen Dienstes sind leicht überdurchschnittlich. Es ist daher die angemessene Gebühr knapp unterhalb der Höchstgrenze anzusetzen.

Rechtsanwalt

▲

---

41 AnwK-RVG/*N. Schneider*, Nr. 4102–4103 VV Rn 12 oder Burhoff-RVG/*Burhoff*, Nr. 4102 VV Rn 43 ff. erkennt die zweite Gebühr nicht an, weil es sich um einen aufgezählten Termin handelt, der mit der Kappung aufgefangen wird. Die Alternative wäre dann die – lediglich einfach angefallene – Terminsgebühr auf den Höchstsatz zu bemessen.

A. Allgemeine Gebühren § 2

Muster: Pflichtverteidiger und drei Haftprüfungstermine, wobei das Mandat bereits vor der Untersuchungshaft angenommen worden ist, beides erwerbsmäßigen Diebstahls Beschuldigten 48

▼

Kostenfestsetzungsantrag

In der Strafsache

wird beantragt, die nachstehenden Gebühren und Auslagen – ggf. vorläufig – festzusetzen.

Berechnung gem. dem Rechtsanwaltsvergütungsgesetz (RVG) i.V.m. dem Vergütungsverzeichnis (VV) in der Fassung vom   .

Position	Betrag
Grundgebühr §§ 2, 45 ff. RVG, Nr. 4100 VV	132,00 EUR
Terminsgebühr Nr. 4102, 4103 (3 HPT)	137,00 EUR
Verfahrensgebühr, Nr. 4104 VV	112,00 EUR
Post- und Telekommunikationspauschale, Nr. 7002 VV	20,00 EUR
Zwischensumme	401,00 EUR
Umsatzsteuer (MwSt), Nr. 7008 VV (19,00 %)	76,19 EUR
Endsumme	**477,19 EUR**

Der Antragsteller ist zum Vorsteuerabzug nicht berechtigt; Zahlungen sind bislang nicht erfolgt.

Spätere Zahlungen des Beschuldigten, des Nebenklägers bzw. eines Dritten, die für die Pflicht zur Rückzahlung der Gebühren an die Staatskasse von Bedeutung sind, werde ich der Staatskasse anzeigen.

Rechtsanwalt

▲

c) Begrenzungen

Die Begrenzungen ergeben sich aus S. 2 und S. 3 der Nr. 4102 VV: Hierbei sind mehrere 49 Termine an einem Tag als ein Termin zu werten; zudem existiert eine Kappung der Gebühr mit dem Anfall der Gebühr bis zu drei Terminen. Die letztgenannte Beschränkung bezieht sich wohl auf den jeweiligen Rechtszug, soll aber sinnlos oft gestellte (wohl nur zum Zwecke der Entstehung der Terminsgebühr) Anträge für diese Termine verhindern.[42] Andererseits werden neuerliche Gebühren dann fällig, wenn weitere Termine ab dem 4., 7., 10.

---

[42] Gerold/Schmidt/*Burhoff*, Nr. 4102, 4103 VV Rn 18 f.

Termin durchgeführt worden sind.⁴³ Das kann für eine Flut von Anträgen sorgen. Aus der Praxis ist jedoch eine steigende Anzahl der Termine nicht bekannt.

50 Umstritten ist, ob aus dem Gesetzestext folgt, dass es sich um Termine derselben Nummer handeln muss, um der Kappung anheimzufallen oder aber diese sich auf Termine gleich welcher Art beziehen.⁴⁴ Ausgehend vom gesetzgeberischen Sinn der Regelung kann nur gemeint sein, dass die Verteidigungsmaßnahmen von jeweils derselben Nummer unter die Kappung fallen sollen. Denn der Arbeitsaufwand und die Arbeit des Rechtsanwalts sind je nach Ziffer gänzlich unterschiedlich und können insofern auch nicht über die insgesamt mit einem recht niedrigen Rahmen ausgestattete Terminsgebühr abgegolten sein, selbst wenn § 14 RVG das Ermessen eröffnet. Allein die Argumentation bei der Kappung auf den Wortlaut zu stützen,⁴⁵ ist daher nicht ausreichend, weil er auch nicht dagegen spricht, die Differenzierung vorzunehmen. Denn allein optisch wäre dann eine Aufzählung ohne Bezifferung möglich gewesen, um die Terminsgebühr zu definieren. Auch will der Gesetzgeber gerade die Verteidigung motivieren, Tätigkeiten unterschiedlicher Art zu entfalten, um das Verfahrensziel schneller zu erreichen. Schon deshalb ist die fehlende Vergütung an dieser Stelle kontraproduktiv.

---

43 Vgl. Beispiele bei Burhoff-RVG/*Burhoff*, Nr. 4102 VV Rn 45 ff.
44 Die Berechnung dann folgerichtig mit diversen Beispielen Burhoff-RVG/*Burhoff*, Nr. 4102 VV Rn 43 ff.
45 AnwK-RVG/*N. Schneider*, Nr. 4100–4103 VV Rn 12.

B. Gebühren im vorbereitenden Verfahren

I. Verfahrensgebühr nach Nr. 4104 VV und mit Zuschlag nach Nr. 4105 VV

Unterabschnitt 2 Vorbereitendes Verfahren   51

Nr.	Gebührentatbestand	Gebühr oder Satz der Gebühr nach § 13 oder § 49 RVG	
		Wahlanwalt	gerichtlich bestellter oder beigeordneter Rechtsanwalt
Vorbemerkung 4.1.2: Die Vorbereitung der Privatklage steht der Tätigkeit im vorbereitenden Verfahren gleich.			
4104	Verfahrensgebühr	30,00 bis 250,00 EUR	112,00 EUR
	Die Gebühr entsteht für eine Tätigkeit in dem Verfahren bis zum Eingang der Anklageschrift, des Antrags auf Erlass eines Strafbefehls bei Gericht oder im beschleunigten Verfahren bis zum Vortrag der Anklage, wenn diese nur mündlich erhoben wird.		
4105	Gebühr 4104 mit Zuschlag	30,00 bis 312,50 EUR	137,00 EUR

1. Allgemeines

Mit der Verfahrensgebühr wird im Verfahren bis zur Anklageerhebung bzw. dem Antrag auf Erlass eines Strafbefehls, kurz für das vorbereitende Verfahren, das Betreiben des Geschäfts vom RVG vergütet. Damit beginnt das strafrechtliche Verfahren mit der Einleitung der Untersuchung.[46] Bei einem vorangegangenen Bußgeldverfahren ist dies dann mit der Abgabe an die Amtsanwaltschaft/Staatsanwaltschaft. Es endet entweder mit der Überleitung in das gerichtliche Verfahren (vgl. Nrn. 4106 ff. VV) oder aber mit der Einstellung des Verfahrens (vgl. Nrn. 4141 f. VV).   52

Nach der Vorbemerkung gilt dieser Abschnitt ebenso für die Vorbereitung der Privatklage. Auch im beschleunigten Verfahren wird der Rechtsanwalt nicht etwa schlechter gestellt,   53

---

46 Burhoff-RVG/*Burhoff*, Nr. 4104 VV Rn 4.

sondern ebenfalls bis zur Anklageerhebung das vorbereitende Verfahren definiert, selbst wenn die Anklage ggf. nur mündlich erfolgt.

a) Verfahrensgebühr neben Grundgebühr?

54 Streitig ist immer noch, ab wann die Verfahrensgebühr neben der Grundgebühr anzusetzen ist, denn es wird einerseits vertreten, dass es sich nicht um eine reine Betriebsgebühr handelt, die gewissermaßen neben der Grundgebühr anfalle, da die erstmalige Einarbeitung gleichsam die Akteneinsicht umfasse,[47] andererseits aber wird aber das Entstehen der Grundgebühr neben der Verfahrensgebühr für das Betreiben des Geschäfts für ausreichend erachtet, da die entstandene Gebühr nicht der damit ebenfalls entstandenen Gebühr entgegenstehen kann und für die erste Phase dann anfallen kann, wenn das Geschäft und Informationsbeschaffung betrieben werden.[48]

55 Der letztgenannten Auffassung ist der Vorzug zu geben, denn eine Abgrenzung der beiden Gebühren hat der Gesetzgeber nicht ausdrücklich vorgesehen. Vielmehr ist für den gleichzeitigen Anfall der Gebühren nach der ersten Information bereits ausreichend, dass eine Verteidigungsstrategie abgestimmt wird.

56 Denn die Entwicklung der Strategie erfordert zwangsläufig eine Einarbeitung. Dann ist aber notwendig auch die Verfahrensgebühr entstanden. Denn auch nach der Beschaffung weiterer Informationen oder aber Gesprächen mit anderen Verfahrensbeteiligten kann ein Wechsel der bisherigen Strategie erforderlich sein. Wenn die Grenze zur Grundgebühr vom RVG nicht vorgegeben ist, ist die Verfahrensgebühr schon nach dem Erstgespräch und der damit erfolgten Einarbeitung, sowie der Entwicklung einer – zumindest vorläufigen – Verteidigungsstrategie gegeben. Die Verfahrensgebühr erst dann anfallen zu lassen, wenn weitere Tätigkeiten entfaltet worden sind, ist vom Gesetz nicht gefordert und damit nicht nachvollziehbar.

57 *Praxistipp*

Richtig ist, dass die Gebühr bereits verdient ist, wenn eine Strategie der Verteidigung vorliegt. Diese Strategie kann darin bestehen, weitere Informationen zu sammeln und zunächst zu den gemachten Tatvorwürfen vor einer Akteneinsicht zu schweigen, ggf. die Beiordnung des Rechtsanwalts zu beantragen. Sie kann auch darin bestehen, dass nach den Schilderungen des Mandanten keine Akteneinsicht beantragt wird (um keine „schlafenden Hunde zu wecken") und ein Auftreten nach Außen nicht auf anwaltlichen Rat hin geschieht. Eine nach außen **sichtbare Tätigkeit** ist damit **nicht notwendig**! Sie kann auch darin bestehen, eine Einlassung schon vor der Akteneinsicht abzugeben und die Aufklärung der Sache voranzutreiben (wobei dies in der Regel wenig ratsam und sehr gefahrgeneigt ist).

---

47 Burhoff-RVG/*Burhoff*, Nr. 4104 VV Rn 12.
48 So auch AG Tiergarten v. 18.11.2008 – (281) 34 Js 849/08 (8/08) und AnwK-RVG/*N. Schneider*, Nr. 4104 VV Rn 19 (vgl. oben § 1 Rn 16 ff.).

B. Gebühren im vorbereitenden Verfahren | **§ 2**

Auch die in der Literatur verbreiteten Aufzählungen, die die Terminsgebühr anfallen lassen, sind insoweit wenig hilfreich, da ihnen ggf. ein eigener Gebührentatbestand zukommt. **58**

b) Tätigkeiten für das Entstehen der Verfahrensgebühr

Checkliste: Mit der Verfahrensgebühr werden insbesondere folgende Tätigkeiten vergütet[49] **59**

- Abstimmung der Verteidigungsstrategie mit dem Mandanten
- Akteneinsicht[50]
- Beratung des Mandanten
- Beschwerdeverfahren[51]
- Besprechungen mit Zeugen oder anderen Beteiligten
- eigene Ermittlungen
- Einholung von Sachverständigengutachten
- Fertigung von Schriftsätzen
- Informationsbeschaffung
- Kontaktaufnahme mit Staatsanwaltschaft oder Gericht
- Verhandlungen mit anderen Verfahrensbeteiligten

2. Höhe der Verfahrensgebühr nach Nrn. 4104 und 4105 VV

Gebührentatbestand	Höhe der Gebühr in EUR
Wahlverteidiger	30–250
Mittelgebühr Wahlverteidiger	**140**
Pflichtverteidiger	112
Wahlverteidiger mit Haftzuschlag	30–312,50
Mittelgebühr Wahlverteidiger mit Haftzuschlag	**171,25**
Pflichtverteidiger mit Haftzuschlag	137

60

Die Höhe der Verfahrensgebühr ist der Terminsgebühr nachempfunden und liegt zwischen 30,00 und 250,00 EUR für den Wahlverteidiger und dem Betrag von 112,00 EUR für den **61**

---

49 Aufzählungen auch bei Burhoff-RVG/*Burhoff*, Nr. 4104 VV Rn 12 und AnwK-RVG/-*N. Schneider*, Nr. 4104 VV Rn 18.
50 Bei Burhoff-RVG/*Burhoff*, Nr. 4104 VV Rn 12, allerdings hier im Gegensatz zu *N. Schneider*.
51 Allerdings wird nach der Differenztheorie der hierdurch höher anfallende Betrag durch die Landeskasse zu erstatten sein (vgl. § 5 Rn 7).

§ 2 Gebühren im Strafverfahren: Die einzelnen Gebühren

Pflichtverteidiger. Die Mittelgebühr beträgt daher 140,00 EUR für den Wahlverteidiger. Sollte der Mandant sich nicht auf freiem Fuß befinden, fallen Zuschläge an, die für den Wahlverteidiger erhöhte Grundgebühr beträgt dann zwischen 30,00 und 312,50 EUR, die Mittelgebühr ist mithin auf 271,25 EUR angehoben. Der Pflichtverteidiger erhält dann 137,00 EUR.

62 Muster: Pflichtverteidiger-Vergütung nach Beiordnung im vorbereitenden Verfahren

▼

Der Rechtsanwalt hat mit dem Mandanten nach Einholung der Akteneinsicht die Akte ausführlich besprochen und eine Schutzschrift an die Staatsanwaltschaft übermittelt

Kostenfestsetzungsantrag

In der Strafsache

gegen

wegen

wird beantragt, die nachstehenden Gebühren und Auslagen – ggf. vorläufig – festzusetzen.

Berechnung gem. dem Rechtsanwaltsvergütungsgesetz (RVG) i.V.m. dem Vergütungsverzeichnis (VV) in der Fassung vom

Position	Betrag
Grundgebühr §§ 2, 45 ff. RVG, Nrn. 4101, 4100 VV	162,00 EUR
Verfahrensgebühr §§ 2, 45 ff. RVG, Nrn. 4105, 4104 VV	137,00 EUR
Post- und Telekommunikationspauschale Nr. 7002 VV	20,00 EUR
Zwischensumme	319,00 EUR
Umsatzsteuer (MwSt), Nr. 7008 VV (19,00 %)	60,61 EUR
Endsumme	**379,61 EUR**

Vorschüsse gem. §§ 47, 55, 58 RVG haben wir nicht erhalten.

Spätere Zahlungen des Beschuldigten, des Nebenklägers bzw. eines Dritten, die für die Pflicht zur Rückzahlung der Gebühren an die Staatskasse von Bedeutung sind, werde ich der Staatskasse anzeigen.

Rechtsanwalt

▲

B. Gebühren im vorbereitenden Verfahren § 2

Muster: Vorbereitendes Verfahren beim Wahlanwalt – hier Mittelgebühr nach Annahme des Mandates einschließlich der Beratung, dass keine Aussage gemacht werden solle, darauf folgender Einsicht in die Ermittlungsakte und kurzem Telefonat mit der Mandantschaft 63

▼

KOSTENRECHNUNG

In der Angelegenheit ▓▓▓

erlauben wir uns, für unsere Tätigkeit gem. dem Rechtsanwaltsvergütungsgesetz (RVG) i.V.m. dem Vergütungsverzeichnis (VV) in der Fassung vom ▓▓▓ zu berechnen:

Grundgebühr §§ 2, 14 RVG, Nr. 4100 VV	165,00 EUR
Verfahrensgebühr §§ 2, 14 RVG, Nr. 4104 VV	140,00 EUR
Post- und Telekommunikationspauschale Nr. 7002 VV	20,00 EUR
Zwischensumme	325,00 EUR
Umsatzsteuer (MwSt), Nr. 7008 VV (19,00 %)	61,75 EUR
Endsumme	**386,75 EUR**

Zur Bemessung der Gebühren führen wir zusammenfassend aus, dass das Verfahren für Sie wegen des Tatvorwurfes der fahrlässigen Körperverletzung von leicht überdurchschnittlicher Bedeutung war, weil zivilrechtliche Ansprüche gegen Sie im Raume standen, die bei dem vorliegenden Fall entscheidend durch das hiesige Strafverfahren beeinflusst worden wären. Der Umfang betrug angesichts des gesamten Zeitaufwandes einschließlich der Warte- und Anreisezeiten gut 2,5 Stunden und ist ebenfalls durchschnittlich. Die Schwierigkeit der Tätigkeit war im vorliegenden Fall durchschnittlich. Ihre Einkommensverhältnisse sind leicht unterdurchschnittlich als Kassiererin.

▓▓▓

Rechtsanwalt

▲

II. Befriedungsgebühr/Einstellung des Strafverfahrens nach Nr. 4141 VV

64 Unterabschnitt 5 Zusätzliche Gebühren

Nr.	Gebührentatbestand	Gebühr oder Satz der Gebühr nach § 13 oder § 49 RVG	
		Wahlanwalt	gerichtlich bestellter oder beigeordneter Rechtsanwalt
4141	Durch die anwaltliche Mitwirkung wird die Hauptverhandlung entbehrlich: Zusätzliche Gebühr............	in Höhe der jeweiligen Verfahrensgebühr (ohne Zuschlag)	
	(1) Die Gebühr entsteht, wenn 1. das Verfahren nicht nur vorläufig eingestellt wird oder 2. das Gericht beschließt, das Hauptverfahren nicht zu eröffnen oder 3. sich das gerichtliche Verfahren durch Rücknahme des Einspruchs gegen den Strafbefehl, der Berufung oder der Revision des Angeklagten oder eines anderen Verfahrensbeteiligten erledigt; ist bereits ein Termin zur Hauptverhandlung bestimmt, entsteht die Gebühr nur, wenn der Einspruch, die Berufung oder die Revision früher als zwei Wochen vor Beginn des Tages, der für die Hauptverhandlung vorgesehen war, zurückgenommen wird. (2) Die Gebühr entsteht nicht, wenn eine auf die Förderung des Verfahrens gerichtete Tätigkeit nicht ersichtlich ist. (3) Die Höhe der Gebühr richtet sich nach dem Rechtszug, in dem die Hauptverhandlung vermieden wurde. Für den Wahlanwalt bemisst sich die Gebühr nach der Rahmenmitte.		

B. Gebühren im vorbereitenden Verfahren § 2

1. Allgemeines

In der Bezifferung des Vergütungsverzeichnisses zwar erst weiter hinten aufgenommen, ist eine für das Vorbereitende Verfahren wesentliche Bestimmung als zusätzliche Gebühr geregelt: Die Befriedungsgebühr. 65

In diesem Verfahrensstadium maßgeblich ist nicht nur der Wille des Mandanten, der ein hohes Interesse an der außergerichtlichen Beendigung des Verfahrens hat, sondern auch der Wille des Gesetzgebers, weniger schwerwiegende Verfahren unter Mitwirkung der Rechtsanwälte schnell zu beenden. Es soll auch vermieden werden, dass Verfahren in die Hauptverhandlungen nur zur Gebührenerhöhung „weiter betrieben" werden. Damit soll das Wirken des Rechtsanwalts in gewisser Weise belohnt werden.[52] Auffällig ist aber, dass gerade diese Vorschrift immer wieder zu Streitigkeiten bei der Abrechnung führt. So fällt eine Vielzahl von Entscheidungen eben zu dieser Vorschrift auf[53] – sicherlich nicht das, was sich der Gesetzgeber einmal vorgestellt hat. Auch ist offenbar, dass häufig die Anforderungen für die Anwendung der Vorschrift eng gefasst werden, eine „zusätzliche Gebühr" eben nicht dem Rechtsanwalt zuerkannt wird, obwohl doch dessen Bemühungen für eine entbehrlich gewordene Hauptverhandlung „belohnt" werden sollen.

Richtigerweise ist also mit einer „nicht nur vorläufigen Einstellung" gemeint, dass die Staatsanwaltschaft und das Gericht „subjektiv von einer endgültigen Einstellung ausgehen",[54] also auch für ihre Pensenberechnung eine Zählkarte in der Geschäftsstelle erhalten. Entsprechend sind die Tätigkeiten des Nebenklagevertreters als anderem Verfahrensbeteiligten ebenso umfasst und können von diesem abgerechnet werden.[55] 66

Beispiele für nicht nur vorläufige Einstellungen 67

- Einstellung nach § 170 Abs. 2 StPO, auch bei späterer Wiederaufnahme des Verfahrens!
- § 47 Abs. 1 Nr. 1 JGG
- § 37 BtMG
- Einstellung nach § 153 StPO wegen geringer Schuld
- Einstellung nach § 153a StPO bei Erbringung der Auflage
- Einstellung nach § 154 Abs. 1 StPO, soweit die Einstellung auf Tätigkeiten des Rechtsanwaltes beruhen[56]
- Einstellung nach § 206a StPO beim Tod des Mandanten, wenn die Information vom Rechtsanwalt an das die zuständige Stelle übermittelt wird[57]

---

52 AnwK-RVG/*N. Schneider*, Nr. 4141 VV Rn 13 ff.
53 *Burhoff*, Fragen aus der Praxis zu aktuellen Gebührenproblemen in Straf- und Bußgeldsachen, RVGreport 2010, 362 ff., 363 f.
54 AnwK-RVG/*N. Schneider*, Nr. 4141 VV Rn 18.
55 *Burhoff*, Fragen aus der Praxis zu aktuellen Gebührenproblemen in Straf- und Bußgeldsachen, RVGreport 2010, 362 ff., 363 f.
56 Hk/*Kroiß*, Nr. 4141 VV Rn 4.
57 AnwK-RVG/*N. Schneider*, Nr. 4141 VV Rn 23.

- Einstellung nach §§ 153b–153e StPO
- Einstellung nach §§ 154b–154d StPO[58]

2. Abgrenzung zum Bußgeldverfahren

68 Im RVG ist der Begriff der „Bußgeldsache" nicht ausdrücklich definiert. Gemeint sind damit alle Verfahren, die sich verfahrensmäßig nach dem OWiG richten. Es ist daher zu fragen, in welchem Bereich das Schwergewicht des Vorwurfes steht. Die Abgrenzung zum Strafverfahren[59] richtet sich danach, in welcher Richtung ermittelt wird. Liegt also materiell-rechtlich eine Straftat vor, wird diese jedoch nur als Ordnungswidrigkeit verfolgt, richtet sich die anwaltliche Vergütung nach Teil 5 VV (Bußgeldverfahren). Ermitteln die Ermittlungsbehörden hingegen wegen einer Straftat, obwohl tatsächlich nur eine Ordnungswidrigkeit vorliegt, ist für die anwaltliche Vergütung Teil 4 VV (Strafverfahren) maßgebend. Steht nicht fest, ob wegen einer Ordnungswidrigkeit oder einer Straftat ermittelt wird, so wird im Zweifel auch wegen einer Straftat ermittelt, so dass (zunächst) Teil 4 VV anzuwenden ist.[60]

3. Strafverfahren und sich anschließendes Bußgeldverfahren

69 Ausdrücklich geregelt ist in § 17 Nr. 10 RVG, ob das strafrechtliche Ermittlungsverfahren und das nach dessen Einstellung sich ggf. anschließende Bußgeldverfahren eine oder verschiedene Angelegenheiten sind, dahin, dass es sich um verschiedene Angelegenheiten handelt.[61] Das bedeutet, dass der Rechtsanwalt auf jeden Fall durch die Einstellung des Strafverfahrens auch die Gebühr Nr. 4141 Nr. 1 VV verdient. Denn die Angelegenheit „Strafverfahren" ist endgültig eingestellt. Dass das Verfahren als Bußgeldverfahren, also in einer neuen gebührenrechtlichen Angelegenheit, fortgesetzt wird, hat auf das Entstehen dieser Gebühr keinen Einfluss.[62] Daraus folgt, dass die Befriedungsgebühr doppelt oder auch mehrfach[63] anfallen kann und auch die Kostenpauschale doppelt anfällt.

70 *Praxistipp*

Falls das Verfahren abgegeben wird, sollte eine weitere Vollmacht des Mandanten hierfür eingeholt werden. Auch muss eine neue Akte angelegt werden. Denn es handelt sich damit dann auch um eine neue Sache.

Bei rechtsschutzversicherten Mandanten sollte jedenfalls eine Deckungszusage gesondert für das Bußgeldverfahren eingeholt werden.

---

58 Hk/*Kroiß*, Nr. 4141 VV Rn 4.
59 Zum Begriff insoweit Burhoff-RVG/*Burhoff*, Vorbem. 4 VV Rn 7.
60 Burhoff-RVG/*Burhoff*, Vorb. 5 VV Rn 4.
61 Zum alten Recht AnwK-RVG/*Gebauer/Schneider*, § 105 Rn 91 ff.
62 Siehe das Beispiel bei Burhoff-RVG/*Burhoff*, Vorb. 5 VV Rn 22; aber a.A. AG München JurBüro 2007, 84.
63 AG Düsseldorf, Urt. v. 9.2.2010 – 36 C 2114/09.

B. Gebühren im vorbereitenden Verfahren § 2

Die Gebühr nach Nr. 4141 VV entsteht, wenn „das Verfahren nicht nur vorläufig eingestellt wird" (siehe auch die Definition in Abs. 1 Nr. 1 der Erläuterungen). Wie der Begriff des „Verfahrens" des Zusammentreffens eines Straf- und eines Bußgeldverfahrens zu verstehen ist, ob die Gebühr also auch dann verdient ist, wenn das strafrechtliche Ermittlungsverfahren eingestellt wird und die Sache an die Verwaltungsbehörde abgegeben wird, ist im Gesetz nicht näher geregelt und in der instanzgerichtlichen Rechtsprechung und der Literatur umstritten.[64]

71

Der Bundesgerichtshof hat in einer neueren Entscheidung[65] festgestellt, dass weder der Wortlaut noch die Stellung der Vorschrift Aufschluss darüber geben, ob hier eine endgültige Einstellung, also ohne nachfolgendes Bußgeldverfahren, gemeint ist.

72

Der sich in den Schwanz beißende Argumentationsstrang geht dahin, dass „Sinn und Zweck" der Vorschrift eine endgültige Einstellung vorsehen, eine Alimentierung der Bemühungen soll aber inkonsequenterweise nicht erfolgen. Der BGH hat dabei offenbar nicht bedacht, dass bei einem Anwaltswechsel nach der Einstellung des Verfahrens der Mandant darüber befinden kann, ob der Rechtsanwalt noch weiter mit der nachfolgenden Angelegenheit betraut werden soll. Denn auch aus Sicht des Mandanten ist das Verfahren vorbei: Denn weder sind die Ansprechpartner die Amtsanwaltschaft oder Staatsanwaltschaft, sondern vielmehr die Behörden, noch kann ein Bußgeldverfahren beispielsweise nach §§ 153a ff. StPO analog eingestellt werden. Dies wäre aber unter Umständen sogar der weitaus günstigere Weg für den betroffenen Mandanten im Einzelfall gewesen.

73

In der Argumentation des BGH heißt es dann auch wenig überzeugend:

74

„Die jetzt geltende Regelung der Nr. 4141 VV RVG hat den Grundgedanken des § 84 Abs. 2 BRAGO übernommen, nämlich intensive und zeitaufwändige Tätigkeiten des Verteidigers, die zu einer Vermeidung der [strafrechtlichen] Hauptverhandlung und damit beim Verteidiger zum Verlust der Hauptverhandlungsgebühr führten, gebührenrechtlich zu honorieren (BR-Drucks 830/03, S. 286). Ziel der Regelung ist damit eine Verringerung der Arbeitsbelastung der Gerichte. Dieses Ziel soll durch eine adäquate Vergütung des Verteidigers bereits im Vorfeld der Hauptverhandlung erreicht werden. Kann die Tat, die Gegenstand des Ermittlungsverfahrens ist, nur als Straftat verfolgt werden, hat die nicht nur vorläufige Einstellung des Verfahrens zur Folge, dass keine Hauptverhandlung stattfindet."

Bei dieser Argumentation kann nur darauf verwiesen werden, dass die Gerichte mit der Verfahrenseinstellung ja bereits „geschont" werden, allerdings ist die Verwaltung hiervon nicht umfasst: Dort werden dann die nachfolgenden Verfahren mit gänzlich anderen Ver-

75

---

64 Der überwiegende Teil der Literatur und Rechtsprechung sprechen sich dafür aus: *Burhoff*, Rechtsprechungsübersicht zu den Teilen 4–7 VV RVG aus den Jahren 2008–2010 – Teil 3, RVGreport 2010, 163 mit aktueller Übersicht. Gerold/Schmidt/*Burhoff*, Nr. 4141 VV Rn 16; Burhoff-RVG/*Burhoff*, Nr. 4141 VV Rn 15; AnwK-RVG/*N. Schneider*, Nr. 4141 VV Rn 19 ff.; dagegen *Hartmann*, Kostengesetze, 39. Aufl., Nr. 4141 VV Rn 4; AG München JurBüro 2007, 84.
65 BGH v. 5.11.2009 – IX ZR 237/08 mit zutreffender, ablehnender Anm. *Kotz*, JurBüro 2010, 212.

fahrensvorschriften weitergeführt und münden dann ggf. auch wieder in ein gerichtliches Verfahren.

Auch die adäquate Vergütung scheint dann sofort in Vergessenheit zu geraten, weil nach der Hauptverhandlung geschielt wird, nicht jedoch berücksichtigt wird, dass aus Sicht des Mandanten eine Hauptverhandlung, ja ein Strafverfahren vermieden werden soll. In der Praxis übrigens ist es häufig so, dass die Mandanten nach Beendigung des Strafverfahrens – gerne – das Bußgeld akzeptieren, ohne dabei weiteren Rechtsrat in Anspruch zu nehmen. Soll nach Auffassung des BGH dann die vom Mandanten erstrebte und durch den Rechtsanwalt erfolgreiche Tätigkeit nicht mehr vergütet werden mit der Befriedungsgebühr? Wie lange soll der Rechtsanwalt warten, bis er dann die Befriedungsgebühr in Rechnung stellen darf? All dies beantwortet der BGH in seiner Entscheidung nicht und damit wird die Fehlerhaftigkeit des Urteils offenbar. Die Instanzgerichte werden dieser abzulehnenden Entscheidung sicherlich nicht folgen, da sie nicht zu Ende gedacht ist. Denn die Folge wäre – was allerdings kaum im Sinne des Erfinders sein dürfte –, dass die Befriedungsgebühr nahezu keine praktische Anwendung im Verkehrsrecht finden würde. Gerade diese Verfahren verstopfen jedoch die Amtsgerichte!

76 *Praxistipp*

Nehmen Sie in die Mandatsbedingungen auf, dass die Strafverfahren mit nachfolgenden Bußgeldverfahren als zwei Verfahren gelten, bei denen – nach Einstellung im jeweiligen Verfahren durch die dort zuständigen Behörde – die Auslagenpauschale einerseits wie auch die Befriedungsgebühr andererseits anfallen kann.

77 Muster: Mandatsbedingungen bei Strafsachen und Ordnungswidrigkeiten
▼

Bei Strafverfahren ist der Auftraggeber darauf aufmerksam gemacht worden und ausdrücklich damit einverstanden, dass ein Strafverfahren als beendet gilt, wenn eine Einstellung durch die Amtsanwaltschaft oder Staatsanwaltschaft bzw. das zuständige Gericht – und sei es auch nur vorläufig – eingestellt und das Verfahren an die Ordnungsbehörden abgegeben wird. Gleiches gilt auch im umgekehrten Falle, dass ein Bußgeldverfahren eingestellt, die Angelegenheit aber als Strafsache weiter verfolgt wird. Im Falle der Abgabe bzw. Weiterverfolgung durch die Staatsanwaltschaft ist eine gesonderte Vollmacht zu erteilen. Hieraus folgt, dass die Befriedungsgebühr auch mehrfach anfallen kann.

Weiter wird der Auftraggeber darauf hingewiesen, dass eine eintretende Rechtsschutzversicherung ggf. diese Kosten nicht übernehmen wird, er daher diese Kosten dann selbst zu tragen hat.

▲

B. Gebühren im vorbereitenden Verfahren § 2

Die Abrechnung sieht dann beispielhaft wie folgt aus: 78

Muster: Abrechnung vom Strafverfahren zum Bußgeldverfahren jeweils nur die Mittelgebühren!

▼

a) Strafverfahren (Mittelgebühr)

Grundgebühr §§ 2, 14 RVG, Nr. 4100 VV	165,00 EUR
Verfahrensgebühr §§ 2, 14 RVG, Nr. 4104 VV	140,00 EUR
Erledigungsgebühr §§ 2, 14 RVG, Nr. 4141 VV i.V.m. Nr. 4106 VV	140,00 EUR
Post- und Telekommunikationspauschale, Nr. 7002 VV	20,00 EUR
Zwischensumme	465,00 EUR
Umsatzsteuer (MwSt), Nr. 7008 VV (19,00 %)	88,35 EUR
Endsumme	553,35 EUR
Endsumme	**166,60 EUR**

b) Bußgeldverfahren (Mittelgebühr)

Verfahrensgebühr §§ 2, 14 RVG, Nr. 5101 VV	55,00 EUR
Erledigungsgebühr §§ 2, 14 RVG, Nr. 5115 VV i.V.m. Nr. 5107 VV	55,00 EUR
Post- und Telekommunikationspauschale, Nr. 7002 VV	20,00 EUR
Zwischensumme	130,00 EUR
Umsatzsteuer (MwSt), Nr. 7008 VV (19,00 %)	24,70 EUR
Zhlg. an Juka (AE)	12,00 EUR
Endsumme	**166,70 EUR**

Rechtsanwalt

▲

4. Bußgeldverfahren und sich anschließendes Strafverfahren

Insoweit vor dem Strafverfahren ein Bußgeldverfahren gegen den Mandanten geführt wurde, hat das RVG keine Regelung getroffen. Allerdings ist der Fall parallel zu behandeln.[66] 79

---

66 *Schneider/Mock*, Das neue Gebührenrecht für Anwälte, § 26 Rn 13.

§ 2 Gebühren im Strafverfahren: Die einzelnen Gebühren

80 Muster: Abrechnung vom Bußgeldverfahren zum Strafverfahren – jeweils nur die Mittelgebühr mit einem Hauptverhandlungstermin, die Angelegenheit war in jeder Hinsicht durchschnittlich

▼

a) Bußgeldverfahren (Mittelgebühr)

Grundgebühr §§ 2, 14 RVG, Nr. 5100 VV	93,00 EUR
Verfahrensgebühr §§ 2, 14 RVG, Nr. 5101 VV	60,00 EUR
Verfahrensgebühr §§ 2, 14 RVG, Nr. 5107 VV	60,00 EUR
Terminsgebühr §§ 2, 14 RVG, Nrn. 5108, 5107 VV (Anzahl Terminstage: 1, à 110,00 EUR)	110,00 EUR
Post- und Telekommunikationspauschale, Nr. 7002 VV	20,00 EUR
Akteneinsichtsgebühr	12,00 EUR
Zwischensumme	355,00 EUR
Umsatzsteuer (MwSt), Nr. 7008 VV (19,00 %)	67,45 EUR
Endsumme	422,45 EUR

b) Strafverfahren (Mittelgebühr)

Verfahrensgebühr §§ 2, 14 RVG, Nr. 4104 VV	140,00 EUR
Erledigungsgebühr §§ 2, 14 RVG, Nr. 4141 VV i.V.m. Nr. 4104 VV	140,00 EUR
Post- und Telekommunikationspauschale, Nr. 7002 VV	20,00 EUR
Zwischensumme	300,00 EUR
Umsatzsteuer (MwSt), Nr. 7008 VV (19,00 %)	57,00 EUR
Endsumme	**357,00 EUR**

Rechtsanwalt

▲

5. Förderung des Verfahrens nach Nr. 4141 Abs. 2 VV

81 Es soll die Gebühr soll nicht entstehen, wenn keine Förderung des Verfahrens durch den Rechtsanwalt ersichtlich ist, also soll positiv formuliert **jede** zur **Förderung** der Einstellung geeignete Tätigkeit hiermit umfasst sein. Damit kann auch eine auch eine „Nicht-

B. Gebühren im vorbereitenden Verfahren § 2

Handlung" (bspw. Nichteinlegung eines Rechtsmittels oder gezieltes Schweigen)[67] die verfahrensabschließende Mitwirkung darstellen.[68] Eine mitursächliche Handlung des Rechtsanwaltes reicht mithin aus. Das Abraten von einer Einlegung eines Rechtsmittels fällt hierunter nicht.[69]

Grundsätzlich kann bei einer Einstellung die Gebühr nach Nr. 4141 VV beansprucht werden. Denn bereits der Rat, das Schweigerecht in Anspruch zu nehmen, der in jedem Beratungsgespräch erfolgen dürfte, kann bereits zu einer Einstellung führen und mitursächlich sein. Überdies liegt die Beweislast beim Gebührenschuldner dafür, dass der Rechtsanwalt nicht mitgewirkt hat.[70]

> *Praxistipp* 82
> Es empfiehlt sich daher, bereits im Bestellungsschreiben darauf aufmerksam zu machen, dass auf anwaltlichen Rat hin das Schweigerecht des Beschuldigten/Betroffenen in Anspruch genommen wird und eine Einlassung ggf. nach der Akteneinsicht erfolgen wird.

Nicht erforderlich ist i.Ü. die Mitwirkung im gerichtlichen Verfahren selbst. Denn auch eine Einlassung im vorbereitenden Verfahren[71] kann beispielsweise durch einen angekündigten Widerspruch hinsichtlich der Verwertung eines Beweises zur späteren Bereitschaft der Befriedung bei den Verfahrensbeteiligten führen. Zudem soll ja gerade das frühzeitige Vorbringen des Rechtsanwalts belohnt werden. 83

Muster: Mitwirkung im gerichtlichen Verfahren 84

▼

Der Rechtsanwalt widerspricht mit folgendem Schriftsatz im vorbereitenden Verfahren:

▇▇▇▇▇▇▇ (AZ des Amtsgerichts)

In der Strafsache gegen

▇▇▇▇▇▇▇

in der vorgenannten Angelegenheit nehmen wir nach Akteneinsicht und Rücksprache mit unserer Mandantin wie folgt Stellung:

Zunächst einmal wird der Verwertung einer etwaigen Zeugenaussage der ermittelnden Polizeikräfte, namentlich PK H. und POM'in L. und POM'in B., sowie PK S. im Hinblick auf die von unserer Mandantin getätigten Aussagen diesen gegenüber widersprochen. Denn eine Belehrung unserer Mandantin ist trotz des entsprechenden Einsatzes „Trunkenheitsfahrt"

---

67 Ausführlich hierzu: AnwK-RVG/*N. Schneider*, Nr. 4141 VV Rn 30 ff., 43; *Burhoff*, Rechtsprechungsübersicht zu den Teilen 4–7 VV RVG aus den Jahren 2008–2010 – Teil 3, RVGreport 2010, 163 ff.
68 AG Tiergarten RVGprofessionell 2010, 40.
69 OLG Nürnberg RVGreport 2009, 464.
70 KG AGS 2009, 324.
71 AnwK-RVG/*N. Schneider*, Nr. 4141 VV Rn 46.

nicht erfolgt. Damit sind diese Äußerungen unverwertbar; in einer etwaigen Hauptverhandlung würde ihnen

widersprochen.

Darüber hinaus ist festzuhalten, dass ausweislich der Akte ein Tatnachweis hinsichtlich des Führens eines Kraftfahrzeuges durch unsere Mandantin nicht geführt werden kann. Denn unsere Mandantin wird von ihrem Schweigerecht auf anwaltlichen Rat hin Gebrauch machen.

Schließlich ist darauf hinzuweisen, dass auch nicht nachvollziehbar ist, ob die Alkoholaufnahme nicht nach der Fahrt vorgenommen wurde, da klar war, dass das Fahrzeug durch den Abschleppdienst abgeschleppt werden müsste und die Mandantin ohnedies mit dem Taxi nach Hause würde weiterfahren müssen.

Der Vollständigkeit halber wird mitgeteilt, dass unsere Mandantin beim Eintreffen der Polizei außerhalb des Fahrzeuges befindlich war.

Es wird daher beantragt,

das Verfahren auf Kosten der Landeskasse einzustellen und die Fahrerlaubnis an unsere Mandantin unverzüglich herauszugeben.

Sollte keine Einstellungsverfügung ergehen, wird vor Abschluss der Ermittlungen nochmals um telefonische Rücksprache mit der Unterzeichnerin gebeten, sowie abermalige Akteneinsicht beantragt.

Rechtsanwalt

▲

85 *Praxistipp*

Selbst wenn das Verfahren zu einem späteren Zeitpunkt aufgrund des hier angekündigten Widerspruchs beendet würde, müsste bei einem Entfallen eines Hauptverhandlungstermins die Gebühr der Nr. 4141 VV anfallen.

Jedenfalls sollte mit der Befriedungsgebühr abgerechnet werden, weil schließlich die Verteidigungserfolge auf dem Bemühen des Rechtsanwalts liegen.

6. Die Höhe der Gebühren nach Nr. 4141 Abs. 1 Nr. 1, Abs. 3 VV

86 Die untechnisch als „Erledigungsgebühr" im Gesetz als Befriedungsgebühr bezeichnete Gebühr der Nr. 4141 VV richtet sich daher nach der Instanz bzw. dem zuständigen Gericht. Sie ist eine feste Gebühr, wie sie unten grafisch aufbereitet ist. In Abs. 3 von Nr. 4141 VV ist daher auch bestimmt, dass die Gebühr grundsätzlich nach der Rahmenmitte, also als Mittelgebühr anzusetzen ist. Da diese Gebühr neben den anderen Gebühren im vorbereitenden Verfahren anfallenden Gebühren abgerechnet werden kann, unterfällt sie nicht dem Ermessen, sondern ist stets mit einem Festbetrag versehen.[72] Das gilt auch im Wahlverteidigerfall!

---

72 AG Stuttgart RVGreport 2008, 430; *Burhoff*, Rechtsprechungsübersicht zu den Teilen 4–7 VV RVG aus den Jahren 2008–2010 – Teil 3, RVGreport 2010, 163 ff.

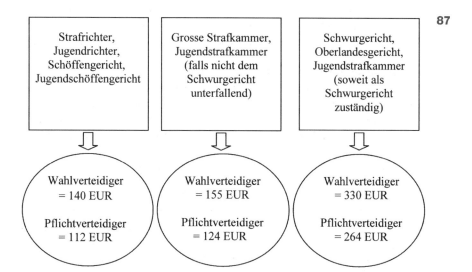

Praxistipp

Manche Rechtsschutzversicherung ist nicht sofort bereit, diese Gebühren zu zahlen, auch wenn sie im RVG eindeutig festgeschrieben sind. Selbstverständlich darf dieser Verweigerungshaltung nicht Vorschub geleistet werden: Eine Gebührenklage (Muster hierzu siehe § 5 Rn 3). sollte nach entsprechender Androhung erhoben werden, falls kein Ausgleich erfolgt.

7. Rücknahmezeitpunkt

Die Befriedung kann auf unterschiedliche Weise auch durch eine Rücknahme eines Rechtsmittels wie beispielsweise beim Strafbefehl oder der Berufung oder der Revision erreicht werden. Auch dies honoriert Nr. 4141 VV.

Insoweit der Hauptverhandlungstermin bereits anberaumt ist, muss die Rücknahme mehr als zwei Wochen vor dem Termin erfolgen.[73] Es handelt sich um eine Notfrist, die auch nicht durch einen Wiedereinsetzungsantrag „gerettet" werden kann.[74]

Praxistipp

Für den Fall, dass das Gericht mit einer deutlich kürzeren Ladungsfrist terminiert hat, kommt nur noch die Terminverlegung in Frage, mit der Folge, dass eine Rücknahme des Einspruchs im gegebenen Falle zumindest dem Gericht avisiert werden sollte.

---

73 AnwK-RVG/*N. Schneider*, Nr. 4141 VV Rn 64 ff. m. w. Beispielen.
74 Burhoff-RVG/*Burhoff*, Nr. 4141 VV Rn 26 ff., 37.

Dann kann bei der Neuterminierung die Zwei-Wochen-Frist auch gewahrt werden. Hier kann ein Telefonat mit dem Gericht entsprechend helfen, denn auch das Gericht wird an einer Erledigung der Angelegenheit ohne Hauptverhandlung interessiert sein.

a) Rücknahme eines Einspruchs beim Strafbefehl

92 Bei der umfassenden Rücknahme des Einspruchs gegen einen Strafbefehl ergibt sich durch das Erledigungsmoment der Befriedung, dass damit keine Hauptverhandlung in der Sache mehr erforderlich wird, mithin das Verfahren insgesamt rechtskräftig erledigt ist. Das wäre bei einem teilweise beschränkten Einspruch gegen einen Strafbefehl jedoch nicht der Fall. Gründe für die endgültige Erledigung muss der Rechtsanwalt allerdings nicht mitteilen. Wichtig ist lediglich, dass er an der Rücknahme mitgewirkt hat.[75]

93 *Beispiel: Anwendung der Nr. 4141 VV bei einem erlassenen Strafbefehl*

Der Mandant erhält einen Strafbefehl zugestellt, mandatiert vor Ablauf der Einspruchsfrist den Rechtsanwalt und teilt mit, dass er lediglich gegen den Rechtsfolgenausspruch vorgehen will, ansonsten aber die Tat eingeräumt werde. Der Rechtsanwalt beschränkt seinen Einspruch folgerichtig, beantragt Akteneinsicht und bespricht nach erfolgter Akteneinsicht mit dem Mandanten, dass eine erfolgreiche Anfechtung des Rechtsfolgenausspruches nach Aktenlage aussichtslos ist. Bevor das Gericht die Sache terminiert, nimmt der Rechtsanwalt mit Zustimmung seines Mandanten den (beschränkten) Einspruch zurück.

Der Rechtsanwalt hat die Gebühr der Nr. 4141 VV verdient, da durch die Rechtskraftwirkung des Einspruchs die Angelegenheit nun endgültig erledigt ist. An der Befriedung hat der Rechtsanwalt durch die Beratung mitgewirkt.

b) Rücknahme des Rechtsmittels in der Berufung oder Revision

94 Umstritten ist allerdings, ob die Befriedungsgebühr auch anfallen kann, wenn das Revisionsgericht keinen Hauptverhandlungstermin anberaumt hat und die Revision auch nicht begründet worden ist. Dieses Problem fällt bei der Berufung de facto nicht an, weil die Verteidigung nicht gezwungen ist, eine Berufung zu begründen. Hier kommt allenfalls eine Rücknahme während laufender Hauptverhandlung in Betracht (ausführlich dazu siehe § 2 Rn 198 ff., 200).

95 Der Gesetzestext sieht nicht vor, dass die Erledigung und damit die Befriedung nur dann möglich sein sollen, wenn die Revision zuvor begründet worden ist. Ebenso wenig ist der Vorschrift zu entnehmen, dass eine Hauptverhandlung durchgeführt worden wäre. Dennoch hat sich die Rechtsprechung dazu verleiten lassen, ungeschriebene Tatbestandsmerkmale hinzuzufügen, um die Rechtsanwälte nicht honorieren zu müssen – oder aber offensichtlichem Missbrauch durch die Einlegung der Revision allein zur Auslösung von Gebührenansprüchen entgegenzuwirken.

---

75 So auch *Burhoff*, Die anwaltliche Vergütung im Strafbefehlsverfahren, www.burhoff.de.

Festzuhalten ist zunächst, dass bereits häufig mit der Einlegung der Revision die allgemeine Sachrüge erhoben wird und damit dem Kriterium der Begründung genüge getan wird, da hierdurch dem Revisionsgericht die Überprüfung des Urteils überhaupt eröffnet wird. Oft genug sind die erhobenen Verfahrensrügen erfolglos, die allgemeine Sachrüge aber greift durch. 96

Nach richtiger Auffassung[76] aber kann es nur darauf ankommen, ob gerichtliche Ressourcen aufgrund der Mitwirkung des Rechtsanwalts geschont werden, die anderenfalls anfallen würden. Hierzu gehört auch, dass sich die Erkenntnis breit machen muss, dass über die Rücknahme der Revision, jedenfalls nach der Stellungnahme der Staatsanwaltschaft, eine Mitwirkung zu bejahen ist, wenn diese zur Rücknahme der Revision geführt hat und mit dem Mandanten ausführlich besprochen worden ist hinsichtlich ihrer Aussichtslosigkeit.

Die Gerichtsentscheidungen übersehen mitunter, dass im Revisionsverfahren die Tätigkeit des Rechtsanwalts in der umfassenden Beratung des Mandanten liegt. Hierzu ist die eingehende Prüfung des Urteils, des Protokolls und der anderen Förmlichkeiten notwendig. Auch die tatsächlichen Umstände bei einer unverschuldet versäumten Hauptverhandlung im Berufungsverfahren etwa müssen ggf. aufgeklärt werden und dann revisionsrechtlich gewichtet werden. Wenn nun die Revision zunächst fristwahrend eingelegt wurde, die Prüfung der Erfolgsaussichten jedoch eingehend abgewogen werden und dem Revisionsführer abgeraten wird, die Revision weiter- bzw. durchzuführen, ist die vom Gesetzgeber geforderte Mitwirkung des Rechtsanwalts die Grundlage für die Erledigung und damit Befriedung der Angelegenheit. Dies aber ist der Sinn und Zweck der Nr. 4141 VV! Die Gebühren sind mithin angefallen. 97

> *Praxistipp: Rücknahme der Revision durch die Staatsanwaltschaft* 98
>
> Hinzuweisen ist auch darauf, dass bei einer Revision der Staatsanwaltschaft regelmäßig vor dem Revisionsgericht eine Hauptverhandlung stattfindet, mithin die zu vermutende Hauptverhandlung entbehrlich wird, wenn die Staatsanwaltschaft ihre Revision ihrerseits zurücknimmt.
>
> Folgerichtig kann der Rechtsanwalt die Gebühr der Nr. 4141 VV in Ansatz bringen, da der Landeskasse der Beweis obliegt, dass die Rücknahme der Revision nicht auf der Mitwirkung des Rechtsanwalts fußt.[77]

C. Das gerichtliche Verfahren nach Nrn. 4106 ff. VV

Im Unterabschnitt 3 VV ist das gerichtliche Verfahren des ersten Rechtszuges geregelt. Es wird nach mehreren Kategorien unterschieden, nämlich dem Gericht (Amtsgericht, Landgericht oder Oberlandesgericht [Kammergericht]) und nach den bekannten Wahl- und 99

---

76 Burhoff-RVG/*Burhoff*, Nr. 4141 VV, 43; AnwK-RVG/*N. Schneider*, Nr. 4141 VV Rn 97 ff. m.w.N. zur Rechtsprechung.
77 Ebenso AnwK-RVG/*N. Schneider*, Nr. 4141 VV Rn 101.

§ 2 Gebühren im Strafverfahren: Die einzelnen Gebühren

Pflichtverteidigungen sowie den auf freiem Fuß befindlichen und nicht auf freiem Fuß befindlichen Angeschuldigten bzw. Angeklagten. Eine weitere Differenzierung enthält das Gesetz für den Pflichtverteidiger, der mehr als 5 bzw. mehr als 8 Stunden verhandelt, da dieser dann eine höhere Vergütung für seine Tätigkeit in der Hauptverhandlung erhält.

100 **Unterabschnitt 3 Gerichtliches Verfahren**

Erster Rechtszug

Nr.	Gebührentatbestand	Gebühr oder Satz der Gebühr nach § 13 oder § 49 RVG	
		Wahlanwalt	gerichtlich bestellter oder beigeordneter Rechtsanwalt
4106	Verfahrensgebühr für den ersten Rechtszug vor dem Amtsgericht...	30,00 bis 250,00 EUR	112,00 EUR
4107	Gebühr 4106 mit Zuschlag.......	30,00 bis 312,50 EUR	137,00 EUR
4108	Terminsgebühr je Hauptverhandlungstag in den in Nummer 4106 genannten Verfahren...........	60,00 bis 400,00 EUR	184,00 EUR
4109	Gebühr 4108 mit Zuschlag.......	60,00 bis 500,00 EUR	224,00 EUR
4110	Der gerichtlich bestellte oder beigeordnete Rechtsanwalt nimmt mehr als 5 und bis 8 Stunden an der Hauptverhandlung teil: Zusätzliche Gebühr neben der Gebühr 4108 oder 4109...........		92,00 EUR
4111	Der gerichtlich bestellte oder beigeordnete Rechtsanwalt nimmt mehr als 8 Stunden an der Hauptverhandlung teil: Zusätzliche Gebühr neben der Gebühr 4108 oder 4109...........		184,00 EUR

C. Das gerichtliche Verfahren nach Nrn. 4106 ff. VV § 2

Nr.	Gebührentatbestand	Gebühr oder Satz der Gebühr nach § 13 oder § 49 RVG	
		Wahlanwalt	gerichtlich bestellter oder beigeordneter Rechtsanwalt
4112	Verfahrensgebühr für den ersten Rechtszug vor der Strafkammer . . .	40,00 bis 270,00 EUR	124,00 EUR
	Die Gebühr entsteht auch für Verfahren 1. vor der Jugendkammer, soweit sich die Gebühr nicht nach Nummer 4118 bestimmt, 2. im Rehabilitierungsverfahren nach Abschnitt 2 StrRehaG.		
4113	Gebühr 4112 mit Zuschlag	40,00 bis 337,50 EUR	151,00 EUR
4114	Terminsgebühr je Hauptverhandlungstag in den in Nummer 4112 genannten Verfahren.	70,00 bis 470,00 EUR	216,00 EUR
4115	Gebühr 4114 mit Zuschlag	70,00 bis 587,50 EUR	263,00 EUR
4116	Der gerichtlich bestellte oder beigeordnete Rechtsanwalt nimmt mehr als 5 und bis 8 Stunden an der Hauptverhandlung teil: Zusätzliche Gebühr neben der Gebühr 4114 oder 4115.		108,00 EUR
4117	Der gerichtlich bestellte oder beigeordnete Rechtsanwalt nimmt mehr als 8 Stunden an der Hauptverhandlung teil: Zusätzliche Gebühr neben der Gebühr 4114 oder 4115.		216,00 EUR

§ 2 Gebühren im Strafverfahren: Die einzelnen Gebühren

Nr.	Gebührentatbestand	Gebühr oder Satz der Gebühr nach § 13 oder § 49 RVG	
		Wahlanwalt	gerichtlich bestellter oder beigeordneter Rechtsanwalt
4118	Verfahrensgebühr für den ersten Rechtszug vor dem Oberlandesgericht, dem Schwurgericht oder der Strafkammer nach den §§ 74a und 74c GVG.................... Die Gebühr entsteht auch für Verfahren vor der Jugendkammer, soweit diese in Sachen entscheidet, die nach den allgemeinen Vorschriften zur Zuständigkeit des Schwurgerichts gehören.	80,00 bis 580,00 EUR	264,00 EUR
4119	Gebühr 4118 mit Zuschlag.......	80,00 bis 725,00 EUR	322,00 EUR
4120	Terminsgebühr je Hauptverhandlungstag in den in Nummer 4118 genannten Verfahren............	110,00 bis 780,00 EUR	356,00 EUR
4121	Gebühr 4120 mit Zuschlag.......	110,00 bis 975,00 EUR	434,00 EUR
4122	Der gerichtlich bestellte oder beigeordnete Rechtsanwalt nimmt mehr als 5 und bis 8 Stunden an der Hauptverhandlung teil: Zusätzliche Gebühr neben der Gebühr 4120 oder 4121............		178,00 EUR
4123	Der gerichtlich bestellte oder beigeordnete Rechtsanwalt nimmt mehr als 8 Stunden an der Hauptverhandlung teil: Zusätzliche Gebühr neben der Gebühr 4120 oder 4121............		356,00 EUR

C. Das gerichtliche Verfahren nach Nrn. 4106 ff. VV § 2

I. Allgemeines

1. Einleitung

In dem Abschnitt ist die Verfahrensgebühr parallel der Verfahrensgebühr im vorbereitenden Verfahren nachgebildet worden. Sie gilt für den gesamten Rechtszug der ersten Instanz. Es werden damit die Tätigkeiten des gerichtlichen Verfahrens vollständig vergütet. 101

Allerdings fällt die Gebühr unterschiedlich hoch aus, je nachdem welche Eingangsinstanz betroffen ist. Je höher das Gericht, desto höher liegt die Straferwartung und damit auch die Verantwortlichkeit des Rechtsanwalts, auch üblicherweise der Umfang der Angelegenheit. 102

Unterscheidung des VV in die jeweiligen erstinstanzlichen Gerichte für eine erstinstanzliche Verhandlung – Auswirkungen auf die Höhe der Verfahrensgebühr (mit Zuschlag für nicht auf freiem Fuß befindlichen Mandanten) 103

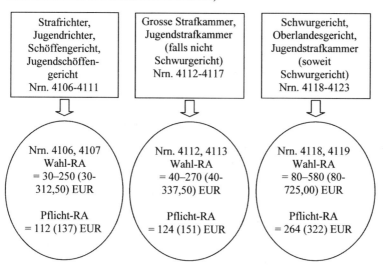

2. Hauptverfahren

Das Hauptverfahren beginnt nach der Legaldefinition der Nr. 4104 VV mit dem Eingang der Anklageschrift oder des Antrags auf Erlass eines Strafbefehls bei Gericht oder im beschleunigten Verfahren bis zum Vortrag der Anklage, wenn diese nur mündlich erhoben wird. Außerdem beginnt das Vorverfahren nach dem Übergang vom Bußgeldverfahren gemäß § 81 Abs. 1, 2 OWiG nach der richterlicher Verfügung bzw. Belehrung respektive dem gerichtlichen Hinweis gemäß § 265 StPO.[78] 104

---

78 AnwK-RVG/N. Schneider, Nr. 4106 ff. VV Rn 2.

§ 2 Gebühren im Strafverfahren: Die einzelnen Gebühren

105 *Praxistipp*

Und schon hier kann auch für den Pflichtverteidiger – der häufig erst mit der Zustellung der Anklage bzw. des Strafbefehls beigeordnet wird – unverzüglich im Wege der vorläufigen Festsetzung eine Kostennote beim zuständigen Gericht eingereicht werden. Für ein Zuwarten besteht kein Anlass; zudem ist auch nicht ersichtlich, weshalb der Staat einen zinslosen Kredit gewährt bekommen sollte. Wenn beispielsweise das Verfahren eingestellt werden sollte, würde anderenfalls der Anspruch geraume Zeit ruhen, die Akte aber läuft im Geschäftsgang des Rechtsanwalts weiter. Also sollte zur eigenen Kostenkontrolle frühzeitig eine Kostenfestsetzung im Vorschusswege betrieben werden.

106 Muster: Vorläufiger Kostenfestsetzungsantrag nach Bestellung durch das Amtsgericht

▼

In der Strafsache

gegen

wegen

Az.:

wird beantragt, die nachstehenden Gebühren und Auslagen **vorläufig im Vorschusswege** festzusetzen.

Berechnung gem. dem Rechtsanwaltsvergütungsgesetz (RVG) i.V.m. dem Vergütungsverzeichnis (VV) in der Fassung vom

Position	Betrag
Grundgebühr §§ 2, 45 ff. RVG, Nr. 4100 VV	132,00 EUR
Verfahrensgebühr §§ 2, 45 ff. RVG, Nr. 4106 VV	112,00 EUR
Post- und Telekommunikationspauschale Nr. 7002 VV	20,00 EUR
Zwischensumme	264,00 EUR
Umsatzsteuer (MwSt), Nr. 7008 VV (19,00 %)	50,16 EUR
Endsumme	**314,16 EUR**

Der Antragsteller ist zum Vorsteuerabzug nicht berechtigt. Vorschüsse gem. §§ 47, 55, 58 RVG haben wir nicht erhalten.

Spätere Zahlungen des Beschuldigten, des Nebenklägers bzw. eines Dritten, die für die Pflicht zur Rückzahlung der Gebühren an die Staatskasse von Bedeutung sind, werde ich der Staatskasse anzeigen.

Rechtsanwalt

Abschrift anbei

▲

3. Nicht auf freiem Fuß befindlicher Mandant

Es fallen höhere Gebühren an, wenn der Mandant sich nicht auf freiem Fuß befindet.[79] Hier gilt das für das vorbereitende Verfahren unter § 2 Rn 97 Ausgeführte entsprechend. Der erhöhte Gebührenrahmen ist immer nur dann anzusetzen, wenn der Betroffene tatsächlich in der Hauptverhandlung für den Anfall der Terminsgebühr nicht auf freiem Fuß war.

Beispiel

1) Das erweiterte Schöffengericht hat 10 Hauptverhandlungstage anberaumt, der in Untersuchungshaft befindliche Angeklagte wird am 6. Hauptverhandlungstag von der Untersuchungshaft verschont, jedoch wird ein Überhaftbefehl sodann vollstreckt, der seinerseits am 8. Hauptverhandlungstag aufgehoben wird. Die letzten zwei Hauptverhandlungstage reist der Angeklagte jeweils von zuhause an.
2) Das Landgericht verkündet im zweiten Hauptverhandlungstermin einen Untersuchungshaftbefehl, das Urteil wird am 3. Hauptverhandlungstag verkündet. Die Verteidigung begann bereits als Wahlverteidiger im Vorverfahren.

Lösung

1) Die Verfahrensgebühr fällt mitsamt dem Haftzuschlag an. Dass es eine spätere andere Situation für den Mandanten gibt, wirkt sich nicht aus. Für 8 Hauptverhandlungstage befindet sich der Angeklagte nicht auf freiem Fuß! Es fallen für alle 8 Hauptverhandlungstage die erhöhten Gebühren an. An den letzten beiden Hauptverhandlungstagen ist er auf freiem Fuß, womit die Terminsgebühr ohne den Haftzuschlag anfällt.
2) Für den 1. Hauptverhandlungstermin fällt die normale Terminsgebühr an, die beiden folgenden Hauptverhandlungstage lösen den Zuschlag aus: Denn wenn während der Hauptverhandlung der Mandant nicht mehr auf freiem Fuß befindlich ist, greift bereits der Tatbestand „der Haftzuschläge", bspw. hier Nr. 4112 VV. Vorliegend bedeutet dies, dass nur am ersten Hauptverhandlungstermin kein Zuschlag anfällt, für die beiden Fortsetzungstermine jedoch schon.[80]

Für den Wahlverteidiger gilt in diesen Fällen grundsätzlich ein erhöhter Rahmen, der Pflichtverteidiger erhält festgelegt höhere Gebühren und gibt damit auch bereits vor, dass nicht nur der Gesetzgeber von höheren Kosten beim Rechtsanwalt ausgeht. Auch der Mandant weiß, dass bei einer Inhaftierung regelmäßig höhere Rechtsanwaltkosten anfallen.

Bei der Ausübung des Ermessens (ausführliche Darstellung siehe § 1 Rn 76 ff. Bestimmung der Gebühren nach § 14 RVG) des Rechtsanwaltes ist einzustellen, dass entsprechende (Haftverschonungs- oder Aufhebungs-)Anträge gestellt werden, der Arbeitsaufwand ein erhöhter ist und auch die Schwierigkeit der Angelegenheit mit der

---

79 Siehe auch unter § 2 Rn 9 ff mit entsprechender Checkliste.
80 Burhoff-RVG/*Burhoff*, Nr. 4109 VV Rn 6.

§ 2 Gebühren im Strafverfahren: Die einzelnen Gebühren

Inhaftierung wächst. Festzuhalten ist, dass sich der zeitliche Aufwand allein durch Besuche in der Haftanstalt beträchtlich erhöht.

112 Muster: Abrechnung für den Pflichtverteidiger für das Beispiel 1) Kostenfestsetzungsantrag nach 10 Hauptverhandlungsterminen mit Zuschlag und sodann 2 Hauptverhandlungsterminen ohne Zuschlag mit Vorverfahren für den Pflichtverteidiger am Amtsgericht

▼

In der Strafsache

gegen

wegen

Az.:

wird beantragt, die nachstehenden Gebühren und Auslagen **vorläufig im Vorschusswege** festzusetzen.

Berechnung gem. dem Rechtsanwaltsvergütungsgesetz (RVG) i.V.m. dem Vergütungsverzeichnis (VV) in der Fassung vom

Grundgebühr §§ 2, 45 ff. RVG, Nrn. 4100, 4101 VV	162,00 EUR
Verfahrensgebühr §§ 2, 45 ff. RVG, Nrn. 4113, 4112 VV	151,00 EUR
Terminsgebühr §§ 2, 45 ff. RVG, Nrn. 4115, 4114, 4112 VV (Anzahl Terminstage: 8, à 263,00 EUR)	2.104,00 EUR
Terminsgebühr §§ 2, 45 ff. RVG, Nrn. 4114, 4112 VV (Anzahl Terminstage: 2, à 216,00 EUR)	432,00 EUR
Post- und Telekommunikationspauschale Nr. 7002 VV	20,00 EUR
Zwischensumme	2.869,00 EUR
Umsatzsteuer (MwSt), Nr. 7008 VV (19,00 %)	545,11 EUR
Endsumme	**3.414,11 EUR**

Der Antragsteller ist zum Vorsteuerabzug nicht berechtigt. Vorschüsse gem. §§ 47, 55, 58 RVG haben wir nicht erhalten.

Spätere Zahlungen des Beschuldigten, des Nebenklägers bzw. eines Dritten, die für die Pflicht zur Rückzahlung der Gebühren an die Staatskasse von Bedeutung sind, werde ich der Staatskasse anzeigen.

Rechtsanwalt

Abschrift anbei

▲

4. Längenzuschlag bei Pflichtverteidigung

Eine weitere Besonderheit der Terminsgebühr stellen die sog. Längenzuschläge für die Pflichtverteidigung dar. Der Gesetzgeber hat – man will sagen endlich – Verständnis gegenüber den Verteidigern, die den gesamten Tag im Gerichtssaal verbringen, und dies als Organ der Rechtspflege tun. In früheren Tagen konnte nämlich die Pflichtverteidigung einen Rechtsanwalt geradezu ruinieren, wenn ein Rechtsanwalt an zwei Sitzungstagen in der Woche bis in den späten Nachmittag hinein verhandelte. Die ursprüngliche undifferenzierte Regelung von Fortsetzungsterminen, die auch niedriger alimentiert wurden, brachte mit den geringen Beträgen bei langen Verfahren beträchtliche ökonomische Schwierigkeiten für den Rechtsanwalt, da er die Ausfälle dann kaum mehr kompensieren konnte. 113

a) Gesetzliche Regelungen
Diese Ungerechtigkeiten sind nunmehr durch die Regelungen von Nr. 4110 und 4111 VV beim Amtsgericht und mit den gleichlautenden Regelungen am Landgericht unter Nrn. 4116 und 4117 VV, sowie dem OLG unter Nrn. 4117 und 4118 VV abgemildert. 114

Ein höherer Rahmen für den Wahlverteidiger wäre zwar konsequent, ist aber in das VV nicht aufgenommen worden. Der erhöhte Gebührenrahmen gibt auch dem Wahlverteidiger eine Messlatte für die Bestimmung der Gebühren nach § 14 RVG an die Hand. Denn die Länge der Hauptverhandlung ist eines der Hauptkriterien bei der Bemessung der Gebühren. 115

Praxistipp 116
Stattdessen ist im Rahmen von § 14 RVG die Termindauer in die Ausübung des Ermessens aufzunehmen und entsprechend zu gewichten. Die Richtschnur lautet daher, dass jedenfalls die Höchstgebühr anzusetzen sein dürfte, wenn die Hauptverhandlungsdauer an die neun Stunden beträgt.

b) Berechnung der aufgewandten Zeit
Streit entfacht gerne bei den Rechtspflegern bei der Berechnung der aufgewandten Zeit. Insbesondere ist die Berücksichtigung von Wartezeiten und Pausen ein steter Quell von Streit. Unstreitig ist zunächst, dass die Hauptverhandlung erst mit dem Aufruf zur Sache beginnt. Das ist üblicherweise die Uhrzeit, zu der das Gericht die Beteiligten geladen hat. Allerdings kommt es häufig zu Verzögerungen, sodass der Rechtsanwalt bereits geraume – manchmal auch sehr lange – Zeit warten muss, bevor die Sache aufgerufen wird. Nun ist entscheidend, dass die aufgewandte Zeit nicht etwa auf dem Verschulden des Rechtsanwaltes durch eine Verspätung fußt. Dann kommt natürlich keine erhöhte Gebühr in Betracht, wenn die Wartezeit (der anderen) die fünf- bzw. acht- Stundengrenze überschreitet.[81] Wenn aber die Verspätung anderen Prozessbeteiligten zuzuschreiben ist, die für die Durchführung der Hauptverhandlung erforderlich sind, ist die gesamte Wartezeit einzustellen. 117

---

81 Burhoff-RVG/*Burhoff*, Nr. 4110 VV Rn 4 ff.

§ 2 Gebühren im Strafverfahren: Die einzelnen Gebühren

118 Besonderheiten können sich ergeben, wenn zwei Verteidiger nacheinander auftreten, die jeweils für sich den Längenzuschlag nicht in Anspruch nehmen können, weil in der Person des Rechtsanwalts die Teilnahmedauer vorliegen muss, um den Längenzuschlag zu erhalten.[82]

119 Bei den Pausen gibt es inzwischen auch eine sehr unterschiedliche Handhabung. Richtig ist: Der Rechtsanwalt, der an den Gerichtsort gebunden ist, die Unterbrechung/Pause aber nicht nutzen kann, kann keinen Abzug der aufgewandten Zeit erfahren. Allerdings gilt für den Verteidiger, der eine Sitzungspause für einen weiteren Termin veranlasst oder diese absprachegemäß anderweitig (vergütungsrechtlich) nutzen kann, dass in diesem Falle ein Abzug der dann angefallenen Zeit angemessen ist. Einfach formuliert: Wenn der Rechtsanwalt die Zeit (vergütungsrechtlich) anders nutzen kann, soll er nicht gleichzeitig in der Gerichtsverhandlung Geld verdienen.

120 *Praxistipp*

Der Rechtsanwalt sollte zu Beginn des Hauptverhandlungstermins darauf achten, dass sein (rechtzeitiges) Erscheinen beim Gericht zu Protokoll genommen wird, wenn der Termin aufgrund von Verzögerungen später beginnt.

Hiermit wird gesichert, dass bei einer späteren genauen Berechnung nicht die Minuten fehlen, die für den Längenzuschlag erforderlich sind. Denn die die Kosten festsetzenden Rechtspfleger richten sich grundsätzlich nach den im Protokoll eingetragenen Terminzeiten. Sollte nach Akteneinsicht ersichtlich sein, dass die Uhrzeiten fehlerhaft aufgenommen wurden, ist eine Protokollberichtigung zu beantragen, bevor der Kostenfestsetzungsantrag gestellt wird.

121 Allerdings fallen die **Längenzuschläge nicht kumulativ, sondern lediglich alternativ** an. Denn der Längenzuschlag findet Anwendung neben den Gebühren für den Termin (z.B. Nrn. 4110, 4111 VV), nicht jedoch neben der anderen Zusatzgebühr.[83]

122 Muster: Abrechnung mit Längenzuschlag bei Hauptverhandlung am Amtsgericht für den Pflichtverteidiger

▼

In der Strafsache

gegen

wegen

Az.:

wird beantragt, die nachstehenden Gebühren und Auslagen **vorläufig im Vorschusswege** festzusetzen.

---

82 Burhoff-RVG/*Burhoff*, Nr. 4110 VV Rn 6.
83 Burhoff-RVG/*Burhoff*, Nr. 41117 VV Rn 1.

C. Das gerichtliche Verfahren nach Nrn. 4106 ff. VV § 2

Berechnung gem. dem Rechtsanwaltsvergütungsgesetz (RVG) i.V.m. dem Vergütungsverzeichnis (VV) in der Fassung vom Rechtsanwaltsvergütungsgesetz vom

Position	Betrag
Grundgebühr §§ 2, 45 ff. RVG, Nr. 4100 VV	132,00 EUR
Verfahrensgebühr §§ 2, 45 ff. RVG, Nr. 4106 VV	112,00 EUR
Terminsgebühr §§ 2, 45 ff. RVG, Nrn. 4108, 4106 VV (Anzahl Terminstage: 1, à 184,00 EUR)	184,00 EUR
Terminsgebühr §§ 2, 45 ff. RVG, Nr. 4110 VV (Anzahl Terminstage: 1, à 92,00 EUR)	92,00 EUR
Post- und Telekommunikationspauschale Nr. 7002 VV	20,00 EUR
Zwischensumme	540,00 EUR
Umsatzsteuer (MwSt), Nr. 7008 VV (19,00 %)	102,60 EUR
Endsumme	**642,60 EUR**

Der Antragsteller ist zum Vorsteuerabzug nicht berechtigt. Vorschüsse gem. §§ 47, 55, 58 RVG haben wir nicht erhalten.

Spätere Zahlungen des Beschuldigten, des Nebenklägers bzw. eines Dritten, die für die Pflicht zur Rückzahlung der Gebühren an die Staatskasse von Bedeutung sind, werde ich der Staatskasse anzeigen.

Rechtsanwalt

Abschrift anbei

▲

§ 2 Gebühren im Strafverfahren: Die einzelnen Gebühren

II. Die Gebühren in der Ersten Instanz im Einzelnen

1. Höhe der Verfahrens- und Terminsgebühr nach Nrn. 4106–4111 VV vor dem Amtsgericht etc.

123 **Unterabschnitt 3 Gerichtliches Verfahren**
Erster Rechtszug

Nr.	Gebührentatbestand	Gebühr oder Satz der Gebühr nach § 13 oder § 49 RVG	
		Wahlanwalt	gerichtlich bestellter oder beigeordneter Rechtsanwalt
4106	Verfahrensgebühr für den ersten Rechtszug vor dem Amtsgericht...	30,00 bis 250,00 EUR	112,00 EUR
4107	Gebühr 4106 mit Zuschlag	30,00 bis 312,50 EUR	137,00 EUR
4108	Terminsgebühr je Hauptverhandlungstag in den in Nummer 4106 genannten Verfahren............	60,00 bis 400,00 EUR	184,00 EUR
4109	Gebühr 4108 mit Zuschlag	60,00 bis 500,00 EUR	224,00 EUR
4110	Der gerichtlich bestellte oder beigeordnete Rechtsanwalt nimmt mehr als 5 und bis 8 Stunden an der Hauptverhandlung teil: Zusätzliche Gebühr neben der Gebühr 4108 oder 4109............		92,00 EUR
4111	Der gerichtlich bestellte oder beigeordnete Rechtsanwalt nimmt mehr als 8 Stunden an der Hauptverhandlung teil: Zusätzliche Gebühr neben der Gebühr 4108 oder 4109............		184,00 EUR

C. Das gerichtliche Verfahren nach Nrn. 4106 ff. VV § 2

Findet die Verhandlung vor dem Amtsgericht oder dem Jugendgericht statt, fallen die unter den Nrn. 4106–4111 VV geregelten Beträge an. Im Einzelnen finden sich folgende Tatbestände: **124**

a) Anfall der Verfahrensgebühr nach Nrn. 4106 ff. VV

Dies gilt dann für die Verfahrensgebühr und die Terminsgebühr. Die Verfahrensgebühr fällt an, sobald das gerichtliche Verfahren beginnt, also die Anklageschrift oder der Antrag auf Erlass eines Strafbefehls beim Gericht eingeht (vgl. oben § 2 Rn 101, 104).[84] Sollte vom Bußgeldverfahren auf das Strafverfahren übergeleitet werden, stellt die richterliche Verfügung den Übergang dar. Es gelten hier die wesentlichen Ausführungen, die unter der Verfahrensgebühr beim Amtsgericht ausgeführt sind. Zu den Tatbeständen selbst ergeben sich keinerlei Besonderheiten. **125**

126

Gebührentatbestand Verfahrensgebühr Amtsgericht	Höhe der Gebühr in EUR
Wahlverteidiger	30–250
Mittelgebühr Wahlverteidiger	**140**
Pflichtverteidiger	112
Wahlverteidiger mit Haftzuschlag	30–312,50
Mittelgebühr Wahlverteidiger mit Haftzuschlag	**171,25**
Pflichtverteidiger mit Haftzuschlag	137

Die Verfahrensgebühr liegt zwischen 30,00 und 250,00 EUR für den Wahlverteidiger und dem Betrag von 112,00 EUR für den Pflichtverteidiger. Die Mittelgebühr beträgt daher 140,00 EUR für den Wahlverteidiger. Sollte der Mandant sich nicht auf freiem Fuß befinden, fallen Zuschläge an. Die für den Wahlverteidiger erhöhte Grundgebühr beträgt dann zwischen 30,00 und 312,50 EUR, die Mittelgebühr ist mithin auf 171,25 EUR angehoben. Der Pflichtverteidiger erhält dann 137,00 EUR. **127**

Muster: Abrechnung für den Wahlverteidiger mit der Mittelgebühr nach Nr. 4106 VV **128**

▼

Position	Betrag
Grundgebühr §§ 2, 14 RVG, Nr. 4100 VV	165,00 EUR
Verfahrensgebühr §§ 2, 14 RVG, Nr. 4106 VV	155,00 EUR

---

84 AnwK-RVG/*N. Schneider*, vor 4106 ff. VV Rn 17 f.

§ 2 Gebühren im Strafverfahren: Die einzelnen Gebühren

Position	Betrag
Post- und Telekommunikationspauschale Nr. 7002 VV	20,00 EUR
Zwischensumme	340,00 EUR
Umsatzsteuer (MwSt), Nr. 7008 VV (19,00 %)	64,60 EUR
Endsumme	**404,60 EUR**

Zur Begründung der Gebührenbemessung führe ich aus, dass die Bedeutung der Sache leicht überdurchschnittlich angesichts des offenen zivilrechtlichen Verfahren ist, im Übrigen sind der Umfang, die Schwierigkeit und Ihre Vermögensverhältnisse als durchschnittlich zu bemessen. Es hat daher eine leichte Anhebung der Mittelgebühr stattgefunden.

Rechtsanwalt
▲

b) Anfall der Terminsgebühr nach Nrn. 4108 ff. VV

129 Die Terminsgebühr honoriert jede Teilnahme an einem Hauptverhandlungstermin, unabhängig davon, wie lange dieser dauert – mit Ausnahme der Längenzuschläge für den Pflichtverteidiger. Auch die Anzahl der Hauptverhandlungstermine spielt keine Rolle, egal, ob es sich um dem ersten oder aber den 20. Hauptverhandlungstermin handelt. Jeder Hauptverhandlungstermin wird einzeln berechnet. Die Hauptverhandlung beginnt mit dem Aufruf zur Sache.

130 Die Gebühr wird bereits mit der bloßen Anwesenheit des Rechtsanwalts auch dann ausgelöst, wenn der Rechtsanwalt zum Termin erscheint, kein Aufruf der Sache erfolgt, weil aus Krankheitsgründen oder anderen gerichtsinternen Gründen nicht verhandelt werden kann.[85] Wird aber der Rechtsanwalt rechtzeitig informiert, reist er deshalb also gar nicht erst an, kann die Gebühr aber nicht entstehen, vgl. Vorb. 4 Abs. 3 S. 2 VV. Problematisch kann die Entstehung sein, falls der Termin kurzfristig auf Betreiben des Rechtsanwalts aufgehoben worden ist und die Abladung lediglich telefonisch eingeholt hätte werden können, womit vor Antritt der Reise zum Hauptverhandlungstermin leicht die Information hätte erfolgen können.[86]

131 Termine außerhalb der Hauptverhandlung werden anders vergütet, soweit es sich eben nicht um einen Hauptverhandlungstermin handelt. Hierzu gehören beispielsweise Termine wie Haftprüfungstermine, Täter-Opfer-Ausgleich und Ortstermine, sowie Zeugenvernehmungen außerhalb der Hauptverhandlung etc. Dann fällt die gesonderte Gebühr nach Nr. 4102 VV an.[87] Zu den Tatbeständen selbst ergeben sich keinerlei Besonderheiten.

---

85 AnwK-RVG/*N. Schneider*, Vorb. 4 VV Rn 24 ff.
86 AnwK-RVG/*N. Schneider* Vorb. 4 VV Rn 30.
87 AnwK-RVG/*N. Schneider*, vor Nr. 4106 ff. VV Rn 17 f.

C. Das gerichtliche Verfahren nach Nrn. 4106 ff. VV | § 2

Gebührentatbestand Terminsgebühr Amtsgericht	Höhe der Gebühr in EUR
Wahlverteidiger	60–400
Mittelgebühr Wahlverteidiger	**230**
Pflichtverteidiger	184
Wahlverteidiger mit Haftzuschlag	60–500
Mittelgebühr Wahlverteidiger mit Haftzuschlag	**280**
Pflichtverteidiger mit Haftzuschlag	224

132

Die Terminsgebühr liegt zwischen 60,00 und 400,00 EUR für den Wahlverteidiger und dem Betrag von 184,00 EUR für den Pflichtverteidiger. Die Mittelgebühr beträgt daher 230,00 EUR für den Wahlverteidiger. Sollte der Mandant sich nicht auf freiem Fuß befinden, fallen Zuschläge an Die für den Wahlverteidiger erhöhte Grundgebühr beträgt dann zwischen 60,00 und 500 EUR, die Mittelgebühr ist mithin auf 280,00 EUR angehoben. Der Pflichtverteidiger erhält dann 224,00 EUR. Sollte die Hauptverhandlung länger als 5 Stunden andauern, fällt eine zusätzliche Gebühr von 92,00 EUR und bei einer länger als 8 Stunden dauernden Hauptverhandlung fällt dann eine zusätzliche Gebühr von weiteren 184,00 EUR an (Längenzuschlag).

133

Grafisch lässt sich dies darstellen wie folgt:

134

Amtsgericht Mdt. ist auf freiem Fuß	Amtsgericht Mdt. ist **nicht** auf freiem Fuß	Dauer der Verhandlung ist a) bis 5 h b) bis 8 h c) über 8 h
⇩	⇩	⇩
Wahlverteidiger = 230 EUR Pflichtverteidiger = 184 EUR	Wahlverteidiger = 280 EUR Pflichtverteidiger = 224 EUR	Wahlverteidiger = übt Ermessen nach oben von der Mittelgebühr ausgehend aus Pflichtverteidiger = a) 184 oder 224 EUR b) plus 92 EUR c) plus 184 EUR

§ 2 Gebühren im Strafverfahren: Die einzelnen Gebühren

135 **Muster: Ergänzender Antrag des Pflichtverteidigers nach bereits abgerechneten Grund- und Verfahrensgebühren und einer Terminsgebühr**

▼

An das Amtsgericht ▬

In der Strafsache ▬

Gegen ▬

Wegen ▬

Kostenfestsetzungsantrag

(Ergänzung zu den Anträgen vom ▬ und ▬)

wird beantragt, die nachstehenden Gebühren und Auslagen festzusetzen.

Berechnung gem. dem Rechtsanwaltsvergütungsgesetz (RVG) i.V.m. dem Vergütungsverzeichnis (VV) in der Fassung vom ▬

Position	Betrag
Terminsgebühr §§ 2, 45 ff. RVG, Nrn. 4108, 4106 VV (29.3. und 19.4.) (Anzahl Terminstage: 2, à 184,00 EUR)	368,00 EUR
Umsatzsteuer (MwSt), Nr. 7008 VV (19,00 %)	69,92 EUR
Endsumme	**437,92 EUR**

Der Antragsteller ist zum Vorsteuerabzug nicht berechtigt. Vorschüsse gem. §§ 47, 55, 58 RVG haben wir auf unsere Anträge vom ▬ und ▬ in Höhe von 1.036,43 EUR erhalten.

Spätere Zahlungen des Beschuldigten, des Nebenklägers bzw. eines Dritten, die für die Pflicht zur Rückzahlung der Gebühren an die Staatskasse von Bedeutung sind, werde ich der Staatskasse anzeigen.

▬

Rechtsanwalt

▲

C. Das gerichtliche Verfahren nach Nrn. 4106 ff. VV § 2

2. Höhe der Verfahrens- und Terminsgebühr nach Nrn. 4112–4117 VV vor dem Landgericht etc.

136

Nr.	Gebührentatbestand	Gebühr oder Satz der Gebühr nach § 13 oder § 49 RVG	
		Wahlanwalt	gerichtlich bestellter oder beigeordneter Rechtsanwalt
4112	Verfahrensgebühr für den ersten Rechtszug vor der Strafkammer ... Die Gebühr entsteht auch für Verfahren 1. vor der Jugendkammer, soweit sich die Gebühr nicht nach Nummer 4118 bestimmt, 2. im Rehabilitierungsverfahren nach Abschnitt 2 StrRehaG.	40,00 bis 270,00 EUR	124,00 EUR
4113	Gebühr 4112 mit Zuschlag	40,00 bis 337,50 EUR	151,00 EUR
4114	Terminsgebühr je Hauptverhandlungstag in den in Nummer 4112 genannten Verfahren...........	70,00 bis 470,00 EUR	216,00 EUR
4115	Gebühr 4114 mit Zuschlag	70,00 bis 587,50 EUR	263,00 EUR
4116	Der gerichtlich bestellte oder beigeordnete Rechtsanwalt nimmt mehr als 5 und bis 8 Stunden an der Hauptverhandlung teil: Zusätzliche Gebühr neben der Gebühr 4114 oder 4115...........		108,00 EUR
4117	Der gerichtlich bestellte oder beigeordnete Rechtsanwalt nimmt mehr als 8 Stunden an der Hauptverhandlung teil: Zusätzliche Gebühr neben der Gebühr 4114 oder 4115...........		216,00 EUR

§ 2 Gebühren im Strafverfahren: Die einzelnen Gebühren

137 Findet die Verhandlung vor der Grossen Strafkammer oder der Jugendstrafkammer (falls nicht Schwurgericht) des Landgerichts statt, fallen höhere Gebühren als am Amtsgericht an. Dies ist unter den Nrn. 4112–4117 VV geregelt. Im Einzelnen finden sich folgende Tatbestände:

a) Anfall der Verfahrensgebühr beim Landgericht nach Nrn. 4112 ff. VV

138 Es gelten hier die wesentlichen Ausführungen, die unter der Verfahrensgebühr beim Amtsgericht unter § 2 Rn 129 ff. ausgeführt sind. Zu den Tatbeständen selbst ergeben sich keinerlei Besonderheiten.

139

Gebührentatbestand Verfahrensgebühr Landgericht	Höhe der Gebühr in EUR
Wahlverteidiger	40–270
Mittelgebühr Wahlverteidiger	**155**
Pflichtverteidiger	124
Wahlverteidiger mit Haftzuschlag	40–337,50
Mittelgebühr Wahlverteidiger mit Haftzuschlag	**188,75**
Pflichtverteidiger mit Haftzuschlag	151

140 Die Verfahrensgebühr liegt bei einem Betrag zwischen 40,00 und 270,00 EUR für den Wahlverteidiger und 124,00 EUR für den Pflichtverteidiger. Die Mittelgebühr beträgt daher 155,00 EUR für den Wahlverteidiger. Sollte der Mandant sich nicht auf freiem Fuß befinden, fallen Zuschläge an. Die für den Wahlverteidiger erhöhte Grundgebühr beträgt dann zwischen 40,00 und 337,50 EUR, die Mittelgebühr ist mithin auf 188,75 EUR angehoben. Der Pflichtverteidiger erhält dann 151,00 EUR.

b) Anfall der Terminsgebühr beim Landgericht nach Nrn. 4114 ff. VV

141 Es gelten hier ebenfalls die Ausführungen, die unter der Terminsgebühr beim Amtsgericht ausgeführt sind. Zu den Tatbeständen selbst ergeben sich keinerlei Besonderheiten.

142

Gebührentatbestand Terminsgebühr Landgericht	Höhe der Gebühr in EUR
Wahlverteidiger	70–470
Mittelgebühr Wahlverteidiger	**270**
Pflichtverteidiger	216
Wahlverteidiger mit Haftzuschlag	70–587,50

C. Das gerichtliche Verfahren nach Nrn. 4106 ff. VV § 2

Gebührentatbestand Terminsgebühr Landgericht	Höhe der Gebühr in EUR
Mittelgebühr Wahlverteidiger mit Haftzuschlag	328,75
Pflichtverteidiger mit Haftzuschlag	263

Die Terminsgebühr liegt bei einem Betrag zwischen 70,00 und 470,00 EUR für den Wahlverteidiger und 216,00 EUR für den Pflichtverteidiger. Die Mittelgebühr beträgt daher 270,00 EUR für den Wahlverteidiger. Sollte der Mandant sich nicht auf freiem Fuß befinden, fallen Zuschläge an. Die für den Wahlverteidiger erhöhte Grundgebühr beträgt dann zwischen 70,00 und 587,50 EUR, die Mittelgebühr ist mithin auf 328,75 EUR angehoben. Der Pflichtverteidiger erhält dann 263,00 EUR. Sollte die Hauptverhandlung länger als 5 Stunden andauern, fällt für den Pflichtverteidiger eine zusätzliche Gebühr von 108,00 EUR und bei einer länger als 8 Stunden dauernden Hauptverhandlung fällt dann eine zusätzliche Gebühr von weiteren 216,00 EUR an (Längenzuschlag). 143

Grafisch (lediglich die Mittelgebühr ist in das Schaubild eingebracht) lässt sich dies folgendermaßen darstellen: 144

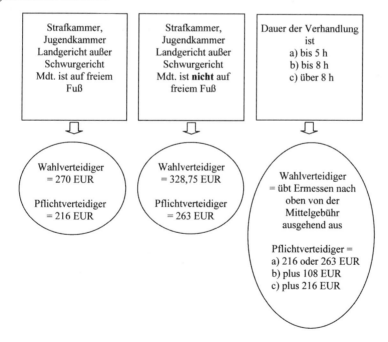

3. Höhe der Verfahrens- und Terminsgebühr nach Nrn. 4118–4123 VV vor dem OLG etc.

145 Findet die Verhandlung vor dem Schwurgericht des Landgerichts, der Jugendstrafkammer oder dem Oberlandesgericht statt, fallen höhere Gebühren als am Landgericht an. Dies ist unter den Nrn. 4118–4123 VV geregelt. Im Einzelnen finden sich folgende Tatbestände:

Nr.	Gebührentatbestand	Gebühr oder Satz der Gebühr nach § 13 oder § 49 RVG	
		Wahlanwalt	gerichtlich bestellter oder beigeordneter Rechtsanwalt
4118	Verfahrensgebühr für den ersten Rechtszug vor dem Oberlandesgericht, dem Schwurgericht oder der Strafkammer nach den §§ 74a und 74c GVG................	80,00 bis 580,00 EUR	264,00 EUR
	Die Gebühr entsteht auch für Verfahren vor der Jugendkammer, soweit diese in Sachen entscheidet, die nach den allgemeinen Vorschriften zur Zuständigkeit des Schwurgerichts gehören.		
4119	Gebühr 4118 mit Zuschlag	80,00 bis 725,00 EUR	322,00 EUR
4120	Terminsgebühr je Hauptverhandlungstag in den in Nummer 4118 genannten Verfahren............	110,00 bis 780,00 EUR	356,00 EUR
4121	Gebühr 4120 mit Zuschlag	110,00 bis 975,00 EUR	434,00 EUR
4122	Der gerichtlich bestellte oder beigeordnete Rechtsanwalt nimmt mehr als 5 und bis 8 Stunden an der Hauptverhandlung teil: Zusätzliche Gebühr neben der Gebühr 4120 oder 4121............		178,00 EUR

C. Das gerichtliche Verfahren nach Nrn. 4106 ff. VV § 2

Nr.	Gebührentatbestand	Gebühr oder Satz der Gebühr nach § 13 oder § 49 RVG	
		Wahlanwalt	gerichtlich bestellter oder beigeordneter Rechtsanwalt
4123	Der gerichtlich bestellte oder beigeordnete Rechtsanwalt nimmt mehr als 8 Stunden an der Hauptverhandlung teil: Zusätzliche Gebühr neben der Gebühr 4120 oder 4121............		356,00 EUR

a) Anfall der Verfahrensgebühr bei OLG/SchwurG/Jugendkammer nach Nrn. 4118 ff. VV

Abweichungen zu den Verfahrensgebühren der anderen Rechtszüge gibt es nicht. Lediglich die Gebührenhöhe bzw. der Gebührenrahmen ist größer. Es gilt im Einzelnen Folgendes: **146**

Gebührentatbestand Verfahrensgebühr OLG/SchwurG/Jugendkammer	Höhe der Gebühr in EUR
Wahlverteidiger	80–580
Mittelgebühr Wahlverteidiger	**330**
Pflichtverteidiger	264
Wahlverteidiger mit Haftzuschlag	80–725
Mittelgebühr Wahlverteidiger mit Haftzuschlag	**402,50**
Pflichtverteidiger mit Haftzuschlag	322

147

Die Verfahrensgebühr liegt bei einem Betrag zwischen 80,00 und 580,00 EUR für den Wahlverteidiger und 264,00 EUR für den Pflichtverteidiger. Die Mittelgebühr beträgt daher 330,00 EUR für den Wahlverteidiger. Sollte der Mandant sich nicht auf freiem Fuß befinden, fallen Zuschläge an. Die für den Wahlverteidiger erhöhte Grundgebühr beträgt dann zwischen 80,00 und 725,00 EUR, die Mittelgebühr ist mithin auf 402,50 EUR angehoben. Der Pflichtverteidiger erhält dann 322,00 EUR. **148**

§ 2 Gebühren im Strafverfahren: Die einzelnen Gebühren

b) Anfall der Terminsgebühr bei OLG/SchwurG/Jugendkammer nach Nrn. 4120 ff. VV

149 Es gelten hier ebenfalls die Ausführungen, die unter der Terminsgebühr beim Amtsgericht unter § 2 Rn 129 ff. ausgeführt sind. Zu den Tatbeständen selbst ergeben sich ebenfalls keinerlei Besonderheiten.

150

Gebührentatbestand Terminsgebühr OLG/SchwurG/Jungendkammer	Höhe der Gebühr in EUR
Wahlverteidiger	110–780
Mittelgebühr Wahlverteidiger	**445**
Pflichtverteidiger	356
Wahlverteidiger mit Haftzuschlag	110–975
Mittelgebühr Wahlverteidiger mit Haftzuschlag	**542,50**
Pflichtverteidiger mit Haftzuschlag	434

151 Die Terminsgebühr liegt bei einem Betrag zwischen 110,00 und 780,00 EUR für den Wahlverteidiger und 356,00 EUR für den Pflichtverteidiger. Die Mittelgebühr beträgt daher 445,00 EUR für den Wahlverteidiger. Sollte der Mandant sich nicht auf freiem Fuß befinden, fallen Zuschläge an. Die für den Wahlverteidiger erhöhte Grundgebühr beträgt dann zwischen 110,00 und 975,00 EUR, die Mittelgebühr ist mithin auf 542,50 EUR angehoben. Der Pflichtverteidiger erhält dann 434,00 EUR. Der gerichtlich bestellte oder beigeordnete Rechtsanwalt nimmt mehr als 5 und bis 8 Stunden an der Hauptverhandlung teil und erhält dafür weitere 178,00 EUR, bei mehr als 8 Stunden sind es 356,00 EUR.

152 Grafisch (lediglich die Mittelgebühr ist in das Schaubild eingebracht) lässt sich dies folgendermaßen darstellen:

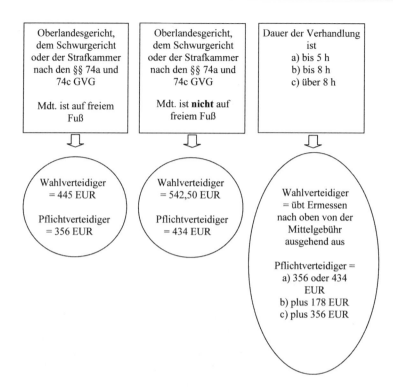

4. Besonderheiten beim Strafbefehl

Für das Strafbefehlsverfahren sind einige Besonderheiten zu bedenken, da häufig auf die Hauptverhandlung verzichtet werden kann. Grundsätzlich aber gilt, dass der Rechtsanwalt für die erstmalige Einarbeitung in den Rechtsfall eine **Grundgebühr** nach Nr. 4100 VV und die ggf. ebenfalls anfallende **Verfahrensgebühr** nach Nr. 4104 VV verdient.

Das **gerichtliche Verfahren** des ersten Rechtszuges, in dem **Verfahrens- und Termins-gebühr** gemäß Nrn. 4106 ff. VV anfallen können, beginnt mit dem Eingang des Strafbe-fehlantrages bei Gericht. Es gelten insoweit keine Besonderheiten. Für das Rechtsmittel-verfahren und die zusätzlichen Gebühren gelten daher entsprechend die allgemeinen Regeln.[88]

---

[88] Grundsätzlich zur Abrechnung *Burhoff*, Die anwaltliche Vergütung im Strafbefehlsverfahren, www.burhoff.de.

§ 2 Gebühren im Strafverfahren: Die einzelnen Gebühren

155 Hierzu soll zunächst in einem Schaubild der Gang des Strafbefehlsverfahrens veranschaulicht werden:

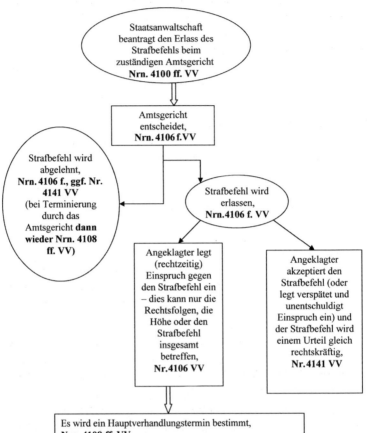

C. Das gerichtliche Verfahren nach Nrn. 4106 ff. VV § 2

Zu beachten ist, in welchem Stadium das Verfahren sich gerade befindet. Die Grundgebühren des Vorverfahrens sind mithin mit dem Antrag auf Erlass eines Strafbefehls verdient. Sobald das Verfahren jedoch beim Amtsgericht eingereicht worden ist, fallen bereits die Verfahrensgebühren und ggf. die Terminsgebühren nach Nrn. 4112–4117 VV an. Es gelten insoweit die o.g. Grundsätze uneingeschränkt. **156**

Ebenso kann die Befriedungsgebühr der Nr. 4141 VV verdient werden, wenn nämlich eine Hauptverhandlung entbehrlich wird. Dies ist insbesondere der Fall, wenn der Einspruch nach Beratung durch den Rechtsanwalt zurückgenommen wird[89] bzw. die Rücknahme der Klage nach § 407 Abs. 1 S. 4 StPO durch die Staatsanwaltschaft erfolgt.[90] **157**

> *Praxistipp: Strafbefehlsverfahren vor Aufruf der Sache* **158**
>
> Besonders problematisch ist dies, wenn bei einem Strafbefehlsverfahren vor Aufruf der Sache der Angeklagte seinen Einspruch gegen den Strafbefehl zurücknimmt, da bis dahin ggf. noch keine Zulassung der Nebenklage erfolgt ist. Eine Zustimmung des Nebenklägers (und der Staatsanwaltschaft) für die Rücknahme des Einspruchs ist ohnedies nicht erforderlich. Eine Überbürdung der Kosten auf den Angeklagten ist damit durch die fehlende Kostenentscheidung im Strafbefehl mithin nicht mehr möglich, weil dieser in Rechtskraft erwachsen ist. Daher ist es sinnvoll, im Vorverfahren darauf hinzuweisen, dass eine Zulassung der Nebenklage erfolgen solle, damit die Kosten hierfür zumindest als Kostentenor in den Strafbefehl aufgenommen werden können. Als Schadenersatzposition ist dies nicht eintreibbar. Denn sollte die Zulassung nicht vorliegen, ist ein Schaden nicht entstanden, der hernach geltend gemacht werden kann.

Erst mit dem Justizmodernisierungsgesetz seit 2004 besteht eine einfache Form, lediglich die Höhe der Tagessätze anzugreifen, wenn ansonsten der Strafbefehl akzeptiert werden soll: Denn hier kann bei einem auf die Tagessatzhöhe beschränkten Einspruch durch Beschluss entschieden werden, wenn die Staatsanwaltschaft und der Angeklagte hiermit einverstanden sind.[91] Da hierzu jedoch keine Verpflichtung seitens des Amtsgerichts besteht im Beschlusswege vorzugehen, ist in jedem Falle die Befriedungsgebühr dann verdient, wenn der Rechtsanwalt im Einspruchsschreiben bereits sein Einverständnis für eine solche Vorgehensweise erklärt. **159**

---

89 Burhoff, Die anwaltliche Vergütung im Strafbefehlsverfahren, www.burhoff.de; *N. Schneider*, AGS 2006, 416 f.
90 Vgl. auch AnwK-StPO/*Böttger*, § 411 Rn 16 ff.
91 AnwK-StPO/*Böttger*, § 411 Rn 7 f.

§ 2 Gebühren im Strafverfahren: Die einzelnen Gebühren

160 **Muster: Beschränkter Einspruch gegen Strafbefehl mit dem Antrag, im Beschlusswege zu entscheiden**

▼

An das Amtsgericht

In der Strafsache

Gegen ▮

Wegen ▮

Berlin, den ▮

Legen wir hiermit gegen den Strafbefehl des Amtsgerichts ▮ – Az. ▮ – vom ▮, zugestellt am ▮,

Einspruch ein.

Der Einspruch wird beschränkt auf die Höhe der Tagessätze. Es soll im Beschlusswege hierüber durch das Amtsgericht entschieden werden. Hiermit erklärt sich der Angeklagte schon hier ausdrücklich einverstanden. Der Angeklagte bezieht ALG II wie sich aus dem beiliegenden Bescheid ergibt.

▮

Rechtsanwalt

▲

5. Besonderheiten bei der Nebenklage

a) Einleitung

161 Das 2. Opferrechtsreformgesetz wurde am 2. Juli 2009 verabschiedet und hat damit den Willen des Gesetzgebers zum Ausdruck gebracht, dass dem Opferschutz ein größerer Raum eingeräumt werden soll als bislang. Die Nebenklage und damit einhergehend auch das Adhäsionsverfahren ist neu strukturiert worden. Beispielsweise gehört zu den wesentlichen Änderungen:

162 **§ 395 StPO**

(1) Der erhobenen öffentlichen Klage oder dem Antrag im Sicherungsverfahren kann sich mit der Nebenklage anschließen, wer verletzt ist durch eine rechtswidrige Tat nach

1. den §§ 174 bis 182 des Strafgesetzbuches,
2. den §§ 185 bis 189 des Strafgesetzbuches,
3. den §§ 211 und 212 des Strafgesetzbuches, die versucht wurde,
4. den §§ 221, 223 bis 226 und 340 des Strafgesetzbuches,
5. den §§ 232 bis 238, 239 Absatz 3, §§ 239a, 239b und 240 Absatz 4 des Strafgesetzbuches,
6. § 4 des Gewaltschutzgesetzes.

(2) Die gleiche Befugnis steht Personen zu,

1. deren Kinder, Eltern, Geschwister, Ehegatten oder Lebenspartner durch eine rechtswidrige Tat getötet wurden oder

2. die durch einen Antrag auf gerichtliche Entscheidung (§ 172) die Erhebung der öffentlichen Klage herbeigeführt haben.

(3) Wer durch eine andere rechtswidrige Tat, insbesondere nach den §§ 229, 244 Absatz 1 Nummer 3, §§ 249 bis 255 und 316a des Strafgesetzbuches, verletzt ist, kann sich der erhobenen öffentlichen Klage mit der Nebenklage anschließen, wenn dies aus besonderen Gründen, insbesondere wegen der schweren Folgen der Tat, zur Wahrnehmung seiner Interessen geboten erscheint.

(4) Der Anschluss ist in jeder Lage des Verfahrens zulässig. Er kann nach ergangenem Urteil auch zur Einlegung von Rechtsmitteln geschehen.

(5) Wird die Verfolgung nach § 154a beschränkt, so berührt dies nicht das Recht, sich der erhobenen öffentlichen Klage als Nebenkläger anzuschließen. Wird der Nebenkläger zum Verfahren zugelassen, entfällt eine Beschränkung nach § 154a Absatz 1 oder 2, soweit sie die Nebenklage betrifft."

Und auch § 397a StPO hat eine neue Fassung erfahren: **163**

§ 397a StPO

(1) Dem Nebenkläger ist auf seinen Antrag ein Rechtsanwalt als Beistand zu bestellen, wenn er
1. durch ein Verbrechen nach den §§ 176a, 177, 179, 232 und 233 des Strafgesetzbuches verletzt ist,
2. durch eine versuchte rechtswidrige Tat nach den §§ 211 und 212 des Strafgesetzbuches verletzt oder Angehöriger eines durch eine rechtswidrige Tat Getöteten im Sinne des § 395 Absatz 2 Nummer 1 ist,
3. durch ein Verbrechen nach den §§ 226, 234 bis 235, 238 bis 239b, 249, 250, 252, 255 und 316a des Strafgesetzbuches verletzt ist, das bei ihm zu schweren körperlichen oder seelischen Schäden geführt hat oder voraussichtlich führen wird, oder
4. durch eine von den Nummern 1 bis 3 nicht erfasste rechtswidrige Tat nach den §§ 174 bis 182, 221, 225, 232 bis 233a, 235, 238 Absatz 2 und § 240 Absatz 4 des Strafgesetzbuches verletzt ist und er bei Antragstellung das 18. Lebensjahr noch nicht vollendet hat oder seine Interessen selbst nicht ausreichend wahrnehmen kann.

(2) Liegen die Voraussetzungen für eine Bestellung nach Absatz 1 nicht vor, so ist dem Nebenkläger für die Hinzuziehung eines Rechtsanwalts auf Antrag Prozesskostenhilfe nach denselben Vorschriften wie in bürgerlichen Rechtsstreitigkeiten zu bewilligen, wenn er seine Interessen selbst nicht ausreichend wahrnehmen kann oder ihm dies nicht zuzumuten ist. § 114 Satz 1 zweiter Halbsatz und § 121 Absatz 1 bis 3 der Zivilprozessordnung sind nicht anzuwenden.

Ebenfalls neu sind die Vorschriften der §§ 226 und 249, 250, 252, 255 und 316a StGB. **164**

Soweit Fälle der schweren Körperverletzung nach § 226 StGB genannt werden, ist die Vorschrift gegenüber der bisherigen Rechtslage weiter geregelt. Die aufgezählten Verbrechen sind schwerwiegende Aggressionsdelikte, die typischerweise bei Opfern schwere Folgen auslösen und daher die Schutzbedürftigkeit dieser Verletzten erhöhen. **165**

Da jede Rechtsverfolgung die Kenntnis der Rechte voraussetzt, werden in § 406h StPO die Informationspflichten der Strafverfolgungsbehörden gegenüber Verletzten von Straftaten erweitert. Die Polizei hat nunmehr bei der Anzeigeerstattung das Opfer in verständlicher Weise und umfassender als bisher über seine Rechte zu belehren und auf spezielle Hilfsangebote von Opferhilfeeinrichtungen hinzuweisen. Die Auswahlmöglichkeiten der Verletzten bei der Wahl eines anwaltlichen Beistand sind durch Änderungen in den §§ 138 und 142 **166**

§ 2 Gebühren im Strafverfahren: Die einzelnen Gebühren

StPO vergrößert. Insgesamt ist daher damit zu rechnen, dass auf den Rechtsanwalt eine höhere Anzahl von kundigen Mandanten treffen wird, die verständlicherweise eine Vertretung im Rahmen der Nebenklage wie auch im Adhäsionsverfahren wünscht. Die Kostenfestsetzung im Beiordnungsfalle sollte wie beim Pflichtverteidiger des Angeklagten auch erfolgen. Es gelten daher die dortigen Ausführungen (siehe § 1 Rn 158 ff.) entsprechend:

167 **Muster: Abrechnung für Vertretung eines Pflichtverteidigers für eine Nebenklage, die am Landgericht durchgeführt wurde, wobei im Hauptverhandlungstermin ein zweiter Geschädigter mitvertreten wurde**

▼

Berechnung gem. dem Rechtsanwaltsvergütungsgesetz (RVG) i.V.m. dem Vergütungsverzeichnis (VV) in der Fassung vom ▬▬

Position	Betrag
Grundgebühr §§ 2, 45 ff. RVG, Nr. 4100 VV	132,00 EUR
Verfahrensgebühr §§ 2, 45 ff. RVG, Nr. 4104 VV	112,00 EUR
Terminsgebühr §§ 2, 45 ff. RVG, Nr. 4102 Nrn. 1–5 VV (Zeugenvernehmung am 6.6.2007)	112,00 EUR
Verfahrensgebühr §§ 2, 45 ff. RVG, Nr. 4112 VV – 30 %ige Erhöhung gem. § 7 RVG i.V.m. Nr. 1008 VV	161,20 EUR
Terminsgebühr §§ 2, 45 ff. RVG, Nr. 4102 Nrn. 1–5 VV am 27.6.2009 (Täter-Opfer-Ausgleich)	112,00 EUR
Terminsgebühr §§ 2, 45 ff. RVG, Nrn. 4114, 4112 VV (Anzahl Terminstage: 1 à 216,00 EUR)	216,00 EUR
Post- und Telekommunikationspauschale Nr. 7002 VV	20,00 EUR
Dokumentenpauschale Nr. 7000 Nr. 1 VV (85 Seiten)	30,25 EUR
Zwischensumme	895,45 EUR
Umsatzsteuer (MwSt), Nr. 7008 VV (19,00 %)	170,14 EUR
Endsumme	**1.065,59 EUR**

Der Antragsteller ist zum Vorsteuerabzug nicht berechtigt. Vorschüsse gem. §§ 47, 55, 58 RVG haben wir nicht erhalten.

Spätere Zahlungen des Beschuldigten, des Nebenklägers bzw. eines Dritten, die für die Pflicht zur Rückzahlung der Gebühren an die Staatskasse von Bedeutung sind, werde ich der Staatskasse anzeigen.

Die Gebühr gem. Nr. 4102 VV ist für den Täter-Opfer-Ausgleich fällig geworden.

▬▬

Rechtsanwalt

▲

168 Auch die Bestellung als Zeugenbeistand ist einfacher geworden: Die Möglichkeit von Zeugen, grundsätzlich und zu jedem Zeitpunkt des Verfahrens einen Rechtsanwalt als Zeugenbeistand hinzuzuziehen, ist ebenfalls für die Bestellung eines Pflichtverteidigers als Zeugenbeistand nach § 68b StPO erleichtert worden. Sollte die Beiordnung abgelehnt werden, kann die ablehnende Entscheidung der Staatsanwaltschaft gerichtlich überprüft werden.

169 Da die **Nebenklage nun auch im Jugendstrafrecht** nach § 80 Abs. 3 des Jugendgerichtsgesetzes (JGG) möglich ist, hat sich der Anwendungsbereich ebenfalls für den Rechtsanwalt bei der Strafverteidigung erweitert. Bereits durch das 2. Justizmodernisierungsgesetz von 2006 ist bei Heranwachsenden das Adhäsionsverfahren zugelassen, auch wenn für sie Jugendstrafrecht angewendet wird.

b) Allgemeines

170 Bei der Abrechnung im Rahmen einer Nebenklage ist zu beachten, dass die Nebenklage zunächst zugelassen sein muss, um die Grundgebühr, die Verfahrensgebühr und auch die Terminsgebühren auszulösen. Sobald die Zulassung der Nebenklage durch das zuständige Gericht im Beschlusswege erfolgt ist, werden die Gebühren wie bei einem verurteilten Angeklagten – allerdings nun diesem gegenüber – auf Antrag gegenüber der Landeskasse bei Beiordnung und gegenüber dem Verurteilten bei Wahlverteidigung festgesetzt. Es ist insoweit keine andere Behandlung des Nebenklägers gebührenrechtlich erforderlich, da sie sich nach den allgemeinen Vorschriften richtet (vgl. auch Vorbemerkung 4 Abs. 1 VV, der eine entsprechende Anwendung des Abschnitts vorgibt). Dies gilt übrigens auch für die Befriedigungsgebühr nach Nr. 4141 VV, da jede zur Förderung der Einstellung des Verfahrens geeignete Tätigkeit des Rechtsanwalts die Gebühr auslöst – also ebenso für den Nebenkläger.[92]

171 *Praxistipp*
Oftmals kommt eine Beiordnung für den Vertreter des Nebenklägers in Betracht. Frühzeitig sollten hier die Beiordnungsanträge gestellt werden, damit die Beschlüsse rechtzeitig vor der Hauptverhandlung vorliegen. Denn auch im Falle eines Freispruchs des Angeklagten hat der Rechtsanwalt damit seine Gebührenforderung abgesichert.
Später kann dann im Kostenfestsetzungsverfahren zunächst die Gebühr für die Beiordnung beansprucht werden. Gleichzeitig wird die Wahlverteidigergebühr zur Festsetzung gegenüber dem Angeklagten in Ansatz gebracht. Soweit der Angeklagte verurteilt wurde, ist nämlich der Nebenkläger berechtigt, die Wahlverteidigergebühren zu beanspruchen. Konsequenterweise werden dann die festgesetzten Pflichtverteidigergebühren in Abzug gebracht. Nicht vergessen werden sollte eine Verzinsung zu beantragen.

---

92 *Burhoff*, Fragen aus der Praxis zu aktuellen Gebührenproblemen in Straf- und Bußgeldsachen, RVGreport 2010, 362 ff., 363 f.

§ 2 Gebühren im Strafverfahren: Die einzelnen Gebühren

Auch sollte sich der Rechtsanwalt sicherheitshalber von dem vertretenen Mandanten alle Ansprüche gegenüber der Landeskasse zur Sicherung der eigenen Gebühren abtreten lassen.

172 Allerdings fallen keine Gebühren gesondert dafür an, wenn der Angeklagte (nicht also der Nebenkläger) nicht auf freiem Fuß befindlich ist. Ist der Nebenkläger nicht auf freiem Fuß, werden jedoch die Zuschläge gleichsam zuerkannt.[93]

173 Auch gilt die Zulassung der Nebenklage im Hinblick auf die entstandenen Gebühren von der Beauftragung des Rechtsanwaltes an. Einfach ausgedrückt: Der Nebenkläger, der von Anfang an einen Rechtsanwalt beauftragt hat, kann sämtliche Gebühren im Verurteilungsfalle des Angeklagten von diesem beanspruchen.

174 Muster: Abrechnung für die Vertretung der Nebenklage in einem Verfahren vor dem Landgericht (1. Instanz)

▼

An das Landgericht

In der Strafsache

gegen

wegen

Wird beantragt, die folgenden Gebühren festsetzen zu lassen:

Berechnung gem. dem Rechtsanwaltsvergütungsgesetz (RVG) i.V.m. dem Vergütungsverzeichnis (VV) in der Fassung vom

Position	Betrag
Grundgebühr §§ 2, 45 ff. RVG, Nr. 4100 VV	132,00 EUR
Verfahrensgebühr §§ 2, 45 ff. RVG, Nr. 4112 VV	124,00 EUR
Terminsgebühr §§ 2, 45 ff. RVG, Nrn. 4114, 4112 VV (3.03., 10.3., 17.3., 20.3.) (Anzahl Terminstage: 4 à 216,00 EUR)	864,00 EUR
Terminsgebühr §§ 2, 45 ff. RVG, Nr. 4116 VV (3.3.–6,5h, 10.3.–5,5h) (Anzahl Terminstage: 2, à 108,00 EUR)	216,00 EUR
Dokumentenpauschale, Nr. 7000 Nr. 1 VV (komplett kopiert 588 abzügl. 15 %) (500 Seiten)	92,50 EUR
Post- und Telekommunikationspauschale, Nr. 7002 VV	20,00 EUR
Zwischensumme	1.448,50 EUR
Umsatzsteuer (MwSt), Nr. 7008 VV (19,00 %)	275,22 EUR
Endsumme	**1.723,72 EUR**

---

93 Burhoff-RVG/*Burhoff*, Vorbemerkung 4 Rn 78.

Der Antragsteller ist zum Vorsteuerabzug nicht berechtigt. Vorschüsse gem. §§ 47, 58 RVG haben wir nicht erhalten. Spätere Zahlungen des Beschuldigten, des Nebenklägers bzw. eines Dritten, die für die Pflicht zur Rückzahlung der Gebühren an die Staatskasse von Bedeutung sind, werde ich der Staatskasse anzeigen.

Rechtsanwalt

Praxistipp 175

Insoweit die Verurteilung des Angeklagten erfolgt, hat das Gericht auch über die Kosten zu befinden. Hierbei muss unbedingt darauf geachtet werden, dass dem Angeklagten auch sämtliche Kosten des Nebenklägers einschließlich der notwendigen Auslagen auferlegt werden. Daher muss im Schlussvortrag grundsätzlich zur Kostenentscheidung ein Antrag erfolgen, wenn die Verurteilung im Raume steht. Außerdem ist auch für den Angeklagten und den Nebenkläger wichtig, im Verfahren durch den Rechtsanwalt zu hören, wer eigentlich für die Kosten aufkommen wird. Zwar sieht das Gesetz die Kostenfolge vor, allerdings ist es für das Gericht hilfreich, an die notwendigen Auslagen der Nebenklage erinnert zu werden.

Ist dies versehentlich unterblieben, muss der Rechtsanwalt unverzüglich Beschwerde gegen die Kostenentscheidung einlegen. Sollte der Rechtsanwalt dies bei Verkündung des Urteils bemerken, kann er – was unhöflich aber wirksam ist – das Gericht unterbrechen und auf den Fehler hinweisen, um zu bewirken, dass die Kostenentscheidung noch während der Urteilsverkündung korrigiert wird. Anderenfalls ist eine Beschwerde erforderlich. Es ist außrdem noch die Wochenfrist zu beachten!

c) Gerichtskosten nach dem GKG

Es gelten für die Nebenklage nach § 16 Abs. 2 GKG folgende Besonderheiten: 176

(2) Der Nebenkläger hat, wenn er Rechtsmittel einlegt oder die Wiederaufnahme beantragt, für den jeweiligen Rechtszug einen Betrag in Höhe der entsprechenden in den Nrn. 3511, 3521 oder 3530 KV bestimmten Gebühr als Vorschuss zu zahlen. Wenn er im Verfahren nach den §§ 440, 441 StPO Rechtsmittel einlegt oder die Wiederaufnahme beantragt, hat er für den jeweiligen Rechtszug einen Betrag in Höhe der entsprechenden in den Nrn. 3431, 3441 oder 3450 KV bestimmten Gebühr als Vorschuss zu zahlen.

d) Strafbefehlsverfahren vor Aufruf der Sache

Besonders problematisch ist dies, wenn bei einem Strafbefehlsverfahren vor Aufruf der 177 Sache der Angeklagte seinen Einspruch gegen den Strafbefehl zurücknimmt, da bis dahin ggf. noch keine Zulassung der Nebenklage erfolgt ist. Eine Zustimmung des Nebenklägers (und der Staatsanwaltschaft) für die Rücknahme des Einspruchs ist ohnedies nicht erforderlich.

178 Wird ein Nebenkläger vertreten, ist unbedingt darauf zu achten, dass die Zulassung der Nebenklage **vor** dem Hauptverhandlungstermin erfolgt, da ansonsten dem Angeklagten durch einen Strafbefehl nach Rücknahme des Einspruchs keine Gebühren auferlegt werden können. Die übliche Kostenentscheidung des Strafbefehls sieht keine Kostenlast hinsichtlich des Strafbefehlverfahrens für den Verletzten vor. Eine Überbürdung der notwendigen Auslagen auf den Angeklagten ist damit durch die fehlende Kostengrundentscheidung im Strafbefehl mithin nicht mehr möglich, weil dieser mit der Rücknahme des Einspruchs durch den Angeklagten in Rechtskraft erwachsen ist.

179 *Praxistipp*

Daher ist es sinnvoll, im Vorverfahren darauf hinzuweisen, dass eine Zulassung der Nebenklage erfolgen solle, damit die Kosten hierfür zumindest im Kostentenor in den Strafbefehl aufgenommen werden kann. Denn als Schadenersatzposition ist dies nicht eintreibbar. Der Nebenkläger bleibt dann auf seinen Kosten „sitzen", denn sie sind wohl kaum im Zivilrechtswege einzufordern. Denn sollte die Zulassung nicht vorliegen, ist ein Schaden nicht entstanden, der hernach geltend gemacht werden kann.

e) Einstellung vor oder auch während der Hauptverhandlung

180 Auch bei einer Einstellung vor oder auch während der Hauptverhandlung werden mitunter nicht die Interessen des Verletzten gebührenrechtlich berücksichtigt. Deshalb ist es tunlich, auf die notwendigen Auslagen des Nebenklägers bzw. des Verletzten hinzuweisen, damit eine Einstellung nur gegen die – ggf. weitere – Auflage erfolgt, wenn die Kosten des Verletzten einschließlich der bis dahin angefallenen Rechtsanwaltskosten umfasst sind.

Daher sollte der Nebenklagevertreter frühzeitig und aktiv an dem Verfahren teilnehmen, damit er von den anderen Verfahrensbeteiligten nicht „vergessen" wird. Denn auch hier ist die Zustimmung des Nebenklägers für eine verfahrensbeendende Maßnahme nicht erforderlich, womit diese zuweilen ihre Rechtsanwaltskosten selbst tragen müssen.

181 Sollte das Verfahren eingestellt werden, weil der Verletzte an einem Täter-Opfer-Ausgleich teilgenommen hat, darf die Befriedigungsgebühr auf Seiten des Nebenklagevertreters abgerechnet werden, da er ebenfalls zur Befriedung beigetragen und damit eine Hauptverhandlung entbehrlich gemacht hat (zur Befriedigungsgebühr siehe auch § 2 Rn 66).

6. Besonderheiten für den Zeugenbeistand und andere Verfahrensbeteiligte

182 Für den Zeugenbeistand, Verletztenbeistand, Einziehungsbeteiligten oder Beistand bzw. Vertreter eines Privatklägers etc., gilt die in der Vorbemerkung 4 Abs. 1 VV festgelegte entsprechende Anwendung der Vorschriften. Zu bedenken ist immer, dass Zuschläge nur in der Person des eigenen Mandanten anfallen können, namentlich Haftzuschläge oder Längenzuschläge. Zu prüfen ist also zuerst, in welchem Verfahrensstadium das Mandat übernommen wurde (Vorverfahren oder bereits gerichtliches Verfahren), sodann, welche Terminsgebühren neben den Verfahrensgebühren angefallen sein können.

Unter Umständen wird einem Zeugen nach § 68b StPO inzwischen schneller ein Vertreter als Beistand beigeordnet. Dann gelten die Regelungen des Pflichtverteidigers, also die auf Antrag festzusetzenden Gebühren. Auch wenn die Mandatierung vor der Bestellung erfolgte, reicht diese zurück, so dass die bis dahin angefallenen Gebühren ebenfalls bei der Staatskasse beantragt werden können. Bei der Abrechnung sollte dann zunächst die Pflichtverteidigervergütung beantragt, in einem zweiten Schritt dann die Wahlverteidigergebühr beansprucht werden, wenn die Kosten dem Angeklagten auferlegt worden sind. 183

> *Praxistipp* 184
> Die Kosten des Beistandes sind sicherheitshalber ebenfalls in der Urteilsformel als Kostengrundentscheidung festsetzen zu lassen. Insofern sollte das Gericht hieran erinnert werden. Unerlässlich ist jedenfalls die Überprüfung des Tenors im Hinblick auf die Kosten weiterer Verfahrensbeteiligter (zu den Möglichkeiten, den Urteilstenor nachträglich ändern zu lassen, vgl. oben § 2 Rn 226). Es gilt der Grundsatz, dass nur diejenigen Kosten festsetzbar sind, die auch in der Kostengrundentscheidung aufgeführt sind.

Es ist möglich, einzelne und aber auch mehrere Zeugen anwaltlich zu vertreten, sofern keine Interessenkollision vorliegt. 185

Nach der Entscheidung des OLG Düsseldorf[94] ist dann, wenn in einem Strafverfahren ein Rechtsanwalt gem. § 68b StPO mehreren Zeugen beigeordnet wird, seine Tätigkeit gem. § 7 RVG i.V.m. Nr. 1008 VV unter Erhöhung der Verfahrensgebühr zu vergüten. 186

7. Besonderheiten beim Adhäsionsverfahren

Es gilt auch hier die Differenzierung nach den jeweiligen Verfahrensabschnitten, wobei für das Adhäsionsverfahren die Nrn. 4143 und 4144 VV maßgeblich sind. Ansonsten wird auf die Ausführungen unter § 2 Rn 226 ff. verwiesen. 187

---

94 V. 16.9.2009 – III 4 Ws 322/09 mit Anm. *Hansens*, zfs 2009, 707 f.

III. Die Gebühren in der Zweiten Instanz – Berufung

188 *Berufung*

Nr.	Gebührentatbestand	Gebühr oder Satz der Gebühr nach § 13 oder § 49 RVG	
		Wahlanwalt	gerichtlich bestellter oder beigeordneter Rechtsanwalt
4124	Verfahrensgebühr für das Berufungsverfahren	70,00 bis 470,00 EUR	216,00 EUR
	Die Gebühr entsteht auch für Beschwerdeverfahren nach § 13 StrRehaG.		
4125	Gebühr 4124 mit Zuschlag	70,00 bis 587,50 EUR	263,00 EUR
4126	Terminsgebühr je Hauptverhandlungstag im Berufungsverfahren...	70,00 bis 470,00 EUR	216,00 EUR
	Die Gebühr entsteht auch für Beschwerdeverfahren nach § 13 StrRehaG.		
4127	Gebühr 4126 mit Zuschlag	70,00 bis 587,50 EUR	263,00 EUR
4128	Der gerichtlich bestellte oder beigeordnete Rechtsanwalt nimmt mehr als 5 und bis 8 Stunden an der Hauptverhandlung teil: Zusätzliche Gebühr neben der Gebühr 4126 oder 4127............		108,00 EUR
4129	Der gerichtlich bestellte oder beigeordnete Rechtsanwalt nimmt mehr als 8 Stunden an der Hauptverhandlung teil: Zusätzliche Gebühr neben der Gebühr 4126 oder 4127............		216,00 EUR

C. Das gerichtliche Verfahren nach Nrn. 4106 ff. VV § 2

1. Allgemeines zur Verfahrens- und Terminsgebühr nach Nrn. 4124 ff. VV

Auch der Abschnitt des Berufungsverfahrens ist dem der ersten Instanz nachgebildet. Hier ist insbesondere darauf zu achten, dass ebenfalls die Differenzierung zischen dem auf freiem Fuß befindlichen und dem nicht auf freiem Fuß befindlichen Mandanten weitergeführt wird. Ebenso fallen bei dem Pflichtverteidiger Längenzuschläge an, wenn diese zeitlich erreicht werden. Die Gebühren sind insgesamt höher als in der ersten Instanz des Amtsgerichts, entsprechen allerdings denen des Landgerichts als Eingangsinstanz. **189**

Gebührentatbestand Verfahrensgebühr Berufung	Höhe der Gebühr in EUR
Wahlverteidiger	70–470
Mittelgebühr Wahlverteidiger	**270**
Pflichtverteidiger	216
Wahlverteidiger mit Haftzuschlag	70–587,50
Mittelgebühr Wahlverteidiger mit Haftzuschlag	**328,75**
Pflichtverteidiger mit Haftzuschlag	263

190

Die Verfahrensgebühr liegt bei einem Betrag zwischen 70,00 und 470,00 EUR für den Wahlverteidiger und 216,00 EUR für den Pflichtverteidiger. Die Mittelgebühr beträgt daher 270,00 EUR für den Wahlverteidiger. Sollte der Mandant sich nicht auf freiem Fuß befinden fallen Zuschläge an. Die für den Wahlverteidiger erhöhte Grundgebühr beträgt dann zwischen 70,00 und 587,50 EUR, die Mittelgebühr ist mithin auf 328,75 EUR angehoben. Der Pflichtverteidiger erhält dann 263,00 EUR. **191**

Entsprechend stellt sich die Tabelle für die Terminsgebühr dar: **192**

Gebührentatbestand Terminsgebühr Berufung	Höhe der Gebühr in EUR
Wahlverteidiger	70–470
Mittelgebühr Wahlverteidiger	**270**
Pflichtverteidiger	216
Wahlverteidiger mit Haftzuschlag	70–587,50
Mittelgebühr Wahlverteidiger mit Haftzuschlag	**328,75**
Pflichtverteidiger mit Haftzuschlag	263

193 Die Terminsgebühr liegt bei einem Betrag zwischen 70,00 und 470,00 EUR für den Wahlverteidiger und 216,00 EUR für den Pflichtverteidiger. Die Mittelgebühr beträgt daher 270,00 EUR für den Wahlverteidiger. Sollte der Mandant sich nicht auf freiem Fuß befinden fallen Zuschläge an. Die für den Wahlverteidiger erhöhte Grundgebühr beträgt dann zwischen 70,00 und 587,50 EUR, die Mittelgebühr ist mithin auf 328,75 EUR angehoben. Der Pflichtverteidiger erhält dann 263,00 EUR. Sollte die Hauptverhandlung länger als 5 Stunden andauern, fällt für den Pflichtverteidiger eine zusätzliche Gebühr von 108,00 EUR und bei einer länger als 8 Stunden dauernden Hauptverhandlung eine zusätzliche Gebühr von weiteren 216,00 EUR an (Längenzuschlag).

194 Grafisch (lediglich die Mittelgebühr ist in das Schaubild eingebracht) lässt sich dies folgendermaßen darstellen:

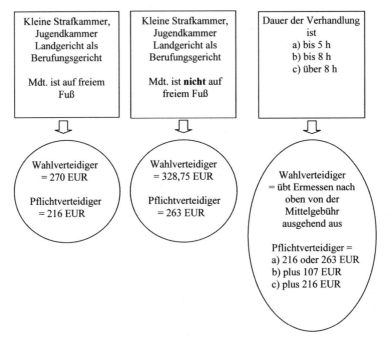

2. Besonderheiten im Berufungsrechtszug

195 Die Gebühren fallen bei der Verteidigung eines Angeklagten an[95] und sind nicht bezogen auf die Entscheidung über vermögensrechtliche Ansprüche (gegen die gesondert Berufung eingelegt werden kann). Diese fallen unter Nr. 4143 VV und für das Berufungs-

---

95 AnwK-RVG/*N. Schneider*, Nr. 4124 ff. VV Rn 5 f.

bzw. Revisionsverfahren unter Nr. 4144 VV und gelten als Spezialnormen. Auch das Beschwerdeverfahren unterfällt nicht den Gebühren für die Berufung, sondern ist mit den ansonsten anfallenden Gebühren abgegolten. Handelt es sich um Beschwerden nach § 13 StrReHaG, gelten allerdings die hiesigen Vorschriften (vgl. Anmerkung zu Nr. 4124 VV).

3. Zusätzliche Gebühren bei der Nebenklage und im Adhäsionsverfahren

Es gilt auch für die Nebenklage und Adhäsionsverfahrensbeteiligten das System des Berufungsrechtszuges wie für den Verteidiger. Da der Anschluss ebenfalls erst in der zweiten Instanz möglich ist, gilt nur die Besonderheit, dass bei der erstmaligen Bestellung in der Berufung lediglich die 2,0 Gebühr der Nr. 4143 VV geltend gemacht werden kann für das Adhäsionsverfahren. Sollte es sich jedoch um die Berufung eines bereits in der ersten Instanz geltend gemachten Anspruchs handeln, fällt die 2,5 Gebühr der Nr. 4145 VV an (ausführlich siehe unten § 2 Rn 226 ff.). So kann auch hier im Rahmen eines Täter-Opfer-Ausgleiches beispielsweise die nach Nr. 4102 VV anfallende Terminsgebühr geltend gemacht werden, wenn der Termin erst im Berufungsrechtszug erfolgt.

196

4. Besonderheiten für den Zeugenbeistand und andere Verfahrensbeteiligte

Weitere Besonderheiten in der Berufung ergeben sich für den Zeugenbeistand und andere Verfahrensbeteiligte nicht. Sie werden wie der Verteidiger auch vergütet; die Regelungen des gesamten Abschnitts werden entsprechend der Vorbemerkung von Abschnitt 4 VV angewandt. Sollte jedoch der Auftrag erstmals im Berufungsrechtszug erfolgen, werden dann die Grundgebühren für den Rechtsanwalt fällig. Ansonsten kann auf die parallele Ausgestaltung des Verteidigers bzw. Pflichtverteidigers verwiesen werden.

197

5. Befriedungsgebühren im Berufungsrechtszug

Auch im Berufungsrechtszug können die zusätzlichen Gebühren der Befriedung nach Nr. 4141 VV anfallen.

198

a) Befriedungsgebühren nach Nr. 4141 VV

Eine zusätzliche Gebühr lässt sich nach Nr. 4141 Abs. 1 Nr. 3, 2. Alt. VV in Rechnung stellen, wenn durch die anwaltliche Mitwirkung die Hauptverhandlung entbehrlich wird, soweit durch die Rücknahme der Berufung die Angelegenheit erledigt ist.[96] Zu beachten ist hierbei, dass die Rücknahme spätestens 2 Wochen vor Beginn der Hauptverhandlung erklärt werden muss.[97] Unproblematisch ist in der Berufung in der Regel die Erledigung bei Rechtsmittelrücknahme. Denn eine erstinstanzliche Entscheidung erwächst mit der

199

---

96 Burhoff-RVG/*Burhoff*, Nr. 4141 VV Rn 29.
97 AnwK-RVG/*N. Schneider*, Nr. 4141 VV Rn 6.

Berufungsrücknahme in Rechtskraft. Ansonsten gelten die allgemeinen Regelungen zur Erledigung.

b) Anfall der Befriedungsgebühr in der Hauptverhandlung oder bei Aussetzung bzw. Unterbrechung einer Hauptverhandlung

200 Soweit eine Hauptverhandlung stattfindet, ist das gesetzgeberische Ziel nicht erreicht, wenn im Hauptverhandlungstermin selbst die Erledigung des Verfahrens erreicht wird, weil der Rechtsanwalt (bei Teilnahme) eine Terminsgebühr geltend machen kann. Hier ist die Entscheidung, dass im Rahmen der Hauptverhandlung eine Beendigung erfolgt, sicherlich aus der Hauptverhandlung heraus entstanden. Die Befriedung erfolgt nicht notwendig aufgrund der – vielleicht auch – hilfreichen Vorbereitung oder Mitwirkung des Rechtsanwalts.

201 Problematisch ist, wie abgerechnet werden soll, wenn durch die Mitwirkung des Rechtsanwalts **nach** einer ausgesetzten oder unterbrochenen Hauptverhandlung eine Berufungsrücknahme durch einen Verfahrensbeteiligten erfolgt.

202 Hierzu ist zunächst auf den gesetzgeberischen Gedanken zurückzukommen. Dieser hatte sich vorgestellt, dass Ressourcen geschont werden, wenn Hauptverhandlungen bereits im Vorfeld vermieden werden können. Um die Anwaltschaft hierzu zu veranlassen und die Tätigkeiten aus der Hauptverhandlung heraus zu ziehen, ist eine „Belohnung" anwaltlicher Bemühungen außerhalb der Hauptverhandlung mit der Einführung der Nr. 4141 VV erfolgt. Allerdings ist die Förderung bzw. die Mitwirkung erforderlich (vgl. auch oben § 2 Rn 64 ff.).[98]

aa) Aussetzung der Hauptverhandlung

203 Insoweit eine Hauptverhandlung ausgesetzt wird, muss die anwaltliche Tätigkeit, die zu einer Beendigung führt, auch im Berufungsrechtszug mit der Gebühr der Nr. 4141 VV belohnt werden:[99] Denn die Mitwirkung des Rechtsanwalts führt zur **Entbehrlichkeit eines Hauptverhandlungstermins**:[100] Der Gesetzgeber hat sich nicht vorgestellt, dass der erste Hauptverhandlungstermin bereits entfallen, danach dann aber Hauptverhandlungsverhinderung nicht mehr vergütungsmäßig goutiert werden soll. Dies ist auch deshalb sinnvoll, weil anderenfalls die anwaltlichen Bemühungen für die Befriedung der Angelegenheit ansonsten wieder in die Hauptverhandlung verlegt werden, mithin auch die angesprochenen wertvollen Ressourcen beansprucht würden, wollte man die Nr. 4141 VV für diese Fälle nicht anwenden.

204 Wann der Mitwirkungsbeitrag erfolgte – also ggf. bereits im vorbereitenden Verfahren – ist für die Befriedung unerheblich.

---

[98] AnwK-RVG/*N. Schneider*, Nr. 4141 VV Rn 13 ff.
[99] Ausführlich hierzu: AnwK-RVG/*N. Schneider*, Nr. 4141 VV Rn 44 m.w.N. auch auf die vorher geltende Regelung des § 83 BRAGO.
[100] LG Oldenburg, Beschl. v. 21.7.2008 – 5 Qs 268/08 bei www.burhoff.de

Beispiel: Mitwirkung 205

Der Rechtsanwalt hat bereits im vorbereitenden Verfahren einen Widerspruch (vgl. auch obiges Beispiel für einen Widerspruch unter § 2 Rn 84) gegen die Verwertung von ungesetzlich gesicherten Beweisen erhoben, diesen Widerspruch im Hauptverhandlungstermin der erstens Instanz wiederholt und zu Protokoll nehmen lassen. Im Hauptverhandlungstermin der Berufung wird der Widerspruch abermals erhoben, was zur Aussetzung der Verhandlung führt, da weitere Ermittlungen hinsichtlich der Beweiserhebung durchgeführt werden müssen. Nach Eingang der Ermittlungsergebnisse nimmt die Staatsanwaltschaft die Berufung zurück.

Hier besteht die Mitwirkungshandlung der schon früh angekündigte Widerspruch, der prozessual in jeder Hauptverhandlung erneut erhoben und tunlichst protokolliert werden muss. Das steht jedoch der Anwendung der Nr. 4141 VV nicht entgegen, weil die Mitwirkung hier entsprechend frühzeitig erfolgte und damit schlechterdings nicht zum Nachteil des anwaltlichen Vergütungsumfangs führen kann.

bb) Unterbrechung der Hauptverhandlung

Etwas komplizierter ist die Lage bei einer unterbrochenen Hauptverhandlung. Hier soll aufgrund des Umstandes, dass mindestens ein Hauptverhandlungstermin bereits stattgefunden hat, keine Gebühr nach Nr. 4141 VV mehr möglich sein.[101] Als Argument wird der Umstand angeführt, dass die Hauptverhandlung mitsamt den Fortsetzungsterminen eine Einheit bilden soll, mithin der Tatbestand nicht erfüllt ist. Auch die Zwei-Wochen-Frist, die sich der Gesetzgeber zur Vermeidung von Hauptverhandlungsterminen vorgestellt hat, um Kosten und Aufwand für Ladungen etc. zu ersparen, kann üblicherweise nicht mehr eingehalten werden. 206

Allerdings muss man sich fragen, ob der Rechtsanwalt einer außerhalb der Hauptverhandlung zurückgenommenen Berufung dann unter Gebührengesichtspunkten zustimmen soll:[102] Denn geht er zum Termin in dem die Berufungsrücknahme durch andere Verfahrensbeteiligte erklärt wird, fällt die komplette Terminsgebühr an. Stimmt er der Berufungsrücknahme außerhalb der Hauptverhandlung zu, soll er für diese Tätigkeit keine Belohnung erhalten? Dies ist sicherlich nicht im Sinne der zu schonenden Ressourcen sinnvoll. Denn der Gesetzgeber wollte gerade diese Tätigkeiten attraktiver gestalten. Vor diesem Hintergrund wird hier auch die Auffassung vertreten, dass in einem solchen Falle, die Gebühr der Nr. 4141 VV anfallen kann, wenn nämlich der Hauptverhandlungstermin aufgrund der Mitwirkung des Rechtsanwalt als Fortsetzungstermin entfallen ist und ansonsten die zustimmungsbedürftige Rücknahmeerklärung in der Hauptverhandlung hätte erfolgen müssen. Anders formuliert: Der Rechtsanwalt hat in der Hand, eine volle Terminsgebühr auszulösen, wenn er die Zustimmungserklärung nicht außerhalb der 207

---

101 AnwK-RVG/*N. Schneider*, Nr. 4141 VV Rn 45; Burhoff-RVG/*Burhoff*, Nr. 4141 VV, Rn 28 ff. mit übersichtlicher Tabelle; *Burhoff*, Rechtsprechungsübersicht zu den Teilen 4–7 VV aus den Jahren 2008–2010 – Teil 3, RVGreport 2010, 163 ff.
102 Hat die Hauptverhandlung für eine Berufung begonnen, ist der Rücknahme der Berufung zuzustimmen.

Hauptverhandlung erteilt. Denn es ist ein neuer Hauptverhandlungstermin erforderlich geworden, wenn die Rücknahme außerhalb der Hauptverhandlung erfolgt, die Zustimmungserklärung zur Rücknahme der Berufung jedoch nicht außerhalb der Hauptverhandlung erteilt wird. Folgerichtig muss das Bemühen um die Befriedung und endgültige Lösung der Angelegenheit mit der Festgebühr der Nr. 4141 VV auch belohnt werden.

208 *Beispiel: Befriedungsgebühr auch bei lediglich unterbrochener Hauptverhandlung*
Der Rechtsanwalt hat bereits im vorbereitenden Verfahren der Verwertung des BRAK-Gutachten widersprochen, weil die Blutentnahme gesetzwidrig erfolgte. Es wird dennoch Anklage erhoben. In der ersten Instanz wird der Angeklagte freigesprochen. Die Staatsanwaltschaft geht in die Berufung und es findet ein Hauptverhandlungstermin statt. Die Hauptverhandlung war lediglich auf einen Sitzungstag terminiert worden. Weitere Termine sind nicht anberaumt worden. Die Hauptverhandlung wird schließlich unterbrochen. Zum vereinbarten Termin werden keine Zeugen geladen. Vielmehr finden aufgrund der vorgebrachten Widersprüche Gespräche zwischen dem Gericht und der Staatsanwaltschaft statt, die schließlich vor dem Hauptverhandlungstermin zu einer Berufungsrücknahme führen. Der Hauptverhandlungstermin wird aufgehoben. Die Zustimmungserklärung des Rechtsanwalts zur Berufungsrücknahme erfolgt erst nach Ablauf der angesetzten, aber abgeladenen Hauptverhandlung und nach Ablauf der Drei-Wochen-Frist.
Hier ist die Befriedungsgebühr angefallen, weil die Hauptverhandlung entbehrlich geworden ist. Denn das Gericht hätte ohne Zustimmungserklärung erneut terminieren müssen!

IV. Die Gebühren in der Zweiten oder Dritten Instanz – Revision

Revision 209

Nr.	Gebührentatbestand	Gebühr oder Satz der Gebühr nach § 13 oder § 49 RVG	
		Wahlanwalt	gerichtlich bestellter oder beigeordneter Rechtsanwalt
4130	Verfahrensgebühr für das Revisionsverfahren.................	100,00 bis 930,00 EUR	412,00 EUR
4131	Gebühr 4130 mit Zuschlag.......	100,00 bis 1.162,50 EUR	505,00 EUR
4132	Terminsgebühr je Hauptverhandlungstag im Revisionsverfahren...	100,00 bis 470,00 EUR	228,00 EUR
4133	Gebühr 4132 mit Zuschlag.......	100,00 bis 587,50 EUR	275,00 EUR
4134	Der gerichtlich bestellte oder beigeordnete Rechtsanwalt nimmt mehr als 5 und bis 8 Stunden an der Hauptverhandlung teil: Zusätzliche Gebühr neben der Gebühr 4132 oder 4133............		114,00 EUR
4135	Der gerichtlich bestellte oder beigeordnete Rechtsanwalt nimmt mehr als 8 Stunden an der Hauptverhandlung teil: Zusätzliche Gebühr neben der Gebühr 4132 oder 4133............		228,00 EUR

1. Allgemeines zur Verfahrens- und Terminsgebühr nach Nrn. 4130 ff. VV

Die Gebühren des Revisionsverfahrens sind dem der Berufung bzw. der ersten Instanz 210 nachgebildet. Hier ist insbesondere darauf zu achten, dass ebenfalls die Differenzierung zischen dem auf freiem Fuß befindlichen und dem nicht auf freiem Fuß befindlichen Man-

§ 2 Gebühren im Strafverfahren: Die einzelnen Gebühren

danten weitergeführt wird. Ebenso fallen bei dem Pflichtverteidiger Längenzuschläge an, wenn diese – in den seltenen Fällen einer Revisionshauptverhandlung – zeitlich erreicht werden. Die Gebühren sind insgesamt höher als in der Berufung, entsprechen allerdings denen des Oberlandesgerichts als Eingangsinstanz. Allerdings wird dem Umstand Rechnung getragen, dass der wesentliche Anteil der anwaltlichen Tätigkeit in der Abfassung einer Revisionsbegründung besteht, daher ist die Verfahrensgebühr auch erheblich höher angesetzt als die Terminsgebühren in den Tatsacheninstanzen.

211

Gebührentatbestand Verfahrensgebühr Revision	Höhe der Gebühr in EUR
Wahlverteidiger	100–930
Mittelgebühr Wahlverteidiger	**515**
Pflichtverteidiger	412
Wahlverteidiger mit Haftzuschlag	100–1.162,50
Mittelgebühr Wahlverteidiger mit Haftzuschlag	**631,25**
Pflichtverteidiger mit Haftzuschlag	505

212 Die Verfahrensgebühr liegt bei einem Betrag zwischen 100,00 und 930,00 EUR für den Wahlverteidiger und 412,00 EUR für den Pflichtverteidiger. Die Mittelgebühr beträgt daher 515,00 EUR für den Wahlverteidiger. Sollte der Mandant sich nicht auf freiem Fuß befinden, fallen Zuschläge an. Die für den Wahlverteidiger erhöhte Grundgebühr beträgt dann zwischen 100,00 und 1.162,50 EUR, die Mittelgebühr ist mithin auf 631,25 EUR angehoben. Der Pflichtverteidiger erhält dann 505,00 EUR.

213 Entsprechend stellt sich die Tabelle für die Terminsgebühr dar:

Gebührentatbestand Terminsgebühr Revision	Höhe der Gebühr in EUR
Wahlverteidiger	100–470
Mittelgebühr Wahlverteidiger	**285**
Pflichtverteidiger	228
Wahlverteidiger mit Haftzuschlag	100–587,50
Mittelgebühr Wahlverteidiger mit Haftzuschlag	**343,75**
Pflichtverteidiger mit Haftzuschlag	275

Die Terminsgebühr liegt bei einem Betrag zwischen 100,00 und 470,00 EUR für den Wahlverteidiger und 228,00 EUR für den Pflichtverteidiger. Die Mittelgebühr beträgt daher 285,00 EUR für den Wahlverteidiger. Sollte der Mandant sich nicht auf freiem Fuß befinden, fallen Zuschläge an. Die für den Wahlverteidiger erhöhte Grundgebühr beträgt dann zwischen 100,00 und 587,50 EUR, die Mittelgebühr ist mithin auf 343,75 EUR angehoben. Der Pflichtverteidiger erhält dann 275,00 EUR. Sollte die Hauptverhandlung länger als 5 Stunden andauern, fällt für den Pflichtverteidiger eine zusätzliche Gebühr von 114,00 EUR und bei einer länger als 8 Stunden andauernden Hauptverhandlung eine zusätzliche Gebühr von weiteren 228,00 EUR an (Längenzuschlag). Diese unterscheiden sich in der Höhe nicht erheblich von denen der Berufung.

214

Grafisch (lediglich die Mittelgebühr ist in das Schaubild eingebracht) lässt sich dies folgendermaßen darstellen:

215

OLG/BGH Mdt. ist auf freiem Fuß	OLG/BGH Mdt. ist **nicht** auf freiem Fuß	Dauer der Verhandlung ist a) bis 5 h b) bis 8 h c) über 8 h
Wahlverteidiger = 285 EUR Pflichtverteidiger = 228 EUR	Wahlverteidiger = 343,75 EUR Pflichtverteidiger = 275 EUR	Wahlverteidiger = übt Ermessen nach oben von der Mittelgebühr ausgehend aus Pflichtverteidiger = a) 228 oder 275 EUR b) plus 114 EUR c) plus 228 EUR

Zu berücksichtigen ist, dass oftmals die Beiordnung im Revisionsrechtszug lediglich den Hauptverhandlungstermin umfasst, also die Verfahrensgebühr nur dann geltend gemacht werden kann, falls die Beiordnung dies umfasst. Deshalb sollte dann die Beiordnung entsprechend erweitert werden, falls eine solche Beschränkung vorliegt.[103]

---

103 *Burhoff*, Fragen aus der Praxis zu aktuellen Gebührenproblemen in Straf- und Bußgeldsachen, RVGreport 2010, 362 ff., 363 f.

§ 2 Gebühren im Strafverfahren: Die einzelnen Gebühren

216 **Muster: Abrechnung der Pflichtverteidigergebühren im Revisionsverfahren ohne mündliche Verhandlung vor dem BGH nach erstinstanzlicher Vertretung vor dem Landgericht**

▼

In der Strafsache

gegen

hier Nebenklägerin

wegen

Az.:

wird beantragt, die nachstehenden Gebühren und Auslagen festzusetzen.

Berechnung gem. dem Rechtsanwaltsvergütungsgesetz (RVG) i.V.m. dem Vergütungsverzeichnis (VV) in der Fassung vom

Position	Betrag
Verfahrensgebühr §§ 2, 45 ff. RVG, Nr. 4130 VV	412,00 EUR
Post- und Telekommunikationspauschale, Nr. 7002 VV	20,00 EUR
Dokumentenpauschale Nr. 7000 Nr. 1 VV (37 Seiten)	18,50 EUR
Zwischensumme	450,50 EUR
Umsatzsteuer (MwSt), Nr. 7008 VV (19,00 %)	85,60 EUR
Endsumme	**536,10 EUR**

Der Antragsteller ist zum Vorsteuerabzug nicht berechtigt. Vorschüsse gem. §§ 47, 55, 58 RVG haben wir nicht erhalten.

Spätere Zahlungen des Beschuldigten, des Nebenklägers bzw. eines Dritten, die für die Pflicht zur Rückzahlung der Gebühren an die Staatskasse von Bedeutung sind, werde ich der Staatskasse anzeigen.

Rechtsanwalt

▲

217 Im Verurteilungsfalle bzw. bei Verwerfung der Revision sollte gesondert der Kostenfestsetzungsantrag nebst Begründung für die Gebühren des Wahlverteidigers gestellt werden, wobei die dann vereinnahmten Pflichtverteidigergebühren hernach in Abzug zu bringen sind.

C. Das gerichtliche Verfahren nach Nrn. 4106 ff. VV | § 2

Muster: Abrechnung der Wahlverteidigergebühren im Revisionsverfahren nach erstinstanzlicher Vertretung ohne Hauptverhandlungstermin beim BGH 218

▼

Kostenfestsetzungsantrag

(Wahl)

In der Strafsache ▮

gegen ▮

hier Nebenklägerin ▮

wegen ▮

Az.: ▮

▮

wird **im eigenen Namen** beantragt, die nachstehenden Gebühren und Auslagen gegen den Verurteilten festzusetzen und mit 5 Prozentpunkten über dem Basiszinssatz ab Fälligkeit zu verzinsen.

Berechnung gem. dem Rechtsanwaltsvergütungsgesetz (RVG) i.V.m. dem Vergütungsverzeichnis (VV) in der Fassung ▮

Position	Betrag
Verfahrensgebühr §§ 2, 14 RVG, Nr. 4130 VV	700,00 EUR
Post- und Telekommunikationspauschale, Nr. 7002 VV	20,00 EUR
Dokumentenpauschale, Nr. 7000 Nr. 1 VV (37 Seiten)	18,50 EUR
Zwischensumme	738,50 EUR
Umsatzsteuer (MwSt), Nr. 7008 VV (19,00 %)	140,32 EUR
Endsumme	**878,82 EUR**

Der Antragsteller ist zum Vorsteuerabzug nicht berechtigt.

Es handelt sich vorliegend um einen überdurchschnittlich hohen Grad der Bedeutung für die Geschädigte und Nebenklägerin. Sie wurde Opfer eines so genannten Stalkers und wurde, ebenso wie ihre Familie, von dem Verurteilen massiv belästigt und bedroht. Sie ist bis heute noch nicht wieder angstfrei, so dass ihr die Verurteilung des Angeklagten sehr wichtig war/ist. Die Tat hat für die Geschädigte Folgen für die Existenz und familiäre Folgen. Hinzu kommt die Konfrontation mit der Öffentlichkeit, bei der Verhandlung war auch die Presse zugegen. Weiterhin kommt die Präjudizwirkung des Strafverfahrens für einen Zivilrechtsstreit (körperliche Folgen, Schmerzensgeld, Schadenersatzansprüche) hinzu.

Umfang und Schwierigkeit der Angelegenheit schätzen wir ebenfalls als leicht überdurchschnittlich ein. Es mussten eine Onlinerecherche zur aktuellen Rechtsprechung durchgeführt und diverse Literaturrecherchen angestrengt werden, um die Rügen zu prüfen. Bereits die Anklageschrift umfasst 32 Seiten, das Urteil hat 53 Seiten, die hiesigen Stellungnahmen umfassen einmal sechs und weitere fünf Seiten, der Arbeitsumfang belief sich daher auf ca. neun Stunden.

Die Einkommensverhältnisse unserer Mandantin dürften als Angestellte einer Arztpraxis jedenfalls durchschnittlich sein. Das Haftungsrisiko schätzen wir leicht überdurchschnittlich ein. Insgesamt sind drei von vier Ermessenskriterien überdurchschnittlich bewertet worden, so dass eine Erhöhung um 20 % mindestens angemessen ist. Es wird somit um Festsetzung gebeten.

Rechtsanwalt

▲

2. Zusätzliche Gebühren bei der Nebenklage und im Adhäsionsverfahren

219 Es gilt auch für die Nebenklage und Adhäsionsverfahrensbeteiligten das System des Revisionsrechtszuges wie für den Verteidiger. Da der Anschluss immer noch erst in der dritten Instanz möglich ist, gilt nur die Besonderheit, dass bei der erstmaligen Bestellung in der Revision lediglich die 2,0 Gebühr der Nr. 4143 VV für das Adhäsionsverfahren geltend gemacht werden kann. Sollte es sich jedoch um die Berufung eines bereits in der ersten Instanz geltend gemachten Anspruchs handeln, fällt die 2,5 Gebühr der Nr. 4145 VV an (ausführlich siehe unten § 2 Rn 226 ff.). So kann auch hier im Rahmen eines Täter-Opfer-Ausgleiches beispielsweise die nach Nr. 4102 VV anfallende Terminsgebühr geltend gemacht werden, wenn der Termin erst im Revisionsrechtszug erfolgt.

3. Besonderheiten für den Zeugenbeistand und andere Verfahrensbeteiligte

220 Weitere Besonderheiten in der Revision ergeben sich für den Zeugenbeistand und andere Verfahrensbeteiligte nicht. Sie werden wie der Verteidiger vergütet; die Regelungen des gesamten Abschnitts werden entsprechend der Vorbemerkung von Abschnitt 4 VV angewandt. Sollte jedoch der Auftrag erstmals im Berufungsrechtszug erfolgen, werden dann die Grundgebühren für den Rechtsanwalt fällig. Ansonsten kann auf die parallele Ausgestaltung des Verteidigers bzw. Pflichtverteidigers verwiesen werden.

4. Befriedungsgebühren im Revisionsrechtszug

Auch im Revisionsrechtszug können die zusätzlichen Gebühren der Befriedung anfallen. 221

a) Befriedungsgebühren nach Nr. 4141 VV

Eine zusätzliche Gebühr lässt sich nach Nr. 4141 VV Abs. 1 Nr. 3, 2. Alt. in Rechnung 222
stellen, wenn durch die anwaltliche Mitwirkung die Hauptverhandlung in der Revision entbehrlich wird, soweit durch die Rücknahme der Revision die Angelegenheit erledigt ist.[104] Zu beachten ist hierbei, dass die Rücknahme spätestens 2 Wochen vor Beginn der Hauptverhandlung erklärt werden muss.[105]

Allerdings fordert die Rechtsprechung hierfür, dass auch tatsächlich ein Hauptverhand- 223
lungstermin anberaumt worden ist, nicht nur die lediglich begründungslos eingelegte Revision nach Erhalt der Urteilsgründe zurückgenommen wird. Etwas anderes muss aber dann gelten, wenn die Revision begründet und von Seiten der Staatsanwaltschaft eine Gegenerklärung abgegeben wurde und hiernach sodann mangels Erfolgsaussicht das Rechtsmittel nach Rücksprache mit dem Mandanten zurückgenommen wird.

Unproblematisch ist in der Revision in der Regel die Erledigung bei Rechtsmittelrück- 224
nahme durch die Staatsanwaltschaft. Ansonsten gelten die allgemeinen Regelungen zur Erledigung.

b) Anfall der Befriedungsgebühr in der Hauptverhandlung oder bei Aussetzung bzw. Unterbrechung einer Hauptverhandlung

Soweit eine Hauptverhandlung in der Revision stattfindet, gilt das unter der Berufung be- 225
reits Ausgeführte entsprechend (vgl. oben § 2 Rn 200).

---

104 Burhoff-RVG/*Burhoff*, Nr. 4141 VV Rn 29.
105 AnwK-RVG/*N. Schneider*, Nr. 4141 VV Rn 6.

D. Zusätzliche Gebühren

I. Adhäsionsverfahren

226

Nr.	Gebührentatbestand	Gebühr oder Satz der Gebühr nach § 13 oder § 49 RVG	
		Wahlanwalt	gerichtlich bestellter oder beigeordneter Rechtsanwalt
4143	Verfahrensgebühr für das erstinstanzliche Verfahren über vermögensrechtliche Ansprüche des Verletzten oder seines Erben	2,0	2,0
	(1) Die Gebühr entsteht auch, wenn der Anspruch erstmalig im Berufungsverfahren geltend gemacht wird. (2) Die Gebühr wird zu einem Drittel auf die Verfahrensgebühr, die für einen bürgerlichen Rechtsstreit wegen desselben Anspruchs entsteht, angerechnet.		
4144	Verfahrensgebühr im Berufungs- und Revisionsverfahren über vermögensrechtliche Ansprüche des Verletzten oder seines Erben	2,5	2,5
4145	Verfahrensgebühr für das Verfahren über die Beschwerde gegen den Beschluss, mit dem nach § 406 Abs. 5 Satz 2 StPO von einer Entscheidung abgesehen wird	0,5	0,5
4146	Verfahrensgebühr für das Verfahren über einen Antrag auf gerichtliche Entscheidung oder über die Beschwerde gegen eine den Rechtszug beendende Entscheidung nach § 25 Abs. 1 Satz 3 bis 5, § 13 StrRehaG.	1,5	1,5

D. Zusätzliche Gebühren § 2

Nr.	Gebührentatbestand	Gebühr oder Satz der Gebühr nach § 13 oder § 49 RVG	
		Wahlanwalt	gerichtlich bestellter oder beigeordneter Rechtsanwalt
4147	Einigungsgebühr im Privatklageverfahren bezüglich des Strafanspruchs und des Kostenerstattungsanspruchs:		
	Die Gebühr 1000 beträgt.........	20,00 bis 150,00 EUR	68,00 EUR
	Für einen Vertrag über sonstige Ansprüche entsteht eine weitere Einigungsgebühr nach Teil 1.		

1. Allgemeines

a) Gesetzliche Grundlagen/2. Opferrechtsreformgesetz

Die gesetzlich neuere Grundlage auch für das Adhäsionsverfahren bildet das 2. Opferrechtsreformgesetz, mit dem der Gesetzgeber verdeutlicht hat, dass er eine aktive Teilnahme der Anwaltschaft in diesem Bereich fordert bzw. fördert. Insofern gelten hier die Ausführungen zur Nebenklage entsprechend (vgl. oben § 2 Rn 161) zumal diese häufig parallel anzutreffen sein wird. 227

Zu bedenken ist auch, dass die Bestellung eines Verteidigers nach dem neu gefassten § 397a Abs. 2 StPO beantragt werden kann: 228

Liegen die Voraussetzungen für eine Bestellung nach Abs. 1 nicht vor, so ist dem Nebenkläger für die Hinzuziehung eines Rechtsanwalts auf Antrag Prozesskostenhilfe nach denselben Vorschriften wie in bürgerlichen Rechtsstreitigkeiten zu bewilligen, wenn er seine Interessen selbst nicht ausreichend wahrnehmen kann oder ihm dies nicht zuzumuten ist. § 114 S. 1 zweiter Halbsatz und § 121 Abs. 1 bis 3 der Zivilprozessordnung sind nicht anzuwenden.

Der Schädiger hat dem Verletzten in diesem Fall seine durch die Beauftragung des Rechtsanwalts entstehenden Aufwendungen zu ersetzen, und zwar als **eigene** Schadensposition **im Rahmen eines Anspruchs** aus unerlaubter Handlung oder aus Verzug nach § 286 BGB. 229

Folgerichtig steht dem Adhäsionskläger gegen den Schädiger, neben seiner Hauptforderung auf Schadensersatz, zusätzlich – als Nebenforderung – ein weiterer Anspruch auf Erstattung der seinem Verfahrensbevollmächtigten geschuldeten außergerichtliche Ge- 230 schäftsgebühr zu, da dieser Erstattungsanspruch entsprechend § 403 Abs. 1 StPO ohne Weiteres adäquat kausal aus der Straftat entstanden ist.

231 Neu ist auch die Zulassung der Nebenklage im Jugendstrafrecht: § 80 Abs. 3 des Jugendgerichtsgesetzes (JGG) regelt die Nebenklage im Verfahren gegen Jugendliche und zwar in jeder Lage des Verfahrens.

232 *Hinweis*

Problematisch ist das Adhäsionsverfahren in Strafgerichten mit einer Alleinzuständigkeit – wie Berlin – anzubringen, weil doch weitverbreiteter Unmut bei diesen Anträgen in der Richterschaft ausbricht, da sie diese Arbeiten zuweilen als unnötige Mehrbelastung erleben und sich im Zivilrecht auch nicht sicher genug fühlen. Dennoch wird zumindest dem Grunde nach der Anspruch zugesprochen und eine Verjährung damit vermieden.

Schließlich sind keine Gerichtskosten aufzubringen, sollte der Adhäsionskläger nicht über eine die Gerichtskosten deckende Rechtsschutzversicherung verfügen und die Kosten und das Risiko gering gehalten werden.

b) Elementares für die Bearbeitung

233 Nicht nur für den Vertreter des Adhäsionsklägers, der üblicherweise dieses mit der Nebenklage zu verbinden sucht, ist das Adhäsionsverfahren gebührenrechtlich von Interesse.[106] Denn der Verteidiger – auch der Pflichtverteidiger! – kann zusätzliche Gebühren verdienen, wenn die Adhäsionsklage im Rahmen des Strafverfahrens durchgeführt wird (siehe auch Muster unter § 1 Rn 174). Dies gilt selbst dann, wenn das Gericht von einer Entscheidung über den Adhäsionsantrag absieht.[107] Dem steht nicht etwa entgegen, dass sich der Rechtsanwalt als Nebenklagevertreter bestellt hat oder entsprechend als Pflichtverteidiger beigeordnet ist. Gleichsam für den Verteidiger gilt, dass er mit der Abwehr der geltend gemachten Ansprüche weitere Gebühren beanspruchen kann.

234 *Praxistipp*

Für den Pflichtverteidiger des Angeklagten gilt zur eigenen (Gebühren-)Sicherheit, dass er nach Erhalt des Adhäsionsantrags eine Beiordnung für das Adhäsionsverfahren beim zuständigen Gericht beantragen sollte.[108] Es wird zwar richtigerweise überwiegend vertreten,[109] dass der beigeordnete Verteidiger grundsätzlich mit der Bestellung ebenfalls für das Adhäsionsverfahren beauftragt ist. Allerdings ist diese Ansicht nicht weit genug bei den zuständigen Rechtspflegern und Bezirksrevisoren vertreten, so dass sich der Rechtsanwalt versichern sollte, dass er hierfür ebenfalls vom Gericht dem Angeklagten beigeordnet wird. Ein entsprechender Beiordnungsantrag für das Adhäsionsverfahren

---

106 Grundsätzlich zum Adhäsionsverfahren: Adhäsionsverfahren/*Weiner*, Rn 1 ff.
107 Burhoff-RVG/*Burhoff*, Nr. 4143 Rn 6.
108 So jedenfalls Adhäsionsverfahren/*Schneckenberger*, Rn 231 ff.
109 *Burhoff*, Erstreckung einer Beiordnung des Rechtsanwalts auch auf das Adhäsionsverfahren?, RVGreport 2008, 249 ff. m.w.N.; ebenso Adhäsionsverfahren/*Ferber*, Rn 43.

sollte schon unter dem Gesichtspunkt der Waffengleichheit beantragt werden. Denn der Angeklagte kann nicht darüber entscheiden, ob ein Adhäsionsverfahren im Rahmen des Strafverfahrens durchgeführt wird oder nicht.[110]

Umgekehrt sollte auch der nach § 397a StPO bestellte Nebenklagevertreter dafür Sorge tragen, dass im Falle eines Adhäsionsverfahrens eine ausdrückliche Beiordnung durch das Gericht erfolgt, da anderenfalls die Gebühren gegenüber der Staatskasse nicht beansprucht werden können. 235

Die Regelungen der Nrn. 4143 ff. VV orientieren sich an der zivilrechtlichen Gestaltung des RVG und nehmen den Gegenstandswert zum Ausgangspunkt der Gebührenbestimmung. Maßgeblich für die Wertbestimmung ist der Antrag im Adhäsionsverfahren. Hier wird der Wert nach den üblichen Regelungen des Zivilrechts – auch für Feststellungsanträge etc. bemessen. Sie sind besondere Verfahrensgebühren, die dann in Ansatz gebracht werden, sofern das Adhäsionsverfahren betrieben wird. Diese Gebühren können grundsätzlich neben den Gebühren aus dem Abschnitt 4 beansprucht werden, eine Anrechnung erfolgt ausdrücklich nicht! 236

Praxistipp 237

Aus diesem Grunde können auch mehrere Verletzte im Rahmen eines Adhäsionsverfahrens durch einen Rechtsanwalt gleichzeitig vertreten werden. Dies führt dann zu einer Erhöhung, die nach Nr. 1008 VV in Schritten von 0,3 vorgenommen wird. Ansonsten gilt eine entsprechende Anwendung der vorangehend beschriebenen Vorschriften. Das bedeutet, dass die Berechnung ebenfalls nach den jeweiligen Verfahrensabschnitten erfolgt wie ansonsten auch. Die Berechnung über das Adhäsionsverfahren allerdings steht **neben** der Tätigkeit als Nebenklagevertreter bzw. Zeugenbeistand.

2. Anwendungsbereich und Anrechnung

a) Anwendungsbereich

Der Anwendungsbereich besteht für das Adhäsionsverfahren, das als besonders ausgestaltetes Verfahren gesondert vergütet werden soll. Er gilt für den Rechtsanwalt des Angeklagten wie für den Rechtsanwalt des Verletzten oder dessen Erben, der vermögensrechtliche Ansprüche geltend macht. Die Gebühr bemisst sich nach dem Wert des vermögensrechtlichen Gegenstandes und ist nach der Tabelle in § 13 RVG mit einer 2,0 Gebühr für die erstmalige Geltendmachung zu bemessen – übrigens unabhängig davon, in welcher Instanz das der Fall ist.[111] 238

Anders als im Zivilverfahren wird im Strafverfahren die mit der Beauftragung des Rechtsanwalts entstehende Geschäftsgebühr nach Nr. 2300 VV nicht auf die mit dem Betreiben 239

---

110 Adhäsionsverfahren/*Ferber*, Rn 43 ff m.w.N.
111 Adhäsionsverfahren/*Weiner*, Rn 245.

des Adhäsionsverfahren verdienten 2,0 Gebühren nach Nr. 4143 VV angerechnet, weil die Vorbemerkung zu Teil 4 VV eine Anrechnung nicht vorsieht.

240 Für den Pflichtverteidiger ist die Tabelle nach § 49 RVG anzuwenden. Für die erste Instanz gilt Nr. 4143 VV, für die Rechtsmittelinstanz gilt Nr. 4144 VV mit einer 2,5 Gebühr – wenn der Anspruch zuvor geltend gemacht worden ist.

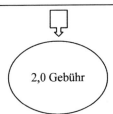

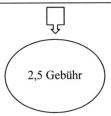

241 Die Gebühren entstehen auch, wenn das Gericht von einer Entscheidung über den Adhäsionsantrag nach § 406 StPO absehen oder der Antrag nach Einreichung später zurückgenommen werden sollte.[112] Ebenso wenig ist eine Hauptverhandlung für die Gebühr erforderlich, weil jedenfalls mit der Tätigkeit gegenüber dem Gericht die Gebühr entstanden ist. Allerdings sollte die Gebühr bereits mit der Entgegennahme des Auftrags – wie ansonsten auch – gegenüber dem Auftraggeber entstanden sein.

242 *Praxistipp*
Für den Vertreter des Adhäsionsklägers ist es für die Überbürdung der entstandenen Kosten auf den Angeklagten weise, sich alsbald gegenüber dem Gericht zu bestellen und den erhaltenen Auftrag mitzuteilen, um späteren Diskussionen aus dem Wege zu gehen.

243 Im Gegensatz zum Zivilverfahren fallen keine gesonderten Terminsgebühren an. Diese sind vollständig mit den Terminsgebühren abgegolten, die der Vertreter der Nebenklage bzw. der Verteidiger geltend macht. Ist der Rechtsanwalt lediglich mit dem Adhäsionsverfahren mandatiert, kann er die Terminsgebühr nicht beanspruchen. Allerdings fällt die Erhöhungsgebühr an, wenn der Adhäsionsantrag für zwei Adhäsionskläger gestellt wird wie an folgendem Beispiel deutlich wird:

---

112 Gerold/Schmidt/*Madert*, Nr. 4141–4146 VV Rn 60.

D. Zusätzliche Gebühren §2

Muster: Abrechnung für einen Adhäsionsantrag bei einem Gegenstandswert 244
von 15.000,00 EUR bei zwei vertretenen Mandanten mit Erhöhungsgebühr
▼

2,2 Geschäftsgebühr §§ 2, 13 RVG, Nr. 2300 VV – erhöht um 0,3 auf 2,5 gem. § 7 RVG i.V.m. Nr. 1008 VV (Wert: 15.000,00 EUR)	1.415,00 EUR
Post- und Telekommunikationspauschale Nr. 7002 VV	20,00 EUR
Zwischensumme	1.435,00 EUR
Umsatzsteuer (MwSt), Nr. 7008 VV (19,00 %)	272,65 EUR
Endsumme	**1.707,65 EUR**

Rechtsanwalt
▲

b) Anrechnung
Für die Anrechnung von Gebühren gelten folgende Grundsätze: 245

aa) Anrechnung von Gebühren im Zusammenhang mit dem Strafverfahren
Die für die im Rahmen der Nebenklagevertretung und der Strafverteidigung des Angeklagten entstehenden Gebühren werden **nicht** angerechnet. Dies betrifft sämtliche, auch die außerhalb der Hauptverhandlung, anfallenden Gebühren. Es sind daher für den mit dem Adhäsionsverfahren beauftragten Rechtsanwalt, die für die Nebenklage bzw. Verteidigung anfallenden Gebühren **neben** denen für das Adhäsionsverfahren anfallenden Gebühren abzurechnen. Daher ist der Abschnitt auch mit „zusätzliche Gebühren" überschrieben. 246

bb) Anrechnung von Gebühren im Zusammenhang mit der zivilrechtlichen Geltendmachung
Differenziert wird hingegen die Anrechnung betrachtet, soweit sie die zivilrechtliche Geltendmachung betreffen. 247

Ist der Rechtsanwalt schon außergerichtlich mit der Geltendmachung von Schmerzensgeld- und Schadenersatzansprüchen mandatiert und hat diese Ansprüche gegenüber dem Schädiger geltend gemacht, ist nach der Anwendung von Nr. 2300 VV an eine Anrechnung zu denken. Es stellt sich also die Frage, ob die Geschäftsgebühr (nach § 14 RVG zu bestimmen) im Rahmen der Gebühren nach Nr. 4143 VV angerechnet werden muss. Es erfolgt zwar keine Anrechnung direkt bei Nr. 4143 VV, da es sich bei um zusätzliche Gebühren des Strafverfahrens handelt und eine Anrechnung gesetzlich nicht festgeschrieben ist. Jedoch ist eine analoge Anrechnung nach Nr. 2403 VV vorzunehmen.[113]

---

[113] AnwK-RVG/*N. Schneider*, Nrn. 4143–4144 VV Rn 53 ff.; *Schneider*, Anrechnung der Geschäftsgebühr, AGS 2005, 51 f.

248 Anders verhält es sich, wenn im Rahmen des Adhäsionsverfahrens der Rechtsanwalt noch eine zivilrechtliche Klage weiterverfolgten muss und der bereits einmal anhängige Anspruch weiter verfolgt wird. Dann erfolgt nach Nr. 4143 VV eine Anrechnung zu einem Drittel auf die im Zivilprozess anfallende Verfahrensgebühr. Dies gilt aber nur dann, wenn derselbe Rechtsanwalt zuvor im Strafverfahren tätig gewesen ist. Anders formuliert, der Rechtsanwalt soll nicht für dieselbe Tätigkeit mehrfach vergütet werden; handelt es sich um einen nicht mit der Sache vorbefassten Rechtsanwalt, kann er natürlich die vollständige Verfahrensgebühr ansetzen[114]

249 *Praxistipp*

Um die jeweiligen Abrechnungstatbestände nicht durcheinanderzubringen, sollte grundsätzlich die Abrechnung der Nebenklage getrennt von derjenigen des Adhäsionsverfahrens ausfallen. Zur Abschreckung daher folgendes Beispiel:

250 Muster: Abrechnung für Pflichtverteidiger, der dem Angeklagten beigeordnet worden war

▼

In der Hauptverhandlung stellte der Verletzte dort einen Adhäsionsantrag über Schadenersatz und Schmerzensgeld wie folgt: 1.581,43 EUR +Antrag zu 25 % des geltend gemachten Schmerzensgeldes 250,00 EUR + und des Zahnersatzes 875 EUR + insgesamt über den Betrag von Behandlungskosten in Höhe von 3.500,00 EUR = 6.206,43 EUR). Die Beiordnung erstreckte sich in der Hauptverhandlung auch auf den Adhäsionsantrag, nachdem dies ausdrücklich beantragt worden war. Hier hatte der Rechtsanwalt bereits die zuvor angefallenen Gebühren beantragt.

An das Amtsgericht

In der Strafsache

gegen

wegen

wird beantragt, die nachstehenden Gebühren und Auslagen festzusetzen.

Berechnung gem. dem Rechtsanwaltsvergütungsgesetz (RVG) i.V.m. dem Vergütungsverzeichnis (VV) in der Fassung vom

Position	Betrag
Adhäsionsverfahren	
(Wert: Antrag zu 1) 1.581,43 EUR + Antrag zu 2) 25 % des geltend gemachten Schmerzensgeldes 250,00 EUR+ und des Zahnersatzes 875 EUR + gem. Angaben des Geschädigten in der Hauptverhandlung 3.500,00 EUR = 6.206,43 EUR)	

---

114 Adhäsionsverfahren/*Weiner*, Rn 263; AnwK-RVG/*N. Schneider*, Nr. 4143 Rn 48 ff.

D. Zusätzliche Gebühren § 2

Position	Betrag
2,0 Verfahrensgebühr §§ 2, 45 ff. RVG, Nr. 4143 VV (Wert: 6.206,43 EUR)	460,00 EUR
Post- und Telekommunikationspauschale, Nr. 7002 VV	20,00 EUR
Zwischensumme	480,00 EUR
Strafverfahren (Ergänzung zum Antrag vom 12.10.2009)	
Terminsgebühr §§ 2, 45 ff. RVG, Nrn. 4108, 4106 VV (Anzahl Terminstage: 1 à 184,00 EUR)	184,00 EUR
Dokumentenpauschale, Nr. 7000 Nr. 1 VV (183 Seiten)	44,95 EUR
Zwischensumme	708,95 EUR
Umsatzsteuer (MwSt), Nr. 7008 VV (19,00 %)	134,70 EUR
Endsumme	**843,65 EUR**

Der Antragsteller ist zum Vorsteuerabzug nicht berechtigt. Vorschüsse gem. §§ 47, 55, 58 RVG haben wir nicht erhalten.

Spätere Zahlungen des Beschuldigten, des Nebenklägers bzw. eines Dritten, die für die Pflicht zur Rückzahlung der Gebühren an die Staatskasse von Bedeutung sind, werde ich der Staatskasse anzeigen.

Rechtsanwalt

▲

3. Vergleich im Adhäsionsverfahren

Es ist möglich, im Adhäsionsverfahren einen Vergleich zwischen dem Adhäsionskläger und dem Adhäsionsbeklagten zu schließen, auch und gerade während des laufenden Strafverfahrens, sogar in der laufenden Hauptverhandlung   251

Praxistipp   252

Oftmals ist es im Interesse der Verletzten, im Strafverfahren einen Vergleich mit dem Angeklagten zu schließen, um weitere Verfahren zu verhindern, da diese belastend für alle Beteiligten sind. Auch für den Angeklagten ergibt sich ein Milderungsgrund, der vom Gericht zu berücksichtigen ist: Denn entweder begründet der Vergleich einen minder schweren Fall oder aber die persönliche Schuld wird soweit minimiert, dass die Strafe eine beträchtliche Milderung erfahren kann. Es liegt daher im allseitigen Interesse, einen Vergleich zu befördern – auch weil der Rechtsfrieden hierdurch schneller herbeigeführt werden kann als über verschiedene Rechtszweige, die für den Laien ohnehin nicht nachvollziehbar sind. Auch der Gesetzgeber fördert eine solche Vorgehensweise durch die angehobenen Gebühren nach dem RVG.

Es ist daher ratsam, in einem strafgerichtlichen Verfahren auf die gerichtliche Protokollierung des Vergleichs zu bestehen. Denn der gerichtlich protokollierte Vergleich ist gemäß § 794 Abs. 1 S. 1 ZPO vollstreckbar. Die Erfüllung des Vergleichs kann zudem Bewährungsauflage sein und damit eine höhere Wahrscheinlichkeit begründen, dass die Forderungen beglichen werden. Die Protokollierung kann im Strafverfahren nach § 405 StPO erfolgen und sollte rechtzeitig vorbereitet werden, indem die Prozessbeteiligten im Vorfeld der Hauptverhandlung über den Inhalt und die Vorgehensweise Einigkeit erlangen.

253 Da bei den Gerichten der gerichtlich protokollierte Vergleich nicht tägliche Praxis ist, empfiehlt es sich, diesen rechtzeitig vorzubereiten und dem Gericht hierbei die Arbeit zu erleichtern. Ein Vergleich muss möglichst genau den Gegenstand beschreiben und hernach den Rechtsanwalt auch vor etwaigen Regressansprüchen schützen können. Folgerichtig muss der Rechtsanwalt größte Aufmerksamkeit bei der Abfassung des Vergleichstextes walten lassen.

254 **Checkliste: Die Reihenfolge eines Vergleiches**

Überschrift mit Benennung der Beteiligten
- Einleitungssatz unter Bezugnahme auf das Strafverfahren
- Ggf. vereinbarte Ratenzahlungsvereinbarungen nebst Verzugsklauseln
- Ggf. vereinbarte Erlass- oder Verzichtsklauseln
- Ggf. vereinbarte Verzinsung
- Kostenentscheidungsvereinbarung
- Vollstreckbarkeit
- Ggf. vereinbarte Widerrufsklauseln mit Fristsetzung

255 Für die gerichtliche Protokollierung ist auf die nachstehende Verfahrensweise zu achten, da ansonsten droht, dass der abgeschlossene Vergleich nicht vollstreckbar wird und eine Zivilklage hinterher notwendig wird, um die Ansprüche zu sichern.

256 *Praxistipp*

Zunächst sollte das Gericht im Hauptverhandlungstermin zu Protokoll nehmen, dass die Beteiligten einen Vergleich schließen wollen. Dieser Vergleichstext muss sodann in das Protokoll Eingang finden (sonst handelt es sich nicht um einen vor einem deutschen Gericht geschlossenen und protokollierten Vergleich!) und zwar nach Verlesung des Vergleichstextes, der dann durch die jeweiligen Parteien genehmigt wird, was ebenfalls zu Protokoll genommen wird.[115] Nach der Hauptverhandlung kann dann eine vollstreckbare Ausfertigung des Vergleichs beantragt werden, mit der dann ggf. die Vollstreckung eingeleitet werden kann. Hilfreich ist es also, dem Gericht den zwischen den Parteien abgesprochenen Vergleichstext im Vorfeld der Hauptverhandlung zu überreichen, damit dieser dann im Hauptverhandlungstermin verlesen, genehmigt und zu Protokoll genommen werden kann. Denn man darf nicht meinen, dass etwa die Gerichte von sich aus Vergleichs- oder Vermittlungsvorschläge im Rahmen des Strafverfahrens machen. Dies geschieht schon aus Sorge vor Anträgen aufgrund der Besorgnis der Befangenheit nicht.

Muster: Vergleich im Rahmen eines Adhäsionsverfahrens mit zwei Adhäsionsklägerinnen

▼

VEREINBARUNG

zwischen

Frau ▇

und Frau ▇

– nachstehend: Gläubigerinnen –

vertreten durch ▇

und

Herrn ▇

– nachstehend: Schuldner –

vertreten durch ▇

zur Vermeidung eines weitergehenden Zivilrechtsstreits wegen der mit der Anklageschrift der Staatsanwaltschaft Berlin zum gerichtlichen Aktenzeichen des Landgerichts Berlin, das diesen Vergleich protokollieren soll – ▇ –, schließen die oben genannten Parteien ebenfalls im Rahmen eines Täter-Opfer-Ausgleiches folgenden Vergleich:

1. Der Schuldner verpflichtet sich, den Gläubigerinnen sämtliche ihnen erwachsenen Schäden aus den in der Anklageschrift der Staatsanwaltschaft Berlin zum gerichtlichen Aktenzeichen des Landgerichts ▇ – ▇ – gegenständlichen Taten dem Grunde nach zu schulden. Für die Haftungshöhe halten die Parteien fest, dass der Schuldner allein verantwortlich ist und sich für seine Übergriffe und Straftaten gegenüber den Gläubigerinnen auch in dieser Form ausdrücklich entschuldigt, wenngleich er weiß, dass eine Entschuldigung lediglich einen Teil der Schuld abtragen kann, die er auf sich geladen hat.
2. Der Schuldner verpflichtet sich, an die Gläubigerinnen als Schmerzensgeld und Schadensersatz aus dem oben unter 1) bezeichneten Geschehen einen Betrag von je-

---

115 Siehe hierzu ebenfalls Adhäsionsverfahren/*Havliza/Stang*, Rn 114.

weils ▓▓▓ EUR an jede Gläubigerin einzeln zu zahlen. Bei der Bezifferung der Summe ist den Beteiligten bekannt, dass es sich lediglich um einen Bruchteil dessen handelt, was üblicherweise von der Rechtsprechung für Taten der vorgenannten Art zuerkannt wird. Allen Beteiligten ist aber wichtig, dass diese Vereinbarung auf realistischen Erwägungen beruht und seitens des Schuldners auch erfüllt werden kann. Dabei ist den Parteien ebenfalls klar, dass innerhalb der Familie weitere Aufklärung erfolgen muss.
3. Das Anerkenntnis erfolgt insoweit nicht, als Ansprüche Dritter oder Sozialversicherungsträger betroffen sind.
4. Es wird mit der Wirkung eines (gerichtlichen) Feststellungsurteils festgestellt, dass der Schuldner für sämtliche der aus dem vorbezeichneten Geschehen erwachsenen zukünftig eintretenden immateriellen oder materiellen Schäden jeder einzelnen Gläubigerin ersatzpflichtig ist, sofern die Ansprüche nicht auf Dritte übergehen oder übergehen werden.
5. Sofern auf die Entschädigungszahlungen Steuern zu entrichten sind, werden diese auf Nachweis zusätzlich durch den Schuldner übernommen.
6. Es ist dem Schuldner für die unter Ziffer 2) aufgeführte Summe nachgelassen, monatliche Raten in Höhe von mindestens ▓▓▓ EUR an die jeweilige Gläubigerin zu entrichten, beginnend mit dem ▓▓▓, endend nach ▓▓▓ Monaten. Sollte der Schuldner die Raten jeweils pünktlich zum Monatsersten auf ein ihm noch zu bezeichnendes Konto für jede Gläubigerin einzeln leisten, wird ihm der Restbetrag seitens der jeweils betroffenen Gläubigerin erlassen. Auch kann der Schuldner einen jeweils einmaligen Betrag von ▓▓▓ EUR bis zum ▓▓▓ auf ein ihm noch zu bezeichnendes Konto zahlen, auch dann wird ihm der Restbetrag zur unter Ziffer 2) genannten Summe erlassen. Der Schuldner nimmt schon hier diesen Verzicht an.
7. Sollte der Schuldner mit einer Ratenzahlung nach Ziffer 6) in Verzug geraten, wird sofort der gesamte Betrag fällig und ist mit 7 Prozentpunkten über dem Basiszins zu verzinsen.
8. Die Kosten der anwaltlichen Inanspruchnahme und dieser Vereinbarung trägt der Schuldner.

▲

4. Adhäsionsverfahren im Verkehrsrecht!?

a) Einführung

258 Der Verletzte kann als Opfer einer Straftat – und zwar auch im Zusammenhang mit dem Straßenverkehr – grundsätzlich einen Rechtsanwalt mit der Geltendmachung seiner Ansprüche beauftragen.[116] Allerdings sieht die Reform des Opferrechts vor, dass die fahrlässige Körperverletzung nur noch zum Anschluss der Nebenklage berechtigt, wenn schwerste Verletzungen zu beklagen sind:

259 § 395 StPO

(1) Der erhobenen öffentlichen Klage oder dem Antrag im Sicherungsverfahren kann sich mit der Nebenklage anschließen, wer verletzt ist durch eine rechtswidrige Tat nach

---

116 Eine sehr gute Übersicht, wenn auch etwas „gerichtslastig" zu finden bei *Herbst/Plüür*, Das Adhäsionsverfahren, als Skript unter www.berlin.de/sen/justiz/gerichte/ag/tierg/service.html.

1. den §§ 174 bis 182 des Strafgesetzbuches,
2. den §§ 185 bis 189 des Strafgesetzbuches,
3. den §§ 211 und 212 des Strafgesetzbuches, die versucht wurde,
4. den §§ 221, 223 bis 226 und 340 des Strafgesetzbuches,
5. den §§ 232 bis 238, 239 Absatz 3, §§ 239a, 239b und 240 Absatz 4 des Strafgesetzbuches,
6. § 4 des Gewaltschutzgesetzes....

(3) Wer durch eine andere rechtswidrige Tat, insbesondere nach den §§ 229, 244 Absatz 1 Nummer 3, §§ 249 bis 255 und 316a des Strafgesetzbuches, verletzt ist, kann sich der erhobenen öffentlichen Klage mit der Nebenklage anschließen, wenn dies aus besonderen Gründen, insbesondere wegen der schweren Folgen der Tat, zur Wahrnehmung seiner Interessen geboten erscheint.

(4) Der Anschluss ist in jeder Lage des Verfahrens zulässig. Er kann nach ergangenem Urteil auch zur Einlegung von Rechtsmitteln geschehen...

b) Praktische Anwendung

Da für den Anspruchsteller die erwähnten Vorteile des Adhäsionsverfahrens auf der Hand liegen, sollte ein entsprechender Antrag rechtzeitig dem Gericht übermittelt werden, um die Zustellung zu bewirken und eine Vorbereitung des Spruchkörpers zu garantieren.

Muster: Adhäsionsantrag[117]

▼

Landgericht

, den

Az.:

In der Strafsache gegen

Hier Nebenkläger

Wird folgender Adhäsionsantrag gestellt:

Des

– Adhäsionskläger, im Folgenden Kläger genannt –

Prozessbevollmächtigter:

gegen

– Adhäsionsbeklagter, im Folgenden Angeklagter genannt –

vorprozessual Bevollmächtigter:

wegen: Tat vom   in

Namens und in Vollmacht des Klägers erheben wir den folgenden Adhäsionsantrag und beantragen zu erkennen:

---

117 Vgl. auch: AnwF-StrafR/*Franz*, Muster 123.

§ 2 Gebühren im Strafverfahren: Die einzelnen Gebühren

1. Der Angeklagte wird verurteilt, an den Kläger ein in das Ermessen des Gerichts gestelltes Schmerzensgeld, das jedoch den Betrag von ▮ EUR nicht unterschreiten sollte, nebst 5 Prozentpunkte über dem Basiszins seit Rechtshängigkeit zu zahlen.
2. Es wird festgestellt, daß der Angeklagte dem Kläger gegenüber verpflichtet ist, sämtliche aus dem Geschehen vom ▮ in ▮ erwachsenen materiellen und immateriellen Schäden zu erstatten, sofern diese Ansprüche nicht auf Sozialversicherungsträger oder sonstige Dritte übergegangen sind oder übergehen werden.
3. Der Angeklagte trägt die Kosten des Rechtsstreits.

Verfahrensbegleitend wird beantragt,

eine vollstreckbare Ausfertigung mit Zustellungsvermerk und kostenlose Zweitschriften sämtlicher Entscheidungen und Beschlüsse des Gerichts nach dem Kostenverzeichnis zu erteilen.

Begründung:

I.

Der Kläger macht Schadenersatz und Schmerzensgeldansprüche aufgrund der von dem Angeklagten zu seinem Nachteil begangenen Straftaten des versuchten Raubes und der gemeinschaftlich mit einem gefährlichen Werkzeug und einer das Leben gefährdenden Behandlung begangenen Körperverletzung am ▮ in ▮ geltend.

II.

1. Der Angeklagte hat mit zwei weiteren Personen dem Kläger aufgelauert. Er nahm ihn zunächst in den Schwitzkasten, schlug wiederholt mit der Faust auf den Kopf und in das Gesicht des Klägers. Er würgte ihn dergestalt, dass er unter Atemnot litt und dachte, er müsse sterben. Währenddessen forderte der Angeklagte vermeintlich gestohlene Ecstasy-Tabletten.
Die Schläge und Tritte wurden weiter fortgesetzt, nachdem der Angeklagte den Kläger in ein nahegelegenes Gebüsch verbracht hatte. Schließlich griff er einen Ast, mit dem er mehrfach auf den Kopf und den Oberkörper des Klägers einschlug. Nur weil sich der Kläger mit beiden Armen zu schützen suchte, indem er diese vor und über den Kopf hielt, konnte Schlimmeres verhindert werden. Der Kläger befand sich währenddessen in Todesangst, insbesondere als einer der unbekannten Mittäter, die die gesamte Zeit das Treiben des Angeklagten durch ihre Anwesenheit und drohende Haltung unterstützten, dem Angeklagten ein Messer übergab. Das veranlaßte den Angeklagten, dem Kläger damit zu drohen, ihm nunmehr die Augen auszustechen und ihn dann zu erstechen. Deshalb versuchte der Kläger mit seiner linken Hand sein linkes Auge zu schützen, weil sich dort unmittelbar das Messer befand und er davor Angst hatte, dass der Angeklagte seine Drohung wahr machen könnte. Hierauf schnitt der Angeklagte die Hand des Klägers mehrfach mit dem Messer.
Das Geschehen endete für den Kläger erst, als die Zeugin ▮ die Polizei rief und die Angreifer aufgefordert hatte, dem Tun endlich ein Ende zu bereiten.

D. Zusätzliche Gebühren § 2

Beweis: Zeugnis der Zeugin ▉▉▉
Parteieinvernahme des Klägers

2. Der Kläger wurde aufgrund der erheblichen Verletzungen in das Benjamin-Franklin Krankenhaus eingeliefert und musste dort vom 10.–24 Januar 2010 behandelt werden. Er hatte aufgrund der körperlichen Schläge durch den Angeklagten multiple Prellungen an beiden Armen und Händen, sowie multiple Rißquetschwunden und eine Skalpierungsverletzung am Kopf, ein traumatisches Kompartmentsyndrom an der linken Hand mit einem Handrückenhämatom sowie eine Subarachnoidalblutung. Die noch unter dem 10. Januar 2010 durchgeführte Operation umfasste die Ausräumung des Hämatoms am linken Handrücken, wobei eine Spaltung des Mittelhandbogens mit Lascheneinlage und eine Karpaldachspaltung durchgeführt wurde.

Beweis: Fotodokumentation des Vaters des Klägers vom ▉▉▉ und von ▉▉▉ vom ▉▉▉ und der Fotografie des LKA KT vom ▉▉▉
Arztbrief vom ▉▉▉ ; Bl. ▉▉▉

III.

Unter Berücksichtigung aller oben genannten Umstände ist daher ein Schmerzensgeld von wenigstens ▉▉▉ EUR für den Kläger angemessen und der Feststellungsantrag begründet.

1. Zwar mögen die Genugtuungs- und Wiedergutmachungsfunktion durch die Verurteilung bei der Bemessung eines Schmerzensgeldes den Anspruch mindern, auch weil die Einkommens- und Vermögensverhältnisse niedrig sein dürften, ebenso wie der Umstand des Geständnisses mindernd wirken. Maßgeblich jedoch ist, dass der Gesetzgeber insbesondere nach der Gesetzesänderung zum 1.8.2002 ausdrücklich eine Anhebung der als zu gering empfundenen Schmerzensgeldbeträge durch die Gesetzesänderung angeführt hat, um diese Gesetzesänderung zu begründen und umzusetzen. Insofern ist das Schmerzensgeld auch unter Berücksichtigung der im Haushalt sich dadurch einstellenden Schwierigkeiten bei der Bearbeitung und Bewältigung des täglichen Lebens, das die genannten Beeinträchtigungen mit sich bringen, zu bemessen, so dass hier unter Berücksichtigung aller oben ausgeführten Umstände ein Schmerzensgeld in der genannten Höhe angemessen ist.
2. Der Kläger hat hinsichtlich der möglicherweise später noch eintretenden psychischen Probleme, die datailliert nicht vorhersehbar sind, auch ein Feststellungsinteresse. Zwar mögen die Grundlagen der psychischen Erkrankung und Reaktion auf die Tat des Beklagten bereits bekannt sein, allerdings kann derzeit nicht abgesehen werden, ob und falls ja in welchem Umfang weitere Krankenhausaufenthalte angetreten werden müssen, eine Arbeitsunfähigkeit eintreten kann, weil der Kläger beispielsweise aufgrund seiner Erkrankung einer beruflichen Tätigkeit nicht wird nachgehen können.
3. Bei der Bemessung wurden vor allem folgende Entscheidungen zugrunde gelegt nach Hacks/Ring/Böhm, Schmerzensgeldtabelle ▉▉▉.
4. Hieraus ergibt sich, dass der Kläger die beanspruchten Beträge seitens des Angeklagten erhalten muss.

IV.

Es wird ferner beantragt, dem Kläger Prozesskostenhilfe zu bewilligen und die Unterzeichnete als Prozessvollmächtigte beizuordnen.

1) Der Aantragsteller ist nach seinen persönlichen und wirtschaftlichen Verhältnissen außerstande, die Kosten des beabsichtigten Rechtsstreits aufzubringen. Er ist Schüler. Es wird um Mitteilung gebeten, ob eigens ein PkH-Formular ausgefüllt werden muß. Dieses würde im Bedarfsfalle nachgereicht.
2) Die hinreichende Erfolgsaussicht der Adhäsionsanträge ergibt sich aus den obigen Ausführungen. Soweit das Gericht hierzu weitere Darlegungen oder Beweisantritte für erforderlich halten, wird um einen richterlichen Hinweis gebeten.

Rechtsanwältin

Beglaubigte und einfache Abschrift sind beigefügt

▲

c) Prozesskostenhilfe und Beiordnungen nach § 404 Abs. 5 StPO

262 § 404 StPO Antragstellung

...(5) Dem Antragsteller und dem Angeschuldigten ist auf Antrag Prozesskostenhilfe nach denselben Vorschriften wie in bürgerlichen Rechtsstreitigkeiten zu bewilligen, sobald die Klage erhoben ist. § 121 Abs. 2 der Zivilprozessordnung gilt mit der Maßgabe, dass dem Angeschuldigten, der einen Verteidiger hat, dieser beigeordnet werden soll; dem Antragsteller, der sich im Hauptverfahren des Beistandes eines Rechtsanwalts bedient, soll dieser beigeordnet werden. Zuständig für die Entscheidung ist das mit der Sache befasste Gericht; die Entscheidung ist nicht anfechtbar.

263 Es ist auch im Bereich des Adhäsionsverfahrens möglich, Prozesskostenhilfe und Beiordnungen auf Antrag zu erhalten.

264 Entgegen der nach § 404 Abs. 5 S. 2 StPO ausdrücklich vorgesehen gesonderten Beiordnung eines Anwaltes zur Verteidigung gegen einen Adhäsionsantrag vertreten nunmehr einige Oberlandesgerichte[118] die Auffassung, dass die Bestellung als Pflichtverteidiger automatisch auch die Befugnis zur Verteidigung gegen einen gestellten Adhäsionsantrag beinhaltet, **ohne dass es insoweit einer gesonderten Bestellung bedarf**.[119] Diese Auffassung argumentiert im Wesentlichen, dass die Bestellung als Pflichtverteidiger nach § 140 Abs. 1 StPO für das gesamte Strafverfahren gilt und damit auch für das Adhäsionsverfahren als Teil des Strafverfahrens.[120] Außerdem sei eine Trennung zwischen der Tätigkeit des Verteidigers und derjenigen des anwaltlichen Vertreters im Adhäsionsverfahren nicht möglich. Es sei praktisch keine Tätigkeit des Pflichtverteidigers für den Angeklagten denkbar, die nicht zugleich zumindest Einfluss auf die Höhe des im Adhäsionsverfahren geltend gemachten Anspruchs haben könnte.[121] Insbesondere die jüngere Rechtsprechung fordert auch für

---

118 Bejahend, dass die Bestellung zum Pflichtverteidiger das Adhäsionsverfahren umfasst: OLG Dresden AGS 2007, 404; OLG Hamburg StZ-RR 2006, 347, OLG Köln StraFo 2005, 394.
119 OLG Schleswig NStZ 1998, 101.
120 Kammergericht, Beschl. v. 4.9.2006 zum Geschäftszeichen 4 Ws 31/06.
121 OLG Köln StraFo 2005, 394.

den Pflichtverteidiger eine gesonderte Beiordnung im Adhäsionsverfahren.[122] Diese Rechtsprechung ist aus dem Argument heraus abzulehnen, dass der Pflichtverteidiger sich auszusuchen vermag, ob im Strafverfahren ebenfalls über die zivilrechtlichen Ansprüche befunden wird, er mithin auch einem deutlich erhöhten Haftungsumfang ausgesetzt wird. Weshalb dann der als Förmelei zu begreifende Antrag erforderlich sein soll, will nicht einleuchten. Allerdings kann diesem praktisch mit folgendem Antrag beigekommen werden:

Praxistipp 265

Beachte aber, dass für den Verteidiger die gesonderte Beiordnung erforderlich ist!! Der Antrag lautet dahin gehend,[123] dem Angeklagten den Pflichtverteidiger nach § 404 Abs. 5 StPO im Wege der Prozesskostenhilfe zur Verteidigung gegen die im Wege des Adhäsionsverfahrens geltend gemachten vermögensrechtlichen Ansprüche des Verletzten ausdrücklich beizuordnen.

Nicht vergessen werden sollte aber die Vorabprüfung – Versagung von Prozesskostenhilfe 266 bei

- **Rechtsschutzversicherung** im Umfang der Deckungszusage (bei Abwehr von Ansprüchen unproblematisch, da nicht vom Versicherungsumfang umfasst)
- **Anspruch des Verletzten auf** Prozesskostenvorschuss gegen seinen nicht bedürftigen Ehegatten nach § 1360a Abs. 4 BGB.

Das Recht, vom nicht bedürftigen Ehegatten einen Prozesskostenvorschuss verlangen zu 267 können, hat Vorrang vor der Möglichkeit der Prozesskostenhilfe. Die Vorschusspflicht des Ehegatten gilt auch für im Strafverfahren anfallende Kosten,[124] somit auch für das Adhäsionsverfahren.

aa) Erfolgsaussicht der Rechtsverfolgung/-verteidigung, § 114 ZPO

Die Rechtsverfolgung **des Verletzten** mit dem Adhäsionsantrag hat Aussicht auf Erfolg, 268 wenn der geltend gemachte Anspruch im Adhäsionsverfahren verfolgt werden kann (§ 403 StPO), der Adhäsionsantrag zulässig ist (§ 404 StPO) und – unterstellt, der in der Anklage und in der Antragsschrift mitgeteilte konkrete Lebenssachverhalt erwiese sich in der Hauptverhandlung als zutreffend – der zivilrechtliche Anspruch **zumindest dem Grund nach** zu bejahen ist.

Wann die Rechtsverteidigung **des Angeschuldigten/Angeklagten** Aussicht auf Erfolg 269 hat, ist schwieriger zu beantworten. Es reicht, wenn der Beklagte hinreichend substantiiert die anspruchsbegründenden Tatsachen zulässig bestreitet oder die tatsächlichen Voraussetzungen einer Einwendung geltend macht.

---

[122] Siehe zuletzt Hanseatisches OLG Hamburg, OLG Hamburg, Beschl. v. 14.6.2010 – 3 Ws 73/10 mit zahlreichen Nachweisen über den Stand der Auseinandersetzung.
[123] AnwF-StrafR/*Mock*, Muster 167.
[124] Palandt/*Brudermüller*, § 1360a Rn 13.

§ 2 Gebühren im Strafverfahren: Die einzelnen Gebühren

270 Der Angeschuldigte/Angeklagte muss sich dagegen gar nicht zu den erhobenen Tatvorwürfen äußern. Es dürfte aber dem Sinn und Zweck der §§ 114 ZPO auch im Adhäsionsverfahren widersprechen, wenn dem Angeschuldigten/Angeklagten ohne jede Verteidigung Prozesskostenhilfe auf seinen bloßen Antrag hin bewilligt wird.

271 Zu fordern ist also eine (zivilrechtlich betrachtet) erhebliche Verteidigung gegenüber dem Adhäsionsantrag wie z.b. ein Mitverschulden des Adhäsionsklägers oder ein Bestreiten der Schadenshöhe, eine Aufrechnung mit Gegenansprüchen oder ähnliches.

272 Gleichgültig, ob der Angeklagte die Tat einräumt oder nicht, ist aber die Gewährung von Prozesskostenhilfe und Beiordnung eines Rechtsanwalts zu beantragen, sobald ernsthafte Gespräche zwischen dem Angeklagten und dem Adhäsionskläger über den Abschluss eines Vergleichs zur Erledigung des Adhäsionsantrags geführt werden. Der Vergleich ist nämlich nicht nur eine vertragliche Anspruchsgrundlage, sondern zugleich regelmäßig eine rechtsvernichtende Einwendung gegenüber den durch den Vergleich geregelten früheren Ansprüchen. Wenn aber eine rechtsvernichtende Einwendung in Rede steht, ist Raum für die Bewilligung von Prozesskostenhilfe.

273 Ein Prozesskostenhilfegesuch muss nicht nur hinreichende Erfolgsaussicht bieten, sondern darf daneben nicht als mutwillig erscheinen, § 114 letzter Halbsatz ZPO. Dass bei zu bejahender Erfolgsaussicht die Prozesskostenhilfe wegen Mutwilligkeit versagt wird, stellt einen seltenen Ausnahmefall dar.

bb) Bedürftigkeit nach § 115 ZPO

274 Nach § 115 Abs. 1 ZPO hat der Antragsteller zur Finanzierung seines Adhäsionsantrags sein **Einkommen** (= alle Einkünfte in Geld oder Geldeswert) abzüglich der dort aufgeführten Freibeträge einzusetzen.

275 *Praxistipp*

Erhält der Antragsteller Arbeitslosengeld II, ist ihm ohne weitere Sachprüfung Prozesskostenhilfe zu bewilligen.[125] Unter Berücksichtigung dieser Kriterien kann Prozesskostenhilfe – frühestens nach Anklageerhebung, § 404 Abs. 5 S. 1 StPO bewilligt werden.

d) Beiordnung eines Rechtsanwaltes

276 Nach dem grundsätzlich im Adhäsionsverfahren geltenden § 121 Abs. 2 ZPO (§ 404 Abs. 5 S. 2 StPO) ist dem Verletzten oder dem Angeschuldigten/Angeklagten – **auf jeweiligen Antrag hin – ein Rechtsanwalt beizuordnen**, wenn die Vertretung aufgrund des rechtlich oder tatsächlich schwierig gelagerten Sachverhalts erforderlich erscheint oder der Gegner durch einen Rechtsanwalt vertreten ist.

---

125 Sein Vermögen muss er einsetzen, wobei ihm nach § 115 Abs. 3 S. 2 ZPO i.V.m. § 90 Abs. 2 Nr. 9 SGB XII kleinere Bargeldbeträge zu belassen sind. Eine VO zu § 90 Abs. 2 Nr. 9 SGB XII (abgedr. bei § 115 ZPO in *Baumbach/Lauterbach/Albers/Hartmann*, 66. Auflage 2008) definiert dann den kleineren zu belassenden Bargeldbetrag für verschiedene Fallgruppen. Danach sind dem Antragsteller regelmäßig 1.600,00 EUR zu belassen, wenn er das 60. Lebensjahr nicht vollendet hat, sonst 2.600,00 EUR.

D. Zusätzliche Gebühren § 2

Praxistipp 277

Als Konsequenz folgt hieraus: Hat der Angeschuldigte/Angeklagte einen (Pflicht-)Verteidiger, ist dem Verletzten ebenfalls auf seinen Antrag hin im Rahmen der bewilligten Prozesskostenhilfe ein Rechtsanwalt beizuordnen. § 404 Abs. 5 S. 2 StPO ergänzt, welcher Rechtsanwalt beigeordnet werden soll: Dem Angeschuldigten/Angeklagten soll demnach sein Pflicht- oder – seltener – Wahlverteidiger, dem Adhäsionskläger, der sich im Hauptverfahren des Beistands eines Rechtsanwalts bedient, dieser beigeordnet werden.

Muster: Antrag auf Festsetzung der Prozesskostenhilfegebühren, sofern der Antragsgegner hierzu verurteilt wird[126] 278

▼

In der Strafsache

gegen

wegen

Wird anwaltlich versichert, dass

- die nachfolgenden Auslagen und Gebühren unter meiner Beiordnung entstanden sind,
- der/die Antragsgegner/in mit der Zahlung der Vergütung in Verzug ist (§ 45 Abs. 2 RVG),
- Vorschüsse und sonstige Zahlungen nach § 5 Abs. 5 RVG bzw. §§ 44 RVG, Nr. 2600 ff. VV, §§ 55 Abs. 5 S. 2, 58 RVG nicht vereinnahmt wurden und der spätere Erhalt angezeigt wird.

Rechtsanwalt

▲

Praxistipp 279

Spätere Zahlungen des Mandanten **sind unbedingt anzuzeigen**. Allerdings müssen keine Zahlungen angegeben werden, die ihrerseits auf Verfahrensabschnitte geleistet werden, die nicht in der Kostenfestsetzung Eingang gefunden haben. So kann beispielsweise eine Zahlung des Mandanten auf das Berufungsverfahren nicht bei der erstinstanzlichen Festsetzung eingestellt werden. Auch ist die Anrechnung nur jeweils auf die Nettobeträge vorzunehmen, damit können Abrechnungen auf Auslagen etc. nach Nr. 7000 VV ff. nur jeweils einfach anfallen!

Entsprechend Nr. 3700 KV GKG wird die Gebühr mit einem Satz von 1,0 für jeden Rechtszug nach dem Wert des durch das Gericht **zuerkannten** Anspruchs erhoben. Spricht das Gericht 7.000,00 EUR von geltend gemachten 10.000,00 EUR zu, entsteht 280

---

126 AnwF-StrafR/*Mock*, Muster 181.

die Gebühr nach einem Wert von 7.000,00 EUR. Soweit der Antragsteller den Antrag zurücknimmt oder das Gericht von einer Entscheidung absieht (§ 406 Abs. 1 S. 3–5 StPO), fallen keine Gerichtsgebühren an.

II. Einziehung und verwandte Maßnahmen

281

Nr.	Gebührentatbestand	Gebühr oder Satz der Gebühr nach § 13 oder § 49 RVG	
		Wahlanwalt	gerichtlich bestellter oder beigeordneter Rechtsanwalt
4142	Verfahrensgebühr bei Einziehung und verwandten Maßnahmen . . . . . (1) Die Gebühr entsteht für eine Tätigkeit für den Beschuldigten, die sich auf die Einziehung, dieser gleichstehende Rechtsfolgen (§ 442 StPO), die Abführung des Mehrerlöses oder auf eine diesen Zwecken dienende Beschlagnahme bezieht. (2) Die Gebühr entsteht nicht, wenn der Gegenstandswert niedriger als 25,00 EUR ist. (3) Die Gebühr entsteht für das Verfahren des ersten Rechtszugs einschließlich des vorbereitenden Verfahrens und für jeden weiteren Rechtszug.	1,0	1,0

282 Wie im Adhäsionsverfahren wird bei der Bemessung der Gebühren neben den im strafrechtlichen Teil anfallenden Gebühren bei der Einziehung bzw. dem Verfall nach § 422 StPO der Wert des betroffenen Gegenstandes bemessen.

283 **§ 442 StPO [Verfall, Vernichtung, Unbrauchbarmachung und Beseitigung]**

(1) Verfall, Vernichtung, Unbrauchbarmachung und Beseitigung eines gesetzwidrigen Zustandes stehen im Sinne der §§ 430 bis 441 der Einziehung gleich.

(2) Richtet sich der Verfall nach § 73 Abs. 3 oder § 73a des Strafgesetzbuches gegen einen anderen als den Angeschuldigten, so ordnet das Gericht an, dass der andere an dem Verfahren beteiligt wird. Er kann seine Einwendungen gegen die Anordnung des Verfalls im Nachverfahren geltend machen, wenn er ohne sein Verschulden weder im Verfahren des ersten Rechtszuges noch im Berufungsverfahren imstande war, die Rechte des Verfahrensbeteiligten wahrzuneh-

men. Wird unter diesen Voraussetzungen ein Nachverfahren beantragt, so sollen bis zu dessen Abschluss Vollstreckungsmaßnahmen gegen den Antragsteller unterbleiben.

1. Allgemeines

Die Vorschrift zählt auf, bei welchen Vorgängen sie Anwendung[127] finden soll: 284
- der Einziehung von Gegenständen
- dem Verfall von Gegenständen
- der Vernichtung bzw. Unbrauchbarmachung von Gegenständen
- der Abführung des Mehrerlöses
- der Beschlagnahmen.

Die Gebühr entsteht nach Abs. 3 lediglich je Rechtszug einmal. Das bedeutet, dass eine 285 Unterscheidung nach Verfahrensabschnitten nicht erforderlich ist. Allerdings spielt es auch keine Rolle, wie hoch der Aufwand für die Tätigkeit ist, da hier nur der Gegenstandswert zugrunde gelegt wird.[128] Es reicht daher die Beratung des Angeklagten über die evtl. bestehende Möglichkeit der Abwendung einer ihm drohenden Einziehung von beschlagnahmten Gegenständen oder dieser gleichstehenden Rechtsfolgen (Verfall) sogar aus, wenn die Einziehung oder der Verfall nicht ausdrücklich ausgesprochen wurden.[129]

2. Wertbestimmung

Maßgeblich ist daher der Wert für den Betroffenen oder Dritten.[130] Auch können mehrere 286 Auftraggeber den Rechtsanwalt beauftragen, womit dann die 0,3 Erhöhungsgebühr nach Nr. 1008 VV anzusetzen ist.

Der Wert richtet sich nach dem objektiven Verkehrswert oder nach dem wirtschaftlichen 287 Interesse des Auftraggebers.[131] Es wird für die Wertberechnung der sog. Bruttowert zugrunde gelegt. Dies ist auch deshalb sachgerecht, weil die Errechnung des Nettowertes ggf. kompliziert vonstatten geht und der Bruttowert für die Wertbestimmung der Gebühren leichter und verlässlicher zu ermitteln ist. Verwirrend ist zum Beispiel der Umstand, dass dem Rauschgift kein Wert zuzumessen ist, der Veräußerungserlös aber in voller Höhe anzusetzen ist.[132] Der entscheidende Zeitpunkt für die Einziehung richtet sich nach den erkennbaren Anhaltspunkten in der Verfahrensakte und nicht nach dem in der Hauptverhandlung gestellten Schlussantrag der Staatsanwaltschaft.[133] Auch wird in dieser

---

127 Ausführlich AnwK-RVG/*N. Schneider*, Nr. 4142 VV Rn 12 ff.
128 Burhoff-RVG/*Burhoff*, Nr. 4142 VV Rn 11.
129 OLG Koblenz v. 15.5.2007 – 2 Ws 260/07.
130 Siehe auch die unter www.burhoff.de dokumentierte Rechtsprechung zu Nr. 4142 VV.
131 AnwK-RVG/*N. Schneider*, Nr. 4142 VV Rn 32 ff.
132 AnwK-RVG/*N. Schneider*, Nr. 4142 VV Rn 37 f.
133 LG Magdeburg, Beschl. v. 7.12.2007 – 26 Qs 250/07, unter www.burhoff.de zu finden.

Entscheidung der mögliche Verkaufserlös von Drogen in die Wertberechnung eingestellt und entscheidet wörtlich:

> *„Der hier in Rede stehende Verfallswert orientiert sich jedoch an der Summe – der angenommenen Erlöse, die der Angeklagte durch den Verkauf von Drogen erzielt haben sollte."*

288 In einem Urteil des BGH vom 21.8.2002 – 1 StR 115/02 zum Verfall heißt es wörtlich zur Bemessung der Höhe der betroffenen Gegenstände bzw. des Verfalls:

> *Die Höhe des Verfalls (und des Verfalls des Wertersatzes) richtet sich nach dem Bruttoprinzip. Bruttoprinzip bedeutet, dass nicht bloß der Gewinn, sondern grundsätzlich alles, was der Täter für die Tat oder aus ihr erlangt hat, für verfallen zu erklären ist.*[134] *Entscheidend ist, was dem Betroffenen gerade durch die Straftat zugeflossen ist oder was er durch diese erspart hat. Bei der Berechnung des – wie hier – durch einen Kauf Erlangten ist vom gesamten Verkaufserlös ohne Abzug von Einkaufspreis und sonstigen Aufwendungen auszugehen.*[135]

289 Häufig werden in den Strafverfahren Entscheidungen – gerade in der Hauptverhandlung – darüber getroffen, ob bestimmte im Eigentum des Angeklagten stehende Gegenstände eingezogen werden sollen oder gar ein Rückgabeverzicht erklärt wird. Bereits ein gebrauchtes Mobiltelefon dürfte die nach unten geltende „Kappungsgrenze", die dafür sorgen soll, dass Kleinstbeträge nicht geltend gemacht werden, weil die anfallenden Gebühren unter 25,00 EUR außer Verhältnis stünden, aber überspringen. Unter Nr. 4141 VV wird für den Wahlverteidiger und den Pflichtverteidiger die gleiche Höhe mit einer 1,0 Gebühr angesetzt, allerdings gelten wiederum die unterschiedlichen Tabellen nach dem Wert des § 13 RVG für den Wahlverteidiger oder für den Pflichtverteidiger nach § 49 RVG.

290 *Praxistipp*

Der Rechtsanwalt sollte, falls der Mandant eine Verzichtserklärung abgegeben hat, im Hauptverhandlungstermin dokumentieren, **welchen Wert** der betreffende Gegenstand hat – am besten sollte er den Mandanten diesbezüglich fragen und den Wert ebenfalls **protokollieren** lassen, damit der später die Gebühren festsetzende Rechtspfleger auf das Protokoll verwiesen werden kann. Auch dem Mandanten gegenüber hilft dies bei der Abrechnung.

So wird sichergestellt, dass der Rechtsanwalt diesen Gebührenteil bei der Kostenfestsetzung bzw. gegenüber seinem Mandanten nicht vergisst! Im Übrigen kann der Rechtsanwalt diese Gebühr gegenüber dem Mandanten auch nach § 11 Abs. 8 RVG vom Gericht festsetzen lassen, weil es sich um Wertgebühren handelt.

---

134 BGH NStZ 1995, 491.
135 BGH NStZ 1994, 123; NStZ 2000, 480; NStZ-RR 2000, 57; wistra 2001, 389; BGH, Beschl. v. 3.12.2000 – 1 StR 547/00; BGH, Urt. v. 20.3.2001 – 1 StR 12/01.

D. Zusätzliche Gebühren § 2

Muster: Abrechnung für ein beschlagnahmtes Fahrzeug 291

▼

Das Fahrzeug hat einen geschätzten Wert von 15.000,00 EUR. In der Hauptverhandlung wird vom Mandanten nach Erörterung mit dem Rechtsanwalt ein Verzicht hierauf erklärt.

1,0 Gebühr §§ 2, 13 RVG, Nr. 4142 VV (Wert: 15.000,00 EUR)	566,00 EUR
Post- und Telekommunikationspauschale Nr. 7002 VV	20,00 EUR
Zwischensumme	586,00 EUR
Umsatzsteuer (MwSt), Nr. 7008 VV (19,00 %)	111,34 EUR
Endsumme	**697,34 EUR**

Rechtsanwalt

▲

III. Pauschgebühren

1. Einleitung

Um besonders hohen Aufwand für den Pflichtverteidiger und den Wahlverteidiger sach- 292
gerecht zu vergüten, hat der Gesetzgeber Pauschgebühren vorgesehen. Hierdurch soll verhindert werden, dass das Sonderopfer des Rechtsanwalts noch größer wird als es gebührenmäßig ohnedies der Fall ist. Die Regelungen gelten im Übrigen auch für alle unter Abschnitt 4 VV aufgezählten Personen. Vorbemerkung 4 Abs. 1 VV gilt also für die Tätigkeit als Beistand oder Vertreter eines Privatklägers, eines Nebenklägers, eines Einziehungs- oder Nebenbeteiligten, eines Verletzten, eines Zeugen oder Sachverständigen und im Verfahren nach dem Strafrechtlichen Rehabilitierungsgesetz, da eine entsprechende Anwendung vorzunehmen ist.

> **§ 42 RVG Feststellung einer Pauschgebühr** 293
>
> (1) In Strafsachen, gerichtlichen Bußgeldsachen, Verfahren nach dem Gesetz über die internationale Rechtshilfe in Strafsachen und in Verfahren nach dem IStGH-Gesetz stellt das Oberlandesgericht, zu dessen Bezirk das Gericht des ersten Rechtszugs gehört, auf Antrag des Rechtsanwalts eine Pauschgebühr für das ganze Verfahren oder für einzelne Verfahrensabschnitte durch unanfechtbaren Beschluss fest, wenn die in den Teilen 4 bis 6 des Vergütungsverzeichnisses bestimmten Gebühren eines Wahlanwalts wegen des besonderen Umfangs oder der besonderen Schwierigkeit nicht zumutbar sind. Dies gilt nicht, soweit Wertgebühren entstehen. Beschränkt sich die Feststellung auf einzelne Verfahrensabschnitte, sind die Gebühren nach dem Vergütungsverzeichnis, an deren Stelle die Pauschgebühr treten soll, zu bezeichnen. Die Pauschgebühr darf das Doppelte der für die Gebühren eines Wahlanwalts geltenden Höchstbeträge nach den Teilen 4 bis 6 des Vergütungsverzeichnisses nicht übersteigen. Für den Rechtszug, in dem

der Bundesgerichtshof für das Verfahren zuständig ist, ist er auch für die Entscheidung über den Antrag zuständig.

(2) Der Antrag ist zulässig, wenn die Entscheidung über die Kosten des Verfahrens rechtskräftig ist. Der gerichtlich bestellte oder beigeordnete Rechtsanwalt kann den Antrag nur unter den Voraussetzungen des § 52 Abs. 1 Satz 1, Abs. 2, auch in Verbindung mit § 53 Abs. 1, stellen. Der Auftraggeber, in den Fällen des § 52 Abs. 1 Satz 1 der Beschuldigte, ferner die Staatskasse und andere Beteiligte, wenn ihnen die Kosten des Verfahrens ganz oder zum Teil auferlegt worden sind, sind zu hören.

(3) Der Strafsenat des Oberlandesgerichts ist mit einem Richter besetzt. Der Richter überträgt die Sache dem Senat in der Besetzung mit drei Richtern, wenn es zur Sicherung einer einheitlichen Rechtsprechung geboten ist.

(4) Die Feststellung ist für das Kostenfestsetzungsverfahren, das Vergütungsfestsetzungsverfahren (§ 11) und für einen Rechtsstreit des Rechtsanwalts auf Zahlung der Vergütung bindend.

(5) Die Absätze 1 bis 4 gelten im Bußgeldverfahren vor der Verwaltungsbehörde entsprechend. Über den Antrag entscheidet die Verwaltungsbehörde. Gegen die Entscheidung kann gerichtliche Entscheidung beantragt werden. Für das Verfahren gilt § 62 des Gesetzes über Ordnungswidrigkeiten.

§ 51 RVG Festsetzung einer Pauschgebühr in Straf- und Bußgeldsachen

(1) In Straf- und Bußgeldsachen, Verfahren nach dem Gesetz über die internationale Rechtshilfe in Strafsachen und in Verfahren nach dem IStGH-Gesetz ist dem gerichtlich bestellten oder beigeordneten Rechtsanwalt für das ganze Verfahren oder für einzelne Verfahrensabschnitte auf Antrag eine Pauschgebühr zu bewilligen, die über die Gebühren nach dem Vergütungsverzeichnis hinausgeht, wenn die in den Teilen 4 bis 6 des Vergütungsverzeichnisses bestimmten Gebühren wegen des besonderen Umfangs oder der besonderen Schwierigkeit nicht zumutbar sind. Dies gilt nicht, soweit Wertgebühren entstehen. Beschränkt sich die Bewilligung auf einzelne Verfahrensabschnitte, sind die Gebühren nach dem Vergütungsverzeichnis, an deren Stelle die Pauschgebühr treten soll, zu bezeichnen. Eine Pauschgebühr kann auch für solche Tätigkeiten gewährt werden, für die ein Anspruch nach § 48 Abs. 5 besteht. Auf Antrag ist dem Rechtsanwalt ein angemessener Vorschuss zu bewilligen, wenn ihm insbesondere wegen der langen Dauer des Verfahrens und der Höhe der zu erwartenden Pauschgebühr nicht zugemutet werden kann, die Festsetzung der Pauschgebühr abzuwarten.

(2) Über die Anträge entscheidet das Oberlandesgericht, zu dessen Bezirk das Gericht des ersten Rechtszugs gehört, und im Fall der Beiordnung einer Kontaktperson (§ 34a des Einführungsgesetzes zum Gerichtsverfassungsgesetz) das Oberlandesgericht, in dessen Bezirk die Justizvollzugsanstalt liegt, durch unanfechtbaren Beschluss. Der Bundesgerichtshof ist für die Entscheidung zuständig, soweit er den Rechtsanwalt bestellt hat. In dem Verfahren ist die Staatskasse zu hören. § 42 Abs. 3 ist entsprechend anzuwenden.

(3) Absatz 1 gilt im Bußgeldverfahren vor der Verwaltungsbehörde entsprechend. Über den Antrag nach Absatz 1 Satz 1 bis 3 entscheidet die Verwaltungsbehörde gleichzeitig mit der Festsetzung der Vergütung.

294 Nach § 51 Abs. 1 S. 1 RVG ist dem gerichtlich bestellten oder beigeordneten Rechtsanwalt **auf Antrag eine Pauschgebühr** zu bewilligen, wenn die in den Teilen 4–6 VV bestimmten **Gebühren wegen des besonderen Umfangs oder der besonderen Schwierigkeit nicht zumutbar** sind.

Praxistipp 295

In der Praxis erweist es sich als Wermutstropfen, dass entscheidende Bemessungskriterien bereits bei der Bemessung der gesetzlichen Gebühr einfließen oder unter eigene Gebührentatbestände fallen (z.B. Teilnahme an Vernehmungen im Ermittlungsverfahren, Haftbefehlsverkündungsterminen oder Haftprüfungsterminen), so dass der praktische Anwendungsbereich der Vorschrift bedeutend geringer geworden ist.[136]

Die umfangreich zu begründenden Anträge sind als Ausnahmefälle konstruiert und werden so von den Oberlandesgerichten recht einheitlich gesehen. Auch wenn mitunter der Rechtsanwalt meint, er sei durch das Verfahren insgesamt schwer belastet, kann ein Antrag nur dann erfolgreich sein, wenn tatsächlich ein besonders umfangreicher Fall vorliegt. Anderenfalls ist nur zu raten, die hohen Anforderungen an den Antrag selbst zu beachten und den Antrag so umfassend (und damit auch seinerseits umfangreich) wie möglich zu begründen.

2. Besonderer Umfang, besondere Schwierigkeit und Unzumutbarkeit der gesetzlichen Gebühren

a) Besonderer Umfang

Ob eine besonders umfangreiche Sache vorliegt, bemisst sich aufgrund objektiver Gesamtumstände nach dem zeitlichen Aufwand der Verteidigertätigkeit.[137] Dabei sind die Dauer und die Anzahl der einzelnen Verhandlungstage, die Terminsfolge, die Gesamtdauer der Hauptverhandlung, der Umfang und die Komplexität des Verfahrensstoffes sowie das Ausmaß der vom Verteidiger wahrgenommenen weiteren Tätigkeiten wie etwa die Durchführung von Mandantenbesprechungen, die Teilnahme an Haftprüfungen, polizeilichen Vernehmungen und Anhörungen von Sachverständigen, das Führen einer umfangreichen Korrespondenz sowie die Wahrnehmung von sonstigen Gesprächsterminen von Bedeutung.[138] Die Anzahl der Hauptverhandlungstage kann mit deren durchschnittlicher Dauer in Beziehung gesetzt werden, zumal dem Pflichtverteidiger für jeden dieser Hauptverhandlungstage eine Termingebühr und ggf. einem sog. Längenzuschlag vergütet wird. 296

b) Besondere Schwierigkeit

Die „besondere Schwierigkeit" ist letztlich durch den Vorsitzenden Richter zu bestätigen. Dieser soll – praktisch schwierig – beurteilen können, dass beispielsweise der zu verteidigende Mandant „beratungsresistent" gewesen ist und sich auch dadurch eine besondere Schwierigkeit eingestellt hat. 297

---

136 OLG Köln v. 3.5.2005 – 2 ARs 87/05; OLG Köln v. 6.1.2006 – 2 ARs 231/05.
137 BVerfG – 2 BvR 1173/08 – v. 6.10.2008 noch zu § 99 BRAGO.
138 So bereits Gerold/Schmidt/*Madert*, 15. Aufl., 2002 noch zu § 99 BRAGO Rn 3.

c) Prüfung der Unzumutbarkeit

298 Schließlich ist als weiteres Kriterium erforderlich, dass die gesetzlichen Gebühren für den Rechtsanwalt unzumutbar sein müssen. Verfassungsrechtlich hat das Bundesverfassungsgericht diese Beschränkungen auch für verfassungsgemäß erachtet.[139] Dennoch wird der Anwaltschaft hier einiges an Opfern abverlangt. Zumindest wird die Unzumutbarkeit immer dann bejaht, wenn das Verfahren bzw. der Verfahrensabschnitt sowohl als „besonders schwierig" als auch als „besonders umfangreich" anzusehen ist.[140]

299 Bei der Prüfung gehen die OLG (teilweise) nach der Antragstellung durch den Rechtsanwalt zweistufig vor. Es wird zuerst, wenn eine Pauschgebühr für das gesamte Verfahren beantragt wird, untersucht, inwieweit der besondere Umfang der anwaltlichen Tätigkeit hinsichtlich einzelner Verfahrensabschnitte zu bejahen ist. Liegt entweder ein umfangreiches oder schwieriges Verfahren vor, muss in einer 2. Stufe die Klippe der Unzumutbarkeit übersprungen werden (vgl. auch die folgende Checkliste unter § 2 Rn 303).

300 Die frühere Gesamtbetrachtung des Verfahrens folgt in einem weiteren Schritt, falls nicht ein einzelner Verfahrensabschnitt „besonders umfangreich" gewesen ist, ggf. das Verfahren dennoch „insgesamt" als „besonders umfangreich" einzustufen ist. Das wird z.B. dann angenommen, wenn die einzelnen Verfahrensabschnitte jeweils noch nicht den Grad des „besonderen Umfangs" erreicht haben, sie aber jeweils so umfangreich sind, dass in der Gesamtschau unter Berücksichtigung der Kriterien des RVG ein „besonderer Umfang" anzunehmen ist.[141]

d) Antragstellung für eine Pauschgebühr

301 Der Antrag muss beim zuständigen Oberlandesgericht gestellt werden.[142] Ansonsten ist der BGH, soweit die Pauschgebühr für die Tätigkeit des Wahlanwalts im Revisionsverfahren beantragt wird, für das Revisionsverfahren zuständig.[143] Um den Aufwand zu dokumentieren, den die OLG für die Bejahung einer Pauschgebühr verlangen, soll das Beispiel des OLG Köln – Beschluss vom 13.6.2008, 1 ARs 29/08 – herhalten:

302 *„Berücksichtigungsfähige Umstände, die eine Honorierung des Antragstellers im Rahmen der gesetzlichen Gebühren als unzumutbar erscheinen lassen, liegen hier aus den Gründen der Antragsschrift insoweit vor, als der Verteidiger zunächst im Erkenntnisverfahren einen **25-seitigen Beschwerdeschriftsatz zur Frage der Pflichtverteidigerbestellung** gefertigt hat. Dass ihn dies **19 Zeitstunden** in Anspruch genommen hat, hat der Antragsteller nachvollziehbar dargelegt.*

*Der Antragsteller hat aber des Weiteren einen **100-seitigen Befangenheitsantrag** verfasst. Der hierfür angesetzte Zeitaufwand von **11 Stunden**, während derer andere Sachen nicht bearbeitet werden konnten, erscheint eher am unteren Rand angesetzt.*

---

[139] BVerfG RVGreport 2007, 263 = JurBüro 2007, 529 = AGS 2007, 507 = NStZ-RR 2007, 359.
[140] So jedenfalls bislang OLG Hamm, vgl. Nachweise bei *Burhoff*, a.a.O.
[141] *Burhoff*, Die Pauschgebühr des Strafverteidigers nach den §§ 42, 51 RVG, StraFo 2008, 192 ff.
[142] AnwK-RVG/*N. Schneider*, § 42 Rn 22 ff.
[143] *Burhoff*, Die Pauschgebühr des Strafverteidigers nach den §§ 42, 51 RVG, StraFo 2008, 192 ff., 194.

*Schließlich hat der Antragsteller eine **268-seitige Revisionsbegründungsschrift** gefertigt, was nach seinen nachvollziehbaren Angaben dazu geführt hat, dass er an **vier Arbeitstagen** andere Strafsachen nicht bearbeiten konnte."*

Checkliste: Pauschgebühr 303

- Liegt ein „**besonders umfangreiches**" oder „**besonders schwieriges Verfahren**" vor? Falls dies der Fall ist:
- Wie hoch sind die hierfür entstandenen gesetzlichen Gebühren?
- Sind diese noch unter Berücksichtigung des „besonderen Umfangs" oder der „besonderen Schwierigkeit" **zumutbar**?
- Es müssen also die Beträge ins Verhältnis zueinander gesetzt werden
- Es ist hilfreich (aber nicht unbedingt notwendig), den Pauschantrag zu beziffern
- Schon während des laufenden Verfahrens kann bei besonders langer und absehbarer Verfahrensdauer der Pauschantrag gestellt werden![144]
- Es wurde noch keine anderweitige Festsetzung beantragt

Bei der Antragstellung sollte der Pflichtverteidiger nach Möglichkeit die von ihm für die Verteidigung aufgewendete Zeit darlegen und diese den gesetzlichen Gebühren gegenüberstellen. Eine umfassende Schilderung der Quantität und Qualität der Mandatsbearbeitung ist unerlässlich.[145] So wird schneller deutlich, für welchen „Stundensatz" er arbeiten muss, wenn ihm nur die gesetzlichen Gebühren zustehen und dass dies unzumutbar ist.

3. Pauschgebühren auch für den Wahlverteidiger

Sicherlich noch immer für Wahlverteidiger neu ist der Umstand, dass ihnen § 42 RVG ebenfalls eine Pauschgebühr zubilligt.[146] Dies ist dann von Interesse, wenn die gesetzlichen Gebühren nicht ausreichen, um den Arbeitsaufwand abzudecken und keine Vergütungsvereinbarung getroffen werden konnte oder sollte. 304

Da die Gebühren für den Wahlverteidiger grundsätzlich höher liegen als für den Pflichtverteidiger, ist davon auszugehen, dass mit der Zugrundelegung der Wahlanwaltsgebühren (vgl. auch oben unter § 2 Rn 296 ff.) die auszugleichende Differenz automatisch geringer wird.

Schließlich ist zu beachten, dass Abs. 1 S. 3 und 4 RVG eine Einschränkung hinsichtlich der Höhe der für den Wahlverteidiger anfallenden Gebühren bereit halten: Sie darf höchstens das Doppelte der für ihn nach den Rahmengebühren geltenden Sätze betragen.[147]
Die Prüffolge bleibt ansonsten gleich.

---

144 Straßenverkehrssachen/*Krumm*, Rn 404.
145 AnwK-RVG/*N. Schneider*, § 42 Rn 22 f.
146 Burhoff-RVG/*Burhoff*, § 42 Rn 1 ff.
147 AnwK-RVG/*N. Schneider*, § 42 Rn 37.

305 *Praxistipp*

Wichtig ist, dass eine Festsetzung der Pauschgebühr unzulässig sein kann, wenn der Rechtsanwalt nach Ausübung seines Ermessens nach § 14 RVG bereits Kostenfestsetzung beantragt hat und somit gebunden ist. Gleiches gilt auch für die schon festgesetzten Kosten, die ebenfalls zur Unzulässigkeit des Pauschantrages führen.[148]

Umgekehrt heißt dies: Im Freispruchfall sollte zunächst gem. § 42 RVG eine Pauschgebühr vom OLG-Senat auf Antrag des Wahlverteidiger festgestellt werden. Im Festsetzungsverfahren ist der Rechtspfleger an die Feststellung gebunden, d.h. hat die zu erstattenden Gebühren so festsetzen, wie das OLG sie festgestellt hat. Auch für nachfolgende Honorarprozesse ist dann die Feststellung nach Abs. 4 bindend.[149]

Das gilt ggf. auch, wenn der Pflichtverteidiger gem. § 52 RVG einen Anspruch gegen seinen Mandanten geltend macht.[150]

306 Muster: Pauschantrag

▼

In der Strafsache

Az.: ▮

bin ich mit Datum vom ▮ als Pflichtverteidiger des Angeklagten bestellt worden. Vor der Bestellung zum Pflichtverteidiger bin ich für den Angeklagten nicht tätig gewesen.

Die mir zustehenden gesetzlichen Gebühren betragen ▮ EUR. Durch diese Gebühren ist meine Tätigkeit als Pflichtverteidiger nicht ausreichend vergütet, weil es sich um eine besonders umfangreiche bzw. besonders schwierige Strafsache im Sinne des § 51 Abs. 1 S. 1 RVG handelt. Dem gerichtlich bestellten oder beigeordneten Rechtsanwalt ist daher **auf Antrag eine Pauschgebühr** zu bewilligen, wenn die in den Teilen 4–6 VV bestimmten **Gebühren wegen des besonderen Umfangs oder der besonderen Schwierigkeit nicht zumutbar** sind. So liegt es hier.

Im Einzelnen ist auszuführen, dass hier verfahrensgegenständlich zwei Anklageschriften (▮ und ▮) sind. In der ersteren Anklageschrift sind alleine ▮ selbstständige Handlungen, in der zweiten ▮ selbstständige Handlungen angeklagt. Der besondere Umfang ist bereits deshalb zu bejahen, weil hier allein vierzig Aktenbände verfahrengegenständlich waren, so dass alleine eine Anzahl von mehr als ▮ Seiten gelesen und erfasst werden mussten. Auch reicht bereits eine große Anzahl von Taten aus, um die Sache zu einer besonders umfangreichen zu machen. So werden bereits bei 500 Blatt Akten in einem amtsgerichtlichen Verfahren diese als komplexe Verfahren angesehen (OLG Hamm StV 1998, 619; StV 2000, 442).

Darüber hinaus ist hier eine intensive Verfahrensvorbereitung dafür ursächlich gewesen, dass sich die Zahl der Hauptverhandlungstage auf lediglich ▮ Hauptverhandlungstermine statt der ursprünglich ▮ avisierten Hauptverhandlungstermine beschränken

---

[148] AnwK-RVG/*N. Schneider*, § 42 Rn 25.
[149] AnwK-RVG/*N. Schneider*, § 42 Rn 42 ff.
[150] *Burhoff*, Die Pauschgebühr des Strafverteidigers nach den §§ 42, 51 RVG, StraFo 2008, 192 ff., 194.

D. Zusätzliche Gebühren §2

konnte. Diese Vorbereitung ist auch bei der Bemessung der Pauschgebühr in Ansatz zu bringen (OLG Hamm StraFo 1997, 30). In diesem Zusammenhang ist zu erwähnen, dass sowohl mit dem Angeklagten als auch mit dem Vorsitzenden des Schöffengerichts mehrfach persönlich und auch telefonisch in Verbindung getreten wurde, um hier eine besonders effektive, zeit- und kostensparende Bearbeitung der Angelegenheit auf den Weg zu bringen.

Im Einzelnen handelt es sich um einen Zeitaufwand von ▒▒▒▒ Stunden. Die gesetzliche Vergütung entspricht einem Stundensatz gerundet von etwa ▒▒▒▒ EUR brutto. Dies ist unzumutbar.

Aus dem Vorstehenden ergibt sich die Angemessenheit einer Pauschvergütung. Folgerichtig sind die hieraus zustehenden gesetzlichen Gebühren im Rahmen einer Pauschvergütung wenigstens in Höhe von ▒▒▒▒ EUR angemessen.

Es wird gebeten, die Stellungnahme des Bezirksrevisors zuzusenden, damit ggf. Stellung genommen werden kann.

Rechtsanwalt

▲

E. Strafvollstreckung

307

Nr.	Gebührentatbestand	Gebühr oder Satz der Gebühr nach § 13 oder § 49 RVG	
		Wahlanwalt	gerichtlich bestellter oder beigeordneter Rechtsanwalt

**Abschnitt 2
Gebühren in der Strafvollstreckung**

Vorbemerkung 4.2:
Im Verfahren über die Beschwerde gegen die Entscheidung in der Hauptsache entstehen die Gebühren besonders.

4200	Verfahrensgebühr als Verteidiger für ein Verfahren über
	1. die Erledigung oder Aussetzung der Maßregel der Unterbringung
	   a) in der Sicherungsverwahrung,
	   b) in einem psychiatrischen Krankenhaus oder
	   c) in einer Entziehungsanstalt,
	2. die Aussetzung des Restes einer zeitigen Freiheitsstrafe oder einer lebenslangen Freiheitsstrafe oder
	3. den Widerruf einer Strafaussetzung zur Bewährung oder den Widerruf der Aussetzung einer Maßregel der Besserung und Sicherung zur Bewährung .....
		50,00 bis 560,00 EUR	244,00 EUR

4201	Gebühr 4200 mit Zuschlag	50,00 bis 700,00 EUR	300,00 EUR
4202	Terminsgebühr in den in Nummer 4200 genannten Verfahren ...	50,00 bis 250,00 EUR	120,00 EUR
4203	Gebühr 4202 mit Zuschlag	50,00 bis 312,50 EUR	145,00 EUR

Nr.	Gebührentatbestand	Gebühr oder Satz der Gebühr nach § 13 oder § 49 RVG	
		Wahlanwalt	gerichtlich bestellter oder beigeordneter Rechtsanwalt
4204	Verfahrensgebühr für sonstige Verfahren in der Strafvollstreckung ...	20,00 bis 250,00 EUR	108,00 EUR
4205	Gebühr 4204 mit Zuschlag	20,00 bis 312,50 EUR	133,00 EUR
4206	Terminsgebühr für sonstige Verfahren	20,00 bis 250,00 EUR	108,00 EUR
4207	Gebühr 4206 mit Zuschlag	20,00 bis 312,50 EUR	133,00 EUR

I. Allgemeines

Auch im Bereich der Strafvollstreckung, der vom RVG einheitlich für Erwachsene und Jugendliche geregelt wird, gilt die Unterscheidung des auf freiem Fuß befindlichen bzw. nicht auf freiem Fuß befindlichen Mandanten. Entsprechend fallen Zuschläge an, die für den Pflichtverteidiger eine (minimale) Erhöhung darstellen; der Wahlverteidiger kann im Rahmen seiner Ermessensausübung die Gebühren nach § 14 RVG entsprechend bestimmen. Ob hiermit bereits das Ziel einer angemessenen Vergütung erreicht sein kann, darf aber bezweifelt werden, wenn eine Terminsgebühr, die ja erfordert, dass der Rechtsanwalt zu einem Termin erscheinen muss, mithin nicht in seiner Kanzlei arbeiten kann, mit einem Betrag von lediglich 108,00 EUR für den Pflichtverteidiger vergütet wird. Denn es gilt zu bedenken, dass eine Beiordnung des Pflichtverteidigers erfolgen wird, weil die Sach- und Rechtslage schwierig ist oder aber der Verurteilte seine Interessen nicht sachgerecht wahrnehmen kann – vgl. auch § 140 StPO und § 463 Abs. 3 S. 4 und 5 StPO sowie zur Vorbereitung der Entscheidungen nach § 67d Abs. 2 und 3 StGB. Die Bestellung durch das Gericht gilt i.Ü. nur für den 1. Abschnitt VV, also im Bereich der Verteidigung, und muss in der Strafvollstreckung erneut beantragt werden – wie auch für das Wiederaufnahmeverfahren.[151]

308

Ebenfalls wird zwischen der Verfahrensgebühr einerseits und Terminsgebühren andererseits unterschieden, eine Differenzierung, die gleichsam aus Abschnitt 1 VV fortgeführt wird. Allerdings wird keine Grundgebühr wie im Erkenntnisverfahren gewährt. Zu unter-

309

---

151 *Burhoff*-Ermittlungsverfahren, Rn 1217b.

scheiden sind etwaige Einzeltätigkeiten des Rechtsanwalts, die dann wiederum nach den Vorschriften des Abschnitts 3 VV berechnet werden müssten.[152] Hauptanwendungsfall im Verkehrsstrafrecht ist der Antrag auf die Abkürzung der Sperrfrist.[153]

310 *Praxistipp*

Im Falle einer gerichtlichen Beiordnung ist darauf zu achten, dass die Bestellung umfassend für die Strafvollstreckung erfolgt; ggf. sollte eine Klarstellung durch das Gericht herbeigeführt werden, da anderenfalls nicht alle Gebühren des Abschnitts 2 VV geltend gemacht werden können.

Zu beachten ist auch, dass jedes einzelne Vollstreckungsverfahren nach § 15 RVG eine gesondert zu vergütende Angelegenheit darstellt, beispielsweise mehrere Widerrufsverfahren[154] zu verschiedenen Aktenzeichen, die nacheinander seitens der Staatsanwaltschaft beantragt werden.

311 Die Strafvollstreckung ist in der StPO definiert und muss abgegrenzt werden von Tätigkeiten im Strafvollzug,[155] die ihrerseits wiederum nach Abschnitt 3 VV abgerechnet werden. Sie lässt sich anhand der folgenden Checkliste bestimmen:

312 **Checkliste: Strafvollstreckung nach Nr. 4200 VV**

- Rechtskraft des Urteils, der Maßnahme oder Anordnung des Gerichts
- die Erledigung oder Aussetzung der Maßregel der Unterbringung in der Sicherungsverwahrung, in einem psychiatrischen Krankenhaus oder in einer Entziehungsanstalt oder
- die Aussetzung des Restes einer zeitigen Freiheitsstrafe oder einer lebenslangen Freiheitsstrafe beispielsweise 2/3 oder Halbstrafe oder
- der Widerruf einer Strafaussetzung zur Bewährung oder den Widerruf der Aussetzung einer Maßregel der Besserung und Sicherung oder
- Änderungen (wie Befristung oder Aufhebung etc.) der Ursprungsentscheidung
- Unter sonstige Verfahren der Nr. 4204 VV zählen als häufigste Verfahren:[156]
- Anträge auf vorzeitige Aufhebung einer Sperre für die Wiedererteilung der Fahrerlaubnis
- Anträge zur nachträglichen Gesamtstrafenbildung,
- Verfahren nach § 35 BtMG über die Zurückstellung der Strafvollstreckung (Therapie statt Strafe)

313 Zudem kann auch der Anspruch gegen den eigenen Mandanten (Verurteilten) bzw. den Auftraggeber nach §§ 52, 53 RVG gerichtlich festgesetzt werden, wenn die Voraussetzun-

---

152 Zur Abgrenzung *Burhoff*, Die anwaltliche Vergütung in der Strafvollstreckung, StRR 2010, 93 ff.
153 Ebenso *Burhoff*, Fragen aus der Praxis zu aktuellen Gebührenproblemen in Straf- und Bußgeldsachen, RVGreport 2010, 362 m.w.N.
154 *Burhoff*, Die anwaltliche Vergütung in der Strafvollstreckung, StRR 2010, 93 f.
155 *Burhoff*, Die anwaltliche Vergütung in der Strafvollstreckung, StRR 2010, 93 ff.
156 Burhoff-RVG/*Volpert*, Nr. 4204 Rn 2 f.; *Burhoff*, Die anwaltliche Vergütung in der Strafvollstreckung, StRR 2010, 93 ff. m. w. Beispielen.

gen für die Beanspruchung von Wahlanwaltsgebühren vorliegen. In besonderen Fällen kann gleichfalls eine Pauschgebühr nach §§ 42, 51 RVG beantragt werden (zu den Voraussetzungen siehe unten § 2 Rn 292 ff.).

II. Verfahrensgebühr und Terminsgebühr nach Nrn. 4200 ff. VV

1. Verfahrensgebühr und Zuschläge nach Nrn. 4200, 4201; 4204 und 4205 VV

Bei der Bestimmung der Verfahrensgebühr gelten die allgemeinen Regelungen insoweit, als das Geschäft in der Strafvollstreckung betrieben werden muss (vgl. die Aufzählung unter § 2 Rn 59). 314

Gebührentatbestand Verfahrensgebühr Strafvollstreckung	Höhe der Gebühr in EUR
Wahlverteidiger	50–560
Mittelgebühr Wahlverteidiger	**305**
Pflichtverteidiger	244
Wahlverteidiger mit Haftzuschlag	50–700
Mittelgebühr Wahlverteidiger mit Haftzuschlag	**375**
Pflichtverteidiger mit Haftzuschlag	300

315

Die Verfahrensgebühr liegt zwischen 50,00 und 560,00 EUR für den Wahlverteidiger und dem Betrag von 244,00 EUR für den Pflichtverteidiger. Die Mittelgebühr beträgt daher 305,00 EUR für den Wahlverteidiger. Sollte der Mandant sich nicht auf freiem Fuß befinden, fallen Zuschläge an, die für den Wahlverteidiger erhöhte Grundgebühr beträgt dann zwischen 50,00 und 700,00 EUR, die Mittelgebühr ist mithin auf 375,00 EUR angehoben. Der Pflichtverteidiger erhält dann 300,00 EUR. 316

2. Terminsgebühr und Zuschläge nach Nrn. 4206, 4207 VV

Es muss ein gerichtlicher Termin[157] bestimmt sein, an dem der Rechtsanwalt – nicht notwendig jedoch der Verurteilte – teilnimmt. Anträge oder Stellungnahmen muss der Rechtsanwalt nicht abgeben, ein „Verhandeln" ist nicht erforderlich. Sollten allerdings mehrere Termine anfallen, soll der Rechtsanwalt dennoch lediglich nur einen Termin in 317

---

157 Burhoff-RVG/*Volpert*, Nr. 4206 VV Rn 5 f.

der Instanz abrechnen können.[158] Dies ist jedoch abzulehnen, weil die Terminsgebühr für den anfallenden Termin in Anspruch genommen werden soll und keine Gebühr darstellen soll, die im Rahmen der gesamten Instanz lediglich einmal anfällt. Hiergegen spricht i.Ü. auch der niedrige Umfang der Gebühr, die allenfalls einen Termin umfassen kann (bereits ein Handwerker beansprucht üblicherweise eine Anfahrtpauschale von 40,00 EUR). Es handelt sich folgerichtig um einen „Stockfehler" im Gesetzgebungsverfahren, dem mit der Intention, die Vergütung bei der Vertretung in der Strafvollstreckung sachgerecht anzuheben, durch entsprechende Auslegung entsprochen werden muss. Denn es ist auch im Sinne aller, wenn eine qualifizierte Vertretung in der Strafvollstreckung zur Verkürzung der Haftzeiten führen kann.

318

Gebührentatbestand Terminsgebühr Strafvollstreckung	Höhe der Gebühr in EUR
Wahlverteidiger	20–250
Mittelgebühr Wahlverteidiger	**135**
Pflichtverteidiger	108
Wahlverteidiger mit Haftzuschlag	20–312,50
Mittelgebühr Wahlverteidiger mit Haftzuschlag	**166,25**
Pflichtverteidiger mit Haftzuschlag	133

319 Die Terminsgebühr liegt zwischen 20,00 und 250,00 EUR für den Wahlverteidiger und dem Betrag von 108,00 EUR für den Pflichtverteidiger. Die Mittelgebühr beträgt daher 135,00 EUR für den Wahlverteidiger. Sollte der Mandant sich nicht auf freiem Fuß befinden, fallen Zuschläge an, die für den Wahlverteidiger erhöhte Grundgebühr beträgt dann zwischen 20,00 und 312,50 EUR, die Mittelgebühr ist mithin auf 166,25 EUR angehoben. Der Pflichtverteidiger erhält dann 133,00 EUR. Längenzuschläge fallen nicht an.

320 *Praxistipp für das Beschwerdeverfahren*
Die Beschwerde gegen die Entscheidungen des Gerichts unterfällt nicht der Verfahrens- bzw. Terminsgebühr nach Nrn. 4200 ff. VV und kann somit als nächste Instanz gesondert abgerechnet werden.[159] Die Verfahrensgebühr und ggf. die Terminsgebühr entstehen neu, soweit die Hauptsache (nicht also Nebenentscheidungen) betroffen sind!

---

158 Ausführlich dazu: *Burhoff*, Die anwaltliche Vergütung in der Strafvollstreckung, StRR 2010, 93 ff., der diese Auslegung zwar für systematisch geboten, aber sicherlich nicht vom Gesetzgeber intendiert hält.
159 *Burhoff*, Die anwaltliche Vergütung in der Strafvollstreckung, StRR 2010, 93 ff.; auch Burhoff-RVG/*Volpert*, Vorb. 4.2 Rn 22.

III. Einzeltätigkeiten in der Strafvollstreckung

Abzugrenzen sind die einzelnen Tätigkeiten in der Strafvollstreckung, für die dann Abschnitt 3 VV gilt. **321**

Auch hier sieht das RVG zwei Gruppen von Tätigkeiten vor. So ist bei der Anfertigung **322** oder Unterzeichnung einer Schrift in Verfahren nach den §§ 57a und 67e StGB lediglich die Verfahrensgebühr nach Nr. 4300 Nr. 3 VV bzw. für sonstigen Tätigkeiten in der Strafvollstreckung eine Verfahrensgebühr nach Nr. 4301 Nr. 6 VV entstanden.

Wird ausschließlich an einem gerichtlichen Termin teilgenommen, fällt nur die Gebühr **323** nach Nr. 4301 Nr. 4 VV an.

§ 3 Gebühren in Bußgeldangelegenheiten

A. Allgemeines

I. Einleitung

In der anwaltlichen Praxis wird häufig um die Gebühren bei der Abrechnung von Bußgeldsachen gestritten. Der Gesetzgeber hat in Teil 5 VV eine ähnliche Vergütungsstruktur gewählt wie bei der Abrechnung von Strafsachen, indem eine Alimentierung an das Verfahrensstadium geknüpft wird. Eine Besonderheit besteht weiterhin durch die Anknüpfung der Höhe der anwaltlichen Gebühren an die Höhe der Geldbuße mit Ausnahme des Rechtsbeschwerdeverfahrens. Ebenfalls findet sich die Unterscheidung zwischen dem Wahlverteidiger und dem Pflichtverteidiger,[1] der ebenfalls in den Fällen des § 140 StPO dem Betroffenen beigeordnet werden kann, sowie wie für die Einziehungs- und Nebenbeteiligten, Zeugen und Sachverständigen. In der Vorbemerkung wird bereits die parallele Handhabung sichtbar, weshalb sich im Nachfolgenden sinnvollerweise auch Verweise in die Vergütung des Strafverteidigers zur Vermeidung unnötiger Wiederholungen kaum vermeiden lassen.

So entsteht die Verfahrensgebühr für das Betreiben des Geschäfts einschließlich der Information in gleicher Weise wie die Terminsgebühr für die Teilnahme an gerichtlichen Terminen entsteht – wie im Strafverfahren auch.

Die zwei Abschnitte in Teil 5 VV differieren zwischen dem (Voll-)Verteidiger einerseits und den Einzeltätigkeiten andererseits.[2] Eine „Bußgeldsache" umfasst alle Verfahren, die sich verfahrensmäßig nach dem OWiG richten.[3] Eine höhere Vergütung des Rechtsanwalts wird nicht gewährt, weil sich der Mandant nicht auf freiem Fuß befindet; ebenso wenig gibt es einen Aufschlag pauschaler Natur, wenn im Verkehrsstrafrecht oder bei Verkehrsordnungswidrigkeiten ein Fahrverbot im Raume steht[4]

1. Abgrenzung Bußgeldverfahren und Strafverfahren

Für die erforderliche Unterscheidung einer Bußgeldsache, die nicht legaldefiniert ist, sich verfahrensmäßig jedoch nach dem OWiG richtet, muss die Abgrenzung zum erheblicheren Strafrecht nach dem Schwerpunkt des Vorwurfes erfolgen (vgl. die ausführlichen Ausführungen hierzu unter § 2 Rn 68–80). Sollte im Einzelfall unklar sein, ob nun ein Vorwurf nach dem OWiG oder einer Strafvorschrift im Raume steht, ist im Zweifel nach Teil 4 VV abzurechnen.[5]

---

1 *Burhoff*-OWi, Rn 1567 ff.
2 AnwK-RVG/*N. Schneider*, Vorb. zu Teil 5 VV Rn 2 ff.
3 Burhoff-RVG/*Burhoff*, Vorb. 5 VV Rn 4.
4 Gerold/Schmidt/*Burhoff*, vor Vorb. 5.1 VV Rn 15.
5 Burhoff-RVG/*Burhoff*, Vorb. 5 VV Rn 4.

2. Strafverfahren und sich anschließendes Bußgeldverfahren

5 In § 17 Nr. 10 RVG ist bestimmt, dass es sich um **verschiedene** Angelegenheiten handelt, wenn zunächst das Strafverfahren und hernach das Bußgeldverfahren geführt wird.[6] Das bedeutet, dass der Rechtsanwalt durch die Einstellung des Strafverfahrens gleichfalls die Gebühr Nr. 4141 Nr. 1 VV verdient. Denn die Angelegenheit „Strafverfahren" ist endgültig eingestellt. Dass das Verfahren als Bußgeldverfahren, also in einer neuen gebührenrechtlichen Angelegenheit, fortgesetzt wird, hat auf das Entstehen dieser Gebühr keinen Einfluss.[7] Die Befriedungsgebühr kann also doppelt oder auch mehrfach[8] anfallen. Gleiches gilt für die Kostenpauschale.

6 *Praxistipp*

Sollte das Verfahren abgegeben werden, ist sicherheitshalber eine weitere Vollmacht des Mandanten für das Bußgeldverfahren entgegenzunehmen, um den neuerlichen Auftrag zu dokumentieren. Eine neue Akte wird angelegt und bei rechtsschutzversicherten Mandanten sollte eine Deckungszusage gesondert für das Bußgeldverfahren eingeholt werden.

Bereits bei Mandatsannahme kann eine Vollmacht entgegengenommen werden, die im Bedarfsfalle nach entsprechender Dokumentation mit einem Datum versehen werden kann.

7 Es wird erneut auf die fehlerhafte aktuelle Entscheidung des BGH[9] verwiesen, in der festgehalten ist, dass weder der Wortlaut noch die Stellung der Vorschrift Nr. 4141 VV Aufschluss darüber geben sollen, ob hier eine endgültige Einstellung, also ohne nachfolgendes Bußgeldverfahren, gemeint ist. Zur ausführlichen Begründung wird auf die oben gemachten Ausführungen verwiesen (siehe die ausführliche Diskussion dazu unter § 2 Rn 69 ff.). Ergebnis der abzurechnenden Gebühren kann jedoch nur sein, dass die bisher übliche Praxis der Abrechnungen weiterhin erfolgen wird.

8 *Praxistipp*

Sicherheitshalber sollte zur Gebührensicherung bei der Annahme des Mandates jedoch folgender Mustertext von den Mandanten unterzeichnet werden. Diese Erklärung sollte gesondert von anderen Vollmachten oder Erklärungen zur Akte mitsamt einer undatierten Vollmacht für ein Bußgeld- bzw. Strafverfahren zur Akte genommen werden.

Sobald das erste Verfahren einer Einstellung zugeführt werden konnte, ist fernmündlich – am besten durch einen Mitarbeiter der Kanzlei – der Mandant nach dem Folgeauftrag zu befragen und dieser Auftrag durch entsprechende Dokumentation in die (neu angelegte) Akte zu verbringen sowie die Vollmacht zu datieren.

---

6 Gerold/Schmidt/*Müller-Rabe*, § 17 Rn 55 ff.
7 Siehe das Beispiel bei Burhoff-RVG/*Burhoff*, Vorb. 5 VV Rn 22.
8 AG Düsseldorf, Urt. v. 9.2.2010 – 36 C 2114/09.
9 BGH, Urt. v. 5.11.2009 – IX ZR 237/08 mit zutreffender, weil ablehnender Anm. v. *Kotz*, JurBüro 2010, 212.

A. Allgemeines § 3

Muster: Mandatsbedingungen bei Strafsachen und Ordnungswidrigkeiten 9

▼

Bei Strafverfahren ist der Auftraggeber darauf aufmerksam gemacht worden und ausdrücklich damit einverstanden, dass ein Strafverfahren als beendet gilt, wenn ein Verfahren durch die Amtsanwaltschaft oder Staatsanwaltschaft bzw. das zuständige Gericht – und sei es auch nur vorläufig – eingestellt und an die Ordnungsbehörden abgegeben wird. Gleiches gilt auch im umgekehrten Falle, dass ein Bußgeldverfahren eingestellt, die Angelegenheit aber als Strafsache weiter verfolgt wird. Im Falle der Abgabe bzw. Weiterverfolgung durch die Staatsanwaltschaft ist eine gesonderte Vollmacht zu erteilen. Hieraus folgt, dass die Befriedungsgebühr auch mehrfach anfallen kann.

Weiter wird der Auftraggeber darauf hingewiesen, dass eine eintretende Rechtsschutzversicherung ggf. diese Kosten nicht übernehmen wird, er daher diese Kosten dann selbst zu tragen hat.

▲

Die Abrechnung sieht dann beispielhaft wie folgt aus: 10

Muster: Abrechnung vom Strafverfahren zum Bußgeldverfahren – jeweils nur die Mittelgebühren

▼

a) Strafverfahren

Grundgebühr §§ 2, 14 RVG, Nr. 4100 VV	165,00 EUR
Verfahrensgebühr §§ 2, 14 RVG, Nr. 4104 VV	140,00 EUR
Erledigungsgebühr §§ 2, 14 RVG, Nr. 4141 VV i.V.m. Nr. 4106 VV	140,00 EUR
Post- und Telekommunikationspauschale, Nr. 7002 VV	20,00 EUR
Zwischensumme	465,00 EUR
Umsatzsteuer (MwSt), Nr. 7008 VV (19,00 %)	88,35 EUR
Zwischensumme	553,35 EUR
Zhlg. RS	-386,75 EUR
Endsumme	**166,60 EUR**

b) Bußgeldverfahren

Verfahrensgebühr §§ 2, 14 RVG, Nr. 5101 VV	55,00 EUR
Erledigungsgebühr §§ 2, 14 RVG, Nr. 5115 VV i.V.m. Nr. 5107 VV	55,00 EUR
Post- und Telekommunikationspauschale, Nr. 7002 VV	20,00 EUR
Zwischensumme	130,00 EUR

Umsatzsteuer (MwSt), Nr. 7008 VV (19,00 %)	24,70 EUR
Zhlg. an Juka (AE)	12,00 EUR
Endsumme	**166,70 EUR**

Rechtsanwalt
▲

3. Bußgeldverfahren und sich anschließendes Strafverfahren

11 Der umgekehrte Fall – zunächst Bußgeldverfahren und sich dann anschließendes Strafverfahren –, der ebenfalls streitig ist, wird vom RVG ausdrücklich geregelt. Er ist nach h.M. parallel zu behandeln. Das gilt vor allem, weil in § 17 Nr. 10 RVG für den anderen Fall die ausdrückliche Regelung vorliegt und kein Grund ersichtlich ist, warum die beiden Fälle unterschiedlich behandelt werden sollten.[10] Zudem wäre die Anrechnungsregelung hinsichtlich der im OWi-Verfahren entstandenen Grundgebühr in Anm. 2 zu Nr. 4100 VV sonst nicht verständlich.

12 **Muster: Abrechnung vom Bußgeldverfahren zum Strafverfahren – jeweils nur die Mittelgebühr mit einem Hauptverhandlungstermin**
▼

a) Bußgeldverfahren (Mittelgebühr)

Grundgebühr §§ 2, 14 RVG, Nr. 5100 VV	93,00 EUR
Verfahrensgebühr §§ 2, 14 RVG, Nr. 5101 VV	60,00 EUR
Verfahrensgebühr §§ 2, 14 RVG, Nr. 5107 VV	60,00 EUR
Terminsgebühr §§ 2, 14 RVG, Nrn. 5108, 5107 VV (Anzahl Terminstage: 1, à 110,00 EUR)	110,00 EUR
Post- und Telekommunikationspauschale, Nr. 7002 VV	20,00 EUR
Akteneinsichtsgebühr	12,00 EUR
Zwischensumme	355,00 EUR
Umsatzsteuer (MwSt), Nr. 7008 VV (19,00 %)	65,17 EUR
Zwischensumme	420,17 EUR
Zhlg. RS (steuerfreier Anteil: -12,00 EUR)	-52,40 EUR

---

10 AnwK-RVG/*N. Schneider*, vor Teil 5 VV Rn 7 ff.

Zhlg. Mdt (SB)	-150,00 EUR
Endsumme	**217,77 EUR**

b) Strafverfahren (Mittelgebühr)

Verfahrensgebühr §§ 2, 14 RVG, Nr. 4104 VV	140,00 EUR
Erledigungsgebühr §§ 2, 14 RVG, Nr. 4141 VV i.V.m. Nr. 4104 VV	140,00 EUR
Post- und Telekommunikationspauschale, Nr. 7002 VV	20,00 EUR
Zwischensumme	300,00 EUR
Umsatzsteuer (MwSt), Nr. 7008 VV (19,00 %)	57,00 EUR
Endsumme	**357,00 EUR**

Rechtsanwalt

II. Anwendungsbereich

1. Allgemeines

Für das Betreiben des Geschäfts einschließlich der Information fällt in gleicher Weise wie in Strafsachen die Verfahrensgebühr an. Die Regelungen werden im Bußgeldsachen konsequent wie im Strafverfahren angewandt. So wird die Terminsgebühr für die Teilnahme an gerichtlichen Terminen vergütet. Es gilt weiter die Unterscheidung zwischen dem Wahlverteidiger und dem Pflichtverteidiger.   13

§ 3 Gebühren in Bußgeldangelegenheiten

Teil 5 Bußgeldsachen

14

Nr.	Gebührentatbestand	Gebühr oder Satz der Gebühr nach § 13 oder § 49 RVG	
		Wahlanwalt	gerichtlich bestellter oder beigeordneter Rechtsanwalt

Vorbemerkung 5:
(1) Für die Tätigkeit als Beistand oder Vertreter eines Einziehungs- oder Nebenbeteiligten, eines Zeugen oder eines Sachverständigen in einem Verfahren, für das sich die Gebühren nach diesem Teil bestimmen, entstehen die gleichen Gebühren wie für einen Verteidiger in diesem Verfahren.
(2) Die Verfahrensgebühr entsteht für das Betreiben des Geschäfts einschließlich der Information.
(3) Die Terminsgebühr entsteht für die Teilnahme an gerichtlichen Terminen, soweit nichts anderes bestimmt ist. Der Rechtsanwalt erhält die Terminsgebühr auch, wenn er zu einem anberaumten Termin erscheint, dieser aber aus Gründen, die er nicht zu vertreten hat, nicht stattfindet. Dies gilt nicht, wenn er rechtzeitig von der Aufhebung oder Verlegung des Termins in Kenntnis gesetzt worden ist.
(4) Für folgende Tätigkeiten entstehen Gebühren nach den Vorschriften des Teils 3:
1. für das Verfahren über die Erinnerung oder die Beschwerde gegen einen Kostenfestsetzungsbeschluss, für das Verfahren über die Erinnerung gegen den Kostenansatz, für das Verfahren über die Beschwerde gegen die Entscheidung über diese Erinnerung und für Verfahren über den Antrag auf gerichtliche Entscheidung gegen einen Kostenfestsetzungsbescheid und den Ansatz der Gebühren und Auslagen (§ 108 OWiG),
2. in der Zwangsvollstreckung aus Entscheidungen, die über die Erstattung von Kosten ergangen sind, und für das Beschwerdeverfahren gegen die gerichtliche Entscheidung nach Nummer 1.

Abschnitt 1
Gebühren des Verteidigers

Vorbemerkung 5.1:
(1) Durch die Gebühren wird die gesamte Tätigkeit als Verteidiger entgolten.
(2) Hängt die Höhe der Gebühren von der Höhe der Geldbuße ab, ist die zum Zeitpunkt des Entstehens der Gebühr zuletzt festgesetzte Geldbuße maßgebend. Ist eine Geldbuße nicht festgesetzt, richtet sich die Höhe der Gebühren im Verfahren vor der Verwaltungsbehörde nach dem mittleren Betrag der in der Bußgeldvorschrift angedrohten Geldbuße. Sind in einer Rechtsvorschrift Regelsätze bestimmt, sind diese maßgebend. Mehrere Geldbußen sind zusammenzurechnen.

15 In Abschnitt 1 ist für den Wahlverteidiger oder Pflichtverteidiger festgelegt, wie mit den verschiedenen Regelungen bei den Geldbußen zu verfahren ist. Es kommt darauf an, welche die zuletzt festgesetzte Gebühr ist. Außerdem gilt Vorb. 5. 1 Abs. 1 VV wie zu verfahren ist, falls keine Geldbuße festgesetzt worden ist.

Im ersten Abschnitt in Teil 5 wird die Vergütung des (Voll-)Verteidigers (Wahlverteidiger und Pflichtverteidiger) geregelt.[11]

Im Besonderen wird unterschieden:

16

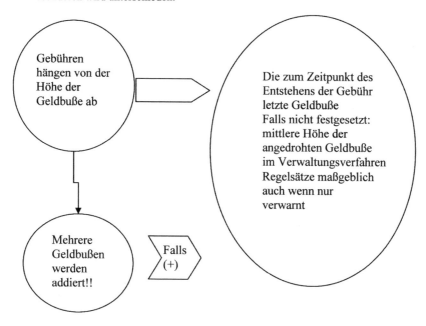

Es ist also die Regelung dergestalt getroffen, dass die Höhe der Geldbuße zur Gebühren- **17** bestimmung herangezogen wird oder – sollte noch keine Geldbuße im Verfahren vor den Verwaltungsbehörden beispielsweise festgesetzt worden sein – nach dem mittleren Betrag der in der Bußgeldvorschrift angedrohten Geldbuße. Diese wird der Mittelgebühr vergleichbar berechnet:[12]

Zu beachten ist ansonsten, dass mehrere gleichsam vorliegende Geldbußen addiert wer- **18** den, wenn sie in Tatmehrheit vorliegen. Liegt Tateinheit vor, ist der Vorwurf zugrunde zu legen, der mit der höchsten Sanktion bemessen wird.[13]

19

$$\frac{\text{Mindestbuße} + \text{Höchstbuße}}{2} = \text{mittlere Bußgeldhöhe}$$

---

11 AnwK-RVG/N. *Schneider*, Vorb. zu VV Teil 5 Rn 2 ff.
12 Ebenfalls AnwK-RVG/N. *Schneider*, Vorb. 5.1 VV Rn 3.
13 AnwK-RVG/N. *Schneider*, Vorb. 5.1 VV Rn 5.

> *Beispiel*
> Das Verhalten wird mit einem Bußgeld von 500–5.000 EUR sanktioniert. Dann beträgt die mittlere Geldbuße 2.750 EUR und wird damit Bemessungsgrundlage für die Gebührenbestimmung.

20 Sollte eine zwischenzeitliche Erhöhung der Geldbuße – beispielsweise durch die Androhung einer höheren Buße wegen vorsätzlicher Begehungsweise oder aber eines mit einem höheren Bußgeld versehenen Bußgeldtatbestandes, der noch nicht verfahrensgegenständlich war – vorliegen, die zum Überschreiten der Grenze zur nächsten Stufe führt, ist diese allerdings von Vorb. 5.1 Abs. 2 VV nicht beschrieben. Nach richtiger Auffassung[14] ist dann der höhere Bußgeldtatbestand für die Gebührenbemessung anzusetzen, indem analog Vorb. 5.1 Abs. 2 S. 2 VV verfahren wird. Eine andere Auffassung[15] lässt lediglich die erhöhte Berücksichtigung bei der Ermessensausübung im Rahmen von § 14 Abs. 1 RVG walten und setzt dann die Mittelgebühr um mindestens 30 % nach oben. Der Pflichtverteidiger hat diese Option allerdings nicht. Gleiches ist auch für den Fall der Verbindung.[16]

2. Problem der „Angelegenheiten"

21 Im RVG sind in §§ 15 ff. RVG die Angelegenheiten, insbesondere die Verschiedenheit der Angelegenheiten geregelt worden. Der hier interessierende Umstand, ob im Bußgeldverfahren das Verfahren vor der Verwaltungsbehörde und das gerichtliche Verfahren dieselbe Angelegenheit i.S. des § 16 RVG sind oder es sich um verschiedene Angelegenheiten i.S. des § 17 RVG handelt, kann nicht eindeutig beantwortet werden.

22 Diese Frage ist in der Literatur heftig **umstritten**.[17] Im Ergebnis spricht jedoch für die inzwischen eher überwiegende Auffassung, dass es sich um unterschiedliche Angelegenheiten handelt. Das Argument, dass der Gesetzgeber ausdrücklich keine Anrechnung vorgegeben hat, die Adressaten des Verteidigerhandelns sich von der Exekutive zur Judikative wandeln, und letztendlich die in Vorb. 5. 1. 2 Abs. 1 VV ausdrückliche gesetzliche Bestimmung.[18]

---

14 AnwK-RVG/*N. Schneider*, Vor 5107 VV Rn 8.
15 Burhoff-RVG/*Burhoff*, Vorb. 5.1 VV Rn 27; Gerold/Schmidt/*Burhoff*, Vorb. 5.1 VV Rn 8. Aber a.A. AnwK-RVG/*N. Schneider*, Vor 5107 ff. VV Rn 8, der sich vielmehr für eine analoge Anwendung der Vorb. 5.1 Abs. 2 S. 2 VV ausspricht.
16 Siehe hierzu ausführlich in Teil 1 a. VI. Verbindung, Verschmelzung und Trennung von Verfahren. AnwK-RVG/*N. Schneider*, Vor 5107 ff. VV Rn 9.
17 Für dieselbe Angelegenheit Gerold/Schmidt/*Müller-Rabe*, § 17 Rn 63 m.w.N.; für verschiedene Angelegenheiten im gleichen Kommentar, Gerold/Schmidt/*Burhoff*, Einleitung Teil 5 Absch. 1 VV Rn 3; Überblick über die Rechtsprechung bei Burhoff-RVG/*Burhoff* Burhoff-RVG/*Burhoff*, ABC-Teil: Angelegenheiten, Rn 17 ff.
18 AnwK-RVG/*N. Schneider*, Vorb. 5.1.2 VV Rn 2 ff., 7.

A. Allgemeines § 3

Praxistipp 23
Die Kostenpauschale fällt für jeden Verfahrensabschnitt gesondert an. Also kann auch die Gebühr entsprechend doppelt abgerechnet werden, soweit unterschiedliche Angelegenheiten vorliegen

Weiterhin ist bei einer Zurückverweisung durch das Rechtsbeschwerdegericht im Bußgeldverfahren ebenfalls eine zusätzliche, weitere Auslagenpauschale angefallen, weil es sich um einen weiteren Rechtszug gemäß § 21 Abs. 1 RVG handelt

III. Ermessensausübung nach § 14 RVG im Bußgeldverfahren

Der Wahlverteidiger hat im Rahmen von § 14 RVG sein Ermessen auszuüben (einführend 24 daher § 1 Rn 76 ff.). Grundsätzlich gelten daher auch hier im Bußgeldverfahren die allgemeinen Ausführungen zur Ermessensausübung nach § 24 RVG (vgl. oben § 1 Rn 83 ff.). Sie können jedoch dem Bußgeldverfahren angemessen individuell ergänzt werden.

1. Allgemeines

Im Bußgeldverfahren erhält der Wahlverteidiger mit Ausnahme der Befriedungsgebühr 25 nach Nr. 5115 VV Rahmengebühren. Es ist also nach den Kriterien des § 14 Abs. 1 RVG das anwaltliche Ermessen auszuüben. Die in § 14 Abs. 1 RVG aufgeführten Kriterien sind nicht abschließend, sondern sind beispielhaft[19] Dies wird beispielsweise dann nötig, wenn der Mandanten nicht auf freiem Fuß befindlich ist, da entsprechend höhere Gebührenrahmen nicht eröffnet sind; auch ist ein Längezuschlag, der jedenfalls ein Anhaltspunkt für die höhere Bemessung sein kann, nicht vorgesehen, jedoch im Rahmen der Ermessensausübung ein zu berücksichtigendes Kriterium.

Auch im Bußgeldverfahren ist deutlich nach der aufgewandten Zeit die Bestimmung der 26 Gebühren vorzunehmen. So ist abermals auf den Zeiterfassungsbogen bzw. Tätigkeitserfassungsbogen hinzuweisen (siehe Muster in § 1 Rn 118).

Praxistipp 27
Zu bedenken ist jedenfalls, dass die Ermessensausübung des Rechtsanwalts nur zweierlei Begrenzung erfährt, also der Rechtsanwalt bei der Ermessensausübung nicht ängstlich vorgehen darf:

- Obere Betragsrahmengrenze der jeweils betroffenen Vorschrift
- Unbillig ausgeübtes Ermessen

---

19 Burhoff-RVG/*Burhoff*, ABC-Teil: Rahmengebühren § 14 Rn 7 ff. m.w.N.

§ 3 Gebühren in Bußgeldangelegenheiten

Unbilligkeit[20] liegt aber nur vor, wenn im Sinne des § 14 Abs. 1 S. 4 RVG die Gebührenbestimmung um 20 %,[21] teilweise werden sogar 30 % Ermessensspielraum eingeräumt,[22] oder mehr von der Gebühr abweicht, die sich unter Berücksichtigung aller in § 14 Abs. 1 S. 1 RVG genannten Bemessungsgrundlagen ergibt. Der Ausgangspunkt ist dabei grundsätzlich die Mittelgebühr.[23]

28 Das bedeutet im Bußgeldverfahren, dass für die Bemessung der Gebühren die **Gebühren nicht deshalb niedriger** bemessen werden dürfen, weil es sich generell um Angelegenheiten von geringerer Bedeutung handelt. Dafür ist nämlich bereits der niedrigere Betragsrahmen maßgeblich.[24] Ebenso wenig kann die Bußgeldhöhe für die Bemessung der konkreten Gebühr Anhaltspunkt aus diesem Grunde sein, weil ja schon die Einordnung in die unterschiedlichen Tatbestände hierfür maßgeblich ist.

29 Das gilt insbesondere für die Bußgeldverfahren wegen Verkehrsordnungswidrigkeiten. Denn gerade bei Verkehrsordnungswidrigkeiten liegt der Hauptanwendungsbereich in den ersten beiden Stufen – folgerichtig die durchschnittlichen Fälle. Deshalb ist auch in Bußgeldverfahren im verkehrsrechtlichen Bereich grds. von der **Mittelgebühr** auszugehen.[25]

2. Besonderheiten im Verkehrsrecht

30 Das Bemessungskriterium des Haftungsrisikos ist oftmals bei Verkehrsrechtssachen überdurchschnittlich hoch und kann bei der Ermessensausübung entsprechend schwer gewichtet werden. Erhöhend berücksichtig wird jedes Haftungsrisiko.[26] Besonders Verkehrsordnungswidrigkeiten stellen für den Rechtsanwalt ein erhebliches Haftungsrisiko dar, wenn nämlich das Fahrverbot bspw. die beruflichen Aussichten des Mandanten minimiert. Denn werden hier Verteidigungsfehler offenbar und hat der Mandant zugleich berufliche Nachteile, kann dies zu erheblichen Regressforderungen führen, womit das erhöhte Haftungsrisiko in jedem Falle eingestellt werden sollte. Auch die Eintragungen in das Verkehrszentralregister können gleiche Auswirkungen zeitigen.

---

20 Aktuelle Übersicht über die Rechtsprechung: *Burhoff*, Rechtsprechungsübersicht zu § 14 RVG in Straf- und Bußgeldsachen, RVGreport 2010, 204 ff.
21 Burhoff-RVG/*Burhoff*, ABC-Teil: Rahmengebühren § 14 Rn 49 ff. m.w.N.
22 LG Potsdam AGS 2009, 590; AG Limburg RVGreport 2009, 98.
23 Burhoff-RVG/*Burhoff*, ABC-Teil: Rahmengebühren § 14 Rn 49 ff. m.w.N; *Burhoff*, Rechtsprechungsübersicht zu § 14 RVG in Straf- und Bußgeldsachen, RVGreport 2010, 204 ff., *ders.*, Gebührenbemessung im straßenverkehrsrechtlichen OWi-Verfahren, RVGreport 2007, 262 ff., Gerold/Schmidt/*Onderka*, § 14 Rn 27 f.
24 Burhoff-RVG/*Burhoff*, Vorb. 5 VV Rn 21 ff., der von einem gebührenrechtlichen „Doppelverwertungsverbot" spricht.
25 *Burhoff*, Rechtsprechungsübersicht zu § 14 RVG in Straf- und Bußgeldsachen, RVGreport 2010, 204 ff.; *ders.*, Gebührenbemessung im straßenverkehrsrechtlichen OWi-Verfahren, RVGreport 2007, 262 ff., AnwK-RVG/*Onderka*, § 14 Rn 27 f.
26 Burhoff-RVG/*Burhoff*, ABC-Teil, Rahmengebühren § 14 Rn 31 ff.; AnwK-RVG/*Onderka*, § 14 Rn 49 ff.

In **straßenverkehrsrechtlichen Bußgeldsachen** kann es über diese allgemeinen Kriterien hinaus insbesondere ankommen auf di ein der Checkliste aufgeführten Kriterie:[27]

Checkliste: Straßenverkehrsrechtliche Bußgeldverfahren – 31
Ermessensausübung

Folgende (nicht abschließend aufgezählte) Umstände beeinflussen die Ermessensausübung im Verkehrsrecht zugunsten höherer Gebühren
- Berufliche Bedeutung der Fahrerlaubnis für den Mandanten,[28]
- Fahrverbot bzw. Entzug der Fahrerlaubnis droht,[29]
- Eintragung in VZR,[30]
- mehrere Verkehrsordnungswidrigkeiten,
- drohende Nachschulung für Fahranfänger,
- (hoher) Sachschaden,
- Sozialprestige[31] des Mandanten,
- Präjudiz für andere Verfahren,
- Entzug der Fahrerlaubnis droht wegen eines „beharrlichen Verstoßes", da bereits mehrere Voreintragungen vorliegen,[32]
- umfassende Auswertung von Sachverständigengutachten, z.B. zur Täteridentifizierung, Unfallrekonstruktionsgutachten,
- komplizierte Verjährungsfragen.

B. Das Verfahren vor der Verwaltungsbehörde

Nach der gleichsam anfallenden Grundgebühr kann der Rechtsanwalt im Bußgeldverfah- 32
ren – wie im Strafverfahren – die Verfahrens- und die Terminsgebühr berechnen. Für Termine außerhalb der Hauptverhandlung sind ebenfalls Terminsgebühren abzurechnen. Diese fallen beispielsweise an, wenn im Verfahren vor der Verwaltungsbehörde Vernehmungen vor der Polizei oder der Verwaltungsbehörde erfolgen:

---

27 *Burhoff*, Gebührenbemessung im straßenverkehrsrechtlichen OWi-Verfahren, RVGreport 2007, 262 ff., AnwK-RVG/*N. Schneider*, vor Teil 5 VV Rn 63 ff. m.w.N.
28 Zuerst AG Viechtach AGS 2007, 83.
29 AnwK-RVG/*N. Schneider*, vor Teil 5 VV Rn 68.
30 AnwK-RVG/*N. Schneider*, vor Teil 5 VV Rn 67.
31 AnwK-RVG/*N. Schneider*, vor Teil 5 VV Rn 77.
32 AG München AGS 2005, 430 = RVGreport 2005, 381.

§ 3 Gebühren in Bußgeldangelegenheiten

33 Unterabschnitt 1 **Allgemeine Gebühr**

Nr.	Gebührentatbestand	Gebühr oder Satz der Gebühr nach § 13 oder § 49 RVG	
		Wahlanwalt	gerichtlich bestellter oder beigeordneter Rechtsanwalt
5100	Grundgebühr................. (1) Die Gebühr entsteht für die erstmalige Einarbeitung in den Rechtsfall nur einmal, unabhängig davon, in welchem Verfahrensabschnitt sie erfolgt. (2) Die Gebühr entsteht nicht, wenn in einem vorangegangenen Strafverfahren für dieselbe Handlung oder Tat die Gebühr 4100 entstanden ist.	20,00 bis 150,00 EUR	68,00 EUR

Unterabschnitt 2
Verfahren vor der Verwaltungsbehörde

Vorbemerkung 5.1.2:
(1) Zu dem Verfahren vor der Verwaltungsbehörde gehört auch das Verwarnungsverfahren und das Zwischenverfahren (§ 69 OWiG) bis zum Eingang der Akten bei Gericht.
(2) Die Terminsgebühr entsteht auch für die Teilnahme an Vernehmungen vor der Polizei oder der Verwaltungsbehörde.

5101	Verfahrensgebühr bei einer Geldbuße von weniger als 40,00 EUR..	10,00 bis 100,00 EUR	44,00 EUR
5102	Terminsgebühr für jeden Tag, an dem ein Termin in den in Nummer 5101 genannten Verfahren stattfindet...................	10,00 bis 100,00 EUR	44,00 EUR
5103	Verfahrensgebühr bei einer Geldbuße von 40,00 EUR bis 5 000,00 EUR................	20,00 bis 250,00 EUR	108,00 EUR

B. Das Verfahren vor der Verwaltungsbehörde § 3

Nr.	Gebührentatbestand	Gebühr oder Satz der Gebühr nach § 13 oder § 49 RVG	
		Wahlanwalt	gerichtlich bestellter oder beigeordneter Rechtsanwalt
5104	Terminsgebühr für jeden Tag, an dem ein Termin in den in Nummer 5103 genannten Verfahren stattfindet	20,00 bis 250,00 EUR	108,00 EUR
5105	Verfahrensgebühr bei einer Geldbuße von mehr als 5 000,00 EUR..	30,00 bis 250,00 EUR	112,00 EUR
5106	Terminsgebühr für jeden Tag, an dem ein Termin in den in Nummer 5105 genannten Verfahren stattfindet	30,00 bis 250,00 EUR	112,00 EUR

I. Grundgebühr nach Nr. 5100 VV

1. Erstmalige Einarbeitung

Wie im Strafverfahren auch wird bei der „erstmaligen Einarbeitung" im Bußgeldverfahren mit dieser Gebühr der Arbeitsaufwand des Rechtsanwalts honoriert, der „einmalig mit der Übernahme des Mandates entsteht, also das erste Gespräch mit dem Mandanten und die Beschaffung der erforderlichen Informationen".[33] Hier können ebenfalls die Ausführungen zu Nrn. 4100 VV und 4101 VV parallel aus § 2 Rn 16 ff. gelesen werden, da sie entsprechende Anwendung finden. 34

Die Gebühr fällt einmalig an,[34] weil eine erstmalige Einarbeitung schon dem Wortsinn nach nur einmalig entstehen kann. Ist der Rechtsanwalt lediglich mit einer Einzeltätigkeit Teil 5 Unterabschnitt 2 Nr. 5200 VV beauftragt, fällt keine Grundgebühr[35] an. 35

---

33 BT-Drucks 15/1971 S. 222.
34 Ausführlich hierzu: *Burhoff*, Der Abgeltungsbereich der Grundgebühr in Straf- und Bußgeldverfahren, RVGreport 2009, 361 ff.
35 Gerold/Schmidt/*Burhoff*, Nr. 5200 VV Rn 10.

221

36 Die Grundgebühr entsteht also, wenn das Mandat übernommen worden ist, also entweder der Wahlverteidiger, der die Verteidigung mit einer Vollmacht übernommen hat, oder aber der Pflichtverteidiger, der gerichtlich bestellt wurde, tätig wird.[36]

37

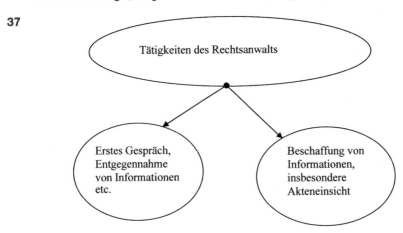

38 Weitere Gespräche mit dem Mandanten unterfallen dann der sich anschließenden Verfahrengebühr,[37] ebenso ist der Antrag auf Beiordnung schon Teil der Verteidigungsstrategie und daher eine die Verfahrensgebühr auslösende Tätigkeit,[38] weil er auf der ersten Einarbeitung aufbaut, denn nachdem der Rechtsanwalt den Sachverhalt mit seinem Mandanten besprochen hat, kann er – unter Berücksichtigung seiner rechtlichen Würdigung der Ermittlungsergebnisse und der möglichen Einlassung des Angeklagten – einen Beiordnungsantrag stellen. Hier gilt nichts anderes als im Strafverfahren.[39]

39 Sollte die Grundgebühr einen eigenen Abgeltungsbereich haben und die Verfahrensgebühr immer erst anfallen, wenn dieser überschritten ist,[40] ist nur die Grundgebühr Nr. 4100 VV entstanden. Ist aber die Verfahrensgebühr eine Betriebsgebühr,[41] fällt sie immer neben der Grundgebühr an.

40 Hierfür spricht jedenfalls der reine Wortlaut der Vorb. 4 Abs. 2 VV, wonach das Geschäft betrieben werden soll. Wie wenn nicht durch die auf die Einarbeitung hin folgenden Entscheidungen soll das Geschäft denn betrieben werden, also durch Akteneinsicht, dem Ab-

---

36 Gerold/Schmidt/*Burhoff*, Nr. 5100 VV Rn 2 und Nr. 4100 VV Rn 6 ff. AnwK-RVG/*N. Schneider*, Nr. 5100 VV Rn 1 ff.
37 Gerold/Schmidt/*Burhoff*, Nr. 5100 VV, Rn 9 f.; *Burhoff*, RVGreport 2009, 361 m.w.N.
38 AG Tiergarten v. 17.11.2008 – (281) 34 Js 849/08 (8/08); *Burhoff*, RVGreport 2007, 425, 426; Gerold/Schmidt/*Madert*, Nr. 4100–4105 VV Rn 77 ff.
39 Vgl. hierzu oben die Ausführungen unter § 2 Rn 21 ff.
40 KG RVGreport 2009, 186 = StRR 2009, 239; OLG Köln RVGreport 2007, 425; AnwK-RVG/*N. Schneider*, Vorb. 4 VV Rn 23.
41 AnwK-RVG/*N. Schneider*, Vorb. 4 VV Rn 22.

raten von Akteneinsicht und Bestellung etc.? Danach ist die Verfahrensgebühr grundsätzlich neben der Geschäftsgebühr angefallen,[42] wenn auf der Grundlage der Einarbeitung der Rechtsanwalt Entscheidungen getroffen hat, die eine taktische und rechtliche Bewertung zum Inhalt haben, mithin über das Verstehen des Falles hinausgehen.

Praxistipp 41

Dies wird in der Regel der Fall sein, wenn ein Akteneinsichtsantrag erfolgt, mit dem Mandanten abgesprochen ist, auf ein Anhörungsschreiben zu warten, um die Verjährung nicht unterbrechen o.ä.

Als Faustregel[43] kann zumindest gelten, dass eine länger andauernde Tätigkeit des Rechtsanwaltes seit der Mandatsübernahme bzw. Bestellung den Anwendungsbereich der Verfahrensgebühr eröffnet.[44]

Sollte ein erledigtes Strafverfahren länger als zwei Kalenderjahre zurückliegen, fällt i.Ü. erneut die Grundgebühr an, da der Rechtsanwalt sich erneut und umfassend einarbeitet.[45] Auch für die Verfahrensgebühr gilt dann das Vorstehende, wenn wiederum weitere Entscheidungen durch den Rechtsanwalt getroffen werden wie oben beschrieben.

2. Rechtsfall

Die Grundgebühr entsteht nur einmal je Rechtsfall. Es ist daher genau zu prüfen, in welchem Umfang das Mandat übertragen oder aber die Bestellung erfolgt ist (vgl. § 1 Rn 55 ff.). 42

Praxistipp 43

Da der „Rechtsfall" nicht legaldefiniert ist, wird jedes von den Verfolgungsbehörden betriebene Bußgeld- bzw. Ermittlungsverfahren als Rechtsfall betrachtet.[46] Die Grundgebühr entsteht also bei verschiedenen in Tatmehrheit begangenen Vorwürfen mit dem Kfz gemäß der Anzahl der jeweiligen Vorwürfe.

3. Höhe der Grundgebühr nach Nr. 5100 VV

Die Höhe der Grundgebühr liegt zwischen 20,00 und 150,00 EUR für den Wahlverteidiger und dem Betrag von 68,00 EUR für den Pflichtverteidiger. Die Mittelgebühr beträgt daher 85,00 EUR für den Wahlverteidiger. 44

---

42 Zutreffend AnwK-RVG/*N. Schneider*, Vorb. 4 VV Rn 21 ff.
43 *Burhoff*, Der Abgeltungsbereich der Grundgebühr in Straf- und Bußgeldverfahren, RVGreport 2009, 361 ff.
44 *Burhoff*, Der Abgeltungsbereich der Grundgebühr in Straf- und Bußgeldverfahren, RVGreport 2009, 361 f.
45 AnwK-RVG/*N. Schneider*, Vorb. 4 VV Rn 10.
46 Gerold/Schmidt/*Burhoff*, Nr. 5100 VV Rn 12 f.; Hk/*Kroiß*, Nr. 5100 VV Rn 23.

§ 3 Gebühren in Bußgeldangelegenheiten

45

Gebührentatbestand Bußgeldsache	Höhe der Gebühr in EUR
Wahlverteidiger	20–150
Mittelgebühr Wahlverteidiger	**85**
Pflichtverteidiger	68

46 Muster: Abrechnung der Grundgebühr beim Pflichtverteidiger

▼

Grundgebühr §§ 2, 45 ff. RVG, Nr. 5100 VV	68,00 EUR
Post- und Telekommunikationspauschale, Nr. 7002 VV	20,00 EUR
Zwischensumme	88,00 EUR
Umsatzsteuer (MwSt), Nr. 7008 VV (19,00 %)	16,72 EUR
Endsumme	**104,72 EUR**

Der Antragsteller ist zum Vorsteuerabzug nicht berechtigt. Vorschüsse gem. §§ 47, 55, 58 RVG haben wir nicht erhalten.

Spätere Zahlungen des Beschuldigten, des Nebenklägers bzw. eines Dritten, die für die Pflicht zur Rückzahlung der Gebühren an die Staatskasse von Bedeutung sind, werde ich der Staatskasse anzeigen.

Rechtsanwalt

▲

47 Muster: Abrechnung Wahlverteidiger bei nicht auf freiem Fuß befindlichen Mandanten

▼

Der Rechtsanwalt hat anlässlich der Vorführung vor den Haftrichter des in anderer Sache in Polizeigewahrsam befindlichen Mandanten das Mandat einer Geschwindigkeitsüberschreitung übernommen, hierzu den Mandanten zweifach beraten, eine weitergehende Vertretung ist jedoch dann nicht erfolgt. Es ist daher wie folgt abzurechnen:

Position	Betrag
Grundgebühr §§ 2, 45 ff. RVG, Nr. 5100 VV	100,00 EUR
Post- und Telekommunikationspauschale, Nr. 7002 VV	20,00 EUR
Zwischensumme	120,00 EUR

Position	Betrag
Umsatzsteuer (MwSt), Nr. 7008 VV (19,00 %)	22,80 EUR
Endsumme	**142,80 EUR**

Zur Bemessung der Gebühren führe ich zusammenfassend aus, dass das Verfahren für Sie wegen des Vorwurfes einer Geschwindigkeitsüberschreitung von durchschnittlicher Bedeutung war. Ich habe Sie im Polizeigewahrsam unmittelbar vor der Vorführung vor den Richter über die Folgen eines bußgeldbewehrten Geschwindigkeitsverstoßes beraten.[47] Der Umfang und die Schwierigkeit meiner Tätigkeit waren im vorliegenden Fall durchschnittlich. Ihre Einkommensverhältnisse als angestellter Betriebsleiter sind überdurchschnittlich. Ich habe daher eine leichte Anhebung der Mittelgebühr in Ansatz gebracht.

Rechtsanwalt

▲

II. Verfahrensgebühren nach Nrn. 5101, 5103 und 5105 VV

Die Verfahrensgebühren werden nach der Höhe der Geldbuße festgesetzt. **48**

Es gibt bei einer Geldbuße von

- weniger als 40,00 EUR
- von 40,00–5.000,00 EUR und
- mehr als 5.000,00 EUR

einen leicht unterschiedlichen Satz der jeweiligen Gebühren für den Wahlverteidiger und den Pflichtverteidiger. Auch hier fallen keine Zuschläge wie im Strafrecht an, wenn der Betroffene sich nicht auf freiem Fuß befindet.

Die Höhe der Verfahrensgebühr liegt zwischen 10,00 und 100,00 EUR für den Wahlverteidiger bei einer Geldbuße von weniger als 55,00 EUR und dem Betrag von 44,00 EUR für den Pflichtverteidiger. Die Mittelgebühr beträgt daher 55,00 EUR für den Wahlverteidiger. **49**

Bei der Geldbuße von 40,00–5.000,00 EUR liegt die Wahlverteidigergebühr zwischen 20,00 und 250,00 EUR, also bei einer Mittelgebühr von 135,00 EUR für den Wahlverteidiger und bei 108,00 EUR für den Pflichtverteidiger. Bei der Geldbuße, die höher als 500,00 EUR liegt, ist die Wahlverteidigergebühr zwischen 30,00 und 250,00 EUR, die Mittelgebühr bei 140,00 EUR, zu bemessen und der Pflichtverteidiger erhält 112,00 EUR. **50**

---

47 Beachte aber, dass ein Haftzuschlag im Bußgeldverfahren nicht anfällt, sondern lediglich das Ermessen nach § 14 RVG ausgeübt werden sollte.

51

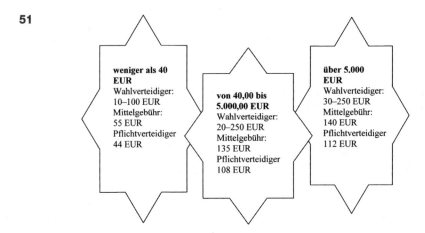

III. Terminsgebühren nach Nrn. 5102, 5104 und 5106 VV

52 Hier wird die Tätigkeit für die Teilnahme an verschiedenen Terminen geregelt. Ausgangspunkt für die gesonderte tatbestandliche Erfassung der Tätigkeiten ist der Wunsch des Gesetzgebers, die Verteidigung noch früher in das Verfahren einzubinden. Der Wunsch nach schneller geführten Verfahren und verfahrensbeendenden bzw. -verkürzenden Lösungen hat sicherlich ebenso die Feder geführt.

1. Anwendungsbereich

53 Die Terminsgebühr fällt beim Rechtsanwalt an für die Teilnahme[48] an
- gerichtlichen Terminen jeder Art wie beispielsweise Vernehmungen und Augenscheinseinnahmen,
- Vernehmungen durch die Staatsanwaltschaft oder eine andere Strafverfolgungsbehörde,
- Vernehmungen vor der Verwaltungsbehörde,
- in analoger Anwendung auch die Exploration des Beschuldigten durch einen psychiatrischen Sachverständigen.[49]

54 Bei dem sog. geplatzten Termin ist festzuhalten,[50] dass die Gebühren ebenso anfallen wie bei einem geplatzten Termin in Strafsachen, wenn die jeweiligen Voraussetzungen vorliegen. Darunter fällt der Umstand, dass der Termin ausfällt, weil ein Zeuge oder Angeklagter etc. nicht oder nicht rechtzeitig zum Termin erscheint, der Rechtsanwalt nicht oder zu spät

---

48 Gerold/Schmidt/*Burhoff*, Nr. 5101–5106 VV Rn 6 ff.
49 LG Offenburg, Beschl. v. 31.5.2006 – 1 KLs 16 Js 10008/05, siehe www.burhoff.de.
50 Gerold/Schmidt/*Burhoff*, Vorb. 4 VV Rn 36 ff., Nrn. 5101–5106 VV Rn 11.

B. Das Verfahren vor der Verwaltungsbehörde §3

abgeladen wurde, jedenfalls dem Rechtsanwalt nicht angelastet werden kann, dass der Termin nicht stattfindet.[51] Insoweit gilt vorliegend ebenfalls, dass die in Vorb. 4 Abs. 3 S. 2,3 VV beschriebenen Umstände gegeben sein müssen für das Bußgeldverfahren, also auch, dass die Gebühr nicht geltend gemacht werden kann, sofern der Rechtsanwalt von der Aufhebung rechtzeitig erfahren hat. Gleichsam sind bei der Bemessung der Gebühren, wenn eine Abrechnung für den Wahlverteidiger erfolgt, hinsichtlich der aufgewandten Zeit entsprechende Abstriche vorzunehmen.[52]

2. Höhe der Terminsgebühren

Hier gelten die obigen Ausführungen und entsprechende Anwendung zur Verfahrensgebühr nach Nr. 5100 VV analog (siehe § 3 Rn 48 ff.). 55

Die Höhe der Terminsgebühr liegt zwischen 10,00 und 100,00 EUR für den Wahlverteidiger bei einer Geldbuße von weniger als 40,00 EUR und dem Betrag von 44,00 EUR für den Pflichtverteidiger. Die Mittelgebühr beträgt daher 55,00 EUR für den Wahlverteidiger. 56

Bei der Geldbuße von 40,00–5.000,00 EUR liegt die Wahlverteidigergebühr zwischen 20,00 und 250,00 EUR, also bei einer Mittelgebühr von 135,00 EUR für den Wahlverteidiger und bei 108,00 EUR für den Pflichtverteidiger. Bei der Geldbuße, die höher als 500,00 EUR liegt, ist die Wahlverteidigergebühr zwischen 30,00 und 250,00 EUR, die Mittelgebühr bei 140,00 EUR zu bemessen und der Pflichtverteidiger erhält 112,00 EUR. 57

58

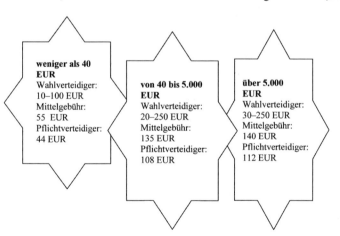

---

51 AnwK-RVG/*N. Schneider*, Vorb. 4 VV Rn 24.
52 LG Bonn AGS 2007, 563 mit Anm. *Schneider*, JurBüro 2007, 590; AnwK-RVG/*N. Schneider*, Vorb. 4 VV Rn 24 ff.; Gerold/Schmidt/*Burhoff*, Vorb. 4 VV Rn 39.

§ 3 Gebühren in Bußgeldangelegenheiten

IV. Befriedungsgebühr/Einstellung des Bußgeldverfahrens nach Nr. 5115 VV

59 Unterabschnitt 5 Zusätzliche Gebühren

Nr.	Gebührentatbestand	Gebühr oder Satz der Gebühr nach § 13 oder § 49 RVG	
		Wahlanwalt	gerichtlich bestellter oder beigeordneter Rechtsanwalt
5115	Durch die anwaltliche Mitwirkung wird das Verfahren vor der Verwaltungsbehörde erledigt oder die Hauptverhandlung entbehrlich: Zusätzliche Gebühr............ (1) Die Gebühr entsteht, wenn 1. das Verfahren nicht nur vorläufig eingestellt wird oder 2. der Einspruch gegen den Bußgeldbescheid zurückgenommen wird oder 3. der Bußgeldbescheid nach Einspruch von der Verwaltungsbehörde zurückgenommen und gegen einen neuen Bußgeldbescheid kein Einspruch eingelegt wird oder 4. sich das gerichtliche Verfahren durch Rücknahme des Einspruchs gegen den Bußgeldbescheid oder der Rechtsbeschwerde des Betroffenen oder eines anderen Verfahrensbeteiligten erledigt; ist bereits ein Termin zur Hauptverhandlung bestimmt, entsteht die Gebühr nur, wenn der Einspruch oder die Rechtsbeschwerde früher als zwei Wochen vor Beginn des Tages, der für die Hauptverhandlung vorgesehen war, zurückgenommen wird, oder 5. das Gericht nach § 72 Abs. 1 Satz 1 OWiG durch Beschluss entscheidet. (2) Die Gebühr entsteht nicht, wenn eine auf die Förderung des Verfahrens gerichtete Tätigkeit nicht ersichtlich ist.	in Höhe der jeweiligen Verfahrensgebühr	

Nr.	Gebührentatbestand	Gebühr oder Satz der Gebühr nach § 13 oder § 49 RVG	
		Wahlanwalt	gerichtlich bestellter oder beigeordneter Rechtsanwalt
	(3) Die Höhe der Gebühr richt sich nach dem Rechtszug, in dem die Hauptverhandlung vermieden wurde. Für den Wahlanwalt bemisst sich die Gebühr nach der Rahmenmitte.		

1. Allgemeines

Die Befriedungsgebühren können in jedem Verfahrensstadium anfallen:[53] In dem Verfahren vor der zuständigen Verwaltungsbehörde, dem Gericht und auch im Rechtsbeschwerdeverfahren. **60**

Es soll vermieden werden, dass Verfahren in die Hauptverhandlungen nur zur Gebührenerhöhung „weiter betrieben" werden. Damit soll das Wirken des Rechtsanwalts in gewisser Weise belohnt werden,[54] wenn ein Hauptverhandlungstermin entbehrlich wird Auffällig ist aber, dass gerade diese Vorschrift immer wieder zu Streitigkeiten bei der Abrechnung führt. So fallen eine Vielzahl von Entscheidungen eben zu dieser Vorschrift auf – sicherlich nicht das, was sich der Gesetzgeber einmal vorgestellt hat. Auch ist offenbar, dass häufig die Anforderungen für die Anwendung der Vorschrift eng gefasst werden, eine „zusätzliche Gebühr" eben nicht dem Rechtsanwalt zuerkannt wird. Die Befriedungsgebühr nach Nr. 5115 VV ist der der Nr. 4141 VV im Strafverfahren nachgebildet worden, weist aber ausdrücklich die Gebühr aus, sofern im Rahmen einer Rechtsbeschwerde diese zurückgenommen wird (Abs. 1 Nr. 4). **61**

Richtigerweise ist mit einer „nicht nur vorläufigen Einstellung" gemeint, dass die Behörde bzw. das Gericht „subjektiv von einer endgültigen Einstellung ausgehen",[55] also auch für ihre Pensenberechnung eine Zählkarte in der Geschäftsstelle erhalten. **62**

---

53 AnwK-RVG/*N. Schneider*, Nr. 5115 VV Rn 7.
54 AnwK-RVG/*N. Schneider*, Nr. 4141 VV Rn 13 ff.
55 AnwK-RVG/*N. Schneider*, Nr. 4141 VV Rn 18.

63 *Beispiele für die Befriedungsgebühr*[56]
- Einstellung nach § 47 OWiG, auch bei späterer Wiederaufnahme des Verfahrens!
- Bußgeldbescheid wird erlassen, aufgehoben und neuerlicher Bescheid wird nicht angefochten.
- Rechtsbeschwerde oder Antrag auf Zulassung der Rechtsbeschwerde wird zurückgenommen.
- Das Gericht entscheidet im schriftlichen Verfahren nach § 72 Abs. 1. S 1 OWiG.

64 *Praxistipp*
Sofern das Verfahren mit Beschluss durch das Gericht nach § 72 OWiG beendet wird, eignen sich diejenigen Fälle, die lediglich rechtliche Beanstandungen beinhalten, da der Aufwand entsprechend verringert werden kann für den Rechtsanwalt, der sodann nicht zum Hauptverhandlungstermin für die recht geringen Terminsgebühren anreisen muss.

2. Strafverfahren und sich anschließendes Bußgeldverfahren

65 Gemäß § 17 Nr. 10 RVG sind das strafrechtliche Ermittlungsverfahren und das nach dessen Einstellung das sich ggf. anschließende Bußgeldverfahren verschiedene Angelegenheiten (zur Befriedungsgebühr siehe die ausführliche Darstellung unter § 2 Rn 64 ff). Das bedeutet, dass der Rechtsanwalt auf jeden Fall durch die Einstellung des Strafverfahrens die Gebühr Nr. 4141 Nr. 1 VV verdient. Denn die Angelegenheit „Strafverfahren" ist endgültig eingestellt.

66 Dass das Verfahren als Bußgeldverfahren, also in einer neuen gebührenrechtlichen Angelegenheit, fortgesetzt wird, hat auf das Entstehen dieser Gebühr keinen Einfluss.[57] Daraus folgt, dass die Befriedungsgebühr doppelt oder auch mehrfach[58] anfallen kann und auch die Kostenpauschale doppelt anfällt. Das Bußgeldverfahren kann ebenso eingestellt werden, und die Gebühr der Nr. 5115 VV fällt ebenfalls an

67 Der Bundesgerichtshof hat in einer neueren Entscheidung[59] festgestellt, dass weder der Wortlaut noch die Stellung der Vorschrift Aufschluss darüber geben, ob hier eine endgültige Einstellung, also ohne nachfolgende Bußgeldverfahren, gemeint ist. Diese Entscheidung ist falsch und wird sicherlich in der gerichtlichen Praxis keine Nachfolger finden (umfassende Argumentation siehe § 2 Rn 69 ff.). Zur Sicherheit in der Abrechnung sollte daher beachtet werden, dass der Mandant hierüber aufgeklärt ist.

---

56 AnwK-RVG/*N. Schneider*, Nr. 5115 VV Rn 18.
57 Siehe das Beispiel bei Burhoff-RVG/*Burhoff*, Vorb. 5 VV Rn 22; a.A. AG München JurBüro 2007, 84; AG Osnabrück RVGprofessionell 2008, 52.
58 AG Düsseldorf, Urt. v. 9.2.2010 – 36 C 2114/09.
59 BGH v. 5.11.2009 – IX ZR 237/08 mit zutreffender, ablehnender Anm. v. *Kotz*, JurBüro 2010, 212, sowie die Kritik unter § 2 Rn 72 ff.

B. Das Verfahren vor der Verwaltungsbehörde § 3

Praxistipp 68

Die Mandatsbedingungen sollten entsprechend angepasst werden, dass die Strafverfahren mit nachfolgenden Bußgeldverfahren als zwei Verfahren gelten, bei denen – nach Einstellung im jeweiligen Verfahren durch die dort zuständigen Behörde – die Auslagenpauschale einerseits wie auch die Befriedungsgebühr andererseits anfallen kann.

Muster: Mandatsbedingungen bei Strafsachen und Ordnungswidrigkeiten 69

▼

Bei Strafverfahren ist der Auftraggeber darauf aufmerksam gemacht worden und ausdrücklich damit einverstanden, dass ein Strafverfahren als beendet gilt, wenn eine Einstellung durch die Amtsanwaltschaft oder Staatsanwaltschaft bzw. das zuständige Gericht – und sei es auch nur vorläufig – eingestellt und das Verfahren an die Ordnungsbehörden abgegeben wird. Gleiches gilt auch im umgekehrten Falle, dass ein Bußgeldverfahren eingestellt, die Angelegenheit aber als Strafsache weiter verfolgt wird. Im Falle der Abgabe bzw. Weiterverfolgung durch die Staatsanwaltschaft ist eine gesonderte Vollmacht zu erteilen. Hieraus folgt, dass die Befriedungsgebühr auch mehrfach anfallen kann.

Weiter wird der Auftraggeber darauf hingewiesen, dass eine. eintretende Rechtsschutzversicherung ggf. diese Kosten nicht übernehmen wird, er daher diese Kosten dann selbst zu tragen hat.

▲

3. Förderung des Verfahrens nach Nr. 5115 VV

Die Gebühr wird versagt, wenn keine Förderung des Verfahrens durch den Rechtsanwalt ersichtlich ist, also soll **jede** zur **Förderung** der Einstellung geeignete Tätigkeit hiermit umfasst sein. Damit kann auch eine auch eine „Nicht-Handlung" (bspw. Nichteinlegung eines Rechtsmittels oder gezieltes Schweigen)[60] die verfahrensabschließende Mitwirkung sein.[61] Eine mitursächliche Handlung des Rechtsanwaltes reicht mithin aus. Überdies liegt die Beweislast beim Gebührenschuldner dafür, dass der Rechtsanwalt nicht mitgewirkt hat.[62] 70

Praxistipp 71

Es empfiehlt sich daher, bereits im Bestellungsschreiben darauf aufmerksam zu machen, dass auf anwaltlichen Rat hin das Schweigerecht des Beschuldigten/Betroffenen in Anspruch genommen wird und eine Einlassung ggf. nach der Akteneinsicht erfolgen wird.

Nicht erforderlich ist i.Ü. die Mitwirkung im gerichtlichen Verfahren selbst. Denn auch eine Einlassung im vorbereitenden Verfahren[63] kann beispielsweise durch einen angekün- 72

---

60 Ausführlich hierzu: AnwK-RVG/*N. Schneider*, Nr. 4141 VV Rn 30 ff, 43; *Burhoff*, Rechtsprechungsübersicht zu den Teilen 4–7 VV RVG aus den Jahren 2008–2010 – Teil 3, RVGreport 2010, 163 ff.
61 AG Tiergarten RVGprofessionell 2010, 40.
62 KG AGS 2009, 324.
63 AnwK-RVG/*N. Schneider*, Nr. 4141 VV Rn 46.

digten Widerspruch hinsichtlich der Verwertung eines Beweises zur späteren Bereitschaft der Befriedung bei den Verfahrensbeteiligten führen. Zudem soll ja gerade das frühzeitige Vorbringen des Rechtsanwalts belohnt werden.

73 Muster: Mitwirkung

▼

Der Rechtsanwalt widerspricht mit folgendem Schriftsatz im vorbereitenden Verfahren:

 (AZ des Amtsgerichts)

In der Strafsache gegen

in der vorgenannten Angelegenheit nehmen wir nach Akteneinsicht und Rücksprache mit unserer Mandantin wie folgt Stellung:

Zunächst einmal wird der Verwertung der Im Laptop der Betroffenen befindlichen Dateien und deren Auswertung widersprochen. Denn eine Belehrung unserer Mandantin vor der Befragung bei sich zuhause ist regelwidrig nicht erfolgt. Ein richterlicher Beschluss lag nicht vor, auch sind Umstände für Gefahr in Verzug nicht gegeben.

Damit sind Auswertungen mangels Beschlagnahmebeschlusses unverwertbar; in einer etwaigen Hauptverhandlung würde ihnen

widersprochen.

Darüber hinaus ist festzuhalten, dass ausweislich der Akte ein Tatnachweis nicht geführt werden kann. Denn unsere Mandantin wird in der Hauptverhandlung von ihrem Schweigerecht auf anwaltlichen Rat hin Gebrauch machen.

Es wird daher beantragt,

das Verfahren auf Kosten der Landeskasse einzustellen und die notwendigen Auslagen ebenfalls der Landeskasse aufzuerlegen.

Rechtsanwalt

▲

74

Selbst wenn das Verfahren zu einem späteren Zeitpunkt aufgrund des hier angekündigten Widerspruchs eingestellt würde, fällt die Gebühr der Nr. 5115 VV an.

C. Das gerichtliche Verfahren im ersten Rechtszug nach Nrn. 5107 ff. VV

I. Gebühren im gerichtlichen Verfahren

Im gerichtlichen Verfahren entstehen die Verfahrensgebühren wie im Verfahren vor der Verwaltungsbehörde. Terminsgebühren fallen für die Teilnahme an gerichtlichen Terminen, und zwar nach Vorbem. 5.1.3 VV RVG auch für solche außerhalb der Hauptverhandlung,[64] an. Hierbei ist die Vor- und Nachbereitung des Termins inbegriffen. Das gerichtliche Verfahren beginnt mit dem Eingang der Akten beim zuständigen Gericht.[65]

75

76

Nr.	Gebührentatbestand	Gebühr oder Satz der Gebühr nach § 13 oder § 49 RVG	
		Wahlanwalt	gerichtlich bestellter oder beigeordneter Rechtsanwalt
Unterabschnitt 3 Gerichtliches Verfahren im ersten Rechtszug			
Vorbemerkung 5.1.3: (1) Die Terminsgebühr entsteht auch für die Teilnahme an gerichtlichen Terminen außerhalb der Hauptverhandlung. (2) Die Gebühren dieses Abschnitts entstehen für das Wiederaufnahmeverfahren einschließlich seiner Vorbereitung gesondert; die Verfahrensgebühr entsteht auch, wenn von der Stellung eines Wiederaufnahmeantrags abgeraten wird.			
5107	Verfahrensgebühr bei einer Geldbuße von weniger als 40,00 EUR . .	10,00 bis 100,00 EUR	44,00 EUR
5108	Terminsgebühr je Hauptverhandlungstag in den in Nummer 5107 genannten Verfahren.	20,00 bis 200,00 EUR	88,00 EUR
5109	Verfahrensgebühr bei einer Geldbuße von 40,00 EUR bis 5 000,00 EUR	20,00 bis 250,00 EUR	108,00 EUR

---

64 Burhoff-RVG/*Burhoff*, Vorb. 5.1.2 VV Rn 11; Gerold/Schmidt/*Burhoff*, VV Vorb. 5.1.2 Rn 7 f.
65 AnwK-RVG/*N. Schneider*, Vor Nr. 5107 VV Rn 1.

§ 3 Gebühren in Bußgeldangelegenheiten

Nr.	Gebührentatbestand	Gebühr oder Satz der Gebühr nach § 13 oder § 49 RVG	
		Wahlanwalt	gerichtlich bestellter oder beigeordneter Rechtsanwalt
5110	Terminsgebühr je Hauptverhandlungstag in den in Nummer 5109 genannten Verfahren............	30,00 bis 400,00 EUR	172,00 EUR
5111	Verfahrensgebühr bei einer Geldbuße von mehr als 5 000,00 EUR..	40,00 bis 300,00 EUR	136,00 EUR
5112	Terminsgebühr je Hauptverhandlungstag in den in Nummer 5111 genannten Verfahren............	70,00 bis 470,00 EUR	216,00 EUR

1. Höhe der Verfahrens- und Terminsgebühr nach Nrn. 5107–5112 VV vor dem Gericht der Ersten Instanz

77 Im Einzelnen finden sich folgende Tatbestände, weil die Verfahrensgebühren ebenfalls wie im Verfahren vor der Verwaltungsbehörde nach der Höhe der Geldbuße festgesetzt werden.

78 Ansonsten gilt auch hier die übliche Aufteilung von einer Geldbuße von

- weniger als 40,00 EUR
- von 40,00–5.000,00 EUR und
- mehr als 5.000,00 EUR

einen leicht unterschiedlichen Satz der jeweiligen Gebühren für den Wahlverteidiger und den Pflichtverteidiger. Zuschläge wie im Strafrecht gibt es nicht dafür, dass der Betroffene sich nicht auf freiem Fuß befindet.

2. Anfall der Verfahrensgebühr nach Nrn. 5107, 5109 und 5111 VV

79 Es gelten hier die wesentlichen Ausführungen, die unter der Verfahrensgebühr beim behördlichen Verfahren ausgeführt sind (vgl. § 3 Rn 48). Zu den Tatbeständen selbst ergeben sich keinerlei Besonderheiten.

C. Das gerichtliche Verfahren im ersten Rechtszug nach Nrn. 5107 ff. VV § 3

Die Höhe der Verfahrensgebühr liegt zwischen 10,00 und 100,00 EUR für den Wahlverteidiger bei einer Geldbuße von weniger als 55,00 EUR und dem Betrag von 44,00 EUR für den Pflichtverteidiger. Die Mittelgebühr beträgt daher 55,00 EUR für den Wahlverteidiger. 80

Bei der Geldbuße von 40,00–5.000,00 EUR liegt die Wahlverteidigergebühr zwischen 20,00 und 250,00 EUR, also bei einer Mittelgebühr von 135,00 EUR für den Wahlverteidiger und bei 108,00 EUR für den Pflichtverteidiger. Bei der Geldbuße, die höher als 500,00 EUR liegt, ist die Wahlverteidigergebühr zwischen 30,00 und 250,00 EUR, die Mittelgebühr bei 140,00 EUR zu bemessen und der Pflichtverteidiger erhält 112,00 EUR. 81

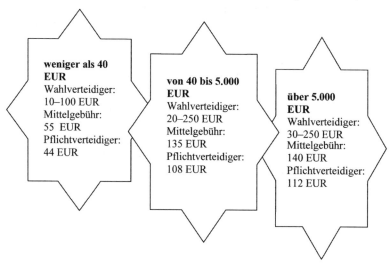

3. Anfall der Terminsgebühr nach Nrn. 5108, 5110 und 5112 VV

Es gelten hier die ebenfalls die Ausführungen, die unter der Terminsgebühr beim Verfahren vor der Verwaltungsbehörde Anwendung finden (vgl. § 3 Rn 52 ff.). 82

> *Praxistipp* 83
>
> Zu beachten ist, dass die Terminsgebühr auch im gerichtlichen Verfahren entstehen kann, wenn gerichtliche Termine außerhalb der Hauptverhandlung stattfinden, vgl. Vorb. 5. 3. 1 Abs. 1 VV. Gemeint sind richterliche Vernehmungen z.B. bei einer Zeugenvernehmung vor einem auswärtigen Gericht im Wege der Rechtshilfe etc.
>
> Hiervon sind aber nicht die Termine umfasst, die beispielsweise Vernehmungen vor der Verwaltungsbehörde oder gar der Polizei etc. betreffen, da sie keine gerichtlichen Termine darstellen.[66]

---

[66] AnwK-RVG/*N. Schneider*, Vorb. 5.3.1 VV Rn 1.

§ 3   Gebühren in Bußgeldangelegenheiten

84 Zu den Tatbeständen selbst ergeben sich keinerlei Besonderheiten. Wiederum ist die Teilnahme an der Hauptverhandlung, die Teilnahme an gerichtlichen Terminen außerhalb der Hauptverhandlung etc. die Gebühren auslösend.

85 Auch der sog. „geplatzte Termin" wird vergütet, wenn der Rechtsanwalt nicht oder nicht rechtzeitig von der Aufhebung erfahren hat und der Termin schuldlos nicht stattfinden kann (siehe auch § 3 Rn 54). Insoweit gilt vorliegend ebenfalls, dass die in Vorb. 4 Abs. 3 S. 2, 3 VV beschriebenen Umstände gegeben sein müssen für das Bußgeldverfahren, also auch, dass die Gebühr nicht geltend gemacht werden kann, sofern der Rechtsanwalt von der Aufhebung rechtzeitig erfahren hat. Gleichsam sind bei der Bemessung der Gebühren, wenn eine Abrechnung für den Wahlverteidiger erfolgt, hinsichtlich der aufgewandten Zeit entsprechende Abstriche vorzunehmen.

86 Die Höhe der Terminsgebühr liegt zwischen 10,00 und 100,00 EUR für den Wahlverteidiger bei einer Geldbuße von weniger als 55,00 EUR und dem Betrag von 44,00 EUR für den Pflichtverteidiger. Die Mittelgebühr beträgt daher 85,00 EUR für den Wahlverteidiger.

87 Bei der Geldbuße von 40,00–5.000,00 EUR liegt die Wahlverteidigergebühr zwischen 20,00 und 250,00 EUR, also bei einer Mittelgebühr von 135,00 EUR für den Wahlverteidiger und bei 108,00 EUR für den Pflichtverteidiger. Bei der Geldbuße, die höher als 500,00 EUR liegt, ist die Wahlverteidigergebühr zwischen 30,00 und 250,00 EUR, die Mittelgebühr bei 140,00 EUR zu bemessen und der Pflichtverteidiger erhält 112,00 EUR.

88

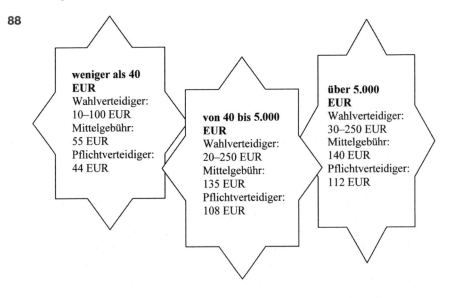

C. Das gerichtliche Verfahren im ersten Rechtszug nach Nrn. 5107 ff. VV § 3

Praxistipp 89
Sofern der Rechtsanwalt den Arbeitsaufwand bei Bußgeldangelegenheiten reduzieren will, sollte er beantragen, die Entscheidung im Beschlusswege gemäß § 72 OWiG zu treffen und das Einverständnis des Betroffenen dem Gericht mitteilen. Das kommt insbesondere in Betracht bei Verstößen, bei denen eine Hauptverhandlung nicht unbedingt erfolgversprechend ist, da lediglich rechtliche Fragen im Raume stehen. Viele Rechtsanwälte neigen auch dazu, den Aufwand zu minimieren, dass sie ihre Mandanten von der Erscheinenspflicht entbinden lassen, um kürzere Verhandlungen herbeizuführen und direkt mit dem Gericht auf den Kern der Sache zu kommen.

II. Die Gebühren in der Rechtsbeschwerde nach Nrn. 5113 f. VV

Das Rechtsbeschwerdeverfahren ist vergleichbar wie das Revisionsverfahren im Strafrecht aufgebaut. 90

Nr.	Gebührentatbestand	Gebühr oder Satz der Gebühr nach § 13 oder § 49 RVG	
		Wahlanwalt	gerichtlich bestellter oder beigeordneter Rechtsanwalt
	Unterabschnitt 4 Verfahren über die Rechtsbeschwerde		
5113	Verfahrensgebühr	70,00 bis 470,00 EUR	216,00 EUR
5114	Terminsgebühr je Hauptverhandlungstag	70,00 bis 470,00 EUR	216,00 EUR

91

Wie in der ersten Instanz auch fallen Verfahrens- und Terminsgebühren an. Auf die dortigen Ausführungen hinsichtlich des Anfalls der jeweiligen Gebühr wird verwiesen, für die Rechtsbeschwerde ergibt sich nahezu nichts anderes mit Ausnahme des Umstandes, dass es nicht auf die Höhe des Bußgeldes mehr ankommt.

92

Verfahrens- und Terminsgebühr in der Rechtsbeschwerde in Bußgeldsachen	Höhe der Gebühr in EUR
Wahlverteidiger	70–470
Mittelgebühr Wahlverteidiger	**270**
Pflichtverteidiger	216

93 Die Höhe der Verfahrens- bzw. Terminsgebühr liegt zwischen 70,00 und 470,00 EUR für den Wahlverteidiger und dem Betrag von 216,00 EUR für den Pflichtverteidiger. Die Mittelgebühr beträgt daher 270,00 EUR für den Wahlverteidiger.

94 *Praxistipp*

Wird die eingelegte Rechtsbeschwerde wieder zurückgenommen, fällt die Befriedungsgebühr der Nr. 5115 VV an!

Allerdings kann die Verfahrensgebühr erst geltend gemacht werden, wenn der Rechtsanwalt auch eine weitere Tätigkeit in der Rechtsbeschwerdeinstanz entfaltet hat, weil die Einlegung der Rechtsbeschwerde noch zur ersten Instanz zu rechnen ist.[67]

Die Grundgebühr kann ebenso wenig abgerechnet werden, wenn derselbe Rechtsanwalt in der ersten Instanz tätig war.

D. Weitere Gebühren

95 Es gibt weitere Gebühren, die hier nur kurz angesprochen werden sollen, wie die Verfahrensgebühr bei Einziehung und verwandten Maßnahmen nach Nr. 5116 VV, die Pauschgebühren und die Bestimmung der Einzeltätigkeiten nach Nr. 5200 VV. Insofern ist grundsätzlich auf die im Strafverfahren entsprechenden Gebührentatbestände zu verweisen.

---

67 AnwK-RVG/*N. Schneider*, Nr. 5113–5114 VV Rn 10.

D. Weitere Gebühren § 3

I. Verfahrensgebühr bei Einziehung und verwandten Maßnahmen nach Nr. 5116 VV

96

Nr.	Gebührentatbestand	Gebühr oder Satz der Gebühr nach § 13 oder § 49 RVG	
		Wahlanwalt	gerichtlich bestellter oder beigeordneter Rechtsanwalt
5116	Verfahrensgebühr bei Einziehung und verwandten Maßnahmen ..... (1) Die Gebühr entsteht für eine Tätigkeit für den Betroffenen, die sich auf die Einziehung oder dieser gleichstehende Rechtsfolgen (§ 46 Abs. 1 OWiG, § 442 StPO) oder auf eine diesen Zwecken dienende Beschlagnahme bezieht. (2) Die Gebühr entsteht nicht, wenn der Gegenstandswert niedriger als 25,00 EUR ist. (3) Die Gebühr entsteht nur einmal für das Verfahren vor der Verwaltungsbehörde und dem Amtsgericht. Im Rechtsbeschwerdeverfahren entsteht die Gebühr besonders.	1,0	1,0

Wie im Adhäsionsverfahren wird bei der Bemessung der Gebühren neben den im bußgeldrechtlichen Teil anfallenden Gebühren bei der Einziehung bzw. dem Verfall nach § 422 StPO der Wert des betroffenen Gegenstandes bemessen.

97

§ 442 StPO [Verfall, Vernichtung, Umbrauchbarmachung und Beseitigung]

(1) Verfall, Vernichtung, Unbrauchbarmachung und Beseitigung eines gesetzwidrigen Zustandes stehen im Sinne der §§ 430 bis 441 der Einziehung gleich.

(2) Richtet sich der Verfall nach § 73 Abs. 3 oder § 73a des Strafgesetzbuches gegen einen anderen als den Angeschuldigten, so ordnet das Gericht an, dass der andere an dem Verfahren beteiligt wird. Er kann seine Einwendungen gegen die Anordnung des Verfalls im Nachverfahren geltend machen, wenn er ohne sein Verschulden weder im Verfahren des ersten Rechtszuges noch im Berufungsverfahren imstande war, die Rechte des Verfahrensbeteiligten wahrzunehmen. Wird unter diesen Voraussetzungen ein Nachverfahren beantragt, so sollen bis zu dessen Abschluss Vollstreckungsmaßnahmen gegen den Antragsteller unterbleiben.

§ 3 Gebühren in Bußgeldangelegenheiten

1. Allgemeines

98 Die Vorschrift zählt auf, bei welchen Tatbeständen sie Anwendung[68] finden soll:
- der Einziehung von Gegenständen – im Verkehrsrecht relevant wegen der Tatfahrzeuge!),
- dem Verfall,
- der Vernichtung bzw. Unbrauchbarmachung,
- der Abführung des Mehrerlöses,
- der Beschlagnahmen.

99 Die Gebühr entsteht nach Abs. 3 lediglich je Rechtszug einmal. Das bedeutet, dass eine Unterscheidung von Verfahrensabschnitten nicht erforderlich ist. Allerdings spielt es auch keine Rolle, wie hoch der Aufwand für die Tätigkeit ist, da hier nur der Gegenstandswert zugrunde gelegt wird.[69] Es reicht daher die Beratung des Angeklagten über die evt. bestehende Möglichkeit der Abwendung einer ihm drohenden Einziehung von beschlagnahmten Gegenständen oder dieser gleichstehenden Rechtsfolgen (Verfall) sogar aus, wenn die Einziehung oder der Verfall nicht ausdrücklich ausgesprochen wurden.[70]
Im Übrigen ist vollinhaltlich auf § 2 Rn 281 ff. zu verweisen.

2. Wertbestimmung

100 Maßgeblich ist daher der Wert (eingehend siehe oben § 2 Rn 286 ff.) für den Betroffenen oder Dritten.[71] Auch können mehrere Auftraggeber den Rechtsanwalt beauftragen, womit dann die 0,3 Erhöhungsgebühr nach Nr. 1008 VV anzusetzen ist.

101 Der Wert richtet sich nach dem objektiven Verkehrswert oder nach dem wirtschaftlichen Interesse des Auftraggebers.[72]

102 *Praxistipp*
Der Rechtsanwalt sollte im Hauptverhandlungstermin dokumentieren, falls der Mandant eine Verzichtserklärung abgegeben hat, **welchen Wert** der betreffende Gegenstand hat – am besten sollte er den Mandanten diesbezüglich fragen und den Wert ebenfalls **protokollieren** lassen, damit der später die Gebühren festsetzende Rechtspfleger auf das Protokoll verwiesen werden kann. Auch dem Mandanten gegenüber hilft dies bei der Abrechnung.
So wird sichergestellt, dass der Rechtsanwalt diesen Gebührenteil bei der Kostenfestsetzung bzw. gegenüber seinem Mandanten nicht vergisst! Im Übrigen kann der

---

68 Ausführlich AnwK/*N. Schneider*, Nr. 4142 VV Rn 12 ff.
69 Burhoff-RVG/*Burhoff*, Nr. 4142 VV Rn 11.
70 OLG Koblenz v. 15.5.2007 – 2 Ws 260/07.
71 Siehe auch die unter www.burhoff.de dokumentierte Rechtsprechung zu Nr. 4142 VV.
72 AnwK-RVG/*N. Schneider*, Nr. 4142 VV Rn 32 ff.

Rechtsanwalt diese Gebühr gegenüber dem Mandanten auch nach § 11 Abs. 8 RVG vom Gericht festsetzen lassen, weil es sich um Wertgebühren handelt.

II. Pauschgebühren

Es gelten hier die Ausführungen unter § 2 Rn 292 entsprechend. Im Bußgeldverfahren dürften sie allerdings nur in Ausnahmefällen Anwendung finden. **103**

III. Einzeltätigkeiten

104

Nr.	Gebührentatbestand	Gebühr oder Satz der Gebühr nach § 13 oder § 49 RVG	
		Wahlanwalt	gerichtlich bestellter oder beigeordneter Rechtsanwalt
	Abschnitt 2 **Einzeltätigkeiten**		
5200	Verfahrensgebühr .... (1) Die Gebühr entsteht für einzelne Tätigkeiten, ohne dass dem Rechtsanwalt sonst die Verteidigung übertragen ist. (2) Die Gebühr entsteht für jede Tätigkeit gesondert, soweit nichts anderes bestimmt ist. § 15 RVG bleibt unberührt. (3) Wird dem Rechtsanwalt die Verteidigung für das Verfahren übertragen, werden die nach dieser Nummer entstandenen Gebühren auf die für die Verteidigung entstehenden Gebühren angerechnet. (4) Der Rechtsanwalt erhält die Gebühr für die Vertretung in der Vollstreckung und in einer Gnadensache auch, wenn ihm die Verteidigung übertragen war.	10,00 bis 100,00 EUR	44,00 EUR

Liegt lediglich die Vertretung für eine Einzeltätigkeit vor, kann die Grundgebühr nicht anfallen. Dies ist beispielsweise der Fall bei einer Terminvertretung durch einen Rechtsanwalt für einen anderen Rechtsanwalt, der Abfassung nur eines Schriftsatzes, der Erstattung einer Anzeige, der Einlegung eines Einspruchs/Rechtsbeschwerde etc.[73] **105**

---

[73] Eine umfassende Aufzählung unter AnwK-RVG/*N. Schneider*, Nr. 5200 VV Rn 8.

§ 3 Gebühren in Bußgeldangelegenheiten

106

Verfahrensgebühr als Einzeltätigkeit Bußgeldsachen	Höhe der Gebühr in EUR
Wahlverteidiger	10–100
Mittelgebühr Wahlverteidiger	**55**
Pflichtverteidiger	44

Die Höhe der Verfahrensgebühr für eine Einzeltätigkeit liegt zwischen 10,00 und 100,00 EUR für den Wahlverteidiger und dem Betrag von 44,00 EUR für den Pflichtverteidiger. Die Mittelgebühr beträgt daher 55,00 EUR für den Wahlverteidiger.

§ 4 Vergütungsvereinbarungen

A. Einführung

Die Regelungen zur Vergütungsvereinbarung sind durch das Gesetz zur Neuregelung des Verbots zur Vereinbarung von Erfolgshonoraren zum 1.7.2008 in Kraft getreten. Sie sind in § 3a RVG geregelt, § 4 RVG enthält ohne wesentliche inhaltliche Änderungen die Regelungen aus § 4 Abs. 2 RVG a.f. und in § 4a RVG ist das Erfolgshonorar bestimmt, wobei dann schließlich § 4b RVG die fehlerhafte Vergütungsvereinbarung regelt.

Festzuhalten ist zunächst, dass alle Vereinbarungen zwischen Rechtsanwalt und Auftraggeber für alle Vergütungsmodelle unter die nachfolgenden Regelungen fallen mit Ausnahme der Vereinbarungen nach § 34 RVG.[1] Eine Vergütungsvereinbarung kann auch mit den bei einer Rechtsschutzversicherung versicherten Mandanten getroffen werden. Der Mandant kann sich dabei einen Teil seiner Kosten von der Rechtsschutzversicherung erstatten lassen, falls die Voraussetzungen des Versicherungsvertrages erfüllt werden (siehe auch § 1 Rn 139 ff.).

§ 3a RVG Vergütungsvereinbarung

(1) Eine Vereinbarung über die Vergütung bedarf der Textform. Sie muss als Vergütungsvereinbarung oder in vergleichbarer Weise bezeichnet werden, von anderen Vereinbarungen mit Ausnahme der Auftragserteilung deutlich abgesetzt sein und darf nicht in der Vollmacht enthalten sein. Sie hat einen Hinweis darauf zu enthalten, dass die gegnerische Partei, ein Verfahrensbeteiligter oder die Staatskasse im Falle der Kostenerstattung regelmäßig nicht mehr als die gesetzliche Vergütung erstatten muss. Die Sätze 1 und 2 gelten nicht für eine Gebührenvereinbarung nach § 34.

(2) Ist eine vereinbarte, eine nach § 4 Abs. 3 Satz 1 von dem Vorstand der Rechtsanwaltskammer festgesetzte oder eine nach § 4a für den Erfolgsfall vereinbarte Vergütung unter Berücksichtigung aller Umstände unangemessen hoch, kann sie im Rechtsstreit auf den angemessenen Betrag bis zur Höhe der gesetzlichen Vergütung herabgesetzt werden. Vor der Herabsetzung hat das Gericht ein Gutachten des Vorstands der Rechtsanwaltskammer einzuholen; dies gilt nicht, wenn der Vorstand der Rechtsanwaltskammer die Vergütung nach § 4 Abs. 3 Satz 1 festgesetzt hat. Das Gutachten ist kostenlos zu erstatten.

(3) Eine Vereinbarung, nach der ein im Wege der Prozesskostenhilfe beigeordneter Rechtsanwalt für die von der Beiordnung erfasste Tätigkeit eine höhere als die gesetzliche Vergütung erhalten soll, ist nichtig. Die Vorschriften des bürgerlichen Rechts über die ungerechtfertigte Bereicherung bleiben unberührt.

(4) § 8 des Beratungshilfegesetzes bleibt unberührt.

---

1 AnwK-RVG/*Onderka*, § 3a Rn 30.

§ 4 Vergütungsvereinbarungen

§ 4 RVG Erfolgsunabhängige Vergütung

(1) In außergerichtlichen Angelegenheiten kann eine niedrigere als die gesetzliche Vergütung vereinbart werden. Sie muss in einem angemessenen Verhältnis zu Leistung, Verantwortung und Haftungsrisiko des Rechtsanwalts stehen.

(2) Der Rechtsanwalt kann sich für gerichtliche Mahnverfahren und Zwangsvollstreckungsverfahren nach den §§ 803 bis 863 und 899 bis 915b der Zivilprozessordnung verpflichten, dass er, wenn der Anspruch des Auftraggebers auf Erstattung der gesetzlichen Vergütung nicht beigetrieben werden kann, einen Teil des Erstattungsanspruchs an Erfüllungs statt annehmen werde. Der nicht durch Abtretung zu erfüllende Teil der gesetzlichen Vergütung muss in einem angemessenen Verhältnis zu Leistung, Verantwortung und Haftungsrisiko des Rechtsanwalts stehen.

(3) In der Vereinbarung kann es dem Vorstand der Rechtsanwaltskammer überlassen werden, die Vergütung nach billigem Ermessen festzusetzen. Ist die Festsetzung der Vergütung dem Ermessen eines Vertragsteils überlassen, gilt die gesetzliche Vergütung als vereinbart.

(4) bis (6) (weggefallen)

§ 4b RVG Fehlerhafte Vergütungsvereinbarung

Aus einer Vergütungsvereinbarung, die nicht den Anforderungen des § 3a Abs. 1 Satz 1 und 2 oder des § 4a Abs. 1 und 2 entspricht, kann der Rechtsanwalt keine höhere als die gesetzliche Vergütung fordern. Die Vorschriften des bürgerlichen Rechts über die ungerechtfertigte Bereicherung bleiben unberührt.

4 Der Abschluss einer Vergütungsvereinbarung bietet nicht nur für den Rechtsanwalt, sondern auch für den Auftraggeber Vorteile. Der Auftraggeber hat eine Sicherheit hinsichtlich der Höhe der zu zahlenden Vergütung. Wenn der Auftraggeber beispielsweise ein Festhonorar (Pauschalhonorar) vereinbart, ist die Höhe der zu leistenden Vergütung bekannt. Von Festhonoraren sollte vorwiegend im Beratungsmandat Gebrauch gemacht werden. Der Vorteil des Pauschalhonorars ist es, dass der Auftraggeber sich von vornherein darauf einstellen kann, welche Vergütung er zu zahlen hat, wobei hiervon zurückhaltend Gebrauch gemacht werden sollte, weil die Mandatsentwicklung unabsehbar sein kann. Ein weiteres Argument für den Abschluss einer Vergütungsvereinbarung im Beratungsbereich ist die fehlende gesetzliche Regelung. Ohne Abschluss einer Vereinbarung ist völlig offen, welche Vergütung der Auftraggeber schuldet.

5 *Hinweis*

Die neue gesetzliche Regelung der Vergütungsvereinbarung sieht danach im Überblick wie folgt aus:
- § 3a RVG = Grundnorm; gilt für alle Arten von Vergütungsvereinbarungen
- § 4 RVG gestattet die Kombination der Vergütungsvereinbarung mit jeder anderen erlaubten Erklärung außer der Vollmachtserklärung.
- § 4 RVG gilt für erfolgsunabhängige Vergütungen; übernommen wird § 4 Abs. 2 RVG
- § 4a RVG Erfolgshonorar
- § 4b RVG Regelung der Folgen fehlerhafter Vergütungsvereinbarungen

B. Verfassungsrechtliche Vorgaben

Das Bundesverfassungsgericht (BVerfG) gibt die Leitlinien vor, nach denen die Vergütungsvereinbarungen geschlossen werden können. Erstaunlich, dass das BVerfG angerufen werden musste, um die Instanzgerichte daran zu erinnern, dass die Berufsfreiheit auf der einen, die Vertragsfreiheit auf der anderen Seite als verfassungsrechtlich abgesicherte Rechtsgüter betroffen sind. Man kann sich auch nicht so ganz des Eindrucks erwehren, dass die Gerichte zuweilen glauben, dass die Rechtsanwälte sich in „Auswüchsen" die Honorare sicherten und es nun darum ginge, dem „Wildwuchs" endgültig beizukommen. Wo diese Erkenntnisse ihre Wurzel finden lassen, ist nicht nachvollziehbar. Überdies ist festzustellen, dass ein immer aggressiverer Wettbewerb unter den Rechtsanwälten dazu geführt hat, dass die Ratsuchenden nicht mehr gezwungen sind, mit dem erstbesten Rechtsanwalt zusammenzuarbeiten, sondern sie in einem funktionierenden Wettbewerb im Gegenteil die Gelegenheit haben, sich ihrerseits nach anwaltlichen Alternativen umzusehen. Der von den Instanzgerichten angewandte Verbraucherschutz ist also was die Preisgestaltung anbelangt eher eine fürsorgliche Bevormundung als die Anerkennung eines mündigen Verbrauchers. Auch wird gerne übersehen, dass die Arbeit eines Strafverteidigers zunehmend von Pflichtverteidigungen lebt, die dortigen Vergütungseinschränkungen also noch weniger kompensiert werden können als dies in anderen Rechtsbereichen der Fall ist. In diesem Spannungsfeld hat das **BVerfG auch seine Entscheidung vom 15.5.2009 – 1 BvR 1342/0**[2] zur Zulässigkeit einer Vergütungsvereinbarung im Strafverfahren, die höher als das fünffache des Höchstsatzes ist, getroffen.

Im Einzelnen handelte es sich um folgenden Sachverhalt:

Der Rechtsanwalt ist Fachanwalt für Strafrecht. Er übernahm die Strafverteidigung eines sich in Untersuchungshaft befindenden Beschuldigten, dem ein Verstoß gegen das Betäubungsmittelgesetz zur Last gelegt wurde. Dem Mandat lag eine Honorarvereinbarung für eine Stundenvereinbarung von 320 EUR für jede Arbeitsstunde mit dem Bruder des Beschuldigten (Beklagten) zugrunde. Die vom Rechtsanwalt in der Folgezeit erbrachten Tätigkeiten hatten neben zahlreichen Besuchen des Beschuldigten auch die Teilnahme an der über mehrere Verhandlungstage andauernden Hauptverhandlung zum Gegenstand. Das Verfahren endete mit einer Verurteilung des – in einer Verhandlungspause geflohenen – Beschuldigten zu einer Freiheitsstrafe von sieben Jahren.

Der Rechtsanwalt stellte dem Beklagten etwa 63 Arbeitsstunden in Rechnung, woraus sich zuzüglich Auslagen und Mehrwertsteuer eine Gesamtforderung in Höhe von 23.911,05 EUR ergab. Das LG wies einen Teil der Klage mit der Begründung ab, das vereinbarte Honorar sei unangemessen hoch und deswegen auf den angemessenen Betrag, das Fünffache der gesetzlichen Gebühren, herabzusetzen.

Das BVerfG stellt zunächst fest, dass Art. 12 Grundgesetz verletzt ist, denn die Garantie der freien Berufsausübung schließt die **Freiheit ein, das Entgelt für berufliche Leistun-**

---

[2] Abgedruckt u.a. in AnwBl. 2009, 650 ff.

§ 4 Vergütungsvereinbarungen

gen frei mit den Interessenten auszuhandeln. Beim Abschluss von Vergütungsvereinbarungen lässt der zum Ausdruck gebrachte übereinstimmende Wille der Vertragsparteien regelmäßig auf einen durch den Vertrag hergestellten sachgerechten Interessenausgleich schließen, den der Staat grundsätzlich zu respektieren hat. Die weiteren Grundsätze lauten dann auch:

- Beim Abschluss einer Vergütungsvereinbarung treffen die Parteien eine Vereinbarung mit Blick auf das konkrete Mandat und bewerten dabei insbesondere
- dessen Bedeutung sowie
- den für die Bearbeitung nötigen Arbeitsaufwand.

9 ■ Wichtig ist auch die Feststellung des BVerfG, dass gesetzliche Gebühren nicht den Anspruch erheben, das konkrete Mandat nach diesen Maßstäben adäquat oder auch nur kostendeckend zu vergüten. Denn dies erleichtert auch die Argumentation dem Mandanten gegenüber, auf die gesetzlichen Gebühren nicht zurückzugreifen, sondern angesichts der Wichtigkeit, des Umfangs und des zu vermutenden Arbeitsaufwandes eine Vereinbarung über die Vergütung zu treffen. Denn regelmäßig wollen die Mandanten auch, dass der Rechtsanwalt adäquat alimentiert wird, denn sie fürchten – wohl nicht ganz zu Unrecht – dass bei einer Leistungsbewertung unterhalb der anfallenden Kosten auch die Motivation bei der Bearbeitung durch den Rechtsanwalt weniger engagiert ist. **Natürlich liegt eine höhere Leistungsbereitschaft vor, wenn der Mandant angemessene oder sogar hohe Zahlungen leistet (nicht nur verspricht!).**

10 ■ Für gesetzliche Gebühren ist an die Konzeption zu erinnern, nach der erst das Gebührenaufkommen des Rechtsanwalts in der **Gesamtheit** geeignet sein muss, sowohl seinen Kostenaufwand als auch seinen Lebensunterhalt abzudecken. Damit hat der Gesetzgeber zu erkennen gegeben, dass der Rechtsanwalt regelmäßig seinen Lebensunterhalt von den gesetzlichen Gebühren bestreiten können soll, weil das Leitbild des Rechtsanwalts eines war, das einen Generalisten auf allen Rechtsgebieten mit allen Streitwerten und auf nahezu allen Rechtsgebieten zum Gegenstand hatte. Daran erkennt man, dass das Berufsbild zwar noch existieren mag, aber in der Gesamtheit der zugelassenen Rechtsanwälte nurmehr in der Minderheit liegen dürfte. Zwangsläufig muss die Spezialisierung ihre Konsequenzen bei der Ausübung des Berufes zeitigen, denn der konzeptionell vorgesehene Ausgleich innerhalb der Berufsausübung kann schlechterdings nicht mehr vorliegen (eingehend siehe § 1 Rn 1 ff.).

11 ■ Auch ist damit auf den Prüfstand zu bringen, ob der Strafverteidiger mit den gesetzlichen Gebühren allein überhaupt noch eine angemessene Vergütung erzielen kann, die ihm die Abdeckung seiner Kosten wie auch die angemessene Führung seines Lebensunterhaltes erlaubt.

12 Das vielbeschworene Organ der Rechtspflege, das oftmals eher für eine Gängelung, denn eine Teilhabe der Anwaltschaft bei der Argumentation der Gerichte zum Vorschein kommt, erfährt durch das BVerfG eine Richtigstellung: *Denn die Stellung des Rechtsanwalts als Organ der Rechtspflege kann für sich allein weder Grundlage noch Maßstab*

einer Reduzierung des Honoraranspruchs sein. Ist hiernach Mäßigung um der Mäßigung willen kein legitimes Gemeinwohlziel, so kann die Stellung des Rechtsanwalts als Organ der Rechtspflege allerdings doch noch indirekte Bedeutung erlangen. Zwischen dem Gemeinwohlbelang des Vertrauens der Rechtsuchenden in die Integrität der Anwaltschaft und der Berufsausübungsfreiheit ist ein angemessener Ausgleich zu schaffen.

Dies wird erzielt durch die Beachtung des Regel-Ausnahme-Verhältnisses von Freiheitsausübung und Freiheitsbeschränkung. Für die Überprüfung von Vergütungsvereinbarungen durch die Fachgerichte heißt dies: **13**

> *Praxistipp*
>
> Die Überschreitung der gesetzlichen Gebühren um einen bestimmten Faktor darf zur Bestimmung der Unangemessenheit herangezogen werden, ist jedoch nicht allein maßgeblich.
>
> Gefordert wird also die Transparenz der Vergütungsvereinbarung:
> Bei der Prüfung gibt das BVerfG vor, dass insbesondere dem Aufwand, den Leistungen des Rechtsanwaltes, aber auch den Einkommens- und Vermögensverhältnissen des Auftraggebers Rechnung (sic!) zu tragen ist.

Für die Zeiterfassung gilt daher, dass durch die meisten Anwaltsprogramme eine genaue Zeiterfassung (lohnend schon zur eigenen Überprüfung des Zeitaufwandes) möglich und üblich ist, der Mandant mithin davon ausgehen kann, dass diese genau dokumentiert und hernach überprüfbar ist. Eine Zeiterfassungsdokumentation (Anforderungen hieran weiter unten!) wird mitsamt der Rechnung an den Mandanten geschickt. Soweit diese Dokumentationen nachprüfbar und mit der Rechnung in Übereinstimmung zu bringen sind, halten sie auch bei der Prüfung der Untergerichte erfahrungsgemäß stand. Gerade in Strafverfahren ist gut nachvollziehbar, wann ein Mandantengespräch stattgefunden, Akteneinsichten geholt und geprüft, ggf. in der Folge besprochen wurden und welche Aufwände in Haftprüfungs- oder Vernehmungsterminen angefallen sind. Die Dauer der Hauptverhandlung wird in Protokollen dokumentiert. **14**

C. Konkrete Ausgestaltung

I. Allgemeines

Die Vergütungsvereinbarung kann nur von einem Rechtsanwalt mit einem Dritten für anwaltliche Tätigkeiten getroffen werden. Sie ist rechtlich betrachtet ein zivilrechtlicher Vertrag, der einen entsprechenden Vergütungsanspruch des Rechtsanwaltes auslöst, und unterliegt grundsätzlich der Vertragsfreiheit. Dennoch hat der Gesetzgeber Regelungen vorgesehen, die den Rechtssuchenden vor dem Ansinnen des Rechtsanwaltes, den Mandanten womöglich zu übervorteilen, schützen sollen. **15**

§ 4   Vergütungsvereinbarungen

16 Grundsätzlich ist der Abschluss einer Vergütungsvereinbarung formlos möglich. Eine wirksame Vergütungsvereinbarung kann daher auch mündlich erfolgen – sinnvollerweise bei einer Beratung, wenn der Auftraggeber im Anschluss an die Beratung die vereinbarte Vergütung sofort bezahlt. Falls der Rechtsanwalt eine höhere als die gesetzliche Vergütung erstrebt, muss er sich an die Formvorschrift des **§ 4 Abs. 1 S. 1 oder 2 RVG** halten.[3] Aus diesem Grunde (und aus Beweiszwecken) sollte die Vergütungsvereinbarung grundsätzlich schriftlich abgeschlossen werden.

17 Die Vergütungsvereinbarung nach **§ 3a RVG** legt für alle Formen der Vergütungsvereinbarung zunächst fest, dass nach § 3a Abs. 1 S. 1 RVG Formzwang **in Gestalt der „Textform"** als einfachste Möglichkeit der schriftlichen Erklärung erforderlich ist und zudem die Bezeichnung der Vereinbarung als Vergütungsvereinbarung (oder ähnliches) benötigt. Die Vergütungsvereinbarung kann dementsprechend wirksam per (Computer-)Fax, Kopie oder E-Mail oder auch per SMS[4] abgeschlossen werden. Weitere Bestimmungen unterfallen der Vertragsfreiheit, die ihren Ausfluss in der individuellen Gestaltung der Vergütungsvereinbarung im Normalfall finden sollte.

18 *Praxistipp*

Eine Unterschrift reicht womöglich per E-Mail nicht aus.[5] Es ist nach wie vor von der Rechtsprechung nicht eindeutig geklärt, ob eine Erklärung per **Telefax** ausreichend ist. Also:
Der Rechtsanwalt sollte sich das Original geben lassen und eine Kopie für den Mandanten fertigen! Günstig ist auch, die Vereinbarung nach der Besprechung mit dem Mandanten diesem in zweifacher Ausfertigung zuzusenden und mit einem Freiumschlag sich zurückschicken zu lassen. Damit begegnet man dem Einwand, man sei gewissermaßen zur Unterschrift „genötigt" worden.

19 In § 3a Abs. 1 S. 3 RVG ist zudem normiert, dass die Vergütungsvereinbarung einen Hinweis zu umfassen hat, als die gegnerische Partei, ein Verfahrensbeteiligter oder die Staatskasse im Kostenerstattungsfall nicht mehr als die gesetzliche Vergütung erstatten muss oder anders formuliert, der Kostenerstattungsanspruch niedriger liegt als der ggf. im Rahmen der Vereinbarung geschuldete Betrag.

II. Leitlinien durch den BGH

20 Da der BGH in seiner letzten, hierzu aber durchaus als für die Zukunft maßgeblichen Entscheidung vom **4. Februar 2010 – IX ZR 18/09**[6] besondere Leitlinien aufgestellt hat,

---

3 Ausführlich *Schneider*, VV, Rn 497 ff.
4 AnwK-RVG/*Onderka*, § 3a Rn 35; Gerold/Schmidt/*Mayer*, § 3a Rn 1 ff.
5 Dies gilt jedenfalls für fristwahrende Schriftsätze nach der Leitsatzentscheidung des BGH, Beschl. v. 4.12.2008 – IX ZB 41/08.
6 Abgedr. u.a. in AGS 2010, 267 ff. mit Anm. *Schons*, 279 ff.

einige sprechen gar von einer Handlungsanleitung für die Rechtsanwälte,[7] müssen die Leitsätze kurz zusammengefasst werden:

1. Zusammenfassung der Vorgaben des BGH

Einerseits revidiert der BGH seine Rechtsprechung zur indizierten Unangemessenheit[8] dahingehend, dass die aus dem Überschreiten des fünffachen Satzes der gesetzlichen Gebühren herzuleitende Vermutung der Unangemessenheit eines vereinbarten Verteidigerhonorars durch die Darlegung entkräftet werden kann, dass die vereinbarte Vergütung im konkreten Fall unter Berücksichtigung aller Umstände angemessen ist.

21

Wird zugunsten des Rechtsanwalts ein Stundenhonorar vereinbart, hat er die während des abgerechneten Zeitintervalls erbrachten Leistungen konkret und in nachprüfbarer Weise darzulegen. Schließlich wird die Mandatskündigung zur Unzeit als Kriterium festgeschrieben, wenn der Mandant späterhin die Vergütungsvereinbarung wegen widerrechtlicher Drohung anfechten will, weil ihn der Verteidiger erstmals unmittelbar vor oder in der Hauptverhandlung mit dem Begehren auf den Abschluss einer (höheren) Vergütungsvereinbarung konfrontiert.

Der BGH gibt dann auch noch Hinweise, wie die konkrete Ausgestaltung einer Vergütungsvereinbarung auszusehen hat und wie die Rechnungserstellung vorzunehmen ist, wenn ein Stundenhonorar abgerechnet werden soll.

2. Kernsätze der Entscheidung

Die entscheidenden Ausführungen der Entscheidung des BGH lauten stichpunktartig:

22

- Die Regelung des § 139 BGB unterliegt überdies grundsätzlich der Disposition der Parteien und kann durch eine salvatorische Klausel abbedungen werden.

23

- Zulässig ist damit eine Regelung, die die Unwirksamkeit einer einzelnen Bestimmung der Vergütungsvereinbarung nicht zur Unwirksamkeit der Übrigen führen lässt. Allerdings ist zu beachten, dass sich die Nichtigkeit einer Vertragsregelung aus anderen Gründen auf weitere Vertragsbestimmungen oder den ganzen Vertrag erstrecken kann. Dennoch manifestiert die salvatorische Klausel eine Umkehr der Vermutungsregel des § 139 BGB und damit zugleich der in Anwendung des § 139 BGB geltenden Darlegungs- und Beweislast.[9]

24

- Weder das gewählte Mittel der Mandatsniederlegung durch den Rechtsanwalt bei der Mandatsbearbeitung für den Fall, dass der Mandant eine Vergütungsvereinbarung

25

---

[7] Anm. *Schons*, AGS 2010, 279 ff.
[8] BGHZ 162, 98.
[9] Fehlt die salvatorische Erhaltensklausel, trägt im Zweifel der Rechtsanwalt, der sich auf die Vergütungsvereinbarung beruft, die Darlegungs- und Beweislast für diejenigen Umstände, die zum Fortbestand des teilnichtigen Geschäfts führen.

nicht abschließen will, noch der damit bezweckte Erfolg des Abschlusses der Gebührenvereinbarung ist rechtswidrig. Etwas anderes gilt nur, wenn der Verteidiger unmittelbar vor Beginn der Hauptverhandlung seinen Mandanten mit dem Hinweis, andernfalls das Mandat niederzulegen, zum Abschluss einer Gebührenvereinbarung veranlasst.[10]

26 ■ Bei der Beurteilung, ob ein auffälliges Missverhältnis zwischen der Leistung des Rechtsanwalts und dem vereinbarten Honorar besteht, sind außer den gesetzlichen Gebühren vor allem Umfang und Schwierigkeit der anwaltlichen Tätigkeit maßgeblich. Daneben können auch die Bedeutung der Sache für den Auftraggeber sowie dessen Einkommens- und Vermögenslage bedeutsam sein.

27 ■ Wenn Leistung und Gegenleistung den mit der anwaltlichen Tätigkeit verbundenen Aufwand nicht mehr angemessen abdecken können (Maßstab ist hier die Abdeckung seiner Kosten wie auch die angemessene Führung seines Lebensunterhaltes wie das BVerfG dies auch festgehalten hat), kann folglich ein Vergleich mit den gesetzlichen Gebühren die guten Sitten schlechterdings nicht verletzten. Damit kann das mehrfache Überschreiten der gesetzlichen Gebühren allein keinen Rückschluss auf die Angemessenheit von Leistung und Gegenleistung erlauben.

3. Konsequenzen der BGH-Entscheidung

28 Die Konsequenzen der BGH-Entscheidung sind noch nicht abschließend geklärt und müssen zunächst Eingang in die Praxis der Rechtsanwälte und Gerichte finden. Dennoch muss festgehalten werden, dass der BGH nach wie vor meint, dass die mehr als fünffache Überschreitung der gesetzlichen Höchstgebühren für Verteidiger eine tatsächliche Vermutung für die Unangemessenheit der vereinbarten Vergütung bildet. Der Rechtsanwalt muss sich also im Vorfeld Gedanken darüber machen, wie er diese tatsächliche Vermutung der Unangemessenheit entkräften kann:

29 *Praxistipp*

Die Entkräftung der tatsächlichen Vermutung der Unangemessenheit darf nicht von überzogenen Anforderungen abhängig gemacht werden.

Sofern aber dem Rechtsanwalt der Nachweis gelingt, dass die vereinbarte Vergütung im konkreten Fall unter Berücksichtigung aller Umstände dennoch angemessen ist, weil folgende Umstände nach 14 Abs. 1 RVG Eingang bei der Vergütungsvereinbarung gefunden haben, wird die Vereinbarung Bestand haben:

■ die Schwierigkeit und
■ der Umfang der Sache,
■ ihre Bedeutung für den Auftraggeber,
■ das Ziel, das der Auftraggeber mit dem Auftrag angestrebt hat,

---

10 Hierüber besteht auch Einigkeit: AnwK-RVG/*Rick*, § 3a Rn 14; Gerold/Schmidt/*Mayer*, § 3a Rn 44.

- nachträglich – in welchem Umfang ist dieses Ziel durch die Tätigkeit des Rechtsanwalts erreicht (inwieweit ist das Ergebnis tatsächlich und rechtlich als Erfolg des Rechtsanwalts anzusehen?),
- Stellung des Rechtsanwalts,
- die Vermögensverhältnisse des Auftraggebers.

Aus all dem lässt sich festhalten, dass Rechtsanwälte mutiger die Vertragsverhandlungen über die Vergütungsvereinbarung mit ihren Mandanten führen sollen, ihre Überlegungen hierzu transparent gegenüber dem Mandanten machen und zu einer ausgewogenen Vergütung, die einerseits kostendeckend ist und andererseits aber auch den Lebensunterhalt des Rechtsanwalts hinreichend gestaltet. Auch ist aus der Rechtsprechung zu erkennen, dass dem mündigen Rechtsuchenden Entscheidungsfähigkeit zugetraut wird, wenn er umfassend aufgeklärt wird, wie es im Einzelnen zu bestimmten Regelungen kommt. Im Rahmen der Vertragsfreiheit soll er ebenso wie der Rechtsanwalt – der rechtlich zwar überlegen sein kann – seine Interessen einbringen können, ggf. ein Alternativangebot erwägen. Beim Rechtsanwalt darf umgekehrt die Erkenntnis reifen, dass er sich nicht rechtfertigen muss, um seine Gebühren zu bestimmen, sondern lediglich seine Erwägungen darstellen oder neudeutsch „kommunizieren" soll, um der Verhandlung im ursprünglichen Sinne auch gerecht werden zu können. 30

Praxistipp 31

Daher ist die genaue Bestimmung dessen, was Gegenstand der Mandatierung und worin das zu erreichende Ziel liegen soll, unerlässlich für die Individualisierung der Vergütungsvereinbarung. Dieses muss zu Beginn des Mandates erfragt und dokumentiert werden. Hernach kann auch im Falle einer später zu treffenden Vergütungsvereinbarung oder aber im Rahmen der Ermessensausübung von § 14 RVG diese Bestimmung aufgenommen werden.

III. Checkliste zur Besprechung und Verhandlung einer Vergütungsvereinbarung mit dem Auftraggeber

Folgende Checkliste zur Vergütungsvereinbarung kann bei der Individualisierung behilflich sein, enthebt aber den Rechtsanwalt nicht, stets genau zu prüfen, was er mit seinem Auftraggeber für das konkrete Mandat aushandeln will. 32

Checkliste: Besprechungshilfe mit dem Auftraggeber zur Vergütungsvereinbarung 33

Folgende Gesichtspunkte sind immer zu prüfen und am besten mit dem Auftraggeber zu erörtern:

§ 4 Vergütungsvereinbarungen

- Genaue Bezeichnung des Auftraggebers
- Präzise Bezeichnung der zu erbringenden Tätigkeiten des Rechtsanwalts[11] unter Einschluss der vom BGH ausdrücklich aufgeführten Kriterien:
  - die Schwierigkeit und der Umfang der Sache,
  - ihre Bedeutung für den Auftraggeber
  - das Ziel, das der Auftraggeber mit dem Auftrag angestrebt hat
  - Stellung des Rechtsanwalts
  - die Vermögensverhältnisse des Auftraggebers
- Vorbehalt für Regelungen, die einen ggf. neuerlichen Auftrag erforderlich machen (Beispiel Verbindung/Trennung und Verschmelzung von Verfahren)
- Berechnung der Vergütung
  - Pauschal
  - Zeitvergütung über Stundensatz einschließlich eines Mindestintervalls nicht über 5 Minuten
  - Abschnittsweise dem Verfahrensgang entsprechend
  - Kombination von Vorstehendem
- Regelung und Hinweis; dass mindestens die gesetzlichen Gebühren anfallen
- Abtretungsregelung beim Kostenerstattungsanspruch
- Regelung für die vorzeitige Beendigung des Mandats[12]
- Behandlung von Anrechnungsfällen[13]
- Abrechnung von allgemeinen Geschäftskosten, Auslagen und Reisekosten
- Umsatzsteuer
- Genehmigungsfiktion von Abrechnungen
- Abrechnungsintervalle mit Fälligkeit und Verzug
- Abtretung ggf. an Dritte oder Inkassogesellschaften (die Person des Dritten, die zum Forderungseinzug berechtigt sein soll, muss mitgeteilt werden und das Einverständnis des Mandanten (nicht des Auftraggebers!), dass zum Zweck des Forderungseinzuges die anwaltliche Schweigepflicht gegenüber dem Dritten abbedungen ist, muss vorliegen)
- Bei Erfolgshonorar ist unbedingt die Vergütung anzugeben, die der Rechtsanwalt ohne die Vereinbarung eines Erfolgshonorars verlangen könnte, **ebenso müssen die wirtschaftlichen Verhältnisse des Mandanten Eingang in die Vergütungsvereinbarung finden**
- Erforderliche Belehrungen/Hinweise[14]
  - Hinweis auf Abrechnung nach dem Gegenstandswert
  - Hinweis auf eine höhere oder möglicherweise höhere als die gesetzliche Vergütung

---

11 *Schneider*, VV, Rn 2901 ff.
12 *Schneider*, VV, Rn 2913 ff.
13 Siehe auch das Muster § 2 Rn 77 ff.
14 Ebenso *Schneider*, VV, Rn 2893 ff.

- Hinweis auf die fehlende Verbindlichkeit von Prozesskostenhilfe
- Hinweis auf fehlende Erstattungsfähigkeit von Dritten (z.B. Landeskasse, Rechtsschutzversicherung oder Gegner)

IV. Wichtige gesetzliche Einschränkungen

1. Geltung des BGB

Da es sich bei der Vergütungsvereinbarung um einen Vertrag handelt, sind die Regelungen des BGB anwendbar. So finden die Vorschriften über die überraschende und mehrdeutige Klauseln (§ 305c BGB), die unangemessene Benachteiligung einschließlich des Verstoßes gegen das sog. Transparenzgebot (§ 307 BGB), die Klauselverbote mit Wertungsmöglichkeit (§ 308 BGB) und die Klauselverbote ohne Wertungsmöglichkeit (§ 309 BGB) Anwendung. Daher sollte die aktuelle Rechtsprechung im Bereich der Allgemeinen Geschäftsbedingungen ständig im Blick des Rechtsanwalts sein, um Verstöße nach §§ 305 BGB zu verhindern.[15]

34

2. Einschränkung im Bereich der Beratungshilfe oder Prozesskostenhilfe

§ 8 BerHG stellt gemäß § 4 Abs. 6 RVG eine weitere gesetzliche Einschränkung der Vertragsfreiheit des Rechtsanwalts dar. Mit dem Auftraggeber, dem Beratungshilfe bewilligt worden ist, kann eine wirksame Vergütungsvereinbarung nicht geschlossen werden. Sind die Beteiligten bei Beauftragung des Rechtsanwalts nicht davon ausgegangen, dass Beratungshilfe in Anspruch genommen wird und haben die Parteien eine Vergütungsvereinbarung geschlossen, so bleibt diese wirksam, selbst wenn dann später Beratungshilfe bewilligt wird, etwa weil sich zwischenzeitlich die wirtschaftlichen Verhältnisse des Auftraggebers verändert haben.

35

Eine massive Beschränkung gilt nach § 4 Abs. 5 S. 1 RVG, da bei dem Auftraggeber, dem der Rechtsanwalt im Rahmen der Prozesskostenhilfe beigeordnet worden ist, eine Vergütungsvereinbarung nicht unwirksam, aber unverbindlich ist. Das bedeutet, dass der hieraus erwachsene Vergütungsanspruch für den Rechtsanwalt nicht durchsetzbar ist. Allerdings darf auf ihn gezahlt werden, denn Sittenwidrigkeit wird nicht angenommen. Dies gilt aber nur für Vergütungsvereinbarung, bei denen die Beiordnung von Anfang an vorgelegen hat. Denn **eine ursprünglich wirksam getroffene Vergütungsvereinbarung kann nicht im Nachhinein dadurch unwirksam werden, dass der Partei Prozesskostenhilfe oder eine Beiordnung bewilligt wird.**

36

Im Rahmen der **Pflichtverteidigung** kann der Rechtsanwalt mit dem Auftraggeber eine Vergütungsvereinbarung jederzeit treffen.[16] Dies ergibt sich unmittelbar aus § 58 Abs. 3 RVG.

---

15 Aktuell *Graf v. Westphalen*, AGB-Recht im Jahr 2009, NJW 2010, 2254 ff.
16 So bereits BGH MDR 1979, 1004 = AnwBl. 1980, 465.

§ 4 Vergütungsvereinbarungen

37 *Hinweis*
Es ist unzulässig ein reines Erfolgshonorar (eingeschränkte Zulässigkeit – siehe unten!) oder eine Beteiligung am erstrittenen Betrag (§ 49b Abs. 2 BRAO) zwischen Rechtsanwalt und Auftraggeber zu vereinbaren

38 Treffen Rechtsanwalt und Auftraggeber nach Beendigung des Mandats eine zulässige Vereinbarung über ein Erfolgshonorar (sog. Erfolgsprämie), ist dies zulässig. Denn § 49b Abs. 2 BRAO untersagt nur die Fälle, in denen die Vergütung vom Ausgang oder Erfolg der anwaltlichen Leistung **abhängig** gemacht wird.

Das Erfolgshonorar ist aber auch zulässig, sofern sonst keine Rechtsverfolgung möglich wäre. Der Rechtsanwalt und Mandant können künftig in einzelnen Fällen eine erfolgsbasierte Vergütung vereinbaren. Voraussetzung ist, dass der Mandant aufgrund seiner wirtschaftlichen Verhältnisse ohne die Vereinbarung eines Erfolgshonorars von der Rechtsverfolgung abgehalten würde, weil er hierzu nicht imstande wäre. Dies betrifft vor allem die Fälle des Arzthaftungsrechts, hohe anderweitige Ersatzforderungen etc.

39 Es ist aber auf die Einhaltung der Hinweispflicht zu achten! So ist der Rechtsanwalt verpflichtet, in der Honorarvereinbarung **die Vergütung anzugeben, die er ohne die Vereinbarung eines Erfolgshonorars verlangen** könnte. Eine Berechnung der gesetzlichen Vergütung einerseits und der verabredeten Vergütung andererseits ist daher in der Vergütungsvereinbarung selbst erforderlich.

3. Weitere gewichtige Gesichtspunkte

a) Gegenstandswert

40 Soweit keine wertunabhängige Vergütung vereinbart ist, ist nach § 49b Abs. 5 BRAO darauf hinweisen, dass sich die Vergütung nach einem Gegenstandswert richtet. Dies betrifft insbesondere Verfahren, die Einziehung, Verwertung etc. zum Gegenstand haben, sowie das Adhäsionsverfahren.

b) Kostenerstattung

41 Unabhängig davon, ob eine Kostenerstattung (hier durch die Landeskasse oder aber den Adhäsionsverfahrens-Gegner) eintreten kann, besteht die Hinweispflicht, dass im Obsiegensfalle nur die gesetzliche Vergütung vom Kostenerstattungsanspruch umfasst ist. Zwar existiert keine gesetzliche Regelung, aber sicherheitshalber sollte ein entsprechender Hinweis immer erfolgen.

c) Rechtsschutzversicherung

42 Der Rechtsanwalt sollte bei Abschluss einer Vergütungsvereinbarung darauf hinweisen, dass die vereinbarte Vergütung die gesetzliche Vergütung übersteigt.[17] Hier wird teilweise

---

17 *Schneider*, VV, Rn 1576 ff., 3036 ff.

eine Hinweispflicht immer erst dann angenommen, wenn die Rechtsschutzversicherung Deckungszusage erteilt hat.

Nur in diesem Falle kann der Auftraggeber davon ausgehen, dass seine Rechtsschutzversicherung die entstandene Anwaltsvergütung zahlt.[18] Ist bei Abschluss der Vergütungsvereinbarung die Rechtsschutzversicherung nicht in die Verhandlungen eingeführt, ist ein Hinweis obsolet, weil der Auftraggeber davon ausgehen musste, die Vergütung selbst zu schulden. 43

Für den Mandanten, der eine Rechtsschutzversicherung hat, ist der oben unter § 1 Rn 137 ff. abgedruckte Hinweis hilfreich. 44

d) Auslagen

Treffen die Parteien eine Vergütungsvereinbarung, ist eine Regelung hinsichtlich der Auslagen unabdingbar, weil diese ein Teil der anwaltlichen Vergütung (vgl. § 1 Abs. 1 S. 1 RVG) sind. Hier sind unterschiedliche, am besten individuell zu bestimmende Möglichkeiten eröffnet.[19] Hierunter fallen ggf. Recherchekosten, Haftpflichtversicherungsprämien, Tage- und Abwesenheitsgelder etc. Deshalb sollten Umfang und die Höhe der vom Auftraggeber zu erstattenden Auslagen genau geregelt werden, ein ausdrücklicher Hinweis ist notwendig. 45

V. Weitere Gestaltungsmöglichkeiten

Inhaltlich sind weiterhin folgende Vereinbarungen[20] möglich: Neben der Vereinbarung der Vergütung sind in der Vergütungsvereinbarung (zum Teil in Abkehr vom Gebührenrecht nach der BRAGO) weitere selbstständige Erklärungen möglich wie folgend aufgeführt: 46

Checkliste: Weitere Vereinbarungen 47

- die Gerichtsstandsvereinbarung für die Geltendmachung von Honoraransprüchen,[21]
- die Gerichtsstandsvereinbarung für etwaige Regressklagen (diese müssen von den anderen Vereinbarungen deutlich abgesetzt sein),
- die Quittung über den Erhalt der Vergütungsvereinbarung,
- die Beschränkung der Haftung,
- die Aufbewahrungsfrist der Handakten, die Vernichtung derselben nach Ablauf einer bestimmten Frist,
- die Abtretung des gesetzlichen Kostenerstattungsanspruches,
- Fälligkeitsregelungen,
- Vorschussregelungen,

---

18 OLG Düsseldorf BRAK-Mitt. 2000, 178 mit Anm. *Jungk*.
19 Beispiele bei *Schneider*, VV, Rn 2988 ff.
20 Siehe ausführlich hierzu auch die Muster bei Erfolgsvereinbarung/*Winkler*, Rn 6 und die Gestaltungen bei *Schneider*, VV, Rn 2881 ff.
21 So bereits BT-Drucks 15/2487 S. 231 – zu den diesbezüglichen Bedenken bei Vergütungsvereingarungen mit Verbrauchern siehe die nachfolgenden Ausführungen.

§ 4 Vergütungsvereinbarungen

- sonstige Zahlungsmodalitäten,
- Stundungsvereinbarungen,
- Vereinbarungen, in welchem Maße es zulässig ist, dass der Rechtsanwalt weitere Berufsträger hinzuziehen darf und wie deren Tätigkeit zu vergüten ist (z.b.: Steuerberater, Wirtschaftsprüfer u.a.),
- Vereinbarungen über die Hinzuziehung von Vertretern (zum Beispiel die Wahrnehmung von Gerichtsterminen durch einen Vertreter),
- die Vereinbarung eines Mehrfachen der gesetzlichen (Höchst-)Gebühren (Beispiel: das Doppelte oder Dreifache der gesetzlichen Gebühren[22] – sinnvoll vor allem bei Festgebühren),
- die Vereinbarung des Wegfalls von Anrechnungsvorschriften (Beispiel: Ausschluss der Anrechnungsvorschrift in Vorbem. 3 Abs. 4 VV, Vereinbarung, dass § 15 Abs. 2 RVG – Rechtszug – für die Terminsgebühr nicht gilt und für jeden Termin eine Terminsgebühr entsteht),
- die Vereinbarung höherer pauschaler Auslagen und Spesen, etwa die Erhöhung der Kopierkosten auf 1,00 EUR für jede kopierte Seite anstelle von 0,50 EUR,
- die Vereinbarung einer Erhöhung der vorgegebenen Satz- und Betragsrahmengebühren (Beispiel: Vereinbarung einer 5,0 Geschäftsgebühr gem. Nr. 4143 VV im Adhäsionsverfahren),
- die Vereinbarung eines höheren Gegenstandswertes bei Einziehung und verwandten Maßnahmen (Beispiel: der gesetzliche Gegenstandswert beträgt 5.000 EUR, es werden 50.000 EUR als Gegenstandswert vereinbart),
- die Vereinbarung einer neuen Angelegenheit, wenn eine gebührenrechtliche Angelegenheit vorliegt (Beispiel: Die zeitliche Grenze in § 15 Abs. 5 RVG wird verkürzt und vereinbart, dass die Angelegenheit bereits nach einem Jahr als neue Angelegenheit abgerechnet wird).

48 Es ist in erleichterter Form möglich, in die Vergütungsvereinbarungen Gerichtsstandsvereinbarungen für Streitigkeiten aus der Vergütungsvereinbarung aufzunehmen. Die Gerichtsstandvereinbarung soll im RVG grundsätzlich zulässig sein. Ohne weiteres zulässig (d.h. ohne Abgrenzung vom sonstigen Text der Vergütungsvereinbarung) ist nur eine Gerichtsstandsvereinbarung über die Streitigkeiten aus der Vergütungsvereinbarung selbst. Eine Gerichtsstandsvereinbarung über **alle Streitigkeiten** aus dem Anwaltsvertrag in der Vergütungsvereinbarung ist nur dann zulässig, wenn diese Erklärung deutlich abgegrenzt von den sonstigen Erklärungen in der Vergütungsvereinbarung abgesetzt wurde.

---

22 BGH NJW 1980, 1852, LG Aachen AnwBl 1999, 412.

D. Erfolgsvergütungsvereinbarung

I. Einführung

Die Erfolgsvergütungsvereinbarung steht unter diversen Einschränkungen, da nach wie vor der Schutz des Rechtssuchenden effektiv ausgestaltet sein soll. Ebenso steht gleichsam für die Integrität der Anwaltschaft;[23] allerdings der Erfolg nach der Bundesverfassungsgerichtsentscheidung[24] soll unter besonderen Umständen auch in die freie Gestaltung der Gebührenabreden Einfluss finden sollte. Die maßgebliche Vorschrift aus der BRAO hierzu lautet:

49

§ 49b BRAO Vergütung

(1) Es ist unzulässig, geringere Gebühren und Auslagen zu vereinbaren oder zu fordern, als das Rechtsanwaltsvergütungsgesetz vorsieht, soweit dieses nichts anderes bestimmt. Im Einzelfall darf der Rechtsanwalt besonderen Umständen in der Person des Auftraggebers, insbesondere dessen Bedürftigkeit, Rechnung tragen durch Ermäßigung oder Erlass von Gebühren oder Auslagen nach Erledigung des Auftrags.

(2) Vereinbarungen, durch die eine Vergütung oder ihre Höhe vom Ausgang der Sache oder vom Erfolg der anwaltlichen Tätigkeit abhängig gemacht wird oder nach denen der Rechtsanwalt einen Teil des erstrittenen Betrages als Honorar erhält (Erfolgshonorar), sind unzulässig, soweit das Rechtsanwaltsvergütungsgesetz nichts anderes bestimmt. Vereinbarungen, durch die der Rechtsanwalt sich verpflichtet, Gerichtskosten, Verwaltungskosten oder Kosten anderer Beteiligter zu tragen, sind unzulässig. Ein Erfolgshonorar im Sinne des Satzes 1 liegt nicht vor, wenn lediglich vereinbart wird, dass sich die gesetzlichen Gebühren ohne weitere Bedingungen erhöhen.

(3) Die Abgabe und Entgegennahme eines Teils der Gebühren oder sonstiger Vorteile für die Vermittlung von Aufträgen, gleichviel ob im Verhältnis zu einem Rechtsanwalt oder Dritten gleich welcher Art, ist unzulässig. Zulässig ist es jedoch, eine über den Rahmen der Nummer 3400 der Anlage 1 zum Rechtsanwaltsvergütungsgesetz hinausgehende Tätigkeit eines anderen Rechtsanwalts angemessen zu honorieren. Die Honorierung der Leistungen hat der Verantwortlichkeit sowie dem Haftungsrisiko der beteiligten Rechtsanwälte und den sonstigen Umständen Rechnung zu tragen. Die Vereinbarung einer solchen Honorierung darf nicht zur Voraussetzung einer Mandatserteilung gemacht werden. Mehrere beauftragte Rechtsanwälte dürfen einen Auftrag gemeinsam bearbeiten und die Gebühren in einem den Leistungen, der Verantwortlichkeit und dem Haftungsrisiko entsprechenden angemessenen Verhältnis untereinander teilen. Die Sätze 2 und 3 gelten nicht für beim Bundesgerichtshof zugelassene Prozessbevollmächtigte.

(4) Die Abtretung von Vergütungsforderungen oder die Übertragung ihrer Einziehung an Rechtsanwälte oder rechtsanwaltliche Berufsausübungsgemeinschaften (§ 59a) ist zulässig. Im Übrigen sind Abtretung oder Übertragung nur zulässig, wenn eine ausdrückliche, schriftliche Einwilligung des Mandanten vorliegt oder die Forderung rechtskräftig festgestellt ist. Vor der Einwilligung ist der Mandant über die Informationspflicht des Rechtsanwalts gegenüber dem neuen Gläubiger oder Einziehungsermächtigten aufzuklären. Der neue Gläubiger oder Einzie-

---

23 BGH v. 4.2.2010, AGS 2010, 267 ff. mit Anm. *Schons*, 279 ff. (vgl. § 4 Rn 20 ff., Leitlinien des BGH).
24 BVerfG v. 15.5.2009, AnwBl. 2009, 650 ff. (vgl. § 4 Rn 6 ff.).

hungsermächtigte ist in gleicher Weise zur Verschwiegenheit verpflichtet wie der beauftragte Rechtsanwalt.

(5) Richten sich die zu erhebenden Gebühren nach dem Gegenstandswert, hat der Rechtsanwalt vor Übernahme des Auftrags hierauf hinzuweisen.

50 Allerdings gilt für die Erfolgsvergütungsvereinbarung folgende Vorschrift des RVG:

§ 4a RVG Erfolgshonorar

(1) Ein Erfolgshonorar (§ 49b Abs. 2 Satz 1 der Bundesrechtsanwaltsordnung) darf nur für den Einzelfall und nur dann vereinbart werden, wenn der Auftraggeber aufgrund seiner wirtschaftlichen Verhältnisse bei verständiger Betrachtung ohne die Vereinbarung eines Erfolgshonorars von der Rechtsverfolgung abgehalten würde. In einem gerichtlichen Verfahren darf dabei für den Fall des Misserfolgs vereinbart werden, dass keine oder eine geringere als die gesetzliche Vergütung zu zahlen ist, wenn für den Erfolgsfall ein angemessener Zuschlag auf die gesetzliche Vergütung vereinbart wird.

(2) Die Vereinbarung muss enthalten:
1. die voraussichtliche gesetzliche Vergütung und gegebenenfalls die erfolgsunabhängige vertragliche Vergütung, zu der der Rechtsanwalt bereit wäre, den Auftrag zu übernehmen, sowie
2. die Angabe, welche Vergütung bei Eintritt welcher Bedingungen verdient sein soll.

(3) In der Vereinbarung sind außerdem die wesentlichen Gründe anzugeben, die für die Bemessung des Erfolgshonorars bestimmend sind. Ferner ist ein Hinweis aufzunehmen, dass die Vereinbarung keinen Einfluss auf die gegebenenfalls vom Auftraggeber zu zahlenden Gerichtskosten, Verwaltungskosten und die von ihm zu erstattenden Kosten anderer Beteiligter hat.

51 Für die Abrede mit dem Auftraggeber ist zu berücksichtigen, dass die drei normierten Voraussetzungen des § 4a Abs. 1 RVG vorliegen müssen:
- Einzelfallregelung für das konkrete Mandat
- Aufgrund der wirtschaftlichen Verhältnisse ist es ansonsten dem Mandanten verwehrt, die Rechtsverfolgung vorzunehmen
- Unter verständiger Betrachtung

52 Bei gerichtlichen Verfahren ist dann weiter die Einschränkung zu beachten, dass die Regelung, für den Fall des Misserfolges keine oder eine geringere gesetzliche Vergütung zu zahlen, einem angemessenen Zuschlag im Obsiegensfall gegenüberstehen muss.[25] Hier wurden die Vorgaben des BVerfG[26] für erfolgsbasierte Vergütungsvereinbarung – als sog. „kleine Lösung"[27] – in eine Norm gefasst. Gemeint ist hier der Auftraggeber, der mit der Verfolgung seiner Rechte ein wirtschaftliches Risiko eingeht – auf die ökonomische Potenz des Auftraggebers kommt es insoweit nicht an.[28] Die Grenze stellt hierbei die verständige Betrachtung dar, also was ein vernünftig denkender Mensch in der konkreten

---

25 Einzelheiten zu „no win, no fee" bei Erfolgshonorar/*Mayer*, § 3 III.
26 BVerfG NJW 2007, 997 ff.
27 Gerold/Schmidt/*Mayer*, § 4a Rn 4 ff.
28 AnwK-RVG/*Onderka*, § 4a Rn 18 m.w.N.

Situation des Mandanten entschiede, anders formuliert: Der Entschluss zu einer erfolgsbasierten Vergütungsvereinbarung muss danach plausibel und nachvollziehbar sein.[29]

> *Hinweis: Beratungshilfe contra Erfolgshonorar?!* 53
> Nach § 8 BerHG ist dem Anwalt untersagt, andere Honorare mit dem Rechtsuchenden zu vereinbaren, die über den Beratungshilfesatz hinausgehen. Der Rechtsuchende, der nur bei Bedürftigkeit staatliche Leistungen der Beratungshilfe erhält, darf nicht mit weitergehenden Forderungen des Anwalts konfrontiert werden.[30]
> Aber eine erfolgsbasierte Vergütungsvereinbarung ist dann möglich, wenn der Mandant sich zwischen der Beratungshilfe oder Erfolgshonorar entscheidet: Denn nach dem Wortlaut von § 3 Abs. 3 RVG bleibt § 8 BerHG unberührt. Damit ist der gesetzgeberische Wille beachtet und das Ergebnis mit der Intention des BVerfG in Einklang zu bringen, wie sie in der Entscheidung zur Zulässigkeit von Erfolgshonoraren festgeschrieben wurde.[31]

II. Besonderheiten im Strafrecht/Bußgeldrecht

Eine Erfolgsvergütungsvereinbarung ist zunächst einmal auch im Strafrecht und Bußgeldrecht möglich. Schlagwortartig kann festgehalten werden, dass sie im Strafrecht oder Bußgeldrecht an bestimmte Ereignisse geknüpft werden. Ohne die genaue **Festlegung des Erfolgs**, kann auch keine sinnvolle Vergütungsvereinbarung geschlossen werden, die justitiabel ist. 54

> *Beispiele für Erfolge in der Verteidigung, die Grundlage für eine Vergütungsvereinbarung sein können* 55
> Hierunter fallen beispielsweise[32]
> - Verfahrenseinstellung
> - Nichteröffnung des Hauptverfahrens
> - Beendigung von Untersuchungshaft
> - Erlass eines Strafbefehls
> - Verhinderung von Einziehung etc.
> - Verhinderung von Fahrverbot, Fahrerlaubnisentzug, Anordnung von MPU
> - Vermeidung einer unbedingten Strafe (es wird Bewährung auf die Freiheitsstrafe gegeben)
> - Verhinderung eines Eintrags von mehr als 90 Tagessätzen in das BZR

---

29 Erfolgshonorar/*Mayer*, § 3 II 3.
30 *Ziegler/Rektorscheck*, Trotz Hartz IV zum Erfolg? – Erfolgshonorar bei Beratungshilfeberechtigung, JR 2009, 490 ff.
31 BVerfG v. 12.12.2006 – 1 BvR 2576/04 zum Erfolgshonorar. *Ziegler/Rektorscheck*, Trotz Hartz IV zum Erfolg? – Erfolgshonorar bei Beratungshilfeberechtigung, JR 2009, 490 ff.
32 Erfolgshonorar/*Winkler*, § 2 6.

- Verhinderung einer bestimmten Höhe einer Freiheitsstrafe (nicht mehr als 1 Jahr – bei Beamten beispielsweise wichtig)
- Verhinderung einer die Ausweisung von Ausländern begründenden Freiheitsstrafe
- Erfolgreiche Rechtsmittel der Berufung/Revision/Rechtsbeschwerde/Kostenbeschwerde
- Durchsetzung von Schadenersatzansprüchen/Schmerzensgeldansprüchen im Adhäsionsverfahren[33]
- Vollstreckungserfolge (§ 35 BtMG, offener Vollzug, 2/3-Entscheidung etc.)

56 Allerdings ist zu berücksichtigen, dass umfassende Judikatur zur erfolgsbasierten Vergütungsvereinbarung noch nicht vorliegt, daher ein hohes Risiko besteht, dass die Vereinbarungen nicht durchgesetzt werden können.[34]

57 *Praxistipp*

Im Besonderen gilt für die wirtschaftlichen Verhältnisse des Mandanten, die dieser am besten schriftlich niederlegt, damit dann diese Darlegungen als Bezugspunkt für die Darstellung in der Vergütungsvereinbarung im Bestreitensfalle vorgelegt werden kann. Eine sorgfältige Dokumentation hierüber vermeidet Streit. Ebenso sollten die Motive und weiteren Entscheidungsgründe des Mandanten in die Abrede zu Individualisierung aufgenommen werden. Schon bei Mandatsannahme empfiehlt sich diese Vorgehensweise.

E. Vergütungsvereinbarung auf der Basis einer Zeitabrechung

58 Verbreitet sein dürfte die Vergütungsvereinbarung auf der Basis einer Zeitabrechnung. Dies ist zulässig, der BGH[35] macht sogar den Eindruck, als wenn diese Form am ehesten den Aufwand des Rechtsanwalts angemessen abzudecken imstande ist. Denn das mehrfache Überschreiten der gesetzlichen Gebühren gestattet ohne Berücksichtigung des tatsächlichen Aufwands nicht schon für sich genommen die Schlussfolgerung auf ein Missverhältnis von Leistung und Gegenleistung.[36]

59 Der Vorteil der Stundensatzvereinbarung ist der, dass hier konkret nach Zeitaufwand des Rechtsanwaltes abgerechnet wird. Die Kalkulation ist für den Rechtsanwalt relativ einfach. Er muss seinen kosten- und gewinndeckenden Stundensatz ermitteln. Im Übrigen hat er die Sicherheit, dass er dann, wenn er viel arbeiten muss, auch eine entsprechend hohe Vergütung erhält. Für den Auftraggeber ist die Abrechnung transparent, er zahlt nur die für seinen Auftrag entwickelte Tätigkeit.

---

33 Erfolgshonorar/*Winkler*, § 2 11.
34 Erfolgshonorar/*Winkler*, § 6 II. 1.
35 BGH v. 4.2.2010, abgedr. u.a. in AGS 2010, 267 ff. mit Anm. *Schons*, 279 ff.
36 BGHZ 162, 98, 105.

Allerdings bietet das Zeithonorar den Nachteil, dass der Auftraggeber die zu zahlende Vergütung nicht überschauen kann, da zu Beginn des Mandats nicht ersichtlich ist, welchen Zeitumfang die anwaltliche Tätigkeit in Anspruch nehmen wird. Zudem kann der Eindruck entstehen,[37] der Rechtsanwalt habe nicht zügig und genügend zielorientiert gearbeitet. Bei Zeithonoraren sollte der Rechtsanwalt darauf achten, dass er sorgfältig die aufgewandte Zeit (Datum, genaue Uhrzeitangaben) und stichpunktartig Angaben zur Art der Tätigkeit festhält. Ganz sicher geht der Rechtsanwalt, wenn er diese Angaben noch mit Unterschrift oder Paraphe versieht. 60

> *Praxistipp* 61
> Der Rechtsanwalt sollte sogenannte Timesheets für den jeweiligen Sachbearbeiter anlegen, damit nachvollzogen werden kann, wer welche Tätigkeiten verrichtet hat. Hierbei muss ersichtlich werden, worin diese bestanden haben. Eine tabellarische Aufzählung reicht hierfür aus. Ggf. sollten die Zeiten in den jeweiligen Rechtsanwaltsprogrammen erfasst und den späteren Kostennoten beifügt werden. Wichtig ist weiterhin, dass sämtliche Tätigkeiten aufgenommen werden – eine Kürzung der Rechnung kann dann immer noch erfolgen!

I. Vergütungshöhe

Zunächst ist festzuhalten, dass der Rechtsanwalt selbst im Vorfeld seinen betriebswirtschaftlich erforderlichen Stundensatz kalkulieren muss, bevor er eine Vergütungsvereinbarung mit seinem Mandanten abschließt. Denn die Vergütung nach Maßgabe eines Stundenhonorars wird gerichtlicherseits nicht als unangemessen beanstandet, wenn diese Honorarform unter Würdigung der Besonderheiten des Einzelfalls sachgerecht erscheint und die geltend gemachte Bearbeitungszeit sowie der ausgehandelte Stundensatz angemessen sind.[38] 62

Zur Höhe anerkennt der BGH in seiner jüngsten Entscheidung, dass sich das gehobene Einkommen, wie es erfolgreiche Rechtsanwälte erwarten dürfen, im Regelfall auf ein Zeithonorar von 250 EUR je Stunde[39] beläuft. Übrigens haben im Jahr 1989 renommierte Wirtschaftsanwälte Stundenhonorare von 500–750 DM verlangt.[40] Da jedoch auf alle Fälle in die Vergütungsvereinbarung eingeführt werden sollte, welche Bedeutung die Angelegenheit für den Mandanten hat, sollte auch das Stundenhonorar sich am konkreten Fall orientieren und dies aus der Vergütungsvereinbarung selbst ersichtlich sein. 63

---

37 Den der BGH in seiner Entscheidung auch befördert, dass nämlich die „schwarzen Schafe" offenbar falsch abrechnen oder der Aufwand der Inkompetenz des Rechtsanwalts dem Mandanten in Rechnung gestellt wird.
38 BGH v. 4.2.2010 abgedr. u.a. in AGS 2010, 267 ff. mit Anm. *Schons*, 279 ff.
39 Inzwischen allgemeine Meinung AnwK-RVG/*Onderka*, § 3a Rn 64 ff.
40 Gerold/Schmidt/*Madert*, § 3 Rn 9.

§ 4 Vergütungsvereinbarungen

II. Zeittaktklausel

64 Vorsicht bei Zeittaktklauseln: Die Rechtsprechung hält es für ausgesprochen problematisch, diese in Anwendung zu bringen, weil eine unangemessene Benachteiligung vorliegen kann.

65 Eine Zeittaktklausel von 15 Minuten[41] hat das OLG Düsseldorf vom 18.2.2010 – 24 U 183/10 – aus folgenden Gründen für unzulässig erachtet:

Der Kläger hat ausweislich der Honorarrechnung in Verbindung mit der Zeitaufzeichnung entgegen der Feststellung im angefochtenen Urteil nicht „minutiös", sondern er hat an den 23 Tagen, an denen er vertraglich geschuldete Leistungen erbracht hat, in 21 Fällen jeweils volle Stunden zwischen einer und acht Stunden, einmal eine halbe und in einem weiteren Fall eine viertel Stunde abgerechnet (insgesamt 23 Zeittakte) und kommt auf diesem Weg zu einem Zeitaufwand von insgesamt 92,75 Stunden. Der Kläger meint, diese Abrechnungsweise sei mit Blick auf die vereinbarte Zeittaktklausel (Nr. 1 Abs. 1 Satz 2 Honorarvereinbarung) gedeckt. Das ist indes nicht der Fall. Die Zeittaktklausel ist, wie der Senat bereits entschieden hat (vgl. Urt. v. 29.6.2006 – I-24 U 196/04 – AGS 2006, 530 = NJW-RR 2007, 129, 130 sub B.II.3b, bb) und woran er nach erneuter Prüfung festhält, unwirksam (a.A. OLG Schleswig AGS 2009, 209 m. zust. Anm. Schons S. 210 und zfs 2009, 345 = m. zust. Anm. Hansens S. 346, 347)....

Einer abschließenden Entscheidung dieser Rechtsfrage bedarf es indes nicht, weil jedenfalls ein 15-minütiger Zeittakt, wie er hier vorformuliert vereinbart worden ist, evident zu einer Benachteiligung des Mandanten führt. So würde z.B. schon die Entgegennahme oder Führung von vier kurzen Ferngesprächen/Tag (mit durchschnittlich 15 Sekunden pro Gespräch) auf der Grundlage der Zeittaktklausel zur Abrechnung eines Stundenhonorars von 450 DM [230,08 EUR] statt eines tatsächlich insgesamt nur verdienten Minutenhonorars von 7,50 DM [3,87 EUR] führen. Es liegt auf der Hand, dass es sich dabei nicht mehr um eine angemessene Kompensation von Unterbrechungen des Arbeitsflusses handelt. Dabei ist ferner zu berücksichtigen, dass die Zeittaktklausel ja nicht nur bei den in Rede stehenden kurzen Arbeitsunterbrechungen zur Anwendung kommt, sondern bei jeder – auch längere Zeit dauernden – Tätigkeit, die vor dem Ablauf eines Zeittaktes von 15 Minuten endet oder aus beliebigen (überwiegend sogar steuerbaren) Anlässen (z.B. Bearbeitung anderer Mandate, Terminswahrnehmungen, Pausen, private Tätigkeiten, Beendigung des Arbeitstages) unterbrochen wird. Dadurch entfaltet die Zeittaktklausel strukturell zu Lasten des Mandanten in erheblicher Weise sich kumulierende Rundungseffekte (Senat a.a.O.; I. Hartung, Die Vergütungsvereinbarung nach § 4 Abs. 1 RVG, in Festschrift für W. Hartung, 2008, Seite 33; kritisch auch Hommerich/Kilian, Vergütungsvereinbarung deutscher Rechtsanwälte S. 87; Krämer/Maurer/Kilian, Vergütungsvereinbarung und -manage-

---

[41] Anders zwar OLG Schleswig, AGS 2009, 209; AnwK-RVG/*Onderka*, § 3 Rn 60.

E. Vergütungsvereinbarung auf der Basis einer Zeitabrechnung § 4

ment, 2005, Rn 599; Bischof in: Bischof/Jungbauer/Bräuer/Curkovic/Mathias/Uher, a.a.O.; insow. ebs. Rick in: Schneider/Wolf/Rick, RVG, 4. Aufl., § 3a Rn 61, der eine „Deckelung" für erforderlich hält; vgl. ferner Hansens, RVGreport 2009, 164; a.A. Römermann in: Hartung/Römermann/Schons, RVG, 2. Aufl., § 4 Rn 1, der jeden beliebigen Zeittakt, sogar einen Tagestakt für zulässig hält und Rick in: Kilian/Stein/Rick, PraxHdb. f. AnwKanz u. Notariat, § 29 Rn 235, der einen 15-Min.-Takt ohne Einschränkung f. zul. hält).

Der ersatzlose Wegfall der Zeittaktklausel hat zur Folge, dass die Leistung des Klägers im Streitfall nur minutengenau honoriert werden kann. Weil es an einer entsprechenden Abrechnung fehlt, kann grundsätzlich nur der Zeitaufwand vergütet werden, dessen Erfassung mit Sicherheit von der Zeittaktklausel nicht beeinflusst ist. Im Streitfall hat der Kläger insgesamt 23 Zeitintervalle im (aufgerundeten) Zeittakt von 15 Minuten abgerechnet. Das führt infolge der Unwirksamkeit der Zeittaktklausel zu einem Zeitabzug von 322 Minuten (5,37 Std.). Das entspricht einem abzuziehenden Honoraranteil von 1.235,53 EUR (5,37 × 230,08 EUR)...

Der Senat hält jedoch den ausgehandelten Stundensatz von 450,00 DM [230,08 EUR] für nicht angemessen. Er ist auf 180 EUR herabzusetzen. Dies folgt aus der im Rahmen von § 3 Abs. 3 BRAGO zu treffenden Gesamtabwägung zur Herbeiführung des Interessenausgleichs (BVerfG a.a.O., Senat OLGR Düsseldorf 1996, 211; ferner Kilian, BB 2009, 2098, 2103 f.). Unter Berücksichtigung der unter B.V.3.b) genannten Kriterien ist ein höherer Stundensatz nicht gerechtfertigt, weil die Angelegenheit nicht höher als durchschnittlich einzustufen ist. Üblicherweise vereinbaren die Rechtsanwälte Zeithonorare, deren durchschnittlicher Stundensatz bei 180,00 EUR liegt (vgl. Hommerich/Kilian/Jackmuth/Wolf, a.a.O., S. 256). Dieses Ergebnis beruht auf einer repräsentativen Stichprobe, die das Soldan-Institut im Frühjahr 2005 bei 1021 Rechtsanwälten erhoben hat, die am häufigsten einen (bereinigten) Preis für die anwaltliche Arbeitsstunde von 150,00 EUR nannten (a.a.O.). Im Hinblick auf die allgemeine Preissteigerung in Deutschland geht der Senat davon aus, dass diese Sätze in den Jahren 1999–2002, in die die Tätigkeiten des Klägers fielen, jedenfalls nicht höher waren.

An dieser Bewertung ist der Senat auch nicht durch das Gutachten des Vorstands der Rechtsanwaltskammer Hamm gehindert. Zwar haben von der Kammer im August 2008 durchgeführte Erhebungen einen üblichen Stundensatz von mindestens 250 EUR ergeben, allerdings hat das Gericht dann kurzerhand in eigener Regie den Stundensatz herabgesetzt. **66**

Zwar ist die Herabsetzung des Stundensatzes nicht nachvollziehbar, denn das Gericht setzt sich sogar über das Gutachten der Rechtsanwaltskammer hinweg und meint beurteilen zu können, wie schwierig die Angelegenheit gewesen sein mag. Denn es berücksichtigt beispielsweise die Rechtsprechung des BGH insoweit nicht, als eine gehobene Lebensführung aus der anwaltlichen Tätigkeit ermöglicht werden muss. Der Rückgriff auf die Statistik ist auch unrichtig, wenn der durchschnittliche Stundensatz zugrunde gelegt wird, weil die Erhebung von nicht einmal 1 % aller zugelassenen Rechtsanwälte herrührt. **67**

68 *Praxistipp*

Konsequenz dieser Rechtsprechung ist aber, dass der Rechtsanwalt beim Abfassen der Vergütungsvereinbarung mehr Sorgfalt walten lassen muss und sich nicht mit Mustervereinbarungen begnügen kann. De facto handelt der Rechtsanwalt mit jedem Auftraggeber einen individuellen Vertrag aus, dessen Inhalt er dann niederlegen muss, um ihn sich unterschreiben zu lassen. Im eigenen Gebühreninteresse ist wie bei jeder Vertragsgestaltung auch in eigener Sache hohe Sorgfalt aufzuwenden!

III. Konkrete Abrechnung

69 Der BGH gibt den Takt vor, wie im Einzelnen abgerechnet werden sollte. Denn dem Auftraggeber ist eine konkrete Kontrolle der vom Rechtsanwalt gefertigten Abrechnung zu ermöglichen. Die schlüssige Darlegung der geltend gemachten Stunden erfordert eine stichwortartige, in einer auch im Nachhinein verständlichen Weise niedergelegte Darstellung, welche konkrete Tätigkeit er innerhalb eines bestimmten Zeitraums verrichtet hat. Wörtlich heißt es dann in der Entscheidung:[42]

70 *„Insoweit ist etwa anzugeben, welche Akten und Schriftstücke einer Durchsicht unterzogen, welcher Schriftsatz vorbereitet oder verfasst wurde, zu welcher Rechts- oder Tatfrage welche Literaturrecherchen angestellt oder zu welchem Thema mit welchem Gesprächspartner wann eine fernmündliche Unterredung geführt wurde. Nicht genügend sind hingegen allgemeine Hinweise über Aktenbearbeitung, Literaturrecherche und Telefongespräche, weil sie jedenfalls bei wiederholter Verwendung inhaltsleer sind und ohne die Möglichkeit einer wirklichen Kontrolle geradezu beliebig ausgeweitet werden können.*

Eine nachvollziehbare und nachprüfbare Dokumentation ist insbesondere in Gestaltungen wie dem Streitfall geboten, in dem ausgehend von einer möglichen jährlichen gebührenerzeugenden Arbeitszeit eines Anwalts von etwa 1430 Stunden (Chemnitz NJW 1975, 939) die geltend gemachte Zahl von 1484 Stunden die gesamte Arbeitskraft beider Verteidiger über einen Zeitraum von mehr als sechs Monaten gebunden haben soll.

Ferner ist zu beachten, dass der Verteidiger seiner Darlegungslast regelmäßig nicht durch die bloße Vorlage von Anlagen genügt, die seine Tätigkeit ohne die Möglichkeit einer konkreten Nachprüfung lediglich in allgemeiner Form ausweisen. Vielmehr bedarf es einer konkreten schriftsätzlichen Darlegung. Anlagen können nur der Erläuterung des schriftsätzlichen Vorbringens oder dem urkundlichen Beweis von Behauptungen dienen, schriftsätzliches Vorbringen aber grundsätzlich nicht ersetzen.

---

42 BGH v. 4.2.2010, abgedr. u.a. in AGS 2010, 267 ff. mit Anm. *Schons*, 279 ff.

E. Vergütungsvereinbarung auf der Basis einer Zeitabrechung § 4

*Allerdings kann der von dem Rechtsanwalt nachgewiesene Zeitaufwand nur dann in vollem Umfang berücksichtigt werden, wenn er in einem **angemessenen Verhältnis zu Schwierigkeit, Umfang und Dauer der zu bearbeitenden Angelegenheit steht.***"

Hieraus folgt, dass bei einer Vergütungsvereinbarung erheblich höhere Anforderungen an die Dokumentation seitens des Rechtsanwalts gestellt werden als bislang angenommen. Diese muss nachvollziehbar für den Auftraggeber sein, damit diesem (und wohl auch dem Gericht) eine Kontrolle der in Rechnung gestellten Tätigkeiten ermöglicht wird. Das bedeutet, dass sie in verständlicher Sprache abgefasst sein muss und nicht in unverständlichen Kürzeln. Auch an die Substantiierungspflicht in einem etwaigen Prozess gegen den Auftraggeber auf Zahlung aus der Vergütungsvereinbarung stellt der BGH hohe Anforderungen, da der Verweis auf die als Anlage eingereichten Dokumentationen nicht hinreicht, sondern Teil des Schriftsatzes sein muss, mit anderen Worten, die Dokumentation sollte in den Schriftsatz eingefügt werden. 71

Ein solches Dokumentationsblatt kann folgendermaßen aussehen: 72

Muster: Zeiterfassungsdokumentation

▼

Datum	Von ..... Bis Dauer	Gespräch mit	Schriftsatz an	Aktenstudium/ Literaturrecherche

▲

Neben der vollständigen, nachvollziehbaren und prüfbaren Dokumentation müssen die abgerechneten Stunden auch noch im Verhältnis zu Schwierigkeit, Umfang und Dauer angemessen sein. Wie das allerdings durch die Gerichte geprüft werden will, ist nicht ersichtlich. Denn es dürfte kaum den „Durchschnitts-Rechtsanwalt" geben, dessen Arbeitsaufwand zugrunde gelegt werden könnte. Auch der Verweis auf den „üblichen Zeitrahmen" hilft bei der Prüfung kaum. Wer bestimmt die Üblichkeit? 73

Das OLG Düsseldorf geht dann sogar noch soweit, dass es den Rechtsanwälten aufzeigt, wie eine ordentliche Abrechnung auszusehen hat. 74

§ 4 Vergütungsvereinbarungen

75 **Muster: Abrechnung nach Auffassung des OLG Düsseldorf vom 18.2.2010 – 24 U 183/10**

▼

Bei entsprechender Anwendung des § 18 Abs. 2 S. 1 BRAGO bzw § 10 Abs. 2 S. 1 RVG sind an die schriftliche Abrechnung eines vereinbarten Zeithonorars deshalb regelmäßig die folgenden formellen Anforderungen zu stellen:

- Bezeichnung der Angelegenheit; bei mehreren gleichzeitig abgerechneten Angelegenheiten Auftrennung der Abrechnung nach jeder einzelnen Angelegenheit (*Hartung/Römermann/Schons*, a.a.O., Rn 35 f.; *Hartmann*, a.a.O., § 10 Rn 17; *N. Schneider*, AnwBl 2004, 510; Senat, Beschl. v. 4.6.2009, I-24 U 111/08, a.a.O.)
- Vorlage eines Leistungsverzeichnisses (time-sheet), das den jeweils abgerechneten Zeitaufwand einer bestimmten Tätigkeit zuordnet, die schlagwortartig zu bezeichnen ist (*Gerold/Schmidt/Mayer*, a.a.O.; *Gerold/Schmidt/Madert*, a.a.O.; *Hartmann*, a.a.O.; Senat, Urt. v. 29. 6. 2006, I-24 U 196/04, a.a.O.)
- Berechnung des Zeithonorars (gesamter Zeitaufwand x Stundensatz = Zeithonorar)
- Berechnung der Auslagen (falls gesondert berechenbar unter Nennung der jeweils maßgeblichen Gebührenvorschrift)
- Berechnung der Mehrwertsteuer
- Ausweis der abzuziehenden Vorschüsse (falls gezahlt)
- Ausweis der Honorar(rest)summe
- Unterschrift des Rechtsanwalts

▲

F. Checkliste für die Vergütungsvereinbarung

76 Sinnvoll ist es, bei den ersten Vergütungsvereinbarungen, die der Rechtsanwalt mit dem Auftraggeber schließen will, anhand einer Checkliste zu prüfen, ob alle wichtigen Regelungen bedacht worden sind. Es gibt in der Literatur hierzu Checklisten.[43]

Jedenfalls sollten folgende Punkte bei der Abfassung bedacht sein:

77 **Checkliste: Vergütungsvereinbarung**

- Zulässigkeit der Vergütungsvereinbarung
    - Beratungshilfe/Prozesskostenhilfe
    - Beiordnung
    - Bei Erfolgshonorar
        - Einzelfallregelung für das konkrete Mandat
        - Aufgrund der wirtschaftlichen Verhältnisse ist es ansonsten dem Mandanten verwehrt, die Rechtsverfolgung vorzunehmen
        - Unter verständiger Betrachtung
- Verfahrensstadium bei Abschluss der Vergütungsvereinbarung
    - Vor oder nach Beiordnung oder Bewilligung von Prozesskostenhilfe

---

[43] So z.B. AnwF-StrafR/*Mock*, § 13 Rn 436.

F. Checkliste für die Vergütungsvereinbarung §4

- Vorläufige Vergütungsvereinbarung
- Nach Beendigung des Mandats
- Formalitäten
  - Bezeichnung der Vergütungsvereinbarung als „Vergütungsvereinbarung"
  - Gesonderte Ausgestaltung (nicht in der Vollmacht!)/Absetzen von Hinweisen
  - Genaue Bezeichnung der Vertragsparteien mit Zuweisung, wer Auftraggeber und wer Rechtsanwalt ist
  - Präzise Bezeichnung der zu erbringenden Tätigkeiten des Rechtsanwalts[44] unter Einschluss der vom BGH ausdrücklich aufgeführten Kriterien:
    - die Schwierigkeit und der Umfang der Sache,
    - ihre Bedeutung für den Auftraggeber
    - das Ziel, das der Auftraggeber mit dem Auftrag angestrebt
    - Stellung des Rechtsanwalts
    - die Vermögensverhältnisse des Auftraggebers
- Prüfung der AGB
  - Liegen AGB vor?
  - Gibt es überraschende, mehrdeutige oder unbestimmte Vertragsteile?
  - Ist das Transparenzgebot beachtet?
- Regelungen über die vorzeitige Beendigung des Mandates
- Vorbehalt für Regelungen, die einen ggf. neuerlichen Auftrag erforderlich machen (Beispiel Verbindung/Trennung und Verschmelzung von Verfahren)
- Berechnung der Vergütung
  - neben oder statt der gesetzlichen Vergütung
  - pauschal gemäß Verfahrensabschnitt
  - pauschal unter Zugrundelegung der gesetzlichen Festgebühren oder der jeweiligen Höchstgebühren
  - Zeitvergütung über Stundensatz einschließlich eines Mindestintervalls nicht über 5 Minuten
  - abschnittsweise dem Verfahrensgang entsprechend
  - Kombination von Vorstehendem
  - Besonderheiten für das Erfolgshonorar beachtet
- Regelung, dass mindestens die gesetzlichen Gebühren anfallen
- Regelung zu Kosten und Auslagen
- Regelung zur Umsatzsteuer
- Abtretungsregelung beim Kostenerstattungsanspruch
- Fälligkeit und Anerkennung von Kostennoten/Abrechnungen
- Salvatorische Klausel
- Genehmigungsfiktion von Abrechnungen
- Abrechnungsintervalle mit Fälligkeit und Verzug

---

44 *Schneider*, VV, Rn 2901 ff.

§ 4 Vergütungsvereinbarungen

- Abtretung ggf. an Dritte oder Inkassogesellschaften (die Person des Dritten, die zum Forderungseinzug berechtigt sein soll muss mitgeteilt werden und das Einverständnis des Mandanten (nicht des Auftraggebers!), dass zum Zweck des Forderungseinzuges die anwaltliche Schweigepflicht gegenüber dem Dritten abbedungen ist, muss vorliegen
- Bei Erfolgshonorar ist unbedingt die Vergütung anzugeben, die der Rechtsanwalt ohne die Vereinbarung eines Erfolgshonorars verlangen könnte
- Erforderliche Belehrungen/Hinweise – abgesetzt in der Vergütungsvereinbarung ausgeführt
    - Hinweis auf Abrechnung nach dem Gegenstandswert
    - Hinweis auf eine höhere oder möglicherweise höhere als die gesetzliche Vergütung
    - Hinweis auf die fehlende Verbindlichkeit von Prozesskostenhilfe
    - Hinweis auf fehlende Erstattungsfähigkeit von Dritten (z.B. Landeskasse, Rechtsschutzversicherung oder Gegner)
- Weitere Regelungen

G. Muster von Vergütungsvereinbarungen

78 Da die Abfassung von Vergütungsvereinbarung am konkreten Mandat erfolgen muss, ist es an sich untunlich, Muster einzustellen. Um aber zumindest einen Eindruck einer Vergütungsvereinbarung zu haben, sind hier zwei Beispielsmuster angegeben.

I. Muster: Vergütungsvereinbarung im Strafrecht für die pauschale Abgeltung von Tätigkeitsbereichen

▼

79 Vergütungsvereinbarung

zwischen

– nachstehend „die Rechtsanwältin" –

und

– nachstehend „der Auftraggeber" –

wird folgende Vereinbarung getroffen:

Inhalt des Mandats

Der Auftraggeber beauftragt die Rechtsanwältin, ihn in dem strafrechtlichen Verfahren (*Kurzrubrum, ggf. Aktenzeichen*) zu vertreten.

G. Muster von Vergütungsvereinbarungen §4

1. Der Auftrag erstreckt sich auf das gesamte Verfahren vor dem ▬▬▬ (*Gericht*) einschließlich eines (Kosten-)Beschwerdeverfahrens. Gegenstand des gegen den Auftraggeber geführten Strafverfahrens zum Aktenzeichen ▬▬▬ ist ▬▬▬ (*Tatvorwurf*). Der unbestrafte Auftraggeber muss mit ▬▬▬ (*z.B. einer Freiheitsstrafe von mehreren Jahren*) rechnen und misst diesem Verfahren daher eine überragende Bedeutung zu, seine Einkommensverhältnisse als ▬▬▬ (*Beruf/Tätigkeit*) sind ▬▬▬ (*z.B. überdurchschnittlich*), die Schwierigkeit der Sache ist ▬▬▬ (*z.B. ebenfalls überdurchschnittlich*) zu bemessen, weil ▬▬▬ (*nähere Begründung, z.B. nach derzeitiger Lage von diversen Gutachten (Schriftsachverständigengutachten und Glaubhaftigkeitsbeurteilungsgutachten der zugelassenen Nebenklägerin) auszugehen ist*). Der Auftraggeber erstrebt einen Freispruch und das Kriterium der Mandatierung der Rechtsanwältin besteht auch in dem guten Ruf, den die Rechtsanwältin als Fachanwältin für Strafrecht unter Kollegen und in Fachkreisen genießt. Das ▬▬▬ (*Gericht*) hat bei der abgesprochenen Terminierung bereits ▬▬▬ Verhandlungstage anberaumt.

ggf.:

Sollte die Nebenklägerin einen Adhäsionsantrag stellen, ist die Vertretung vor dem ▬▬▬ (Gericht) hiervon nicht umfasst und eine gesonderte Regelung ist hierzu zu treffen.

2. Vergütung

Für die unter Nr. 1 genannte anwaltliche Tätigkeit erhält die Rechtsanwältin anstelle der gesetzlichen Gebühren folgende Pauschalen:

- ▬▬▬ (*z.B. 15.000,00 EUR*) für die Vertretung im gerichtlichen Verfahren vor dem ▬▬▬ (*Gericht*)
- Für die Wahrnehmung eines jeden Hauptverhandlungstermins ▬▬▬ (*z.B. 2.000,00 EUR*).
- Auslagen pauschal in Höhe von ▬▬▬ (*z.B. 1,00 EUR*) für jede anfallende Kopie, wobei diese in das Ermessen der Rechtsanwältin gestellt wird.
- Hinzu kommen die weiteren Auslagen und die Umsatzsteuer nach den gesetzlichen Vorschriften mit der Maßgabe, dass die Rechtsanwältin Fahrtkosten für Reisen mit dem eigenen PKW mit ▬▬▬ (*z.B. 0,75 EUR*) pro gefahrenen Kilometer erhält und bei erforderlicher Geschäftsreise eine Abwesenheitspauschale in Höhe von ▬▬▬ (*z.B. 500,00 EUR*) je Tag, unabhängig von der Dauer der Reise.

3. Einschaltung von Hilfspersonen

Die Rechtsanwältin ist berechtigt, zur Erfüllung des nach Nr. 1 beschriebenen Auftrages Hilfspersonen einzuschalten. Für deren Tätigkeit ist – soweit nichts anderes vereinbart – dieselbe Vergütung geschuldet wie für Tätigkeiten, die die Rechtsanwältin in eigener Person erbringt. Die Rechtsanwältin verpflichtet sich, Gerichtstermine persönlich wahrzunehmen.

4. Fälligkeit

Die unter der Nr. 2. vereinbarten Pauschalen werden in folgenden Teilbeträgen fällig:

Der Betrag von ▬▬▬ (*z.B. 15.000,00 EUR*) bis zum ▬▬▬ (*Datum*), ansonsten der jeweils hälftige Betrag von ▬▬▬ (*z.B. 1.000,00 EUR*) mit jedem anberaumten Hauptverhandlungstermin zwei Wochen vor dem Verhandlungstermin, der Rest der Pauschale für die Führung des Schriftverkehrs nach Abschluss der jeweiligen Instanz.

269

§ 4 Vergütungsvereinbarungen

5. Hinweise für den Auftraggeber

Der Auftraggeber wird von der Rechtsanwältin darauf hingewiesen, dass

- die vereinbarte Vergütung die gesetzliche Vergütung übersteigt,
- die vereinbarte Vergütung, soweit sie die gesetzliche Vergütung übersteigt, auch im Obsiegensfalle nicht von der unterliegenden Partei zu erstatten ist,
- die vereinbarte Vergütung, soweit sie die gesetzliche Vergütung übersteigt, nicht von der Rechtsschutzversicherung übernommen wird.

6. Abtretung des Kostenerstattungsanspruches

Bis zur Höhe der der Rechtsanwältin nach dieser Vereinbarung zustehenden Vergütung werden ihr bereits jetzt eventuelle Kostenerstattungsansprüche gegen Dritte (insbesondere gegen den unterlegenen Prozessgegner oder die Staatskasse) zur Sicherheit ihrer Vergütungsansprüche abgetreten. Die Rechtsanwältin ist berechtigt, die Erstattungsansprüche einzuziehen und auf seine Vergütungsansprüche zu verrechnen. Die Rechtsanwältin nimmt die Abtretung ausdrücklich an.

7. Salvatorische Klausel

Sollten Teile der getroffenen Vergütungsvereinbarung unwirksam sein oder werden, ist die Vergütung nach den gesetzlichen Gebühren geschuldet, die sich nach dem Gegenstandswert berechnen.

Ort, den

(*Unterschrift Auftraggeber*)   (*Unterschrift Rechtsanwältin*)
▲

II. Muster: Erfolgsvergütungsvereinbarung Schmerzensgeld
▼

80

Vergütungsvereinbarung

Erfolgshonorar – Vereinbarung über eine erfolgsbasierte Vergütung

Zwischen

– im Folgenden Mandant –

und

– im Folgenden Rechtsanwalt –

§ 1 Der Mandant beauftragt den Rechtsanwalt mit der Vertretung und Geltendmachung von Ansprüchen im außergerichtlichen wie auch im ggf. gerichtlichen Adhäsionsverfahren

G. Muster von Vergütungsvereinbarungen §4

wegen der Ansprüche aus dem Verkehrsunfallgeschehen vom ▓▓▓▓ (*Datum*) in ▓▓▓▓ (*Ort*) gegenüber ▓▓▓▓ und ▓▓▓▓ (*Gegner*).

§ 2 Der Rechtsanwalt soll für den Mandanten auf der Basis des in § 4a RVG genannten Erfolgshonorars seine Tätigkeiten entfalten. Der Erfolg wird vorliegend damit definiert, dass der in § 1 genannte Gegner die Ansprüche dem Grunde nach anerkennt. Es wird ebenfalls als Erfolg definiert, wenn der Schmerzensgeldbetrag, der an den Mandanten ausgezahlt wird, einen Betrag von ▓▓▓▓ (*z.B. 75.000,00 EUR*) oder mehr erreicht.

§ 3 Der Mandant verpflichtet sich durch diese Vereinbarung, an den Rechtsanwalt im vorgenannten Erfolgsfalle eine von der unten berechneten gesetzlichen Vergütung abweichende Vergütung – ein Erfolgshonorar – zu entrichten:

1. Bei einem erzielten Schmerzensgeld von bis zu ▓▓▓▓ (*z.B. 35.000,00 EUR*) wird ein Betrag von ▓▓▓▓ (*z.B. 30 %*) des vereinnahmten Betrages an den Rechtsanwalt gezahlt, höchstens jedoch ▓▓▓▓ (*z.B. 6.000,00 EUR*) zzgl. der jeweils geltenden MwSt., derzeit 19 %.

2. Bei einem erzielten Schmerzensgeld von mehr als ▓▓▓▓ (*z.B. 35.000,00 EUR*) wird ein Betrag von ▓▓▓▓ (*z.B. 20 %*) zzgl. der jeweils geltenden MwSt., derzeit 19 %, des vereinnahmten Betrages an den Rechtsanwalt gezahlt.

§ 4 Bei der Beurteilung der Zulässigkeit des Erfolgshonorars sind die Parteien von folgenden Umständen ausgegangen: Der Rechtsanwalt wird nur im Einzelfall im Rahmen eines Erfolgshonorars tätig, der Mandant würde seine Ansprüche nicht verfolgen, wenn der für ihn einmalige Verkehrsunfall nicht mit einem hohen Prozessrisiko versehen wäre. Es besteht keine Rechtsschutzversicherung oder Beratungshilfe- bzw. Prozesskostenhilfeberechtigung.

Aufgrund der wirtschaftlichen Verhältnisse könnte der Mandant seine Rechtsverfolgung nicht durchsetzen, da er lediglich eine monatliche EU-Rente in Höhe von ▓▓▓▓ bezieht, und der Mandant daher nicht imstande wäre, die anfallenden Rechtsanwalt-Gebühren auszugleichen.

Hierbei gehen die Parteien von einer voraussichtlichen gesetzlichen Mindestvergütung von ▓▓▓▓ (*z.B. 1.800,00 EUR zzgl. 19 % USt = 1.176,91 EUR*) für das außergerichtliche Verfahren aus. Für den Gegenstandswert ist ▓▓▓▓ (*z.B. 75.000,00 EUR*) seitens der Parteien in Ansatz gebracht worden. Bei einer gerichtlichen Verfolgung in der ersten Instanz vor dem Zivilgericht sind die derzeit festgelegten Beträge nach dem RVG mit den nachfolgenden Überlegungen und Risiken verbunden.

Das geschätzte Prozessrisiko bemisst nach einem Gegenstandswert von etwa (vorläufig berechneten) ▓▓▓▓ (*z.B. 60.000,00 EUR*)

Beispielrechnung für Gegenstandswert 60.000,00 EUR:

1,0 Gerichtsgebühr gem. § 3 GKG	556,00 EUR
1,0 Gebühr gem. § 13 RVG	1.123,00 EUR
1,2 Gebühr gem. § 13 RVG	1.347,60 EUR
1,3 Gebühr gem. § 13 RVG	1.459,90 EUR

Prozesskosten 1. Instanz

3,15 Rechtsanwaltsgebühren gem. § 13 RVG (Mandantenseite)	3.537,45 EUR
Postauslagenpauschale gem. Nr. 7002 VV (Mandantenseite)	40,00 EUR

§ 4 Vergütungsvereinbarungen

Mehrwertsteuer gem. Nr. 7008 VV (Mandantenseite)	679,72 EUR
2,5 Rechtsanwaltsgebühren gem. § 13 RVG + 0,3 gem. Nr. 1008 VV (Gegenseite)	3.144,40 EUR
Postauslagenpauschale gem. Nr. 7002 VV (Gegenseite)	20,00 EUR
Mehrwertsteuer gem. Nr. 7008 VV (Gegenseite)	601,24 EUR
3,0 Gerichtsgebühr gem. § 3 GKG	1.668,00 EUR
Summe:	9.690,80 EUR

Prozesskosten 2. Instanz

2,8 Rechtsanwaltsgebühren gem. § 13 RVG (Mandantenseite)	3.144,40 EUR
Postauslagenpauschale gem. Nr. 7002 VV (Mandantenseite)	20,00 EUR
Mehrwertsteuer gem. Nr. 7008 VV (Mandantenseite)	601,24 EUR
2,8 Rechtsanwaltsgebühren gem. § 13 RVG + 0,3 gem. Nr. 1008 VV (Gegenseite)	3.481,30 EUR
Postauslagenpauschale gem. Nr. 7002 VV (Gegenseite)	20,00 EUR
Mehrwertsteuer gem. Nr. 7008 VV (Gegenseite)	665,25 EUR
4,0 Gerichtsgebühr gem. § 3 GKG	2.224,00 EUR
Summe:	10.156,18 EUR
Kostenrisiko:	19.846,98 EUR

Bei einer klageweisen Geltendmachung unter Berücksichtigung eines Gegenstandswertes von ▨▨▨▨ (z.B. 6.000 EUR) ergibt sich ein Prozessrisiko von

Beispielrechnung für einen Gegenstandswert von 6.000,00 EUR:

1,0 Gerichtsgebühr gem. § 3 GKG	136,00 EUR
1,0 Gebühr gem. § 13 RVG	338,00 EUR
1,2 Gebühr gem. § 13 RVG	405,60 EUR
1,3 Gebühr gem. § 13 RVG	439,40 EUR

Prozesskosten 1. Instanz

3,15 Rechtsanwaltsgebühren gem. § 13 RVG (Mandantenseite)	1.064,70 EUR
Postauslagenpauschale gem. Nr. 7002 VV (Mandantenseite)	40,00 EUR
Mehrwertsteuer gem. Nr. 7008 VV (Mandantenseite)	209,89 EUR
2,5 Rechtsanwaltsgebühren gem. § 13 RVG + 0,3 gem. Nr. 1008 VV (Gegenseite)	946,40 EUR
Postauslagenpauschale gem. Nr. 7002 VV (Gegenseite)	20,00 EUR
Mehrwertsteuer gem. Nr. 7008 VV (Gegenseite)	183,62 EUR

G. Muster von Vergütungsvereinbarungen § 4

3,0 Gerichtsgebühr gem. § 3 GKG	408,00 EUR
Summe:	2.872,61 EUR
Prozesskosten 2. Instanz	
2,8 Rechtsanwaltsgebühren gem. § 13 RVG (Mandantenseite)	946,40 EUR
Postauslagenpauschale gem. Nr. 7002 VV (Mandantenseite)	20,00 EUR
Mehrwertsteuer gem. Nr. 7008 VV (Mandantenseite)	183,62 EUR
2,8 Rechtsanwaltsgebühren gem. § 13 RVG + 0,3 gem. Nr. 1008 VV (Gegenseite)	1.047,80 EUR
Postauslagenpauschale gem. Nr. 7002 VV (Gegenseite)	20,00 EUR
Mehrwertsteuer gem. Nr. 7008 VV (Gegenseite)	202,88 EUR
4,0 Gerichtsgebühr gem. § 3 GKG	544,00 EUR
Summe:	2.964,70 EUR
Kostenrisiko:	5.837,31 EUR

§ 5 Für die Bestimmung des Erfolgshonorars haben die Parteien folgende Überlegungen angestellt: Für die Durchsetzung von Schmerzensgeldansprüchen, die mit Unfallfolgen wie Gehbeeinträchtigungen und damit verbundene Verletzungen bzw. Beeinträchtigungen im weitesten Sinne beziffert werden müssen, besteht ein erhebliches Prozessrisiko. Es handelt sich vorliegend um einen durch den Ehemann beobachteten Unfall zwischen Fußgänger und Kraftfahrer. Bereits die Haftungsgrundlage ist schwer nachweisbar. Ebenso verhält es sich mit den hernach eingetretenen Folgen, die im Rahmen des Kausalitätsnachweises in ihrem Umfange schwierig nachweisbar sein werden. Auch dauert das außergerichtliche Verfahren aufgrund der langen Heilungsdauer an, ein parallel verlaufendes Erwerbsunfähigkeitsverfahren ist noch nicht abgeschlossen.

Wegen der eingeschränkten wirtschaftlichen Verhältnisse des Mandanten haben sich die Parteien darauf geeinigt, dass angesichts des hohen Vergütungsrisikos für den Rechtsanwalt im Misserfolgsfall für den Mandanten der Rechtsanwalt lediglich die sich aus dem oben genannten Gegenstandswert weitere Vergütung erhält, im Erfolgsfall er die unter § 2 Nr. 1, 2 bestimmte Vergütung erhält.

§ 6 Diese Vereinbarung befreit den Mandanten nicht von der Verpflichtung, etwaig anfallende Kosten der Gegenseite zu tragen. Sollte jedoch die Gegenseite oder andere Beteiligte dem Mandanten Kosten zu erstatten haben, beläuft sich dieser Erstattungsbetrag auf nicht mehr als die gesetzlichen Gebühren. Eine hieraus entstehende Differenz geht zu Lasten des Mandanten.

§ 7 Bei Streitigkeiten aus dieser Vereinbarung vereinbaren die Parteien ausdrücklich, dass ein Vermittlungsverfahren vor der Rechtsanwaltskammer ▬▬ (*Ort*) vor einer etwaigen Klageerhebung durchgeführt werden soll.

Ort, Datum

(*Unterschriften der Parteien*)
▲

§ 5 Gebührenklagen und Kostenfestsetzungsbeschwerden

A. Gebührenklagen

Es ist schon unerfreulich, wenn der Rechtsanwalt seine Vergütung nicht erhält, noch schlimmer ist es jedoch, diese auch noch einzuklagen. Dennoch sollten auch kleinere Beträge eingeklagt werden, erst Recht gilt dies für gekürzte Rechnungen durch den Rechtsschutzversicherer. Hier muss dann der Auftraggeber in Anspruch genommen werden – er hat einen Freistellungsanspruch gegenüber seiner Versicherung. Unerlässlich ist hierbei, den Mandanten rechtzeitig hierüber zu informieren.

Für die Gebührenklagen gegen den Auftraggeber gilt grundsätzlich zu beachten, dass das Gebot der Verschwiegenheit nicht verletzt wird. Ist der Rechtsanwalt allerdings gezwungen zur Begründung seiner Gebührenbemessung aus dem Mandat zu berichten – was üblicherweise schon zuvor absehbar sein dürfte – gilt diese Verpflichtung nicht mehr. Insofern ist es tunlich, zuvor das Mahnverfahren gegen den Mandanten einzuleiten, wenn insbesondere in Strafsachen die Gebühren geltend gemacht werden sollen.

Muster: Gebührenklage nach Widerspruch durch den Antragsgegner im Mahnverfahren und Abgabe an das zuständige Amtsgericht

▼

An das Amtsgericht

Zentrales Mahngericht

AZ.:

In der Mahnsache

Rechtsanwältinnen

gegen ,

wird gebeten, den Rechtsstreit an das zuständige Gericht zwecks Übergangs in das streitige Verfahren abzugeben.

Wir beantragen, wie folgt zu erkennen:

1. Der Beklagte wird verurteilt, an die Klägerinnen   EUR nebst Zinsen in Höhe von 5 Prozentpunkten über dem Basiszinssatz seit Rechtshängigkeit zu zahlen.
2. Die Kosten des Verfahrens trägt der Beklagte.
3. Das Urteil ist vorläufig – notfalls gegen Sicherheitsleistung – vollstreckbar.
4. Eine vollstreckbare Ausfertigung mit Zustellungsvermerk.
5. Kostenlose Zweitschriften nach dem Kostenverzeichnis eines jeden Beschlusses, Urteils, Protokolls und dergleichen seitens des Gerichts.

Sollte das schriftliche Vorverfahren durchgeführt werden, beantragen wir im Falle der Säumnis des Beklagten,

§ 5 Gebührenklagen und Kostenfestsetzungsbeschwerden

Versäumnisurteil

zu erlassen.

Begründung:

I. Die Klägerinnen begehren Zahlung ihres Anwaltshonorars.

Der Beklagte beauftragte die Klägerinnen unter dem ▓▓▓▓ mit der Wahrnehmung seiner rechtlichen Interessen in dem gegen ihn geführten Strafverfahren ▓▓▓▓ vor dem Amtsgericht ▓▓▓▓.

Beweis im Bestreitensfalle: Vollmachtsurkunde vom ▓▓▓▓ als Anlage **K 1**

Dieser wurde am ▓▓▓▓ von der Staatsanwaltschaft ▓▓▓▓ wegen ▓▓▓▓ angeklagt (Az. ▓▓▓▓).

Beweis im Bestreitensfalle: ggf. Beiziehung der Gerichtsakte zum Az.

Die Klägerinnen leiteten die für die Strafverteidigung des Beklagten erforderlichen rechtlichen Schritte wie Besprechungen des Sachverhalts mit dem Beklagten, Akteneinsicht und Aktenstudium ein. Insbesondere folgten mehrere Telefonate mit der zuständigen Richterin. Infolgedessen erging am ▓▓▓▓ ein Beschluss des Amtsgerichts, wonach das o.g. Strafverfahren gegen den Beklagten gemäß § 154 Abs. 2 StPO vorläufig eingestellt wurde.

Beweis im Bestreitensfalle: Beschluss des Amtsgerichts als Anlage **K 2**

Mit Schreiben vom ▓▓▓▓ stellten die Klägerinnen dem Beklagten die aus der Strafverteidigung resultierenden Anwaltsgebühren gemäß dem Rechtsanwaltsvergütungsgesetz (RVG) i.V.m. dem Vergütungsverzeichnis (VV) in Höhe von ▓▓▓▓ EUR in Rechnung.

Beweis: Kostennote vom ▓▓▓▓ als Anlage **K 3**

Eine Begleichung der Rechnung seitens des Beklagten erfolgte jedoch nicht. Vielmehr rief dieser am ▓▓▓▓ bei den Klägerinnen an, da er die Rechnung für überhöht hielt. Daraufhin erläuterten die Klägerinnen dem Beklagten mit Schreiben vom ▓▓▓▓ erneut ihre Kostennote und wiesen wiederholt darauf hin, dass die Gebühren für die erbrachte Anwaltstätigkeit nach § 14 RVG in Ansatz gebracht wurden und angesichts des sich aus der Strafverteidigung ergebenen Aufwands auch angemessen sind. Ferner baten sie den Beklagten seinerseits Vorschläge hinsichtlich der Zahlung zu unterbreiten.

Beweis im Bestreitensfalle: Schreiben vom ▓▓▓▓ als Anlage **K 4**

Eine Reaktion seitens des Beklagten erfolgte auch darauf nicht. Schließlich mahnten die Klägerinnen den Beklagten mit Schreiben vom 23.12.2010 erneut zur Begleichung der Anwaltsgebühren an und setzten ihm darin letztmalig eine Frist bis zum 23.12.2010.

Beweis im Bestreitensfalle: Schreiben vom ▓▓▓▓ als Anlage **K 5**

Auch dies blieb ohne Erfolg.

II. Die Klage ist vollumfänglich begründet. Den Klägerinnen steht der geltend gemachte Gebührenanspruch gegen den Beklagten zu, denn für die Beauftragung und die anwaltliche Tätigkeit sind Anwaltsgebühren in Höhe von ▓▓▓▓ EUR entstanden. Diese sind auch der Höhe nach angemessen.

A. Gebührenklagen **§ 5**

Hierzu im Einzelnen Folgendes:

1. Der nach dem RVG erstellten Rechnungen liegen eine Grundgebühr gemäß §§ 2, 14 RVG i.V.m. Nrn. 4101, 4100 VV in Höhe von ▓▓▓▓ EUR,

eine Verfahrensgebühr gemäß §§ 2, 14 RVG i.V.m. Nrn. 4107, 4106 VV in Höhe von ▓▓▓▓, eine Erledigungsgebühr gemäß §§ 2, 14 RVG i.V.m. Nr. 4141 VV, Nr. 4106 VV in Höhe von ▓▓▓▓ EUR,

Post- und Telekommunikationsauslagen nach Nr. 7002 VV in Höhe von ▓▓▓▓ EUR,

sowie die Umsatzsteuer (MWSt) nach Nr. 7008 VV (19,00 %) in Höhe von ▓▓▓▓ EUR zugrunde.

2. Die Bedeutung des Falles war überdurchschnittlich, da eine höhere Haftstrafe im Raume stand. Insbesondere ist darauf hinzuweisen, dass die Verteidigung des Beklagten aufgrund dessen vielzähliger Vorstrafen einen erhöhten Aufwand und eine erhöhte Schwierigkeit erforderte. Denn aus anwaltstaktischen Gesichtspunkten war abzuwägen, wie hinsichtlich des anhängigen Berufungsverfahrens des Beklagten weiter zu verfahren war, zumal aufgrund der anderen anhängigen Strafverfahren eine erhebliche Erhöhung der Haftstrafe des Beklagten zu erwarten war. Auf Anraten der Klägerinnen nahm der Beklagte seine Berufung daraufhin zurück, wodurch es zu der oben genannten Einstellung des Strafverfahrens kam.

Die Einkommensverhältnisse waren leicht unterdurchschnittlich.

3. Unbenannte Kriterien

Darüber hinaus fallen weitere, nicht in § 14 RVG aufgelistete Kriterien – sogenannte unbenannte Kriterien – bei der Ermessensausübung in die Bestimmung der angemessenen Gebühren hinein. Denn die Ausübung des Ermessens umfasst alle persönlichen Befindlichkeiten und sachlichen Umstände des jeweiligen Mandates.

Dabei sind die Umstände einzustellen, die die Arbeit z.B. erheblich komplizieren, erschweren oder anderweitig zeitlich verlängern bzw. umgekehrt.

Ein Kriterium ist der Erwerb von Fachanwaltschaftstiteln. Nicht nur der beträchtliche Arbeits- und Zeitaufwand hat sich im Vorfeld neben den Kosten für den Erwerb selbst niedergeschlagen und damit Eingang in die Kostenstruktur der Kanzlei gefunden. Damit hat die Spezialisierung mit der obligatorischen Pflichtfortbildung einen festen Posten in den Kanzleiausgaben. Diese Kostenstruktur, die auch die Anschaffung von Spezialliteratur, Onlinedatenbanken etc. erforderlich macht und sich auch in der Qualität und Schnelligkeit der Bearbeitung niederschlagen wird, ist gebührenerhöhend zu berücksichtigen.

Zusammengefasst, aber nicht abschließend aufgezählt sind Ermessenskriterien
- erfolgreiche Tätigkeit des Rechtsanwalts
- hohe Reputation des Rechtsanwalts (Kammervorstandsmitglied der RAK Berlin und Fachbeiratsmitglied im Weißen Ring, Referentin für Strafrechtsfortbildungen beim Deutschen Anwaltsinstitut)
- Vorliegen von Fachanwaltschaften (Strafrecht und Verkehrsrecht)
- Besonderheiten der Kostenstruktur der Kanzlei
- Erfolgreiche Vertretung.

Sämtliche Kriterien sind hier gegeben, entsprechend einzustellen und bei der Bemessung der Gebühren erhöhend zu berücksichtigen.

§ 5　Gebührenklagen und Kostenfestsetzungsbeschwerden

Auf die konkrete Abrechnung in der Anlage wird insoweit verwiesen.

Da bis zum heutigen Zeitpunkt keine Zahlung durch den Beklagten erfolgte, ist Klageerhebung geboten und der Zinsanspruch spätestens seit Rechtshängigkeit gerechtfertigt.

Rechtsanwältin

Eine beglaubigte und eine einfache Abschrift sind beigefügt.

▲

B. Rechtsmittel gegen die Kostenentscheidungen

4 Gegen die Kostenentscheidungen der Rechtspfleger ist die Erinnerung/Beschwerde zu erheben. Ohne auf die Einzelheiten einzugehen, ist jedoch zunächst wichtig, dass die Fristen hierfür eingehalten werden:

5 *Praxistipp*
Eine Beschwerde gegen die Kostenfestsetzung ist nahezu formlos möglich. Grundsätzlich sollte sie innerhalb von einer Woche zur Verhinderung von Fristversäumnissen eingelegt werden. Im Einzelnen können diese Fristen wohl länger sein, es empfiehlt sich aber eine einheitliche – kostenberücksichtigende – Handhabung innerhalb der Kanzlei, die lediglich eine Woche ausreichend sein lässt. Sollte es aus bestimmten Gründen nicht möglich sein, innerhalb der Wochenfrist die Beschwerde zu begründen, sollte fristwahrend die Beschwerde eingelegt werden und die Begründung angekündigt werden. In besonderen Fällen ist ohnedies eine abermalige Akteneinsicht unausweichlich.

6 Muster: Beschwerde

▼

An das Amtsgericht

In der Strafsache

gegen

wegen

Wird hiermit gegen die Kostenfestsetzung durch den Rechtspfleger vom , hier am eingegangen

fristwahrend

Beschwerde

eingelegt.

B. Rechtsmittel gegen die Kostenentscheidungen §5

Eine ausführliche Begründung bleibt ausdrücklich vorbehalten, hier soll aber bereits schon vorgetragen werden, dass sämtliche abgesetzten Kopien für die Verteidigung erforderlich waren, denn allein der Umstand, dass sich die Dokumente in mehreren Bänden wiederholen, ist kein Versagungsgrund für die Notwendigkeit der Kopien. Vielmehr ist es der unübersichtlichen Aktenführung geschuldet, wenn mehrfache Kopien nötig sind.

Auch die Absetzung der Gebühr für den Haftprüfungstermin am ▬▬▬ ist ungerechtfertigt, da in dem Termin über die Haftfrage verhandelt worden war und erst nach der Erörterung hierüber der Antrag zurückgenommen worden ist. Insoweit der Vorsitzende eine Stellungnahme zu dem Termin abgeben sollte, bitten wir um Übersendung.

▬▬▬

Rechtsanwalt
▲

§ 6 Gesetzliche Regelungen

A. Teil 4 der Anlage 1 zu § 2 Abs. 2 RVG (auszugsweise)

Maßgeblich zur Bestimmung der Gebühren ist Anlage 1 (zu § 2 Abs. 2) des Vergütungsverzeichnisses (VV)

Hier ist der Teil 4 aufgeführt, der die Strafsachen bestimmt:

Teil 4 Strafsachen

Nr.	Gebührentatbestand	Gebühr oder Satz der Gebühr nach § 13 oder § 49 RVG	
		Wahlanwalt	gerichtlich bestellter oder beigeordneter Rechtsanwalt

Vorbemerkung 4:

(1) Für die Tätigkeit als Beistand oder Vertreter eines Privatklägers, eines Nebenklägers, eines Einziehungs- oder Nebenbeteiligten, eines Verletzten, eines Zeugen oder Sachverständigen und im Verfahren nach dem Strafrechtlichen Rehabilitierungsgesetz sind die Vorschriften entsprechend anzuwenden.

(2) Die Verfahrensgebühr entsteht für das Betreiben des Geschäfts einschließlich der Information.

(3) Die Terminsgebühr entsteht für die Teilnahme an gerichtlichen Terminen, soweit nichts anderes bestimmt ist. Der Rechtsanwalt erhält die Terminsgebühr auch, wenn er zu einem anberaumten Termin erscheint, dieser aber aus Gründen, die er nicht zu vertreten hat, nicht stattfindet. Dies gilt nicht, wenn er rechtzeitig von der Aufhebung oder Verlegung des Termins in Kenntnis gesetzt worden ist.

(4) Befindet sich der Beschuldigte nicht auf freiem Fuß, entsteht die Gebühr mit Zuschlag.

(5) Für folgende Tätigkeiten entstehen Gebühren nach den Vorschriften des Teils 3:

1. im Verfahren über die Erinnerung oder die Beschwerde gegen einen Kostenfestsetzungsbeschluss (§ 464b StPO) und im Verfahren über die Erinnerung gegen den Kostenansatz und im Verfahren über die Beschwerde gegen die Entscheidung über diese Erinnerung,
2. in der Zwangsvollstreckung aus Entscheidungen, die über einen aus der Straftat erwachsenen vermögensrechtlichen Anspruch oder die Erstattung von Kosten ergangen sind (§§ 406b, 464b StPO), für die Mitwirkung bei der Ausübung der Veröffentlichungsbefugnis und im Beschwerdeverfahren gegen eine dieser Entscheidungen.

Abschnitt 1
Gebühren des Verteidigers

Vorbemerkung 4.1:

(1) Dieser Abschnitt ist auch anzuwenden auf die Tätigkeit im Verfahren über die im Urteil vorbehaltene Sicherungsverwahrung und im Verfahren über die nachträgliche Anordnung der Sicherungsverwahrung.

(2) Durch die Gebühren wird die gesamte Tätigkeit als Verteidiger entgolten. Hierzu gehören auch Tätigkeiten im Rahmen des Täter-Opfer-Ausgleichs, soweit der Gegenstand nicht vermögensrechtlich ist.

§ 6 Gesetzliche Regelungen

Nr.	Gebührentatbestand	Gebühr oder Satz der Gebühr nach § 13 oder § 49 RVG	
		Wahlanwalt	gerichtlich bestellter oder beigeordneter Rechtsanwalt
	Unterabschnitt 1 **Allgemeine Gebühren**		
4100	Grundgebühr .... (1) Die Gebühr entsteht für die erstmalige Einarbeitung in den Rechtsfall nur einmal, unabhängig davon, in welchem Verfahrensabschnitt sie erfolgt. (2) Eine wegen derselben Tat oder Handlung bereits entstandene Gebühr 5100 ist anzurechnen.	30,00 bis 300,00 EUR	132,00 EUR
4101	Gebühr 4100 mit Zuschlag	30,00 bis 375,00 EUR	162,00 EUR
4102	Terminsgebühr für die Teilnahme an 1. richterlichen Vernehmungen und Augenscheinseinnahmen, 2. Vernehmungen durch die Staatsanwaltschaft oder eine andere Strafverfolgungsbehörde, 3. Terminen außerhalb der Hauptverhandlung, in denen über die Anordnung oder Fortdauer der Untersuchungshaft oder der einstweiligen Unterbringung verhandelt wird, 4. Verhandlungen im Rahmen des Täter-Opfer-Ausgleichs sowie 5. Sühneterminen nach § 380 StPO . Mehrere Termine an einem Tag gelten als ein Termin. Die Gebühr entsteht im vorbereitenden Verfahren und in jedem Rechtszug für die Teilnahme an jeweils bis zu drei Terminen einmal.	30,00 bis 250,00 EUR	112,00 EUR

A. Teil 4 der Anlage 1 zu § 2 Abs. 2 RVG (auszugsweise) § 6

Nr.	Gebührentatbestand	Gebühr oder Satz der Gebühr nach § 13 oder § 49 RVG	
		Wahlanwalt	gerichtlich bestellter oder beigeordneter Rechtsanwalt
4103	Gebühr 4102 mit Zuschlag.......	30,00 bis 312,50 EUR	137,00 EUR

Unterabschnitt 2
Vorbereitendes Verfahren

Vorbemerkung 4.1.2:
Die Vorbereitung der Privatklage steht der Tätigkeit im vorbereitenden Verfahren gleich.

Nr.	Gebührentatbestand	Wahlanwalt	gerichtlich bestellter
4104	Verfahrensgebühr............. Die Gebühr entsteht für eine Tätigkeit in dem Verfahren bis zum Eingang der Anklageschrift, des Antrags auf Erlass eines Strafbefehls bei Gericht oder im beschleunigten Verfahren bis zum Vortrag der Anklage, wenn diese nur mündlich erhoben wird.	30,00 bis 250,00 EUR	112,00 EUR
4105	Gebühr 4104 mit Zuschlag.......	30,00 bis 312,50 EUR	137,00 EUR

Unterabschnitt 3
Gerichtliches Verfahren

Erster Rechtszug

Nr.	Gebührentatbestand	Wahlanwalt	gerichtlich bestellter
4106	Verfahrensgebühr für den ersten Rechtszug vor dem Amtsgericht...	30,00 bis 250,00 EUR	112,00 EUR
4107	Gebühr 4106 mit Zuschlag.......	30,00 bis 312,50 EUR	137,00 EUR
4108	Terminsgebühr je Hauptverhandlungstag in den in Nummer 4106 genannten Verfahren...........	60,00 bis 400,00 EUR	184,00 EUR

§ 6 Gesetzliche Regelungen

Nr.	Gebührentatbestand	Gebühr oder Satz der Gebühr nach § 13 oder § 49 RVG	
		Wahlanwalt	gerichtlich bestellter oder beigeordneter Rechtsanwalt
4109	Gebühr 4108 mit Zuschlag.......	60,00 bis 500,00 EUR	224,00 EUR
4110	Der gerichtlich bestellte oder beigeordnete Rechtsanwalt nimmt mehr als 5 und bis 8 Stunden an der Hauptverhandlung teil: Zusätzliche Gebühr neben der Gebühr 4108 oder 4109............		92,00 EUR
4111	Der gerichtlich bestellte oder beigeordnete Rechtsanwalt nimmt mehr als 8 Stunden an der Hauptverhandlung teil: Zusätzliche Gebühr neben der Gebühr 4108 oder 4109............		184,00 EUR
4112	Verfahrensgebühr für den ersten Rechtszug vor der Strafkammer... Die Gebühr entsteht auch für Verfahren 1. vor der Jugendkammer, soweit sich die Gebühr nicht nach Nummer 4118 bestimmt, 2. im Rehabilitierungsverfahren nach Abschnitt 2 StrRehaG.	40,00 bis 270,00 EUR	124,00 EUR
4113	Gebühr 4112 mit Zuschlag.......	40,00 bis 337,50 EUR	151,00 EUR
4114	Terminsgebühr je Hauptverhandlungstag in den in Nummer 4112 genannten Verfahren............	70,00 bis 470,00 EUR	216,00 EUR
4115	Gebühr 4114 mit Zuschlag.......	70,00 bis 587,50 EUR	263,00 EUR

A. Teil 4 der Anlage 1 zu § 2 Abs. 2 RVG (auszugsweise) § 6

Nr.	Gebührentatbestand	Gebühr oder Satz der Gebühr nach § 13 oder § 49 RVG	
		Wahlanwalt	gerichtlich bestellter oder beigeordneter Rechtsanwalt
4116	Der gerichtlich bestellte oder beigeordnete Rechtsanwalt nimmt mehr als 5 und bis 8 Stunden an der Hauptverhandlung teil: Zusätzliche Gebühr neben der Gebühr 4114 oder 4115............		108,00 EUR
4117	Der gerichtlich bestellte oder beigeordnete Rechtsanwalt nimmt mehr als 8 Stunden an der Hauptverhandlung teil: Zusätzliche Gebühr neben der Gebühr 4114 oder 4115............		216,00 EUR
4118	Verfahrensgebühr für den ersten Rechtszug vor dem Oberlandesgericht, dem Schwurgericht oder der Strafkammer nach den §§ 74a und 74c GVG.................... Die Gebühr entsteht auch für Verfahren vor der Jugendkammer, soweit diese in Sachen entscheidet, die nach den allgemeinen Vorschriften zur Zuständigkeit des Schwurgerichts gehören.	80,00 bis 580,00 EUR	264,00 EUR
4119	Gebühr 4118 mit Zuschlag.......	80,00 bis 725,00 EUR	322,00 EUR
4120	Terminsgebühr je Hauptverhandlungstag in den in Nummer 4118 genannten Verfahren............	110,00 bis 780,00 EUR	356,00 EUR
4121	Gebühr 4120 mit Zuschlag.......	110,00 bis 975,00 EUR	434,00 EUR

§ 6 Gesetzliche Regelungen

Nr.	Gebührentatbestand	Gebühr oder Satz der Gebühr nach § 13 oder § 49 RVG	
		Wahlanwalt	gerichtlich bestellter oder beigeordneter Rechtsanwalt
4122	Der gerichtlich bestellte oder beigeordnete Rechtsanwalt nimmt mehr als 5 und bis 8 Stunden an der Hauptverhandlung teil: Zusätzliche Gebühr neben der Gebühr 4120 oder 4121............		178,00 EUR
4123	Der gerichtlich bestellte oder beigeordnete Rechtsanwalt nimmt mehr als 8 Stunden an der Hauptverhandlung teil: Zusätzliche Gebühr neben der Gebühr 4120 oder 4121............		356,00 EUR
	Berufung		
4124	Verfahrensgebühr für das Berufungsverfahren .... Die Gebühr entsteht auch für Beschwerdeverfahren nach § 13 StrRehaG.	70,00 bis 470,00 EUR	216,00 EUR
4125	Gebühr 4124 mit Zuschlag	70,00 bis 587,50 EUR	263,00 EUR
4126	Terminsgebühr je Hauptverhandlungstag im Berufungsverfahren... Die Gebühr entsteht auch für Beschwerdeverfahren nach § 13 StrRehaG.	70,00 bis 470,00 EUR	216,00 EUR
4127	Gebühr 4126 mit Zuschlag	70,00 bis 587,50 EUR	263,00 EUR

Nr.	Gebührentatbestand	Gebühr oder Satz der Gebühr nach § 13 oder § 49 RVG	
		Wahlanwalt	gerichtlich bestellter oder beigeordneter Rechtsanwalt
4128	Der gerichtlich bestellte oder beigeordnete Rechtsanwalt nimmt mehr als 5 und bis 8 Stunden an der Hauptverhandlung teil: Zusätzliche Gebühr neben der Gebühr 4126 oder 4127		108,00 EUR
4129	Der gerichtlich bestellte oder beigeordnete Rechtsanwalt nimmt mehr als 8 Stunden an der Hauptverhandlung teil: Zusätzliche Gebühr neben der Gebühr 4126 oder 4127		216,00 EUR
	Revision		
4130	Verfahrensgebühr für das Revisionsverfahren	100,00 bis 930,00 EUR	412,00 EUR
4131	Gebühr 4130 mit Zuschlag	100,00 bis 1 162,50 EUR	505,00 EUR
4132	Terminsgebühr je Hauptverhandlungstag im Revisionsverfahren ...	228,00 EUR	100,00 bis 470,00 EUR
4133	Gebühr 4132 mit Zuschlag	100,00 bis 587,50 EUR	275,00 EUR

§ 6 Gesetzliche Regelungen

Nr.	Gebührentatbestand	Gebühr oder Satz der Gebühr nach § 13 oder § 49 RVG	
		Wahlanwalt	gerichtlich bestellter oder beigeordneter Rechtsanwalt
4134	Der gerichtlich bestellte oder beigeordnete Rechtsanwalt nimmt mehr als 5 und bis 8 Stunden an der Hauptverhandlung teil: Zusätzliche Gebühr neben der Gebühr 4132 oder 4133............		114,00 EUR
4135	Der gerichtlich bestellte oder beigeordnete Rechtsanwalt nimmt mehr als 8 Stunden an der Hauptverhandlung teil: Zusätzliche Gebühr neben der Gebühr 4132 oder 4133............		228,00 EUR
	Unterabschnitt 4 Wiederaufnahmeverfahren		
	Vorbemerkung 4.1.4: Eine Grundgebühr entsteht nicht.		
4136	Geschäftsgebühr für die Vorbereitung eines Antrags .... Die Gebühr entsteht auch, wenn von der Stellung eines Antrags abgeraten wird.	in Höhe der Verfahrensgebühr für den ersten Rechtszug	
4137	Verfahrensgebühr für das Verfahren über die Zulässigkeit des Antrags..	in Höhe der Verfahrensgebühr für den ersten Rechtszug	
4138	Verfahrensgebühr für das weitere Verfahren	in Höhe der Verfahrensgebühr für den ersten Rechtszug	
4139	Verfahrensgebühr für das Beschwerdeverfahren (§ 372 StPO) ..	in Höhe der Verfahrensgebühr für den ersten Rechtszug	

A. Teil 4 der Anlage 1 zu § 2 Abs. 2 RVG (auszugsweise) § 6

Nr.	Gebührentatbestand	Gebühr oder Satz der Gebühr nach § 13 oder § 49 RVG	
		Wahlanwalt	gerichtlich bestellter oder beigeordneter Rechtsanwalt
4140	Terminsgebühr für jeden Verhandlungstag....................	in Höhe der Terminsgebühr für den ersten Rechtszug	
	Unterabschnitt 5 Zusätzliche Gebühren		
4141	Durch die anwaltliche Mitwirkung wird die Hauptverhandlung entbehrlich: Zusätzliche Gebühr............ (1) Die Gebühr entsteht, wenn 1. das Verfahren nicht nur vorläufig eingestellt wird oder 2. das Gericht beschließt, das Hauptverfahren nicht zu eröffnen oder 3. sich das gerichtliche Verfahren durch Rücknahme des Einspruchs gegen den Strafbefehl, der Berufung oder der Revision des Angeklagten oder eines anderen Verfahrensbeteiligten erledigt; ist bereits ein Termin zur Hauptverhandlung bestimmt, entsteht die Gebühr nur, wenn der Einspruch, die Berufung oder die Revision früher als zwei Wochen vor Beginn des Tages, der für die Hauptverhandlung vorgesehen war, zurückgenommen wird. (2) Die Gebühr entsteht nicht, wenn eine auf die Förderung des Verfahrens gerichtete Tätigkeit nicht ersichtlich ist. (3) Die Höhe der Gebühr richtet sich nach dem Rechtszug, in dem die Hauptverhandlung vermieden wurde. Für den Wahlanwalt bemisst sich die Gebühr nach der Rahmenmitte.	in Höhe der jeweiligen Verfahrensgebühr (ohne Zuschlag)	

§ 6 Gesetzliche Regelungen

Nr.	Gebührentatbestand	Gebühr oder Satz der Gebühr nach § 13 oder § 49 RVG	
		Wahlanwalt	gerichtlich bestellter oder beigeordneter Rechtsanwalt
4142	Verfahrensgebühr bei Einziehung und verwandten Maßnahmen	1,0	1,0
	(1) Die Gebühr entsteht für eine Tätigkeit für den Beschuldigten, die sich auf die Einziehung, dieser gleichstehende Rechtsfolgen (§ 442 StPO), die Abführung des Mehrerlöses oder auf eine diesen Zwecken dienende Beschlagnahme bezieht.		
	(2) Die Gebühr entsteht nicht, wenn der Gegenstandswert niedriger als 25,00 EUR ist.		
	(3) Die Gebühr entsteht für das Verfahren des ersten Rechtszugs einschließlich des vorbereitenden Verfahrens und für jeden weiteren Rechtszug.		
4143	Verfahrensgebühr für das erstinstanzliche Verfahren über vermögensrechtliche Ansprüche des Verletzten oder seines Erben	2,0	2,0
	(1) Die Gebühr entsteht auch, wenn der Anspruch erstmalig im Berufungsverfahren geltend gemacht wird.		
	(2) Die Gebühr wird zu einem Drittel auf die Verfahrensgebühr, die für einen bürgerlichen Rechtsstreit wegen desselben Anspruchs entsteht, angerechnet.		
4144	Verfahrensgebühr im Berufungs- und Revisionsverfahren über vermögensrechtliche Ansprüche des Verletzten oder seines Erben	2,5	2,5
4145	Verfahrensgebühr für das Verfahren über die Beschwerde gegen den Beschluss, mit dem nach § 406 Abs. 5 Satz 2 StPO von einer Entscheidung abgesehen wird	0,5	0,5

A. Teil 4 der Anlage 1 zu § 2 Abs. 2 RVG (auszugsweise) § 6

Nr.	Gebührentatbestand	Gebühr oder Satz der Gebühr nach § 13 oder § 49 RVG	
		Wahlanwalt	gerichtlich bestellter oder beigeordneter Rechtsanwalt
4146	Verfahrensgebühr für das Verfahren über einen Antrag auf gerichtliche Entscheidung oder über die Beschwerde gegen eine den Rechtszug beendende Entscheidung nach § 25 Abs. 1 Satz 3 bis 5, § 13 StrRehaG.	1,5	1,5
4147	Einigungsgebühr im Privatklageverfahren bezüglich des Strafanspruchs und des Kostenerstattungsanspruchs: Die Gebühr 1000 beträgt......... Für einen Vertrag über sonstige Ansprüche entsteht eine weitere Einigungsgebühr nach Teil 1.	20,00 bis 150,00 EUR	68,00 EUR

Abschnitt 2
Gebühren in der Strafvollstreckung

Vorbemerkung 4.2:
Im Verfahren über die Beschwerde gegen die Entscheidung in der Hauptsache entstehen die Gebühren besonders.

4200	Verfahrensgebühr als Verteidiger für ein Verfahren über
	 1. die Erledigung oder Aussetzung der Maßregel der Unterbringung
	   a) in der Sicherungsverwahrung,
	   b) in einem psychiatrischen Krankenhaus oder
	   c) in einer Entziehungsanstalt,
	 2. die Aussetzung des Restes einer zeitigen Freiheitsstrafe oder einer lebenslangen Freiheitsstrafe oder
	 3. den Widerruf einer Strafaussetzung zur Bewährung oder den		

§ 6 Gesetzliche Regelungen

Nr.	Gebührentatbestand	Gebühr oder Satz der Gebühr nach § 13 oder § 49 RVG	
		Wahlanwalt	gerichtlich bestellter oder beigeordneter Rechtsanwalt
	Widerruf der Aussetzung einer Maßregel der Besserung und Sicherung zur Bewährung	50,00 bis 560,00 EUR	244,00 EUR
4201	Gebühr 4200 mit Zuschlag	50,00 bis 700,00 EUR	300,00 EUR
4202	Terminsgebühr in den in Nummer 4200 genannten Verfahren ...	50,00 bis 250,00 EUR	120,00 EUR
4203	Gebühr 4202 mit Zuschlag	50,00 bis 312,50 EUR	145,00 EUR
4204	Verfahrensgebühr für sonstige Verfahren in der Strafvollstreckung ...	20,00 bis 250,00 EUR	108,00 EUR
4205	Gebühr 4204 mit Zuschlag	20,00 bis 312,50 EUR	133,00 EUR
4206	Terminsgebühr für sonstige Verfahren	20,00 bis 250,00 EUR	108,00 EUR
4207	Gebühr 4206 mit Zuschlag	20,00 bis 312,50 EUR	133,00 EUR

Abschnitt 3
Einzeltätigkeiten

Vorbemerkung 4.3:
(1) Die Gebühren entstehen für einzelne Tätigkeiten, ohne dass dem Rechtsanwalt sonst die Verteidigung oder Vertretung übertragen ist.
(2) Beschränkt sich die Tätigkeit des Rechtsanwalts auf die Geltendmachung oder Abwehr eines aus der Straftat erwachsenen vermögensrechtlichen Anspruchs im Strafverfahren, so erhält er die Gebühren nach den Nummern 4143 bis 4145.
(3) Die Gebühr entsteht für jede der genannten Tätigkeiten gesondert, soweit nichts anderes bestimmt ist. § 15 RVG bleibt unberührt. Das Beschwerdeverfahren gilt als besondere Angelegenheit.

A. Teil 4 der Anlage 1 zu § 2 Abs. 2 RVG (auszugsweise) § 6

Nr.	Gebührentatbestand	Gebühr oder Satz der Gebühr nach § 13 oder § 49 RVG	
		Wahlanwalt	gerichtlich bestellter oder beigeordneter Rechtsanwalt
(4) Wird dem Rechtsanwalt die Verteidigung oder die Vertretung für das Verfahren übertragen, werden die nach diesem Abschnitt entstandenen Gebühren auf die für die Verteidigung oder Vertretung entstehenden Gebühren angerechnet.			
4300	Verfahrensgebühr für die Anfertigung oder Unterzeichnung einer Schrift 1. zur Begründung der Revision, 2. zur Erklärung auf die von dem Staatsanwalt, Privatkläger oder Nebenkläger eingelegte Revision oder 3. in Verfahren nach den §§ 57a und 67e StGB .... Neben der Gebühr für die Begründung der Revision entsteht für die Einlegung der Revision keine besondere Gebühr.	50,00 bis 560,00 EUR	244,00 EUR
4301	Verfahrensgebühr für 1. die Anfertigung oder Unterzeichnung einer Privatklage, 2. die Anfertigung oder Unterzeichnung einer Schrift zur Rechtfertigung der Berufung oder zur Beantwortung der von dem Staatsanwalt, Privatkläger oder Nebenkläger eingelegten Berufung, 3. die Führung des Verkehrs mit dem Verteidiger, 4. die Beistandsleistung für den Beschuldigten bei einer richterlichen Vernehmung, einer Vernehmung durch die Staatsanwaltschaft oder eine andere		

§ 6 Gesetzliche Regelungen

Nr.	Gebührentatbestand	Gebühr oder Satz der Gebühr nach § 13 oder § 49 RVG	
		Wahlanwalt	gerichtlich bestellter oder beigeordneter Rechtsanwalt
	Strafverfolgungsbehörde oder in einer Hauptverhandlung, einer mündlichen Anhörung oder bei einer Augenscheinseinnahme, 5. die Beistandsleistung im Verfahren zur gerichtlichen Erzwingung der Anklage (§ 172 Abs. 2 bis 4, § 173 StPO) oder 6. sonstige Tätigkeiten in der Strafvollstreckung .... Neben der Gebühr für die Rechtfertigung der Berufung entsteht für die Einlegung der Berufung keine besondere Gebühr.	35,00 bis 385,00 EUR	168,00 EUR
4302	Verfahrensgebühr für 1. die Einlegung eines Rechtsmittels, 2. die Anfertigung oder Unterzeichnung anderer Anträge, Gesuche oder Erklärungen oder 3. eine andere nicht in Nummer 4300 oder 4301 erwähnte Beistandsleistung	20,00 bis 250,00 EUR	108,00 EUR
4303	Verfahrensgebühr für die Vertretung in einer Gnadensache .... Der Rechtsanwalt erhält die Gebühr auch, wenn ihm die Verteidigung übertragen war.	25,00 bis 250,00 EUR	110,00 EUR
4304	Gebühr für den als Kontaktperson beigeordneten Rechtsanwalt (§ 34a EGGVG).....................		3 000,00 EUR

A. Teil 4 der Anlage 1 zu § 2 Abs. 2 RVG (auszugsweise) §6

Für das Bußgeldverfahren sind folgende Regelungen des VV anzuwenden, die sich ebenfalls in Anlage1 (zu § 2 Abs. 2) des Vergütungsverzeichnisses finden, allerdings ist hier Teil 5 einschlägig: 3

Teil 5 Bußgeldsachen

Nr.	Gebührentatbestand	Gebühr oder Satz der Gebühr nach § 13 oder § 49 RVG	
		Wahlanwalt	gerichtlich bestellter oder beigeordneter Rechtsanwalt

Vorbemerkung 5:
(1) Für die Tätigkeit als Beistand oder Vertreter eines Einziehungs- oder Nebenbeteiligten, eines Zeugen oder eines Sachverständigen in einem Verfahren, für das sich die Gebühren nach diesem Teil bestimmen, entstehen die gleichen Gebühren wie für einen Verteidiger in diesem Verfahren.
(2) Die Verfahrensgebühr entsteht für das Betreiben des Geschäfts einschließlich der Information.
(3) Die Terminsgebühr entsteht für die Teilnahme an gerichtlichen Terminen, soweit nichts anderes bestimmt ist. Der Rechtsanwalt erhält die Terminsgebühr auch, wenn er zu einem anberaumten Termin erscheint, dieser aber aus Gründen, die er nicht zu vertreten hat, nicht stattfindet. Dies gilt nicht, wenn er rechtzeitig von der Aufhebung oder Verlegung des Termins in Kenntnis gesetzt worden ist.
(4) Für folgende Tätigkeiten entstehen Gebühren nach den Vorschriften des Teils 3:
1. für das Verfahren über die Erinnerung oder die Beschwerde gegen einen Kostenfestsetzungsbeschluss, für das Verfahren über die Erinnerung gegen den Kostenansatz, für das Verfahren über die Beschwerde gegen die Entscheidung über diese Erinnerung und für Verfahren über den Antrag auf gerichtliche Entscheidung gegen einen Kostenfestsetzungsbescheid und den Ansatz der Gebühren und Auslagen (§ 108 OWiG),
2. in der Zwangsvollstreckung aus Entscheidungen, die über die Erstattung von Kosten ergangen sind, und für das Beschwerdeverfahren gegen die gerichtliche Entscheidung nach Nummer 1.

Abschnitt 1
Gebühren des Verteidigers

Vorbemerkung 5.1:
(1) Durch die Gebühren wird die gesamte Tätigkeit als Verteidiger entgolten.
(2) Hängt die Höhe der Gebühren von der Höhe der Geldbuße ab, ist die zum Zeitpunkt des Entstehens der Gebühr zuletzt festgesetzte Geldbuße maßgebend. Ist eine Geldbuße nicht festgesetzt, richtet sich die Höhe der Gebühren im Verfahren vor der Verwaltungsbehörde nach dem mittleren Betrag der in der Bußgeldvorschrift angedrohten Geldbuße. Sind in einer Rechtsvorschrift Regelsätze bestimmt, sind diese maßgebend. Mehrere Geldbußen sind zusammenzurechnen.

§ 6 Gesetzliche Regelungen

Nr.	Gebührentatbestand	Gebühr oder Satz der Gebühr nach § 13 oder § 49 RVG	
		Wahlanwalt	gerichtlich bestellter oder beigeordneter Rechtsanwalt
	Unterabschnitt 1 **Allgemeine Gebühr**		
5100	Grundgebühr.................. (1) Die Gebühr entsteht für die erstmalige Einarbeitung in den Rechtsfall nur einmal, unabhängig davon, in welchem Verfahrensabschnitt sie erfolgt. (2) Die Gebühr entsteht nicht, wenn in einem vorangegangenen Strafverfahren für dieselbe Handlung oder Tat die Gebühr 4100 entstanden ist.	20,00 bis 150,00 EUR	68,00 EUR
	Unterabschnitt 2 **Verfahren vor der Verwaltungsbehörde**		
Vorbemerkung 5.1.2: (1) Zu dem Verfahren vor der Verwaltungsbehörde gehört auch das Verwarnungsverfahren und das Zwischenverfahren (§ 69 OWiG) bis zum Eingang der Akten bei Gericht. (2) Die Terminsgebühr entsteht auch für die Teilnahme an Vernehmungen vor der Polizei oder der Verwaltungsbehörde.			
5101	Verfahrensgebühr bei einer Geldbuße von weniger als 40,00 EUR ..	10,00 bis 100,00 EUR	44,00 EUR
5102	Terminsgebühr für jeden Tag, an dem ein Termin in den in Nummer 5101 genannten Verfahren stattfindet	10,00 bis 100,00 EUR	44,00 EUR
5103	Verfahrensgebühr bei einer Geldbuße von 40,00 EUR bis 5 000,00 EUR	20,00 bis 250,00 EUR	108,00 EUR

A. Teil 4 der Anlage 1 zu § 2 Abs. 2 RVG (auszugsweise) § 6

Nr.	Gebührentatbestand	Gebühr oder Satz der Gebühr nach § 13 oder § 49 RVG	
		Wahlanwalt	gerichtlich bestellter oder beigeordneter Rechtsanwalt
5104	Terminsgebühr für jeden Tag, an dem ein Termin in den in Nummer 5103 genannten Verfahren stattfindet...................	20,00 bis 250,00 EUR	108,00 EUR
5105	Verfahrensgebühr bei einer Geldbuße von mehr als 5 000,00 EUR..	30,00 bis 250,00 EUR	112,00 EUR
5106	Terminsgebühr für jeden Tag, an dem ein Termin in den in Nummer 5105 genannten Verfahren stattfindet...................	30,00 bis 250,00 EUR	112,00 EUR

Unterabschnitt 3
Gerichtliches Verfahren im ersten Rechtszug

Vorbemerkung 5.1.3:
(1) Die Terminsgebühr entsteht auch für die Teilnahme an gerichtlichen Terminen außerhalb der Hauptverhandlung.
(2) Die Gebühren dieses Abschnitts entstehen für das Wiederaufnahmeverfahren einschließlich seiner Vorbereitung gesondert; die Verfahrensgebühr entsteht auch, wenn von der Stellung eines Wiederaufnahmeantrags abgeraten wird.

Nr.	Gebührentatbestand	Wahlanwalt	gerichtlich bestellter oder beigeordneter Rechtsanwalt
5107	Verfahrensgebühr bei einer Geldbuße von weniger als 40,00 EUR..	10,00 bis 100,00 EUR	44,00 EUR
5108	Terminsgebühr je Hauptverhandlungstag in den in Nummer 5107 genannten Verfahren..........	20,00 bis 200,00 EUR	88,00 EUR

§ 6 Gesetzliche Regelungen

Nr.	Gebührentatbestand	Gebühr oder Satz der Gebühr nach § 13 oder § 49 RVG	
		Wahlanwalt	gerichtlich bestellter oder beigeordneter Rechtsanwalt
5109	Verfahrensgebühr bei einer Geldbuße von 40,00 EUR bis 5 000,00 EUR	20,00 bis 250,00 EUR	108,00 EUR
5110	Terminsgebühr je Hauptverhandlungstag in den in Nummer 5109 genannten Verfahren...........	30,00 bis 400,00 EUR	172,00 EUR
5111	Verfahrensgebühr bei einer Geldbuße von mehr als 5 000,00 EUR..	40,00 bis 300,00 EUR	136,00 EUR
5112	Terminsgebühr je Hauptverhandlungstag in den in Nummer 5111 genannten Verfahren...........	70,00 bis 470,00 EUR	216,00 EUR
	Unterabschnitt 4 Verfahren über die Rechtsbeschwerde		
5113	Verfahrensgebühr	70,00 bis 470,00 EUR	216,00 EUR
5114	Terminsgebühr je Hauptverhandlungstag.....................	70,00 bis 470,00 EUR	216,00 EUR

A. Teil 4 der Anlage 1 zu § 2 Abs. 2 RVG (auszugsweise) §6

Nr.	Gebührentatbestand	Gebühr oder Satz der Gebühr nach § 13 oder § 49 RVG	
		Wahlanwalt	gerichtlich bestellter oder beigeordneter Rechtsanwalt
	Unterabschnitt 5 **Zusätzliche Gebühren**		
5115	Durch die anwaltliche Mitwirkung wird das Verfahren vor der Verwaltungsbehörde erledigt oder die Hauptverhandlung entbehrlich: ... Zusätzliche Gebühr (1) Die Gebühr entsteht, wenn 1. das Verfahren nicht nur vorläufig eingestellt wird oder 2. der Einspruch gegen den Bußgeldbescheid zurückgenommen wird oder 3. der Bußgeldbescheid nach Einspruch von der Verwaltungsbehörde zurückgenommen und gegen einen neuen Bußgeldbescheid kein Einspruch eingelegt wird oder 4. sich das gerichtliche Verfahren durch Rücknahme des Einspruchs gegen den Bußgeldbescheid oder der Rechtsbeschwerde des Betroffenen oder eines anderen Verfahrensbeteiligten erledigt; ist bereits ein Termin zur Hauptverhandlung bestimmt, entsteht die Gebühr nur, wenn der Einspruch oder die Rechtsbeschwerde früher als zwei Wochen vor Beginn des Tages, der für die Hauptverhandlung vorgesehen war, zurückgenommen wird, oder 5. das Gericht nach § 72 Abs. 1 Satz 1 OWiG durch Beschluss entscheidet. (2) Die Gebühr entsteht nicht, wenn eine auf die Förderung des Verfahrens gerichtete Tätigkeit nicht ersichtlich ist. (3) Die Höhe der Gebühr richtet sich nach dem Rechtszug, in dem die Hauptverhandlung vermieden wurde. Für den	in Höhe der jeweiligen Verfahrensgebühr	

§ 6 Gesetzliche Regelungen

Nr.	Gebührentatbestand	Gebühr oder Satz der Gebühr nach § 13 oder § 49 RVG	
		Wahlanwalt	gerichtlich bestellter oder beigeordneter Rechtsanwalt
5116	Wahlanwalt bemisst sich die Gebühr nach der Rahmenmitte. Verfahrensgebühr bei Einziehung und verwandten Maßnahmen ..... (1) Die Gebühr entsteht für eine Tätigkeit für den Betroffenen, die sich auf die Einziehung oder dieser gleichstehende Rechtsfolgen (§ 46 Abs. 1 OWiG, § 442 StPO) oder auf eine diesen Zwecken dienende Beschlagnahme bezieht. (2) Die Gebühr entsteht nicht, wenn der Gegenstandswert niedriger als 25,00 EUR ist. (3) Die Gebühr entsteht nur einmal für das Verfahren vor der Verwaltungsbehörde und dem Amtsgericht. Im Rechtsbeschwerdeverfahren entsteht die Gebühr besonders.	1,0	1,0
	Abschnitt 2 **Einzeltätigkeiten**		
5200	Verfahrensgebühr .... (1) Die Gebühr entsteht für einzelne Tätigkeiten, ohne dass dem Rechtsanwalt sonst die Verteidigung übertragen ist. (2) Die Gebühr entsteht für jede Tätigkeit gesondert, soweit nichts anderes bestimmt ist. § 15 RVG bleibt unberührt. (3) Wird dem Rechtsanwalt die Verteidigung für das Verfahren übertragen, werden die nach dieser Nummer entstandenen Gebühren auf die für die Verteidigung entstehenden Gebühren angerechnet. (4) Der Rechtsanwalt erhält die Gebühr für die Vertretung in der Vollstreckung und in einer Gnadensache auch, wenn ihm die Verteidigung übertragen war.	10,00 bis 100,00 EUR	44,00 EUR

B. Tabellarische Übersicht der Gebühren des Verteidigers in Strafsachen und in Bußgeldsachen

Gebühren des Verteidigers in Strafsachen (Teil 4 Abschnitt 1 VV)

Gebührentatbestand[1]	VV-Nr.	Mindest-gebühr €	Wahlverteidiger Höchst-gebühr €	Mittel-gebühr €	Zusätzliche Gebühr[2] €	Pflichtverteidiger Gebühr €	Zusätzliche Gebühr[3] €
1. Allgemeine Gebühren							
a) Grundgebühr	4100	30,00	300,00	165,00		132,00	
Umsatzsteuer	7008			31,35		25,08	
Endsumme				196,35		157,08	
mit Haftzuschlag	4101	30,00	375,00	202,50		162,00	
Umsatzsteuer	7008			38,48		30,78	
Endsumme				240,98		192,78	
b) Terminsgebühr[4]	4102	30,00	250,00	140,00		112,00	
Umsatzsteuer	7008			26,60		21,28	
Endsumme				166,60		133,28	
mit Haftzuschlag	4103	30,00	312,50	171,25		137,00	
Umsatzsteuer	7008			32,54		26,03	
Endsumme				203,79		163,03	
2. Vorbereitendes Verfahren							
a) Verfahrensgebühr	4104	30,00	250,00	140,00	140,00	112,00	112,00
Umsatzsteuer	7008			26,60	26,60	21,28	21,28
Endsumme				166,60	166,60	133,28	133,28
mit Haftzuschlag	4105	30,00	312,50	171,25	140,00	137,00	112,00
Umsatzsteuer	7008			32,54	26,60	26,03	21,28
Endsumme				203,79	166,60	163,03	133,28
3. Verfahren 1. Instanz							
a) Verfahrensgebühr							
Amtsgericht	4106	30,00	250,00	140,00	140,00	112,00	112,00
Umsatzsteuer	7008			26,60	26,60	21,28	21,28
Endsumme				166,60	166,60	133,28	133,28

1 Auf die Ausrechnung der Auslagen wurde verzichtet, da durch mögliche Anrechnung bzw. Addition mit anderen Gebühren die Berechnung unzutreffend wäre.
2 Zusätzliche Gebühr bei Erledigung des Verfahrens gem. Nr. 4141 VV in Höhe der jeweiligen Verfahrensmittelgebühr (ohne Zuschlag). Zusätzliche Gebühr bei Einziehung und verwandten Maßnahmen gem. Nr. 4142 VV für Wahl- und Pflichtverteidiger in Höhe von 1,0; für Pflichtverteidiger allerdings nur aus den Beträgen des § 49 RVG.
3 Zusätzliche Gebühr bei Erledigung des Verfahrens gem. Nr. 4141 VV in Höhe der jeweiligen Verfahrensmittelgebühr (ohne Zuschlag). Zusätzliche Gebühr bei Einziehung und verwandten Maßnahmen gem. Nr. 4142 VV für Wahl- und Pflichtverteidiger in Höhe von 1,0; für Pflichtverteidiger allerdings nur aus den Beträgen des § 49 RVG.
4 Die Gebühr deckt bis zu drei Termine in jedem Rechtszug ab.

§ 6 Gesetzliche Regelungen

Gebührentatbestand[2]	VV-Nr.	Mindest-gebühr €	Höchst-gebühr €	Wahlverteidiger		Pflichtverteidiger	
				Mittel gebühr €	Zusätzliche Gebühr[3] €	Gebühr €	Zusätzliche Gebühr[7] €
mit Haftzuschlag	4107	30,00	312,50	171,25	140,00	137,00	112,00
Umsatzsteuer	7008			32,54	26,60	26,03	21,28
Endsumme				203,79	166,60	163,03	133,28
Strafkammer; Jugend-kammer, soweit nicht Nr. 4118 VV	4112	40,00	270,00	155,00	155,00	124,00	124,00
Umsatzsteuer	7008			29,45	29,45	23,56	23,56
Endsumme				184,45	184,45	147,56	147,56
mit Haftzuschlag	4113	40,00	337,50	188,75	155,00	151,00	124,00
Umsatzsteuer	7008			35,86	29,45	28,69	23,56
Endsumme				224,61	184,45	179,69	147,56
OLG, Schwurgericht (auch Jugendkammer), Strafkammer nach §§ 74a und 74c GVG	4118	80,00	580,00	330,00	330,00	264,00	264,00
Umsatzsteuer	7008			62,70	62,70	50,16	50,16
Endsumme				392,70	392,70	314,16	314,16
mit Haftzuschlag	4119	80,00	725,00	402,50	330,00	322,00	264,00
Umsatzsteuer	7008			76,48	62,70	61,18	50,16
Endsumme				478,98	392,70	383,18	314,16
b) Terminsgebühr							
Amtsgericht	4108	60,00	400,00	230,00		184,00	
Umsatzsteuer	7008			43,70		34,96	
Endsumme				273,70		218,96	
mit Haftzuschlag	4109	60,00	500,00	280,00		224,00	
Umsatzsteuer	7008			53,20		42,56	
Endsumme				333,20		266,56	
Zuschlag bei Dauer 5 bis 8 Std.	4110					92,00	
Umsatzsteuer	7008					17,48	
Endsumme						109,48	
Zuschlag bei Dauer über 8 Std.	4111					184,00	
Umsatzsteuer	7008					34,96	
Endsumme						218,96	
Strafkammer; Jugend-kammer, soweit nicht Nr. 4118 VV	4114	70,00	470,00	270,00		216,00	
Umsatzsteuer	7008			51,30		41,04	
Endsumme				321,30		257,04	
mit Haftzuschlag	4115	70,00	587,50	328,75		263,00	

B. Tabellarische Übersicht der Gebühren des Verteidigers § 6

Gebührentatbestand[1]	VV-Nr.	Wahlverteidiger				Pflichtverteidiger	
		Mindest-gebühr €	Höchst-gebühr €	Mittel-gebühr €	Zusätzliche Gebühr[2] €	Gebühr €	Zusätzliche Gebühr[3] €
Umsatzsteuer	7008			62,46		49,97	
Endsumme				391,21		312,97	
Zuschlag bei Dauer 5 bis 8 Std.	4116					108,00	
Umsatzsteuer	7008					20,52	
Endsumme						128,52	
Zuschlag bei Dauer über 8 Std.	4117					216,00	
Umsatzsteuer	7008					41,04	
Endsumme						257,04	
OLG, Schwurgericht (auch Jugendkammer), Strafkammer nach §§ 74a und 74c GVG	4120	110,00	780,00	445,00		356,00	
Umsatzsteuer	7008			84,55		67,64	
Endsumme				529,55		423,64	
mit Haftzuschlag	4112	110,00	975,00	542,50		434,00	
Umsatzsteuer	7008			103,08		82,46	
Endsumme				645,58		516,46	
Zuschlag bei Dauer 5 bis 8 Std.	4122					178,00	
Umsatzsteuer	7008					33,82	
Endsumme						211,82	
Zuschlag bei Dauer über 8 Std.	4123					356,00	
Umsatzsteuer	7008					67,64	
Endsumme						423,64	
4. Berufung							
a) Verfahrensgebühr	4124	70,00	470,00	270,00	270,00	216,00	216,00
Umsatzsteuer	7008			51,30	51,30	41,04	41,04
Endsumme				321,30	321,30	257,04	257,04
mit Haftzuschlag	4125	70,00	587,50	328,75	270,00	263,00	216,00
Umsatzsteuer	7008			62,46	51,30	49,97	41,04
Endsumme				391,21	321,30	312,97	257,04
b) Terminsgebühr	4126	70,00	470,00	270,00		216,00	
Umsatzsteuer	7008			51,30		41,04	
Endsumme				321,30		257,04	
mit Haftzuschlag	4127	70,00	587,50	328,75		263,00	
Umsatzsteuer	7008			62,46		49,97	
Endsumme				391,21		312,97	

§ 6 Gesetzliche Regelungen

Gebührentatbestand[1]	VV-Nr.	Mindest-gebühr €	Wahlverteidiger Höchst-gebühr €	Mittel gebühr €	Zusätzliche Gebühr[2] €	Pflichtverteidiger Gebühr €	Zusätzliche Gebühr[3] €
Zuschlag bei Dauer 5 bis 8 Std.	4128					108,00	
Umsatzsteuer	7008					20,52	
Endsumme						128,52	
Zuschlag bei Dauer über 8 Std.	4129					216,00	
Umsatzsteuer	7008					41,04	
Endsumme						257,04	
5. Revision							
a) Verfahrensgebühr	4130	100,00	930,00	515,00	515,00	412,00	412,00
Umsatzsteuer	7008			97,85	97,85	78,28	78,28
Endsumme				612,85	612,85	490,28	490,28
mit Haftzuschlag	4131	100,00	1.162,50	631,25	515,00	505,00	412,00
Umsatzsteuer	7008			119,94	97,85	95,95	78,28
Endsumme				751,19	612,85	600,95	490,28
b) Terminsgebühr	4132	100,00	470,00	285,00		228,00	
Umsatzsteuer	7008			54,15		43,32	
Endsumme				339,15		271,32	
mit Haftzuschlag	4133	100,00	587,50	343,75		275,00	
Umsatzsteuer	7008			65,31		52,25	
Endsumme				409,06		327,25	
Zuschlag bei Dauer 5 bis 8 Std.	4134					114,00	
Umsatzsteuer	7008					21,66	
Endsumme						135,66	
Zuschlag bei Dauer über 8 Std.	4135					228,00	
Umsatzsteuer	7008					43,32	
Endsumme						271,32	
6. Strafvollstreckung							
a) Verfahren nach VV-Nr. 4200							
Verfahrensgebühr	4200	50,00	560,00	305,00		244,00	
Umsatzsteuer	7008			57,95		46,36	
Endsumme				362,95		290,36	
mit Haftzuschlag	4201	50,00	700,00	375,00		300,00	
Umsatzsteuer	7008			71,25		57,00	
Endsumme				446,25		357,00	
Terminsgebühr	4202	50,00	250,00	150,00		120,00	
Umsatzsteuer	7008			28,50		22,80	
Endsumme				178,50		142,80	

B. Tabellarische Übersicht der Gebühren des Verteidigers § 6

Gebührentatbestand[1]	VV-Nr.	Wahlverteidiger				Pflichtverteidiger	
		Mindest-gebühr €	Höchst-gebühr €	Mittel gebühr €	Zusätzliche Gebühr[2] €	Gebühr €	Zusätzliche Gebühr[3] €
mit Haftzuschlag	4203	50,00	312,50	181,25		145,00	
Umsatzsteuer	7008			34,44		27,55	
Endsumme				215,69		172,55	
b) Sonstige Verfahren							
Verfahrensgebühr	4204	20,00	250,00	135,00		108,00	
Umsatzsteuer	7008			25,65		20,52	
Endsumme				160,65		128,52	
mit Haftzuschlag	4205	20,00	312,50	166,25		133,00	
Umsatzsteuer	7008			31,59		25,27	
Endsumme				197,84		158,27	
Terminsgebühr	4206	20,00	250,00	135,00		108,00	
Umsatzsteuer	7008			25,65		20,52	
Endsumme				160,65		128,52	
mit Haftzuschlag	4207	20,00	312,50	166,25		133,00	
Umsatzsteuer	7008			31,59		25,27	
Endsumme				197,84		158,27	
7. Einzeltätigkeiten							
a) Verfahren nach VV 4300	4300	50,00	560,00	305,00		244,00	
Postentgeltpauschale	7002			20,00		20,00	
Umsatzsteuer	7008			61,75		50,16	
Endsumme				386,75		314,16	
b) Verfahren nach VV 4301	4301	35,00	385,00	210,00		168,00	
Postentgeltpauschale	7002			20,00		20,00	
Umsatzsteuer	7008			43,70		35,72	
Endsumme				273,70		223,72	
c) Verfahren nach VV 4302	4302	20,00	250,00	135,00		108,00	
Postentgeltpauschale	7002			20,00		20,00	
Umsatzsteuer	7008			29,45		24,32	
Endsumme				184,45		152,32	
8. Gnadensachen	4303	25,00	250,00	137,50		110,00	
Postentgeltpauschale	7002			20,00		20,00	
Umsatzsteuer	7008			29,93		24,70	
Endsumme				187,43		154,70	

§ 6 Gesetzliche Regelungen

Gebühren des Verteidigers in Bußgeldsachen (Teil 5 Abschnitt 1 VV)

Gebührentatbestand[5]	VV-Nr.	Wahlverteidiger				Pflichtverteidiger	
		Mindest-gebühr €	Höchst-gebühr €	Mittel-gebühr €	Zusätzliche Gebühr[6] €	Gebühr €	Zusätzliche Gebühr[7] €
1. Grundgebühr	5100	20,00	150,00	85,00		68,00	
Umsatzsteuer	7008			16,15		12,92	
Endsumme				101,15		80,92	
2. Vorbereitendes Verfahren							
a) Verfahrensgebühr							
Bußgeld weniger als 40 €	5101	10,00	100,00	55,00	55,00	44,00	44,00
Umsatzsteuer	7008			10,45	10,45	8,36	8,36
Endsumme				65,45	65,45	52,36	52,36
Bußgeld von 40 € bis 5.000 €	5103	20,00	250,00	135,00	135,00	108,00	108,00
Umsatzsteuer	7008			25,65	25,65	20,52	20,52
Endsumme				160,65	160,65	128,52	128,52
Bußgeld über 5.000 €	5105	30,00	250,00	140,00	140,00	112,00	112,00
Umsatzsteuer	7008			26,60	26,60	21,28	21,28
Endsumme				166,60	166,60	133,28	133,28
b) Terminsgebühr							
Bußgeld weniger als 40 €	5102	10,00	100,00	55,00		44,00	
Umsatzsteuer	7008			10,45		8,36	
Endsumme				65,45		52,36	
Bußgeld von 40 € bis 5.000 €	5104	20,00	250,00	135,00		108,00	
Umsatzsteuer	7008			25,65		20,52	
Endsumme				160,65		128,52	
Bußgeld über 5.000 €	5106	30,00	250,00	140,00		112,00	
Umsatzsteuer	7008			26,60		21,28	
Endsumme				166,60		133,28	

---

5 Auf die Ausrechnung der Auslagen wurde verzichtet, da durch mögliche Anrechnung bzw. Addition mit anderen Gebühren die Berechnung unzutreffend wäre.

6 Zusätzliche Gebühr bei Erledigung des Verfahrens gem. Nr. 5115 VV in Höhe der jeweiligen Verfahrensmittelgebühr (ohne Zuschlag). Zusätzliche Gebühr bei Einziehung und verwandten Maßnahmen gem. Nr. 5116 VV für Wahl- und Pflichtverteidiger in Höhe von 1,0; für Pflichtverteidiger allerdings nur aus den Beträgen des § 49 RVG.

7 Zusätzliche Gebühr bei Erledigung des Verfahrens gem. Nr. 5115 VV in Höhe der jeweiligen Verfahrensmittelgebühr (ohne Zuschlag). Zusätzliche Gebühr bei Einziehung und verwandten Maßnahmen gem. Nr. 5116 VV für Wahl- und Pflichtverteidiger in Höhe von 1,0; für Pflichtverteidiger allerdings nur aus den Beträgen des § 49 RVG.

B. Tabellarische Übersicht der Gebühren des Verteidigers §6

Gebührentatbestand[5]	VV-Nr.	Mindest-gebühr €	Höchst-gebühr €	Wahlverteidiger Mittel gebühr €	Zusätzliche Gebühr[6] €	Pflichtverteidiger Gebühr €	Zusätzliche Gebühr[7] €
3. Verfahren vor dem Amtsgericht							
a) Verfahrensgebühr							
Bußgeld weniger als 40 €	5107	10,00	100,00	55,00	55,00	44,00	44,00
Umsatzsteuer	7008			10,45	10,45	8,36	8,36
Endsumme				65,45	65,45	52,36	52,36
Bußgeld von 40 € bis 5.000 €	5109	20,00	250,00	135,00	135,00	108,00	108,00
Umsatzsteuer	7008			25,65	25,65	20,52	20,52
Endsumme				160,65	160,65	128,52	128,52
Bußgeld über 5.000 €	5111	40,00	300,00	170,00	170,00	136,00	136,00
Umsatzsteuer	7008			32,30	32,30	25,84	25,84
Endsumme				202,30	202,30	161,84	161,84
b) Terminsgebühr							
Bußgeld weniger als 40 €	5108	20,00	200,00	110,00		88,00	
Umsatzsteuer	7008			20,90		16,72	
Endsumme				130,90		104,72	
Bußgeld von 40 € bis 5.000 €	5110	30,00	400,00	215,00		172,00	
Umsatzsteuer	7008			40,85		32,68	
Endsumme				255,85		204,68	
Bußgeld über 5.000 €	5112	70,00	470,00	270,00		216,00	
Umsatzsteuer	7008			51,30		41,04	
Endsumme				321,30		257,04	
4. Rechtsbeschwerde							
a) Verfahrensgebühr	5113	70,00	470,00	270,00	270,00	216,00	216,00
Umsatzsteuer	7008			51,30	51,30	41,04	41,04
Endsumme				321,30	321,30	257,04	257,04
b) Terminsgebühr	5114	70,00	470,00	270,00		216,00	
Umsatzsteuer	7008			51,30		41,04	
Endsumme				321,30		257,04	
5. Einzeltätigkeiten							
Verfahrensgebühr	5200	10,00	100,00	55,00		44,00	
Postentgeltpauschale	7002			11,00		8,80	
Umsatzsteuer	7008			12,54		10,03	
Endsumme				78,54		62,83	

Stichwortverzeichnis

fette Zahlen = Paragrafen; magere Zahlen = Randnummern
M = Muster; C = Checkliste

Abrechnung
- Abrechnungskonstellation **1** 28
- Bußgeldverfahren **3** M 10, M 12
- Erstellung **1** 28 ff.
- Fälligkeit **1** 31
- Grundgebühr **2** M 30 f.; **3** M 46, M 47
- konkrete **4** 69 ff., M 75
- Längenzuschlag **2** M 122
- Nebenklage **2** M 167
- Pflichtverteidiger Revision **2** M 216
- Rechnungsinhalt *siehe* Rechnung
- vorläufige **2** 8, M 106
- Wahlverteidiger Revision **2** M 218
- Zurückbehaltungsrecht **1** 31
Adhäsionsverfahren **1** 70 ff., 124; **2** 187, 226 ff.
- 2. Opferrechtsreformgesetz **2** 227 ff.
- Abrechnung **2** M 244, M 250
- Adhäsionsantrag **2** M 261
- Anrechnung **2** 245 ff.
- Anwendungsbereich **2** 238 ff., 260 ff.
- Beiordnung **2** 234, M 235, 262 ff.
- Berufung **2** 196
- Erfolgshonorar **4** M 80
- Gegenstandswert **1** 71; **2** 236
- Geltendmachung, erstmalige **2** 238
- Gerichtskosten **1** 230
- Geschäftsgebühr **2** 230
- Grundlagen, gesetzliche **2** 227 ff.
- Pflichtverteidiger **2** 240
- Pflichtverteidigung, Antrag auf - **1** M 174
- Prozesskostenhilfe **2** 262 ff.
- Rechtsmittelrücknahme **1** 74
- Revision **1** 75; **2** 219
- Terminsgebühren Strafrecht **2** 243
- Verfahren, erstinstanzliches **1** 73
- Verfahren, vorbereitendes **1** 72
- Vergleich **2** 251 ff., C 254, M 257
- Vergütungsvereinbarung **4** 38
- Verkehrsrecht **2** 258 ff.
Analphabetismus **1** 90
Anforderungsprofil Rechtssuchender **1** 5

Angelegenheit
- Bedeutung *siehe* Angelegenheit Bedeutung
- Bußgeldverfahren **3** 21 ff., 65 ff.
- Strafverfahren mit anschl. Bußgeldverfahren **2** 69 ff.
- Zeitabrechnung **4** M 75
Angelegenheit Bedeutung **1** 94 ff.
- Begründung/Formulierung **1** 98
- Folgen, wirtschaftliche **1** C 96
- Haft **1** C 96
- Indizienprozess **1** C 96
- Konsequenzen **1** C 96
- Medienaufmerksamkeit **1** C 96
- Nachteile, berufliche **1** C 96
- Punktesituation **1** C 96
- Rückzahlungsansprüche **1** C 96
- Stellung, berufliche **1** C 96
- Stellung, gesellschaftliche **1** C 96
- Straflosigkeit **1** C 96
- Strafmaß, hohes **1** C 96
- Unbescholtenheit **1** C 96
- Vorstrafen **1** C 96
Anrechnung
- Adhäsionsverfahren **2** 245 ff.
- bei zivilrechtlicher Geltendmachung **2** 247 ff.
- Darstellung in Rechnung **1** C 32
- Grundgebühr **2** 32 ff.
- Grundsätze **2** 245 ff.
- im Strafverfahren **2** 246
Antrag
- Adhäsionsverfahren **2** M 261
- Beiordnung **2** 22; **3** 38
- Festsetzung Prozesskostenhilfe **2** M 278
- Kostenfestsetzungsantrag *siehe dort*
- Pauschgebühren **1** 201; **2** 301 ff.
- Wiedereinsetzung **2** 90
Anwalt
- Anwaltsdichte **1** 1 f.
- Druck, wirtschaftlicher **1** 6
- Einkommenssituation **1** 5
- Stundensatz, durchschnittlicher **1** 5
Aufklärungspflicht **1** 29, 139 f.

309

Stichwortverzeichnis

Auftraggeber, mehrere **2** 5
Auskunft, schriftliche **1** 39
Auslagen **1** 210 ff.
- Bußgeldverfahren **1** 220
- des Gerichts **1** 227 ff.
- Dokumentenpauschale **1** 223
- Entschädigung Sachverständiger/Zeuge **1** 228
- Erforderlichkeit **1** 218 f., M 219
- Fahrtkosten **1** 214
- Festsetzungsverfahren **1** 220
- Feststellung durch Gericht **1** 220
- Geschäftsreise **1** 217
- Hebegebühr **1** 225
- Kopiergebühr **1** 223
- notwendige **1** 228
- Pflichtverteidiger **1** 218 ff.
- Post-/Telekommunikationsentgelte **1** 214, 222
- Reisekosten **1** 214, 218 f., M 219, 224, 228
- Reisezeit **1** C 86
- Schreibauslagen **1** 214
- Tage-/Abwesenheitsgelder **1** 214, 224
- Übernachtungskosten **1** 214
- Umsatzsteuer/Mehrwertsteuer **1** C 32, 214, 226
- Vergütungsvereinbarung **4** 45

Aussage-/Zeugnisverweigerungsrecht **1** 132
Aussetzung **2** 203 ff.

Bedürftigkeit *siehe* Prozesskostenhilfe
Befriedungsgebühr **2** 64 ff.
- Abgrenzung zur Bußgeldverfahren **2** 68
- Angelegenheit **2** 69 ff.
- Aussetzung **2** 206 ff.
- Beendigung, außergerichtliche **2** 65
- bei Hauptverhandlung **2** 200 ff.
- Berufung **2** 198 ff.
- Bußgeldverfahren **3** 5, 59 ff., 65
- Bußgeldverfahren mit anschl. Strafverfahren **2** 79 ff., M 80
- Einstellung, nicht nur vorläufige **2** 66 f.
- Festbetrag **2** 86
- Förderung Verfahren **2** 81 ff., M 84
- Höhe **2** 86 ff.
- Mittelgebühr **2** 86
- Mitwirkung *siehe dort*
- nach Nr. 4141 VV **2** 199
- Rechtsmittelrücknahme **2** 199
- Revision **2** 221 ff.
- Rücknahmezeitpunkt **2** 89 ff.
- Strafbefehl **2** 157 ff.
- Strafverfahren **3** 5, 7
- Strafverfahren mit anschl. Bußgeldverfahren **2** 69 ff., M 78
- Unterbrechung **2** 206 ff.
- Wiedereinsetzungsantrag **2** 90

Beiakte **1** C 86
Beiordnung *siehe auch* Pflichtverteidiger
- Adhäsionsverfahren **2** 234, M 235, 262 ff.
- Antrag **2** 22; **3** 38
- Kostenfestsetzung *siehe dort*
- nach § 404 Abs. 5 StPO **1** 186 ff.
- Prozesskostenhilfe *siehe dort*
- Verfahren, vorbereitendes **2** 57
- Vorschuss **1** 189

Bemessungskriterien Gebühren **1** 80 ff.
Beratung/Gutachten **1** 33 ff.
- Auskunft, schriftliche **1** 39
- DL-InfoV **1** 33, M 36
- Rat **1** 39
- Verbraucher **1** 37, 39
- Vergütungsvereinbarung **1** 37

Berufsrecht **1** 44
- Aufklärungspflicht *siehe dort*
- Dokumentationspflicht *siehe dort*
- Verschwiegenheitspflicht **5** 2
- Verstoß durch Abkommen RSV **1** 144

Berufung **1** 24; **2** 188 ff.
- Adhäsionsverfahren **2** 196
- Befriedungsgebühr *siehe dort*
- Besonderheiten bei Bemessung Gebühren **2** 195
- Gebühren, zusätzliche **2** 196
- Längenzuschlag **2** 188, 193
- Nebenklage **2** 196
- Rücknahme **2** 94 ff.
- Täter-Opfer-Ausgleich **2** 196
- Terminsgebühr Strafverfahren *siehe dort*
- Verfahrensgebühr Strafverfahren *siehe* dort
- Zeugenbeistand **2** 197

Beschwerde
- Kostenfestsetzung **5** 6
- Rechtsbeschwerde *siehe dort*

Besuch in JVA/JSA **1** C 86
Bundesverfassungsgericht (BVerfG) **1** 160 f.; **4** 6 ff.
Bußgeldverfahren **1** 25 ff.; **3** 1 ff.
- Abgrenzung zum Strafverfahren **2** 68; **3** 4
- Abrechnung **3** M 10, M 12
- Abrechnungshilfe **1** M 117 f.
- Angelegenheit **3** 21 ff., 65 ff.
- Anwendungsbereich **3** 1, 13 ff.
- Aufbau **1** 19 f.

Stichwortverzeichnis

- Befriedungsgebühr **3** 5, 59 ff., 65
- Begehungsweise, vorsätzliche **3** 20
- Einstellung **3** 59 ff.
- Eintragung Verkehrszentralregister **3** 30
- Einzeltätigkeiten **3** 3, 104 ff.
- Einziehung/Maßnahmen, verwandte **3** 96 ff.
- Ermessen **3** 24 ff.
- Förderung Verfahren **3** 70 ff.
- Gebühren, weitere **3** 95 ff.
- Geldbuße, addierte **3** 17
- Geldbuße, angedrohte **3** 16
- Geldbuße, erhöhte **3** 20
- Geldbuße, letzte **3** 16
- Gerichtskosten **1** 234
- Grundgebühr **3** 34 ff., M 46 f.
- Höhe, mittlere **3** 16
- Kostenpauschale **3** 5, 23
- Mandatsbedingungen **3** M 9, M 69
- Mitwirkung **3** M 73
- nach Strafverfahren **3** 5 ff., 65 ff.
- Nrn. 5100 ff. VV **3** 32 ff.
- Pauschgebühr **3** 103
- Rahmengebühren **3** 25
- Rechtsbeschwerde **3** 61, 90 ff.
- Regelsätze **3** 16
- Tatmehrheit/Tateinheit **3** 17
- Terminsgebühr *siehe* Terminsgebühr Bußgeldverfahren
- und anschließendes Strafverfahren **3** 11 f.
- Verfahren vor Verwaltungsbehörde **3** 32 ff.
- Verfahren, erstinstanzliches **3** M 75 ff.
- Verfahrensgebühr *siehe* Verfahrensgebühr Bußgeldverfahren
- Vergütungsstruktur **3** 1
- Verkehrsrecht **3** 30 ff., C 31
- Vernehmung **3** 32
- Versicherungsumfang Bußgeldverfahren *siehe* Rechtsschutzversicherung

Deutschkenntnisse Mandant **1** 90
Dienstleistungs-Informationspflichten-Verordnung (DL-InfoV) **1** 33, M 36
Dokumentationspflicht **1** 90, 136

Einarbeitungszeit **1** C 86
Einkommensverhältnisse Mandant **1** 99 ff.
Einspruch **2** M 160
Einstellung
- Bußgeldverfahren **3** 59 ff.
- Schicksal Nebenklage **2** 180 f.
- Strafverfahren *siehe* Befriedungsgebühr

Einzeltätigkeiten
- Bußgeldverfahren **3** 3, 104 ff.
- Strafvollstreckung **2** 321 ff.
- Verfahrensgebühr Bußgeldverfahren **3** 104 ff.
Einziehung/Maßnahmen, verwandte **2** 281 ff.
- Gegenstandswert **1** 71; **2** 286 ff.
- Kappungsgrenze **2** 289
- Revision **1** 75
- Rückgabeverzicht **2** 289
- Verfahren, erstinstanzliches **1** 73
- Verfahren, vorbereitendes **1** 72
- Verfahren, zweitinstanzliches **1** 74
Einziehungsbeteiligter **2** 182
- Pauschgebühren *siehe dort*
Erfolgsaussicht *siehe* Prozesskostenhilfe
Erfolgshonorar **4** 1, 38
- Adhäsionsverfahren **4** M 80
- Besonderheiten **4** 54 ff.
- Betrachtung, verständige **4** 51
- Einschränkung **4** 49
- Einzelfallregelung **4** 51
- Ereignisse, bestimmte **4** 54 f.
- Rechtsverfolgung **4** 51
- Risiko, wirtschaftliches **4** 52 f.
- Schmerzensgeld **4** M 80
Erforderlichkeit *siehe* Auslagen
Erhöhung
- Gebühr Nr. 1008 VV **1** 167
Erledigung **1** 26
- Erledigungsgebühr *siehe* Befriedungsgebühr
Ermessen *siehe* Gebührenbestimmung

Fachanwaltsqualifikation **1** 91 f., 109
Fälligkeit **1** 31
Festgebühr **1** 166
Förderung Verfahren **2** 81 ff., M 84; **3** 70 ff.
Form
- Vergütungsvereinbarung **1** 37; **4** 16 f.

Gebühr, allgemeine **1** 26
Gebühren
- Abrechnung *siehe dort*
- Adhäsionsverfahren *siehe dort*
- allgemeine **2** 14 ff.
- Auslagen *siehe dort*
- Befriedungsgebühr *siehe dort*
- Beratung/Gutachten *siehe dort*
- Berufung *siehe* dort
- Bestimmung *siehe* Gebührenbestimmung
- Betragsrahmengebühren **1** 12

Stichwortverzeichnis

- Bußgeldverfahren *siehe dort*
- Darstellung in Rechnung *siehe* Rechnung
- Einstellung Strafverfahren *siehe* Befriedungsgebühr
- Einziehung/Maßnahmen, verwandte *siehe dort*
- Erledigungsgebühr *siehe* Befriedungsgebühr
- erste **1** 33 ff.
- Festgebühr **1** 166
- für alle **2** 14 ff.
- Gebührengefüge **1** 166 ff.
- Gebührenklage *siehe dort*
- Geschäftskosten, allgemeine *siehe* Auslagen
- Grundgebühr *siehe dort*
- Kostenfestsetzung *siehe dort*
- Mittelgebühr *siehe dort*
- mögliche **1** 70 ff.
- Rahmengebühr *siehe dort*
- Strafverfahren *siehe dort*
- Strafvollstreckung *siehe dort*
- Terminsgebühr Bußgeldverfahren *siehe dort*
- Terminsgebühr Strafverfahren *siehe dort*
- Trennung *siehe dort*
- Übersicht, tabellarische **6** 4
- Verbindung *siehe dort*
- Verfahren, vorbereitendes *siehe dort*
- Verfahrensgebühr Bußgeldverfahren *siehe dort*
- Verfahrensgebühr Strafverfahren *siehe dort*
- Verschmelzung *siehe dort*
- weitere **3** 95 ff.
- zusätzliche **2** 196, 198 ff., 226 ff.

Gebührenbestimmung **1** 76 ff.
- Angelegenheit Bedeutung *siehe dort*
- Bemessungskriterien **1** 80 ff.
- Bußgeldverfahren **3** 24 ff.
- Einzelfallbezogenheit **1** 77
- Ermessen **1** 77 ff.; **3** 24 ff., C 31
- Schwierigkeit *siehe dort*
- Umfang *siehe dort*

Gebührenermittlung
- Abrechnungshilfe **1** M 117 f.
- Anwendung, konkrete **1** 112 ff.
- Arbeitszeiten **1** 107 f.
- Besonderheiten Strafrecht **1** 115 ff.
- Einkommens-/Vermögensverhältnisse **1** 99 ff.
- Ermessen Ausübung **1** 112 ff.
- Fachanwaltsqualifikation **1** 109

- Haftungsrisiko **1** 105 f.
- Kriterien, unbenannte **1** 107 ff.

Gebührenklage **5** 1 ff., M 3
- Verschwiegenheitspflicht **5** 2

Gegenstandswert **1** 230
- Adhäsionsverfahren **1** 71; **2** 236
- Bußgeldverfahren **3** 100 ff.
- Einziehung/Maßnahmen, verwandte **1** 71; **2** 286 ff.
- Vergütungsvereinbarung **4** 40
- Verkehrswert, objektiver **3** 100

Gerichtskosten **1** 227 ff.
- Adhäsionsverfahren **1** 230
- Auslagen *siehe dort*
- Gerichtskostengesetz (GKG) **1** 227
- Kostenverzeichnis **1** 231
- nach Strafe, erkannter **1** 233
- Nebenklage **1** 229; **2** 176
- Privatklage **1** 229
- Vorschuss/Vorauszahlung **1** 232

Geschäftsgebühr **2** 230

Grundgebühr **2** 14, 16 ff.
- Abrechnung Pflichtverteidiger **2** M 30; **3** M 46
- Abrechnung Wahlverteidiger **2** M 31; **3** M 47
- Anrechnung **2** 32 ff.
- Besonderheiten **2** 32 ff.
- Bußgeldverfahren **3** 34 ff.
- Einarbeitung, erstmalige **2** 16 f.; **3** 34 ff.
- Gespräch, erstes **2** 17
- Höhe **2** 28 ff.; **3** 44 ff.
- Mandatsannahme **2** 18
- neben Verfahrensgebühr **2** 21 ff.
- Rechtsfall **2** 26 f.; **3** 42 f.
- Strafvollstreckung **2** 309
- Terminvertreter **2** 32 f.
- Verfahrensgebühr neben - **2** 54 ff.

Grundlagen Vergütungsrecht **1** 10 ff.

Gutachten **1** C 86

Haft **1** C 96
Haftzuschlag **2** 9 ff., C 13
- Abrechnung Wahlverteidiger **2** M 31
- Drogentherapie, freiwillige **2** 10
- Strafvollstreckung **2** 307
- Verfahren, erstinstanzliches **2** 107 ff.
- Zeitpunkt **2** 10

Hauptverhandlung **2** 39
- Aussetzung **2** 203 ff.
- Befriedungsgebühr **2** 200 ff.
- Unterbrechung **2** 206 ff.

Stichwortverzeichnis

Hebegebühr **1** 225
Höhe Gebühren *siehe* einzelne Tatbestände

Indizienprozess **1** C 96
Interessenkollision **1** 42 ff.

Jugendlicher/Heranwachsender **1** 102

Kanzlei
– Anzahl in Deutschland **1** 3
– Umsatz **1** 3
Konsequenzen **1** C 96
Kopiergebühr **1** 223
Kostenfestsetzung **1** 166 ff.
– Beiordnung **1** 185
– Beschwerde **5** 6
– Erhöhung Gebühr Nr. 1008 VV **1** 167
– Kostenfestsetzungsantrag *siehe dort*
Kostenfestsetzungsantrag **1** 168 ff.
– Beiordnung **1** 185
– Pflichtverteidigung *siehe dort*
– Verfahren, vorbereitendes **2** M 62 f.
Kostennote *siehe* Abrechnung *siehe* Rechnung

Längenzuschlag
– Abrechnung **2** M 122
– Berechnung Zeit, aufgewendete **2** 117 ff.
– Berufung **2** 188, 193
– Pausen **2** 117 ff.
– Pflichtverteidiger **2** 113 ff.
– Regelung, gesetzliche **2** 114 ff.
– Revision **2** 209, 214
– Wartezeiten **2** 117
Literaturrecherche **1** C 86

Mandatsannahme **1** 1 ff.; **2** 18
– Besprechungshilfe **4** C 32 f.
– Checkliste für RSV-Mandat **1** C 152
– DL-InfoV **1** 33, M 36
– Einarbeitung, erstmalige **2** 16 f.; **3** 34 ff.
– Gespräch, erstes **2** 17
– Interessenkollision **1** 42 ff.
– konkrete **1** 41 ff.
– Mandatsbedingungen **2** M 77; **3** M 9, M 69
– Mandatswechsel **1** 45
– Mehrfachverteidigung **1** 41
– Rechtsschutzversicherung *siehe dort*
– Verbindung/Verschmelzung/Trennung **1** 55 ff.
– Vergütungsvereinbarung *siehe dort*
– Vertrag **1** 41

– Vertretungsverbot **1** 41
– Vorschuss *siehe dort*
Mandatsniederlegung **1** 50; **4** 26
Mandatswechsel **1** 45
Medienaufmerksamkeit **1** C 96
Mehrfachverteidigung **1** 41
Mehrwertsteuer *siehe* Auslagen
Mittelgebühr **1** 112, 115
– Berufung **2** 188 ff.
– Bestimmung **1** 14
– Bußgeldverfahren **3** 29
– Erledigungsgebühr **2** 86
– Kostenfestsetzung **1** 166
– Nrn. 4112–4117 VV **2** 139
– Nrn. 4118–4123 VV **2** 145 ff.
– Nrn. 4200 ff. VV **2** 314 ff.
– Revision **2** 209 ff.
– Strafverfahren mit anschl. Bußgeldverfahren **2** M 78
– Verfahren, erstinstanzliches
  – vor Amtsgericht **2** M 128, M 135
– Vorschuss **1** 51
Mitwirkung **1** 26; **2** 199, 203 ff., 222
– Bußgeldverfahren **3** M 73

Nachteile, berufliche **1** C 96
Nebenbeteiligter *siehe* Pauschgebühren
Nebenklage **1** 115, 124; **2** 161 ff.
– 2. Opferrechtsreformgesetz **2** 161
– Abrechnung Pflichtverteidiger **2** M 167
– Berufung **2** 196
– Einstellung vor/während Hauptverhandlung **2** 180 f.
– Gerichtskosten **1** 229; **2** 176
– im Jugendstrafrecht **2** 231
– Pauschgebühren *siehe dort*
– Revision **2** 219
– Rücknahme Strafbefehl **2** 177 ff.
Niederlegung *siehe* Mandatsniederlegung
Nr. 4141 VV **2** 199 *siehe auch* Befriedungsgebühr
Nrn. 4100/4101 VV *siehe* Grundgebühr *siehe* Terminsgebühr Strafverfahren
Nrn. 4102/4103 VV *siehe* Terminsgebühr Strafverfahren
Nrn. 4104/4105 VV *siehe* Verfahren, vorbereitendes
Nrn. 4108 ff. VV **2** 129 ff.
Nrn. 4112–4117 VV **2** 136 ff.
Nrn. 4118–4123 VV **2** 145 ff.
Nrn. 4124 ff. VV *siehe* Berufung

313

Stichwortverzeichnis

Nrn. 4200 ff. VV **2** 314 ff.
Nrn. 4200–4207 VV *siehe* Strafvollstreckung
Nrn. 5100 ff. VV *siehe* Bußgeldverfahren
Nrn. 5113 f. VV **3** 90 ff.
Nrn. 4106–4111 VV **2** 123 ff.

Pauschgebühren **1** 201 ff.; **2** 292 ff., C 303
- Antrag **2** 301 ff.
- Bewilligung **1** 208 f.
- Bußgeldverfahren **3** 103
- Missverhältnis **1** 201
- Pauschantrag **1** 201
- Pflichtverteidiger **2** 292; **3** 103
- Schwierigkeit **1** 204 ff.; **2** 297
- Umfang **1** 204 ff.; **2** 296
- Unzumutbarkeit **1** 204 ff.; **2** 298 ff.
- Verfahrensgebühr Bußgeldverfahren **3** 103
- Wahlverteidiger **2** 304 ff.; **3** 103

Persönlichkeitsstruktur Mandant **1** 90
Pflichtverteidiger **1** 158 ff.
- Abrechnung Grundgebühr **3** M 46
- Abrechnung Revision **2** M 216
- Abrechnung Terminsgebühr Strafverfahren **2** M 38, M 40, M 47 f.
- Abrechnung, vorläufige **2** M 106
- Adhäsionsverfahren **1** M 174; **2** 240, M 250
- Ausgestaltung, gesetzliche **1** 162 ff.
- Auslagen *siehe dort*
- Berufung **2** 188 ff.
- Bestellung
  - Erstreckung **1** 172 ff.
  - frühzeitige **1** 173
  - nachträgliche **1** 177 f.
  - Rückwirkung **1** 170 f.
  - Umfang **1** 168 ff.
  - Verfahren, weitere **1** 172 ff.
- Festsetzung Prozesskostenhilfe **2** M 278
- Gründe für - **1** 158 ff.
- Grundgebühr *siehe dort*
- Kostenfestsetzung **1** 166
- Kostenfestsetzungsantrag **1** 168 ff., 181 ff.
- Längenzuschlag *siehe dort*
- Pauschgebühren *siehe dort*
- Verfahren, vorbereitendes **2** M 62
- Vorgaben BVerfG **1** 160 f.
- Vorschuss **1** 179 f.
- Zuständigkeit KFA **1** 181 ff.

Post-/Telekommunikationsentgelte *siehe* Auslagen
Privatklage **1** 115; **2** 182
- Gerichtskosten **1** 229
- Pauschgebühren *siehe dort*

- Vorbereitung *siehe* Verfahren, vorbereitendes

Prozesskostenhilfe **1** 186 ff.
- Adhäsionsverfahren **2** 262 ff.
- Antrag auf Festsetzung **2** M 278
- Bedürftigkeit **1** 197 ff.; **2** 274 f.
- Beiordnung **2** 276 ff.
- Erfolgsaussicht **1** 189, 192 ff.; **2** 268 ff.
- Gegenansprüche **2** 271
- Mitverschulden **2** 271
- Mutwilligkeit **2** 273
- Rechtsschutzversicherung **1** 189
- Vergütungsvereinbarung **4** 35 ff.
- Vorschusspflicht, anderweitige **1** 189

Punktesituation **1** C 96

Rahmengebühr
- Bußgeldverfahren **3** 25
- Satzrahmengebühr **1** 12

Rat **1** 39
Rechnung
- Anrechnung **1** C 32
- Auslagenerfassung **1** C 32
- Bezeichnung Gebühren **1** C 32
- Bezeichnung Vergütungsvereinbarung **1** C 32
- Datum **1** C 32
- Dokumentation/Timesheet **1** C 32
- Inhalt **1** C 32
- Mehrwertsteuer **1** C 32
- Rechnungsnummer **1** C 32
- Steuernummer **1** C 32
- Unterschrift **1** C 32
- Vergütungsvereinbarung **4** 14
- Vorschuss **1** C 32
- Zeitraum **1** C 32

Rechtsanwaltsvergütungsgesetz (RVG) **1** 11
- Aufbau **1** 17 ff.
- Gesetzestext **1** 11
- Unterteilung, weitere **1** 22 ff.
- Vergütungsverzeichnis **1** 11, 22

Rechtsbeschwerde
- Bußgeldverfahren **1** 26; **3** 61, 90 ff.
- Strafverfahren **1** 24

Rechtsfall **2** 26 f.; **3** 42 f.
Rechtsmittel
- Adhäsionsverfahren **1** 74
- Berufung *siehe dort*
- Beschwerde *siehe dort*
- Einspruch **2** M 160
- Einziehung/Maßnahmen, verwandte **1** 74
- Gebühren, mögliche **1** 74

314

Stichwortverzeichnis

- Kostenentscheidungen **5** 4 ff.
- Revision *siehe dort*
- Rücknahme **2** 94 ff.
- Strafbefehl **2** M 160

Rechtsschutzversicherung **1** 119 ff.
- Adhäsionsverfahren **1** 124
- Aussage-/Zeugnisverweigerungsrecht **1** 132
- Checkliste für RSV-Mandat **1** C 152
- Deckungsanfrage **1** M 133, M 137, 153
- Deckungsbereich **1** 121
- Deckungszusage **1** 147, 189
- Deckungszusage, Antrag, gerichtlicher **1** 157
- Deckungszusage, vorläufige **1** 125 ff.
- Dokumentationspflicht **1** 136
- Dreiecksverhältnis **1** 147
- Kommunikation mit - **1** 149 ff.
- Kooperationsvereinbarungen **1** 141 ff.
- Nachteile bei Abwicklung mit - **1** 145 ff.
- Nebenklage **1** 124
- Prämie **1** 122
- Rationalisierungsabkommen **1** 141 ff.
- Rechtsschutzfall **1** 121, 131
- Rechtsverfolgungskosten **1** 121
- Risiken, versicherte **1** 123 ff.
- Risikoausschluss **1** 122, 129
- Rückforderungsvorbehalt **1** 125
- Selbstbeteiligung **1** 135
- Übergangsfrist **1** 122
- Vergütungsvereinbarung **1** 139 f.; **4** 42 ff.
- Versicherungsumfang Bußgeldrecht **1** 129 ff.
- Versicherungsumfang Strafrecht **1** 123 ff.
- Vertrag **1** 120
- Vorteile bei Abwicklung mit - **1** 134 ff.

Rechtszug **2** 49
- erster **1** 24, 73; **3** M 75 ff. *siehe auch* Verfahren, erstinstanzliches
- zweiter *siehe* Rechtsmittel

Reisekosten *siehe* Auslagen

Revision **1** 24; **2** 209 ff.
- Abrechnung Pflichtverteidiger **2** M 216
- Abrechnung Wahlverteidiger **2** M 218
- Adhäsionsverfahren **1** 75; **2** 219
- Befriedungsgebühr **2** 221 ff.
- Einziehung/Maßnahmen, verwandte **1** 75
- Gebühren, mögliche **1** 75
- Längenzuschlag **2** 209, 214
- Mittelgebühr **2** 209 ff.
- Nebenklage **2** 219
- Rücknahme **2** 94 ff.
- Täter-Opfer-Ausgleich **2** 219
- Terminsgebühr Strafverfahren **2** 209 ff.
- Verfahrensgebühr Strafverfahren **2** 209 ff.
- Zeugenbeistand **2** 220

Rücknahme
- Einspruch beim Strafbefehl **2** 92
- Klage **2** 157
- Rechtsmittel **2** 94 ff., 199
- Strafbefehl **2** 177 ff.

Rückzahlungsansprüche **1** C 96

Schreibauslagen *siehe* Auslagen

Schwierigkeit **1** 89 ff.
- Analphabetismus **1** 90
- Begründung/Formulierung **1** 93
- besondere **2** 297
- Deutschkenntnisse Mandant **1** 90
- Dokumentation **1** 90
- Fachanwaltsqualifikation **1** 91 f.
- Pauschgebühren **1** 204 ff.; **2** 297
- Persönlichkeitsstruktur Mandant **1** 90
- Uneinsichtigkeit **1** 90
- Vergütungsvereinbarung **4** 26

Stellung, berufliche **1** C 96
Stellung, gesellschaftliche **1** C 96

Strafbefehl **2** 153 ff.
- Befriedungsgebühr **2** 157 ff.
- Einspruch **2** 177 ff.
- Rücknahme Einspruch **2** 92
- Schicksal Nebenklage bei Rücknahme **2** 177 ff.

Strafmaß, hohes **1** C 96

Strafverfahren **1** 23 f.
- Abgrenzung zur Bußgeldverfahren **3** 4
- Abrechnungshilfe **1** M 117 f.
- Aufbau **1** 18
- Befriedungsgebühr *siehe dort*
- Besonderheiten Gebührenermittlung **1** 115 ff.
- Einstellung **3** 5, 7
- Förderung Verfahren **2** 81 ff., M 84
- Gebühren **2** 1 ff.
- Gerichtskosten *siehe dort*
- Mandatsbedingungen **2** M 77
- nach Bußgeldverfahren **3** 11 f.
- Strafverteidiger *siehe dort*
- und anschließendes Bußgeldverfahren **3** 5 ff.
- Versicherungsumfang Rechtsschutzversicherung *siehe* Rechtsschutzversicherung
- Vorbemerkung 4 VV **2** 1 ff.

315

Stichwortverzeichnis

Strafverteidiger
– Abrechnung Nebenklage **2 M 167**
– Zeugenbeistand **2 168**
Strafvollstreckung **2 C 312, 307 ff.**
– Anfertigung/Unterzeichnung Schriftsatz **2 322**
– Einzeltätigkeiten **2 321 ff.**
– Grundgebühr **2 309**
– Haftzuschlag **2 307**
– Terminsgebühr Strafverfahren **2 309**
– Verfahrensgebühr Strafverfahren **2 309**
Streitwertbestimmung **1 105**
Stundensatz, durchschnittlicher **1 5**
Sühnetermin **2 44**

Tag-/Abwesenheitsgelder *siehe* Auslagen
Täter-Opfer-Ausgleich **2 37**
– Berufung **2 196**
– Revision **2 219**
– Terminsgebühr Strafverfahren **2 44, M 47 f.**
Tatvorwürfe, mehrere **1 C 86**
Teil 4 Anlage 1 zu § 2 Abs. 2 RVG **6 1 ff.**
Termin
– außerhalb Hauptverhandlung **2 37**
– Haftbefehlsverkündungstermin **2 41 ff.**
– Haftprüfungstermin **2 37, M 47 f.**
– Hauptverhandlung *siehe dort*
– Sühnetermin **2 37**
– Täter-Opfer-Ausgleich **2 37**
– Terminsvertreter **2 32 f.**
– Vernehmung **2 39**
Terminsgebühr Bußgeldverfahren **3 2, 13 ff., 32 ff., 52 ff.**
– Anwendungsbereich **3 53 f.**
– Höhe **3 55 ff.**
– Rechtsbeschwerde **3 90 ff.**
– Verfahren, erstinstanzliches **3 77 f., 82 ff.**
Terminsgebühr Strafverfahren **2 14**
– Abrechnung Pflichtverteidiger **2 M 38, M 40, M 47 f.**
– Abrechnung Wahlverteidiger **2 M 43, M 47**
– Anwendungsbereich **2 37**
– Begrenzungen **2 49 ff.**
– Berufung **2 188 ff.**
– Einzeltätigkeiten **2 323**
– Haftzuschlag *siehe dort*
– Kappung **2 49**
– Längenzuschlag *siehe dort*
– nach Nrn. 4100/4101 VV **2 45 ff.**
– nach Nrn. 4102/4103 VV **2 37 ff.**
– nach Nrn. 4206, 4207 VV **2 317 ff.**
– Rechtszug **2 49**

– Revision **2 209 ff.**
– Strafbefehl **2 153 ff.**
– Strafvollstreckung **2 309, 323**
– Sühnetermin **2 44**
– Täter-Opfer-Ausgleich **2 44**
– Termin derselben Nummer **2 50**
– Verfahren, erstinstanzliches **2 107 ff.**
 – vor Amtsgericht **2 123 ff., M 128 ff., M 135**
 – vor Landgericht **2 141 ff.**
 – vor Oberlandesgericht **2 145 ff.**
Timesheet **1 C 32**
Trennung **1 55 ff., 68 f.**

Umfang **1 C 86, 83 ff.**
– Aufwand, zeitlicher **1 85; 2 296**
– Begründung/Formulierung **1 88**
– Beiakte **1 C 86**
– besonderer **2 296**
– Besuch in JVA/JSA **1 C 86**
– Einarbeitungszeit **1 C 86**
– Gutachten **1 C 86**
– Literaturrecherche **1 C 86**
– Mandantenbesprechungen **2 296**
– Pauschgebühren **1 204 ff.; 2 296**
– Reisezeit **1 C 86**
– Tatvorwürfe, mehrere **1 C 86**
– Vergütungsvereinbarung **4 26**
– Vorbereitung **1 C 86**
– Wartezeit **1 C 86**
– Zeiterfassung **1 84**
Umsatzsteuer *siehe* Auslagen
Unbescholtenheit **1 C 96**
Uneinsichtigkeit **1 90**
Unterbrechung **2 206 ff.**
Unterbringung, einstweilige **2 37**
Unzumutbarkeit **1 204 ff.; 2 298 ff.**

Verbindung **1 55 ff., 62 ff.**
Verbraucher
– Beratung/Gutachten *siehe dort*
Verfahren, beschleunigtes *siehe auch* Verfahren, vorbereitendes
– Hauptverfahren **2 104 ff.**
Verfahren, erstinstanzliches **2 99 ff.**
– Adhäsionsverfahren **1 73; 2 187**
– Bußgeldverfahren **3 M 75 f.**
– Einstellung **2 180 f.**
– Einziehung/Maßnahmen, verwandte **1 73**
– Einziehungsbeteiligter **2 182**
– Gebühren, mögliche **1 73**
– Haftzuschlag **2 107 ff.**

Stichwortverzeichnis

- Hauptverfahren **2** 104 ff.
- Längenzuschlag *siehe dort*
- Nebenklage **2** 180 f.
- Privatklage **2** 182
- Strafbefehl **2** 153 ff., 177 ff.
- Terminsgebühr Strafverfahren *siehe dort*
- Verfahrensgebühr Strafverfahren *siehe dort*
- Verletztenbeistand **2** 182
- vor Amtsgericht **2** 123 ff., M 128
- vor Landgericht **2** 136 ff.
- vor Oberlandesgericht **2** 145 ff.
- Zeugenbeistand **2** 168, 180 f.

Verfahren, gerichtliches
- erstinstanzliches *siehe* Verfahren, erstinstanzliches
- zweitinstanzliches *siehe* Rechtsmittel

Verfahren, vorbereitendes **2** 51 ff.
- Adhäsionsverfahren **1** 72
- Befriedungsgebühr *siehe dort*
- Beiordnung **2** 57
- Einziehung/Maßnahmen, verwandte **1** 72
- Gebühren, mögliche **1** 72
- Nrn. 4104/4105 VV **2** 51 ff.
- Pflichtverteidigervergütung **2** M 62
- Tätigkeiten, vergütete **2** 59
- Verfahrensgebühr **2** 51 ff.
- Verfahrensgebühr neben Grundgebühr **2** 54 ff.
- Verfahrensgebühr, Höhe **2** 60 ff.
- Wahlverteidigervergütung **2** M 63

Verfahren, zweitinstanzliches *siehe* Rechtsmittel

Verfahrensgebühr Bußgeldverfahren **3** 2, 13 ff.
- Bußgeldverfahren **3** 32 ff., 48 ff.
- Einziehung/Maßnahmen, verwandte **3** 96 ff.
- Gegenstandswert **3** 100 ff.
- Rechtsbeschwerde **3** 90 ff.
- Verfahren, erstinstanzliches **3** 77 ff.

Verfahrensgebühr Strafverfahren **2** 14
- Abrechnung, vorläufige **2** 8, M 106
- Berufung **2** 188 ff.
- Betreiben eines Geschäftes **2** 3, 7 f.
- Einzeltätigkeiten **2** 321 ff.
- Haftzuschlag *siehe dort*
- Hauptverfahren **2** 104 ff., M 106
- Information **2** 3
- Nrn. 4200 ff. VV **2** 314 ff.
- Revision **2** 209 ff.
- Strafbefehl **2** 153 ff.
- Strafvollstreckung **2** 309, 321 ff.

- Verfahren, erstinstanzliches **2** 99 ff.
- vor Amtsgericht **2** 123 ff., M 128
- vor Landgericht **2** 136 ff.
- vor Oberlandesgericht **2** 145 ff.
- Verfahren, vorbereitendes *siehe dort*
- Vorbemerkung 4 VV **2** 3

Vergleich
- Adhäsionsverfahren **2** 251 ff., C 254, M 257
- Ausfertigung, vollstreckbare **2** 256
- Protokollierung **2** 255

Vergütung, gesetzliche **1** 10
Vergütungsvereinbarung **1** 10; **4** 1 ff., C 76 f.
- Adhäsionsverfahren **4** 38
- Aufklärungspflicht **1** 139 f.
- Ausgestaltung, konkrete **4** 15 ff.
- Auslagen **4** 45
- Beratung/Gutachten **1** 37, 39
- Beratungshilfe/Prozesskostenhilfe **4** 35 ff.
- Berufsfreiheit **4** 6
- Besprechungshilfe **4** C 32 f.
- Darlegungs-/Beweislast **4** 25
- Einschränkungen, gesetzliche **4** 34 ff.
- Erfolgshonorarvergütung *siehe* Erfolgshonorar
- Form **1** 37; **4** 16 f.
- Gegenstandswert **4** 40
- Geltung BGB **4** 34
- Gestaltungsmöglichkeiten, weitere **4** 46 ff., C 47
- Interessenausgleich **4** 8
- Klausel, salvatorische **4** 23
- Konsequenzen BGH **4** 28 ff.
- Kostenerstattung **4** 19, 41
- Leitlinien BGH **4** 20 ff.
- Mandatsniederlegung **4** 26
- Nichtigkeit **4** 25
- pauschale **4** M 79
- Rechnung **4** 14
- Rechtsschutzversicherung **1** 139 f.; **4** 42 ff.
- Schwierigkeit **4** 26
- Umfang **4** 26
- Unwirksamkeit **4** 25
- Verbraucherschutz **4** 6
- Vertragsfreiheit **4** 6
- Vorgaben, verfassungsrechtliche **4** 6 ff.
- Vorteile **4** 4
- Zeitabrechnung **4** 58 ff.
- Zeiterfassung **4** 14

Vergütungsverzeichnis zum RVG (VV) *siehe* einzelne Ziffern
- Vorbemerkung 4 VV **2** 1 ff.

Verjährung **1** 105

317

Stichwortverzeichnis

Verletztenbeistand **2** 182
Verletzter *siehe* Nebenklage
Verletzter/Zeuge *siehe* Pauschgebühren
Vermögensverhältnisse Mandant **1** 99 ff.
Vernehmung **2** 37; **3** 32
Verschmelzung **1** 55 ff.
Vertrag **1** 41
Vertretungsverbot **1** 41
Verwaltungsbehörde **1** 26
Vorbemerkung 4 VV **2** 1 ff.
– Abrechnung, vorläufige **2** 8
– Anwendungsbereich **2** 2
– Auftraggeber, mehrere **2** 5
– Haftzuschlag *siehe dort*
– Verfahrensgebühr **2** 3
Vorbereitung **1** C 86
Vorschuss **1** 51 ff.
– als Ausschlussgrund PKH **1** 189
– Darstellung in Rechnung **1** C 32
– Gerichtskosten **1** 232
– Mittelgebühr **1** 51
– Pflichtverteidigung **1** 179 f.
Vorstrafen **1** C 96

Wahlverteidiger
– Abrechnung Grundgebühr **3** M 47
– Abrechnung Revision **2** M 218
– Abrechnung Terminsgebühr Haftbefehl **2** M 43
– Abrechnung Terminsgebühr Strafverfahren **2** M 47

– Berufung **2** 188 ff.
– Grundgebühr *siehe dort*
– Pauschgebühren *siehe dort*
– Verfahren, erstinstanzliches
  – vor Amtsgericht **2** 123 ff., M 128
  – vor Landgericht **2** 136 ff.
  – vor Oberlandesgericht **2** 145 ff.
– Verfahren, vorbereitendes **2** M 63
Wartezeit **1** C 86
Wiederaufnahme **1** 24, 221

Zeitabrechnung **4** 58 ff., M 72
– Abrechnung, konkrete **4** 69 ff., M 75
– Angelegenheit **4** M 75
– Benachteiligung, unangemessene **4** 64
– Stundensatz, durchschnittlicher **1** 5
– Stundensatzabrechnung **4** 59
– Vergütungshöhe **4** 62 f.
– Zeittaktklausel **4** 64 ff.
Zeiterfassung **4** 14
Zeitpunkt **1** 103
Zeugenbeistand **2** 168, 180 f.
– Berufung **2** 197
– Revision **2** 220
Zurückbehaltungsrecht **1** 31
Zuständigkeit
– Auslagenfestsetzung **1** 220 f.
– Kostenfestsetzung Pflichtverteidigung **1** 181 ff.